U0935249

珍藏本

纪念版

汉译世界学术名著丛书

# 三十年战争史

〔德〕弗里德里希·席勒 著

沈国琴 丁建弘 译

丁建弘 校

商务印书馆
SINCE1897 The Commercial Press

2017年·北京

Friedrich von Schiller

**Geschichte des Dreissigjährigen Kriegs**

in Sämtlichen Historischen Schriften

Phaidon Verlag, Essen

据德国埃森 Phaidon 出版社出版的《席勒历史文集》译出

# 汉译世界学术名著丛书
# （120年纪念版·珍藏本）
# 出版说明

2017年2月11日，商务印书馆迎来120岁的生日。120年前，商务印书馆前贤怀揣文化救国的理想，抱持“昌明教育，开启民智”的使命，立足本土，放眼寰宇，以出版为津梁，沟通中西，为中国、为世界提供最富智慧的思想文化成果。无论世事白云苍狗，潮流左右激荡，甚至战火硝烟弥漫，始终践行学术报国之志，无改初心。

逐译世界各国学术名著，即其一端。早在20世纪初年便出版《原富》《天演论》等影响至今的代表性著作，1950年代后更致力于外国哲学和社会科学经典的译介，及至1980年代，辑为“汉译世界学术名著丛书”，汇涓为流，蔚为大观。丛书自1981年开始出版，历时三十余年，迄今已推出七百种，是我国现代出版史上规模最大、最为重要的学术翻译工程。

丛书所选之书，立场观点不囿于一派，学科领域不限于一门，皆为文明开启以来，各时代、各国家、各民族的思想与文化精粹，代表着人类已经到达过的精神境界。丛书系统译介世界学术经典，引领时代思想，为本土原创学术的发展提供丰富的文化滋养，为推动中国现代学术和现代化进程做出了突出的贡献。

为纪念商务印书馆成立120周年，我们整体推出“汉译世界学术名著丛书”120年纪念版的珍藏本，寄望既利于文化积累，又便于研读查考，同时向长期支持丛书出版的译者、编者和读者致以敬意。

两甲子后的今天，商务印书馆又站在了一个新的历史时间节点上。我们不仅要铭记先辈的身影和足迹，更须让我们的步伐充满新的时代精神。这是商务人代代相传的事业，更是与国家和民族的命运始终紧密相连的事业。我们责无旁贷，必须做好我们这代人的传承与创造，让我们的努力和成果不仅凝聚成民族文化的记忆，还能成为后来人可以接续的事业。唯此，才能不负前贤，无愧来者。

商务印书馆编辑部

2017年10月

# 译者前言

席勒的名字在中国读者中并不陌生，特别是他的名剧《阴谋与爱情》早在20世纪50年代末就已经搬上中国的舞台。但是席勒作为德国伟大的文学家和著名学者(历史学家)，他的活动的历史地位，我们却知之甚少。现趁翻译席勒名著《三十年战争史》的机会，根据我们之所学，对此作一个简略的介绍。

弗里德里希·席勒(Friedrich Schiller ，1759—1805)是德国著名的诗人和剧作家，同时是一位学者，在德国的文坛上与大文豪歌德(J. W. Goethe，1749—1832)齐名，被喻为"德国文坛上的双子星"。两人整整十年的合作，谱写了德国文学史上最辉煌的"华彩乐章"，主创了德意志的古典文学，并使德意志的民族文学决定性地提升为世界的进步文学。德意志民族不仅把席勒视为民族的骄傲，而且是把席勒当作"统一和自由的"象征而加以纪念的。

因此，在具体介绍席勒之前，有必要介绍一点18世纪后半叶的德国(称"德意志兰"更为科学)状况，当作席勒生活和活动的历史背景。1618—1648年的三十年战争给德意志兰带来极为悲惨的结局，经济的极度凋敝和政治的极度分崩离析(德意志兰分裂为314个邦和1475个骑士庄园领，均拥有独立的主权，皇权有名无实，盛行诸侯小邦专制主义统治)，在一个世纪后不仅未见改善，有的反而变本加厉了。恩格斯生动地写道:“这是一堆正在腐朽和解体的讨厌的东西。没有一个人感到舒服。国内的手工业、商业、工业和农业极端凋敝。农民、手工业者和企业主遭到双重的苦难——政府的搜刮,商业的不景气。贵胄和王公都感到,尽管他们榨尽了臣民的膏血,他们的收入还是弥补不了他们日益庞大的支出。一切都很糟糕,不满情绪笼罩了全国。没有教育,没有社会舆论,甚至连比较大宗的对外贸易也没有,除了卑鄙和自私就什么也没有;一种卑鄙的、奴颜婢膝的、可怜的商人习气渗透了全体人民。一切都烂透了,动摇了,眼看就要坍塌了。简直没有一线好转的希望,因为这个民族连清除已经死亡了的制度的腐烂尸体的力量都没有。”他接着写道:“只有在我国的文学中才能看出美好的未来。这个时代在政治和社会方面是可耻的,但是在德国文学方面却是伟大的。1750 年左右,德国所有的伟大思想家——诗人歌德和席勒、哲学家康德和费希特都诞生了;过了不到二十年,最近的一个伟大的形而上学家黑格尔诞生了。这个时代的每一部杰作都渗透了反抗当时整个德国社会的叛逆精神。”

席勒比歌德小十岁,1759 年 11 月 10 日生于南部小邦符腾堡公国的内卡河畔马尔巴赫城,一个贫寒的小市民家庭,父亲是公爵部队里的小军官,母亲是小饭店主兼面包师的女儿,一位新教虔敬派的信徒。席勒幼年就受新教牧师的启蒙教育,对语言、歌剧、演戏、牧师说教等倍感兴趣。原想修习神学和语言文学,不期在他 14 岁时(1773)被卡尔·欧根公爵强制招入他的卡尔军官学校学法学,后来才同意他改学医。卡尔·欧根公爵是小邦诸侯专制主义统治相当典型的代表,专横暴虐,压榨无度。他强迫青年当兵，然后高价卖给英法等国去进行殖民战争。这所由公爵直接治下的军官学校有着“奴隶制造场”的美誉，等级森严，毫无自由，施行残酷的、非人道的训练和监督。然而这种折磨反而触发了羸弱多病的少年席勒那“与生俱来”的反抗精神。这时歌德24岁，风华正茂地投入刚刚兴起的德国“狂飙突进”运动，俨然成为运动的旗手。

简单说来，发生在1770—1785年的德国狂飙突进运动，是启蒙运动的继续，比启蒙运动要激进，但只局限于文学领域，也可看成是一场对德国鄙陋社会的文学抗议运动，是由新一代进步的热血青年所发动和担纲的。以个人的力量反抗社会和对于自由的渴望，是“狂飙突进”的精神表现，这种精神引爆了少年席勒长期积郁在胸的对社会的不平之气。

席勒几乎立刻就被卷入到军校严禁的“狂飙突进”运动中去。军校的铁门根本挡不住卢梭、莎士比亚、歌德和一些“狂飙突进”诗人们作品的传播。年轻进步的心理学教授阿贝尔把这些作品介绍给席勒，还给席勒文学方面的知识。席勒则憧憬着一种自由的、平等的、博爱的理想——和谐社会制度，正像稍后他的名诗《欢乐颂》中所表达的那样。从1776年起他开始发表一些抒情诗试作，翌年就开始偷偷地写剧本《强盗》，到1780年通过医学考试成为公国首府斯图加特某步兵旅的助理军医后(也就是说在军校“牢笼”中待了整整八年后)的青年席勒，已准备主动“出击”。如果说青年歌德首先是一位感情丰富、富于激情的文学家和艺术家，能把感觉的材料作精美绝伦之升华，青年席勒则属于内热外冷的哲理学家型，有一种自觉确定的目标和理想。席勒的激进意识促使他在1781到

1784年连续创作了三部民主性的剧本:《强盗》(1782)、《热内亚菲埃斯科的谋叛》(1783)、《阴谋与爱情》(1784),和一部革命性的诗集:《1782年诗选》(1782),加上1787年发表的韵文剧《唐·卡洛斯》,使青年席勒的名声大噪,而且越出国境,俨然步青年歌德之后,成为狂飙突进运动的旗手。《强盗》一剧歌颂一个向全社会公开宣战的豪侠青年卡尔,要求用共和主义的爱国主义代替封建专制主义。该剧还对会令人窒息的俗套和高官显臣的腐化作了震撼人心的抗议。1782年《强盗》在普法尔茨选侯领的曼海姆民族剧院上演时取得空前效果,把"狂飙突进"戏剧推到顶点。据一位目击者所记:"剧院几乎成了疯人院,他们圆睁双眼,攥紧拳头,双脚把地板跺得震天响,喉咙都吼哑了!互不相识的人相互拥抱,泣不成声,妇女们踉跄地走向出口处,几乎近于昏厥。那气氛犹如驱散了笼罩在混乱之上的阴霾,露出了一线崭新天地的曙光。"席勒本人却被公爵禁锢起来。写作也被禁止。不久他就逃离了符腾堡公国,到比较开放的帝国城市美茵河畔的法兰克福一带流浪活动。1784年上演的《阴谋与爱情》取得了真正的成功。该剧通过宰相之子与平民之女的忠贞爱情未能结合,双双死于小邦专制的强权压力和阴谋陷害,深刻揭露小邦专制主义统治的腐朽与黑暗,体现了市民——资产者对自由的渴望和对社会改革的向往。席勒这部充满叛逆精神的作品,成为德国第一部有政治倾向的戏剧。这种倾向在稍后的《唐·卡洛斯》中再度表现出来:反对小邦诸侯专制制度,要求一个自由、平等、个性解放的资产阶级理想共和国!正因如此,席勒后来被大革命后的法兰西共和国选为法国荣誉公民(1792)。

“狂飙突进”运动的光辉，到1780年代中期开始消退。深刻的原因恐怕要到德意志兰经济的复苏和许多邦国出现开明君主专制改革中去找。除很少数人还坚持其激进文学立场外，大部分人都开始转向“温和”或浪漫主义。运动的旗帜人物青年歌德和青年席勒都日益感到对改变德国社会现实的无奈，想重新摸索改造德国鄙陋社会的道路。1775年歌德应魏玛大公之邀，任魏玛宫廷枢密顾问，想在这个著名的“开明之邦”通过具体政务和科学研究寻求出路。但是他性格中的双重倾向：同现实小朝廷相妥协和要求自由解放的进步意图，开始形成并激烈冲突，终于过渡到德意志民族文化——德意志古典文学的主创道路。席勒的求索之途则远为艰巨。1785年春，贫病交加中的席勒接受友人克尔纳等之邀，前往文化名城莱比锡观光小住，后又随他们迁居德累斯顿，这期间席勒不仅感到德意志思想界的贫乏，也感到自身的修养和学识的不足，急需学习和研究（也就是我们今天所说的“充电”）。他向往诗人汇集的文艺中心魏玛，那里不仅有歌德，还有文坛耆宿、前辈诗人维兰德和赫尔德尔。1787年席勒来到魏玛，毅然放下文艺写作，一头栽入历史学的学习和研究，进而学习和研究历史哲学与美学（康德为主）。他认为只有这样才能澄清和认清德意志社会现实中的种种疑惑和问题。1788年歌德自意大利归来，两大诗人历史性地会面了。这时作为学者的席勒的历史专著《尼德兰联合体摆脱西班牙的统治》（中文译为《尼德兰独立史》）部分已经初次登台亮相，表现了作者独立自由的反抗精神和人本主义的史学观。他同时还钻研古代文艺，阅读《荷马史诗》，翻译欧里庇得斯的剧作，写成《希腊的神祇》等诗歌。1789年3月经歌德推荐，席勒就任耶拿大学

历史教授。他的学术就职演说《什么叫做通史研究以及要达到什么结果》，受到大学生们的热烈欢迎。当他1790年开始从事三十年战争史的研究时，他希望在十年之内除了研究历史不再干别的了，并且相信，他会变成完全另外的一个人，完成一些真正通俗易懂的作品。席勒在致友人克尔纳的信中认为，正是历史中的这种任意性才会激发出一种哲学的精神，转而控制着历史；历史的空泛性和无结果性会要求出现一个有创造力的头脑，使历史受孕结果，并在这种构架中置入经络和肌肉；可见从事历史的研究，较之诗艺有无可辩驳的优势。从此信中可以看出，席勒研究历史，并不是为了逃避现实，或者为著作而著作，而是为了使历史从一种干枯的知识变成一种激励性的知识，让读者得到激励和欢乐。总起来说，从1787至1795年间，席勒专心致志地用了7—8年时间从事学者生涯，研究历史和历史哲学，写出许多历史和美学著作，除《尼德兰独立史》外，重要的尚有《通史概要》、《三十年战争史》(1792—1793)、《论悲剧艺术》(1793)、《论秀美与庄严》(1793)、《论人的审美教育书简》、(1795)等，而且明确主张，历史学家的素养至少应该具有三个方面，即哲学的修养，美学艺术的修养，人本主义价值观的修养，通过美育即文艺使人类达到和谐亦即没有矛盾的境界。黑格尔说得很中肯："席勒钻研的是人类心灵的深处，歌德的兴趣则在于艺术的自然方面。"一个像席勒这样的文学天才，一旦陷入哲学这一无穷尽的抽象之网，虽然也常会显得捉襟见肘和某种狼狈，却也从此中获益匪浅：为重返文学创作的席勒奠定了扎实的哲学—历史—理论基础。"学者生涯"阶段正是席勒"求索"道路上的重要阶段。

1793年席勒创办文艺刊物《季节女神》，后又出版《文艺年鉴》。翌年夏日，歌德对席勒函邀参加《季节女神》表示将“愉快而全心全意地合作”。他们在耶拿自然研究报告会后相晤，订为深交。这两位一直特立独行的德国文坛旗手终于紧密拥抱在一起。歌德显现衰惫的创作精力经席勒的激荡而又旺盛起来，获得了“第二次青春”；席勒得到歌德的帮助，从康德主义哲学的苦苦探索中摆脱出来，重返诗艺创作之路。两人同样都认识到，文艺创作可以有两种不同的方法或途径，简单说来就是感性的或理性的、自然的或心灵的。1796年席勒在论文中说道：“诗人或者就是自然，或者追寻自然，前者成为素朴的诗人，后者成为感伤的诗人。”素朴诗人反映现实，感伤诗人表现理想；歌德属于前者，他自己属于后者。席勒创作中表现出来的双重性格，即一方面遁入美的王国的抽象领域，一方面却对德国社会和阶级状况作了最高度的现实主义的反映。这和前面说到的歌德创作中的双重性格，实质是完全一致的：祖国的统一和自由要求，是否可以不通过革命的暴力就可以获得，换句话说，是否可以通过教育和改良达到人道主义—人本主义的理想。这是两人亲密结交的真实基础，也是协同创立德意志民族文学——德意志古典文学的真实基础。

从1794两人订为深交到1805年席勒逝世这整整十年，正是席勒文学创作的高峰期，也是他的创作思想达到某种现实的思辨理性高度。两人在创作上互相鼓励，互相促进，各自完成了他们的重要作品，开启了德国文学史上的古典期。合作主要体现在关于作品的互相讨论、互相提供意见上边。他们之间的互相通信达千余封，是留给德国甚至是人类的一份厚礼。他们各把新的创作精力用在诗艺上。席勒写了许多深邃的哲理诗，并和歌德在《文艺年鉴》上发表许多短小精悍的警句诗，批判当时文艺界和思想界的不合理现象，引起反对者的抨击，两人改写叙事谣曲，以至于1797年被称为“叙事谣曲年”。席勒的叙事谣曲如《潜水者》、《手套》、《波吕克拉特的指环》、《伊毕库斯的鹤》以及《人质》、《斗龙记》等，都是对高尚德行如信义、勇敢等的歌颂，情节紧张，格调优美，语言生动，为广大群众所喜爱。

这个时期席勒最大的文艺成就还是他的戏剧创作，绝大部分是历史剧。1799年，延续了七年之久的席勒的伟大剧本《瓦伦斯坦》三部曲写成。这部历史剧取材于三十年战争史，忠实地描写客观史实，揭露了大小诸侯的贪得无厌，控诉了战争的罪恶，表达了德国人民要求建立和平统一的国家的愿望。歌德说：“在从事这个非常有意义的三部曲的工作时期内，我没有离开过作者。”这部剧本演出的盛况使席勒决心把毕生精力献给舞台。这一年席勒举家迁往魏玛，翻译并改写了许多剧本，如莎士比亚的《麦克白》、皮卡尔的喜剧《寄生虫》和《侄子当叔父》、拉辛的《菲德拉》；改作中国的《好逑传》、创作了一个哑谜式的中国神话剧本《图兰朵》；排演歌德的《埃格蒙特》，莱辛的《智者纳旦》。

1801年席勒完成一部描写16世纪英格兰和苏格兰两女王间矛盾冲突的剧本《玛丽亚·斯图亚特》。同年又完成剧本《奥尔良的姑娘》和名诗《一个新世纪的开始》。1803年，席勒完成模仿希腊悲剧的《墨西拿的新娘》，构成戏剧冲突的是由于不相识的兄妹相爱而产生的兄弟仇杀。席勒要把希腊悲剧的命运观点和合唱队搬上舞台。同年又完成他呕心沥血的作品《威廉·退尔》，它和两年前完成的《奥尔良的姑娘》都是有高度现实意义的爱国剧本，是唤起人民的民族意识和反抗外侮（拿破仑战争的入侵）的有力呼声。《奥尔良的姑娘》描写英法百年战争中法国女英雄贞德的事迹，作者使她通过神力来完成法国人民的解放事业。这部剧本因而被誉为1813—1815年德意志民族解放战争的前奏曲。对祖国的统一和对自由的热爱使席勒专注于重大的时代问题，他在《威廉·退尔》一剧中把1307年冬瑞士人民结盟推翻奥皇统治的史实和瑞士民间关于威廉·退尔的英雄传说巧妙地结合起来，塑造出一个反抗异族统治和封建专制统治、进行解放斗争的典型。这部剧本1804年3月在魏玛和莱比锡演出时，受到群众热烈欢迎（该剧曾在中国抗日战争时期改编上演）。

虽然这时席勒的声名如日中天（大概仅次于歌德），1802年时还被魏玛大公封为贵族，但席勒依然清贫如故，而且晚年为肺病所累。席勒一生都极为勤奋，1804年在贫病交困中仍开始创作新的剧本《德梅特里乌》，作品反映17世纪初俄国争夺王位继承权的史实，但只完成两幕，终因沉疴新疾不治，于1805年5月9日病逝于工作室。他建立了德国的民族戏剧，使其达到世界水平，并对现代戏剧的发展作出了重大贡献；他那以民族和国家的独立统一为主题的剧本，能引起观众巨大的共鸣，从而成为德意志民族争取“统一和自由”的象征。席勒遗体于1827年迁葬魏玛陵园，后来歌德也安葬于此，称为“歌德席勒合陵”。

席勒的学者生涯，是以研究历史，特别是德意志民族和国家发展的历史为其主体的。虽然他本人曾解嘲似的说，他研究历史是为了使历史从一种干枯的知识变成一种激励性的知识，并让期待的读者们驶向欢乐，实际上席勒的历史研究具有相当深邃的哲理和最明晰的现代性，即与现实和未来有着直接的联系。但它不是一种影射史学，而是把历史上人类和客观世界的变迁经历看成是一个生机勃勃的整体发展过程，通过理性或曰历史反思清晰地阐述过去与未来之间的全部逻辑关系。这种理性或曰历史反思，我们理解，就是席勒的历史思想或历史观，它是作用于历史未来发展的推动力。

究竟席勒的历史观是什么？这是一个远为困难的复杂的研究课题。不少现代研究者指出，席勒显然主张以人本主义为历史的出发点：人的本质是人格，人格的载体是生命，人类历史的前提是人的生命体，它是至高无上的，任何政权，任何意识形态，任何立法，如果侮辱了做人的人格，触犯了人的生命权，那就是历史性的罪人。但是我们理解，仅仅如是说是不够的。席勒的“人本主义”不仅具有外在的生命体和人格的问题，人生而平等和自由，而且具有内在客观人性的善恶美丑变化问题（每个人都有能力去实现理想的人性）。问题还有第三方面：据席勒看来，国家代表了公民心中纯粹和客观的人性，借助国家之力个人才能结成为一个整体，当国家站到哲学、美学和科学的中心，而不是站到物质主义和工具理性一边，就会成为一个和谐的整体。因此说，席勒的历史观，不止是一种外在的人本主义，毋宁说是一种新人文主义，它不仅包含文艺复兴以来人本主义的哲学思想（把人放在第一位），人文主义的批判性思潮，反对宗教迷信和经院哲学（主张思想自由和个性解放）及人性论——人道主义的社会主张（人具有天生的固定不变的

共同本性，反对封建制度和封建道德对个性的束缚），而且（需要特别强调的），具有一种德意志式的追求个人自由和国家统一的进步理论和社会主张：他既不赞同封建专制主义统治，也不赞同法国的暴力革命，而是注重道德教养，以高尚的道德境界呼吁人类相亲相爱，实现大同世界。歌德曾说席勒的自由理念，“在青年时代是外在的自由，在晚年则是内在的自由”。席勒的新人文主义的特征是现实经历（经验）与美妙理想（梦想）的奇特结合。他的历史研究并未因其“唯心”性（即所谓“自由理性判断”）而放弃“人本性”，看似远离政治，其实紧贴现实；不是纯美学的，而是力求探讨社会改革、社会前进的途径；不赞同革命，并不反对进步；着眼于全人类，向往世界大同。因而他的思想，就远远超出平庸的资产阶级自由派的水平，创作出具有深远意义的不朽杰作。席勒这种德意志式的历史观，不仅开创了德意志古典历史学（也可看成是德意志古典文学的一部分）之先河，而且是在寻求实现人类理想的大同世界的道路。

席勒的历史讲授、历史文章和历史专著，不算宏丰，也不算少，约三大卷之数（在德国 Cotta 出版社世纪版 16 卷本《席勒全集》中相应为 13、14、15 卷），主题大致可分为三类：一类是研究通史或曰世界史的，宏观上把握世界的总体发展，向往建立一个全新的以人格为基础的世界公民社会；一类是研究古希腊和古罗马的体制与重要改革的，特别向往古希腊的城邦体制；最重要的一类是研究近代以来民族要独立、人民要自由和国家要统一的历史趋势，德意志兰的宗教改革和反宗教改革、德意志民族的自由和国家的统一，就成了席勒研究的最重头戏，可以说，一部《三十年战争史》，不仅占

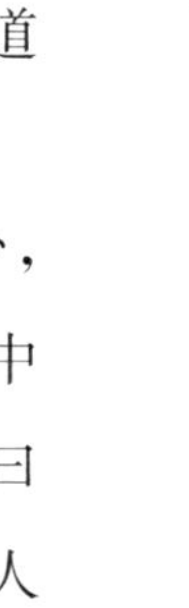

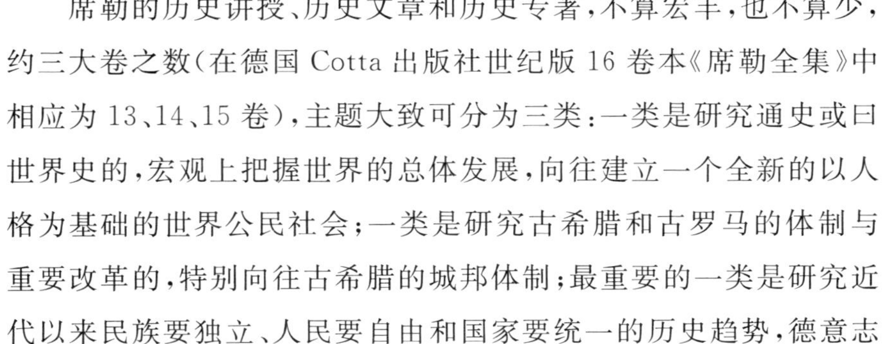

有席勒历史研究的绝大部分光彩，而且全面体现了席勒开创的新历史研究的进步观。

《三十年战争史》是席勒唯一完成了的历史专著，探讨的就是中世纪末期那场使德国遭受重创的欧洲大冲突中的一段灾难深重的历史，用席勒自己的话来说，是探讨“招致外国军队进入（德意志）王国腹地，并使它成为遭受最悲惨破坏达半个世纪之久的战场”的原因。全书共分五部分（或称五章），没有标题，也没有前言后语，这也许可能是为了回避对政敌过强的刺激。他用最简练的笔触，把这场人类战争史上极其复杂、极其混乱、极其悲惨的欧洲冲突，作了深刻的、透彻的、批判性的描述，不仅使该书成为当时为止最公正、最客观、最为民立言的开创之作，而且直至今日也依然是非常优秀的、进步的经典性名著，对今日的德意志民族教益尤多。在此我们也想把我们认为这部著作中深含寓意和深有教益的历史思想与现实评论作一点体会谈：

第一，席勒是一位德意志爱国主义者，强烈要求德意志国家和民族的统一与崛起。当他写完《三十年战争史》不久，他抑制不住大放悲声：“德意志兰？它在哪里？我找不到那块地方。学术上的德意志兰从何处开始，政治上的德意兰就在何处结束。”因此整部《三十年战争史》都基于这样的事实背景：德意志兰政治上的分崩离析，是造成德意志民族深重灾难的根本原因。在席勒看来，德国内部诸侯间的宗教战争，欧洲外部国家的入侵和在德意志大地上的横行，新兴的德意志民族成长的困难，根源也无一不在德国政治上的分崩离析。可以这样说，凡是有利于德国的统一，包括加强皇权，有利于德意志民族的振兴，包括改革和崛起都会受到席勒的同情、支持和赞赏。当然我们理解席勒的“爱国主义”，爱的是“德意志兰”，“德意志兰”当时的译义，应为“德意志人的故土”或“德意志人的祖国”，政治含义既不等同于“德国意志王国”，也不等同于“神圣罗马帝国”。

第二，席勒是一位比较激进的新人文主义者，他反对国内皇帝和诸侯的专擅与自私，反对外国入侵者的横行与贪婪侵吞，而同情广大德意志族民，特别是农民和市民的悲惨遭遇，支持他们的反抗努力。三十年战争中大小数百仗，都遭到席勒的谴责，他撕去战争双方神圣的宗教外衣，揭露这些战争都是出于皇帝、诸侯和各国君主的“自私自利目的”和“不可告人的权力欲”，是一场争夺霸权、土地和财富的混乱。但我们同时注意到，席勒在《三十年战争史》中却同情和赞扬波希米亚（捷克）反对奥地利哈布斯堡宗主国的民族起义，同情和支持许多德意志城市居民保家卫城的英勇抗击行为。席勒几乎通篇都在不断提醒读者，遭到战争双方蹂躏最烈的莫过广大农民，他们真的处在无法生存的地步。他在一处写道：“德意志兰确实到了灭顶之灾的地步。昔日经常云集着欢乐的勤劳人群的地方，昔日大自然曾倾注它最美妙的祝福，和那曾是最繁荣昌盛的地方，现在已是一片荒芜。土地离开了锄犁耕田者勤劳的双手，抛了荒，杂草丛生；在新种刚要结实或已丰收在望的地方，一次行军就使整年的辛劳化为乌有，夺走了憔悴不堪的农民们的最后希望；焚毁的宫殿，荒野的土地，烧成灰烬的村庄，触目皆是，一派家破人亡的景象。”

那么，在席勒这位新人文主义者的笔下，德意志兰在三十年战争中的出路何在？席勒在文章中有着两处“伏笔”，一处是，“千万

张嘴千万次地在祈求和平，即使最有害的和平也被当成是上天的善举”——这就是说，广大人民普遍要求和平的愿望与呼声，终于使战争不再能够继续打下去。这就有点像“人民是决定历史走向的原动力”的唯物论原理；另一处是，希望点燃战争之火的大小暴君，认清战争的罪咎，从一名“人类的压迫者、和平的敌人、各族人民的祸根”回归到一名“正义的朋友”。

第三，席勒是一位民族英雄论者，他对英雄的判定标准，乃是此人是否对德意志民族的进步事业起过重大的作用。席勒在《三十年战争史》中，重点研究了三位强势人物：一位是皇帝、哈布斯堡奥地利的君主斐迪南二世，一位是瑞典国王古斯塔夫·阿道夫，一位是皇帝麾下的统帅、弗里德兰公爵瓦伦斯坦，他们在三十年战争中都曾叱咤风云，不可一世，但都不被席勒认同。他把斐迪南二世称为“较其本性要坏得多的暴君”，作为皇帝却只根据哈布斯堡家族的利益施行暴力，而从不考虑按德意志民族的利益行事。“尽管他具有一名贤明统治者的天赋”，“拥有许多能为民创造幸福的美德”，但他的私利欲和权力欲却使他“从一名正义的朋友变成一名人类的压迫者，和平的敌人和民族的祸根”。当他59岁那年死神把他从战场上招去，他已经来不及“改恶从善”了。席勒对于打着“拯救德意志新教事业”而率大军侵入德意志兰土地的年轻国王古斯塔夫·阿道夫是有着某种好感的，特别当古斯塔夫·阿道夫以铁的严明军纪、新的战略技术加上身先士卒、英勇作战，不仅重创皇帝阵营，一路所向无敌，而且立刻赢得德意志新教等级、城市市民和广大居民的拥护和欢迎，甚至把瑞典国王尊为德意志兰的保护神时，好感更是明显。席勒在文中把古斯塔夫·阿道夫称为“英

才”和“雄鹰”,但他提出一个问题:古斯塔夫·阿道夫是德意志人吗?显然不是!那么为什么一个外国的君主要带着大军侵入德意志兰的领土呢?他的真正目的是什么呢?席勒明确答复,瑞典统治者一是要保持德意志国家政治上的四分五裂,打击德意志中央皇权的形成;二是大量掠取德意志兰丰富的矿藏、财富及至土地。因此当古斯塔夫·阿道夫在德意志兰从北到南、从西向东地横冲直撞两年时间后,终于在同重掌军权的瓦伦斯坦“皇家大军”激烈会战中猝然阵亡,“雄鹰在飞翔时,一头栽倒下来”,直到这时为止,瑞典统治者的上述目的表现得尚不清晰,所以德意志兰的广大居民都为瑞典国王的去世而痛惜、而追思。席勒评价说:“瑞典国王是死得其所”,“死得其时”,不然的话,他也会“从一个德意志兰的行善者”、“拯救者”蜕变为德意志的压迫者,显然古斯塔夫·阿道夫当然也不能称之为德意志的民族英雄。

对于瓦伦斯坦是否是民族英雄的说法则远为复杂,瓦伦斯坦是一名德意志化了的波希米亚(捷克)贵族(自认为是一个纯粹的德意志人)。具有优秀的统帅能力和勃勃野心,他趁着兵荒马乱、战事纷起的时机,散财拉起一支私家军,经过严格训练,进行投机和冒险。他站到皇帝麾下,不仅挽回皇帝阵营的颓势,而且击败了北方入侵的丹麦军队,把皇帝势力扩张到波罗的海沿岸,被封为弗里德公爵和皇家陆海军统帅,这位卓有军事才能的统帅,深藏着他巨大的政治图谋:一方面他阴谋凭借自己的军队推翻皇帝,自立为王,为此他甚至不惜借外国军队(首先是瑞典军队)来达到目的;另一方面他又希望用自己的武力赶走参与战争的外国入侵军队,实现国内和平,使德意志王国成为中央集权的强大的统一国家,这一意愿客观上符合德意志人民的利益，但是他只是把赶走外国军队、实现国内和平当作他夺权和篡立为王的工具，当这位迷信于星象学的统帅还没有实现他的计划，就被皇帝阵营收买的自己部下的军官所杀，对此席勒后来明确表示，瓦伦斯坦并非民族英雄。他在他创作的名剧《瓦伦斯坦》三部曲中最终放弃了把瓦伦斯坦写成统一德意志的英雄人物的计划。

# 目　录

第一章 ………………………………………………………………… 1
第二章 ……………………………………………………………… 81
第三章 …………………………………………………………… 176
第四章 …………………………………………………………… 272
第五章 …………………………………………………………… 319

主要国名、地名译名对照表 ……………………………………… 375
主要姓名译名对照表 ……………………………………………… 386

# 第 一 章

从德意志兰爆发宗教战争至明斯特和约的签订，欧洲政治世界中如果不把最先期的宗教改革计入的话，几乎不曾发生别的重大和特殊事件。在此期间世界上所发生的一切均与信仰改宗相联系，尽管它们起先并非与宗教信仰有任何关系。每一个国家，不论其大小，均或多或少、直接或间接地受到了这一影响。

西班牙王室利用其强大政治势力所做的一切，几乎都是针对新的教义或它的信仰者的。由宗教改革点燃的阋墙之战，根本上动摇了四届狂热政府统治下的法国，招致外国军队进入（德意志兰）王国腹地，并使它成为遭受最悲惨破坏达半个世纪之久的战场。



宗教改革使尼德兰人感到难以忍受西班牙的奴役，唤醒了该民族砸碎这种桎梏的愿望和勇气，宗教改革也极大地给予这个民族这方面的力量。腓力浦二世决定对英国女王伊丽莎白所干的一切恶事进行报复，因为女王把反对他的新教臣民置于保护之下，且担任了他想取缔的宗教派别的首领。教会分裂导致了德意志兰长期的政治分裂，使它经历了 100 多年的混乱，但同时也堆积起一道反对政治压迫的永久性堤坝。北部的一些强国，如丹麦、瑞典，能首先纳入欧洲国家体系多半由宗教改革所致。新教国家联盟由于它们的加入而变得强大了，而这种国家联盟对它们来说是必不可少的。一些先前几乎不为彼此而存在的国家，通过宗教改革开始找到一个重要的共同点，并相互间连成一种新的政治同情。正如宗教改革使市民之间、统治者与臣民间出现另一种关系那样，国家彼此间的地位亦发生新的变化，因此必须借助事物的特殊进程达到教会分裂，从而导致国家间集成为一个紧密的联合。但第一个作用是可怕和有害的，因为这种普遍的政治同情宣告了一场长达30年之久的毁灭性战争。战火从波希米亚[①]内部燃烧至舍尔德河河口，从波河沿岸延伸至波罗的海的沿岸国家。由于战争，这些地区的人口急剧减少，庄稼被毁，城市和乡村沦为废墟，成千上万名士兵牺牲了生命。德意志兰刚发出的微弱的文化火焰被熄灭了半个世纪，尚未完全振兴的社会道德又重新让位于古老的野蛮习俗。但欧洲不受压制地、自由地从这场可怕的战争中走了出来，它在这场战争中首次意识到是一个密切相连的国家性社会，刚真正形成的国家实行相互参与，单凭这一点便足以抵消世界公民在这场战争中所遭受的惊吓。勤劳之手不知不觉地再次抹去了战争所留下的灾难性痕迹，战争所带来的好的结果，却被保留了下来。正是这种普遍的国家同情向半个欧洲宣告了在波希米亚的军事冲突，现在它护卫着使战争结束的和约。破坏的火焰从波希米亚内部、摩拉维亚[②]和奥地利找到了一条点燃德意志兰、法国和半个欧洲之路，则文化的火炬也应从这些国家开辟一条照亮那些国家之路。



① 德国人称捷克为波希米亚。——译者

② 德国人称摩尔多瓦为摩拉维亚。——译者

宗教造成了所有这一切，所发生的一切都是因宗教而引起的，但所采取的军事行动不全是为了宗教。倘若不是个人利益和国家利益迅速达成了一致，神学家和人民的呼声就不会有那么多热心诸侯来响应，也不会有那么多勇敢和无畏的战士为新的教义而战，显然参与教会革新的绝大多数人相信真理或被误认为真理的力量能取胜。旧教会中的滥用职权、某些乏味的教义及一些过分的要求使人感到异常气愤，大家预感到会出现一种较好的光明，企盼着皈依那种更好的宗教。一些君主急欲实行宗教改宗是为了谋求独立，指望从教会创立者那里获取丰厚的猎获品，并大力增强他们的内心信念力。然而单凭国家利益至上原则就能促成这一点。倘若查理五世在成功而纵情欢乐之际未抓住德意志兰诸等级渴望帝国自由这一点，则新教联盟也很难为信仰自由而武装起来。假如基兹家族没有统治欲，则法国的喀尔文派教徒也绝不会由孔代或科利尼来领导①。倘若不征收 10 芬尼和 20 芬尼税收，则罗马教廷也绝不会失去联合的尼德兰。君主们为自卫和扩张而战，而宗教热忱为他们招募了军队，为他们打开人民的财富。大批的参战者并非是抱着在战旗下能获得猎获品的希望上阵的，他们认为是在为真理而流血，而实际上他们是在为诸侯利益而战。

① 基兹家族（Guis），法国公爵家族，洛林王族支系，反对法国新教徒胡格诺派（又叫喀尔文派）的中坚力量。在 16 世纪后期的胡格诺战争中，基兹家族是天主教神圣联盟的领导。孔代家族（Coudé），波旁王族支系，法国胡格诺教徒首领，在 1574—1581 年建立起胡格诺教派的政治国家权力基础。科利尼（Gaspard de Coligny，1519—1572），仅次于孔代的法国胡格诺教派首领。1557 年被西班牙逮捕入狱，加入喀尔文派。试图使法国加入反西班牙的新教阵线，在基兹家族的打击下失败，被杀。——译者

这一次诸侯的利益和民众的利益不悖一致，对民众而言是件令人欣慰的事，这种偶然性应归功于他们要摆脱教皇的统治。臣民自以为在为自己的事业而战，而事实上他们是在为诸侯而战，这对诸侯来说，实在是太幸运了。在现在谈论的那个时代，欧洲还没有一个诸侯在遵循自己的政治构想时，不顾臣民的良好意愿，实行如此专制的统治。要把民族的良好愿望引导到他的政治构想上来且付诸实施，是多么的困难啊！臣民们对假借国家利益至上原则而强调的一些动机反应冷淡，他们鲜能理解这种动机，更不用说会令他们感兴趣。在这种情况下，擅长玩弄权术的君主无计可施，只得把内阁的利益同任何一种比较贴近人民的利益联结起来，倘若不存在这种利益，那就设法创造它。

当时参与宗教改革的君主们均处于这种情况之中。事物的特殊关联使得教会分裂恰好与两种政治情况碰在一起。倘若没有这两种政治情况，教会分裂也许会朝着完全不同的方向发展。这两种政治情况是：奥地利王室的突然崛起对欧洲的自由构成了威胁以及该王室对旧教表现出的执著热情，第一种情况唤醒了君主们，第二种情况使他们把这个民族武装起来。

在自己的国度里废除象征着宗教事务最高权力的外来审判权，制止作为教会创立者的丰厚猎获物的金钱流向罗马，是为优先利益，这些利益对每位统治者来说同样是诱惑人的。人们不禁会问，为什么这些对奥地利王室的亲王们就不会产生同样的诱惑力？是什么阻碍着该王室，特别是该王室的德意志世系，不去满足众多臣民的急切要求或仿效别国的榜样，供养无自卫能力的教士来完善自己？令人难以置信的是，该王室认为罗马教会是非常可靠的，而新教诸侯是注定要失败的，因此它对罗马教会相当虔诚。当时有许多原因促使奥地利亲王们成为教皇统治的中坚力量。奥地利从西班牙和意大利两国吸取了很大力量，而这两个国家是绝对顺从罗马教廷的。这种顺从西班牙人在哥特人统治时代就已表现得很突出了。倘若西班牙统治者对路德教或喀尔文教等异教教义稍加接近，他就会无可挽回地失去其臣民的心。背离教皇统治对他来说就意味着失去整个王国。西班牙国王必须是一位正统的王子，或者是正统地登上王位的。他的意大利各邦国也给他套上了同样的束缚。他得尽力保护意大利诸邦国，胜过对他的西班牙臣民的保护，因为意大利各邦国最难以忍受这种外来的束缚，也最容易摆脱这种束缚。此外，意大利各邦国促使西班牙国王把法国当作竞争者，而把教皇当作邻居。所有这些原因已足够阻碍他去赞同有损于罗马教皇声誉的那一派，要求他以满腔的热情承担起维护旧教的任务。

这些一般性原因对每一位西班牙君主都显得同样重要，而每一位西班牙君主除这些一般性原因外，又有一些特殊原因。查理五世在意大利的危险对手是法国国王，此时意大利正投向法国国王的怀抱之中，查理的一些异端准则使他在意大利受到了怀疑，他满腔热忱地想拟定实现一些设想，而正是这些设想引起了天主教徒的怀疑，并与教会发生了争端，这对他非常不利。当他得对两大宗教派别作出抉择时，新教还未能引起他的足够重视，而当时两大教会进行和解的可能性最大。他的儿子和继承人腓力浦二世受过僧侣教育，具有独裁的秉性，对信仰上的一切革新怀着刻骨仇恨。他把政治上的劲敌同时视为宗教大敌。由于其欧洲的邦国被众多的外来国家搞得支离破碎，外来教义对这些邦国无孔不入，因此他不能对其他邦国的宗教改革等闲视之。此外，他最直接的国家利益也要求他去支持旧教，以堵住异教传播的口子。事物的自然进展迫使这位诸侯成为天主教信仰者和罗马教皇为反对教会革新而缔结的联盟首领。查理五世和腓力浦二世所要达到的和一些善于行动的政府所遵循的仍然是这样一条准则：教会的裂痕越大，西班牙就应更坚决地维护天主教。

奥地利王室的德意志世系显得比较随意。但是倘若排除了上述这些障碍，则会有其他关系来束缚德意志世系。皇冠的据有把斐迪南一世的继承人与罗马教廷连在了一起，因为皇冠落在新教头目身上已是匪夷所思，人们怎么会让一个罗马教会的变节者来戴罗马的王冠呢？斐迪南一世出于良知相当屈从于罗马教廷。此外，德意志-奥地利的亲王们还不足以强大到无须西班牙的支持，而西班牙的支持却由于他们对新教的庇护而大为削弱。皇帝的头衔要求他们以皇帝自居，致力推翻信仰新教的部分帝国，以维护德意志的帝国体系。只要回顾一下新教徒在皇帝陷入窘迫时及在帝国面临全面危机时表现出的冷漠，他们对教会的世俗性实行的猛烈攻击及当他们自以为是强者时所表现出的敌意，则不难理解这么多相互作用的因素是如此地把皇帝们维系在教皇一边；皇帝们是如此地把自己的利益与天主教宗的利益紧密联系起来的。也许由于天主教的整个命运依赖于奥地利王室的决定，因此全欧洲把奥地利亲王们视为教皇统治的柱石。新教徒对教皇统治的愤怒很自然地一致发泄到奥地利身上，并渐渐地把保护者和受他保护的东西掺杂在一起。

而此时，宗教改革不共戴天之敌的奥地利王室由于受到一个强大势力的支持正在实施一些雄心勃勃的计划，这些计划对欧洲一些国家，尤其是德意志诸等级的政治自由构成不小的威胁。这种状况使得德意志诸等级惊觉到自己的安全受到了威胁，不得不起而自卫。但他们常用的辅助手段此时已不足以去抵抗如此强大的势力，他们必须要求其臣民作出巨大努力，但这还远远不够，还必须借助于邻国的帮助，通过相互间缔结联盟的方式产生一种它们单独无法产生的巨大力量。

但臣民们不具有君主们想抵抗奥地利推进的巨大政治要求，仅仅是眼前利益或现时的祸害才促使人民采取行动，这并不是预期的高明的政治艺术。幸运的是诸侯们获得了另一个有效动机，用以激起民族的热情，燃起它的激情对付所面临的政治险情，因为这个动机与同一类事物巧合在一起了，这就是上面讲述过的对奥地利王室所庇护的宗教的仇恨以及对奥地利王室欲用火与剑予以根除的新教教义的忠诚。倘若没有这种动机的话，诸侯们的处境将会很糟糕。这种忠诚是极为炽热的，而那种仇恨是无法消除的。宗教的盲从害怕的是被疏远，而宗教的狂热则赴汤蹈火也在所不惜。当国家最急切的险情没法通过其市民解决时，宗教的热情却发挥了作用。很少有人会自愿为国家和诸侯的利益而战，而为宗教则商人、艺术家和农民均会乐意拿起武器。为国家和诸侯人们就连极少的一点儿捐税都不愿出，而为宗教人们甘愿献出财富和鲜血乃至放弃尘世间的所有希望。现在三倍多的款项汇入诸侯们的财宝库；三倍多的军队投身于战场。迫在眉睫的宗教危机使得大家的情绪都激动起来，此时臣民们一点儿都不觉得累，要是往常

这种劳累肯定会把他们拖垮。对西班牙宗教法庭的恐惧，首先是对巴托罗缪之夜的恐惧为奥尔良亲王、海军将领科利尼、英国女王伊丽莎白和德意志兰的新教诸侯们在他们自己现时还不可捉摸的人民中打开了帮助之源。

人们很少为对付一种强权而作出如此巨大独特的努力，即使最强大的诸侯，倘若孤军作战，也一定会被击垮。在政治还不很完善的时代，只有一些偶然情况才会使一些相距遥远的国家相互间提供帮助。由于宪法、法律、语言、风俗和民族特性的不同，划分出了各种不同的民族和国家，使得在民族和国家间竖起一道绵延的隔墙，由此造成一个国家在另一个国家陷入困境时置若罔闻，甚至出于民族的嫉妒心还会充满敌意地幸灾乐祸。宗教改革冲垮了这堵隔墙，一种比民族利益或对祖国的热爱更强烈、更直接，且又完全不依赖于市民之间关系的利益开始给单个市民和整个国家赋予灵魂。这种利益能把许多个国家，甚至是最遥远的一些国家维系在一起，但在同一个国家的臣民中这种纽带往往被略去。法国的喀尔文派教徒和崇尚改革的日内瓦人、英国人、德意志人或荷兰人有了思想上的共同点，而信仰天主教的本国人却不曾有过。喀尔文派教徒只认为，他是一个单独国家的市民，他把所有的注意力和同情都集中到这个单独的国家身上。他的圈子变得越来越大，他开始用与他持相同信仰的外国的命运来预言自己的命运，并把它们的事当作自己的事看待。只有这时君主才敢把对外事务拿到邦等级大会上讨论，以征得他们的同意，获得帮助。这种对外事务目前已成了本国事务，人们当然乐意帮助信仰的同宗，而假如对方仅仅是邻居或遥远的外国人，他们是会拒绝帮助的。于是普法尔茨

人离开了故乡，去帮助他们的法国同宗兄弟与共同的宗教之敌作战。法国臣民拔出了剑对准虐待他们的祖国，并且还为荷兰的自由而流血。瑞士人与瑞士人，德意志人与德意志人在卢瓦河和塞纳河畔为决定法国的王位继承人而做好了战斗准备。丹麦人越过了艾德河，瑞典人越过了贝尔特河，以砸碎为德意志兰而锻造的锁链。

倘若不是可怕的奥地利王室袒护反宗教改革，袒护反对德意志帝国的自由，很难预料实行宗教改革的德意志帝国的自由会变成什么样子。有一点是可以证明的，即奥地利亲王们在通向大一统君主政体的途中唯一的障碍就是他们与新教教义所展开的殊死斗争。只有在这种情况下较弱的诸侯才有可能迫使各等级戮力同心地与奥地利强权抗衡，也只有在这种情况下所有的国家才有可能联合起来对付共同的敌人。

奥地利势力从未有过像查理五世在缪尔贝格战胜了德意志人之后那样强大。随着施马尔卡尔登联盟的建立，德意志的自由，如显示的那样，一直沉沦下去。但这种自由在它的最危险敌人萨克森的莫里茨那里又重新复活了。缪尔贝格胜利的所有果实在帕骚会议和奥格斯堡帝国会议上丧失殆尽，为进行世俗和教会迫害的一切机构在一个屈从的和约中寿终正寝。

奥格斯堡帝国会议使德意志兰分裂成两大宗教和政治派别。为什么此时才分裂呢？因为只有此时这种分裂才是合法的。迄今为止新教徒被视为叛逆者，现在人们决定像兄弟那样对待他们，这并非意味着人们因此而承认了新教，而是有必要这样做。从现在开始，奥格斯堡宗教告白获准与天主教信仰共存，但它仅仅是个受宽待的邻居，暂时享有姐妹般的权利。每个世俗的帝国等级有权把其信奉的宗教在其领地里变成占统治地位的唯一的宗教，有权剥夺对立宗教的自由传播。每个臣民都获准离开其宗教信仰受迫害的邦国。路德教义因为获得正面认可而感到极度高兴，虽然它在巴伐利亚或奥地利还处在人家脚下，但聊以自慰的是它在萨克森和图林根已成了座上客。君主们获得了自行决定在其邦国里信奉什么宗教及取缔那个教派的权利。那些在帝国会议上没有代表的臣民们在和约中几乎完全被忽略。只有在天主教占统治地位的教会邦国里，那些早已是新教徒的臣民才获得了自由宗教信仰的权利，但这也仅是罗马国王斐迪南的个人承诺，是他促成了和约的缔结。这个承诺受到了帝国中天主教一方的抗议，这种抗议写进了和约，使该承诺不具有法律效力。



倘若仅仅是观点不同而导致了情感分离，则人们对这种分离会抱无所谓态度，但这种观点是与财富、尊严和权利息息相关的，这种情况使得分离变得极其困难。两兄弟从父亲那里继承了一笔财产，至今他们是共同享有的。如今其中的一个要离开父亲的家，因此就有必要与待在家里的那个兄弟分配财产。而父亲生前就财产的分配并未作任何规定，因为他根本没料到会出现分配财产这种情况。由于先祖们的善意捐献，教会在千年间积聚了丰厚财富，而这些先祖既包括那些离开者也包括那些留下来者。继承权仅仅是与父系家族有关，还是与血统有关？先祖当时是把这笔财富赠给天主教会的，因为当时还没有其他教派，财产是指定给长子的，因为他当时还是唯一的儿子。难道教会也像贵族家族那样有长子继承权？难道优惠仅能给予其中的一部分人，因为另一部分人当时还不存在？难道路德教徒不能享受其先祖共同捐助的财富，仅仅是因为在捐献之时还不存在路德教徒和天主教徒间的区别？两大教派分别有杜撰的理由对这一有争议的问题展开争论，但任何一方都很难证明自己是正当合法的。正当合法只有在可设想的情况下裁决，也许教会的捐赠物不属于这两者；即使人们用教义的原理引申捐献者的要求，至少这也是不行的：把一种永久性的赠予变成一种可变化的见解，这事如何能想象？

倘若正当合法对此无法下裁决，则只得借助实力。现在的情形就是这样。一方坚持想得到不再能得到的东西，而另一方则竭力捍卫已拥有的东西。所有在和约缔结前已世俗化的主教辖区和修道院留给新教徒，但教皇们在保留条件中提出抗议，今后任何东西都不准世俗化。任何一个直接隶属于帝国的教会产业拥有者，如选侯、主教或修道院院长，一旦皈依了新教教会，则立即丧失其世袭领地和尊严，他得马上从其领地撤走，应立即重新物色人选来继承其位，如人死了其职位作重新安排一样。由此可见，教会诸侯的尘世生活条件与其宗教信仰息息相关。迄今为止，德意志兰的天主教会仍恪守着教会保留条件这一神圣支柱。倘若这一支柱崩溃了，他们又会变成怎样呢？教会的这一保留条件遭到新教诸等级的竭力反对，尽管这一保留条件最终还是纳入和约，但由于有明确的附言致使两派在这一点上未曾取得和解。难道保留条件对新教方面产生的束缚力能大过斐迪南在教会机构方面所作出的有利于新教臣民的许诺对天主教方面产生的约束力？可见和约留下了两个争议点，日后它们成了战争的导火线。

宗教自由和教会财产的情形是这样，法律和尊严亦是如此。

德意志的帝国体制被算成是一种唯一的教会的，因为在帝国形成时只有一种教会。但教会分裂了，帝国议会分成两个宗教派别，难道整个帝国体制还能例外地遵循一种唯一的教会？迄今为止，所有皇帝均是罗马教会的儿子，因为罗马教会到目前为止在德意志兰还没有竞争者。究竟是与罗马的关系对德意志人皇帝显得要紧还是德意志兰在皇帝身上体现了自身价值？但是也还有信奉新教的部分是属于整个德意志兰的，倘若皇帝一直由天主教徒来担任，那谁来体现新教徒的利益？在帝国最高法院，德意志诸等级是自行其是的，因为它们自行聘任法官。他们自行审判，能产生同样的公正，这也是创办者的意图所在。但倘若不是两大教派在最高法院均有席位，则这种意图能实现吗？法院创办之初，德意志兰还只有一种宗教信仰，这纯属偶然，但任何等级都不能通过法律途径对另一等级实行压迫，是设立法院的根本目的。但倘若只有一个宗教派别在法院中拥有席位并对另一个派别进行审判，便与设立法院的目的相抵触。现在一种偶然发生了变化，是否应该牺牲这一目的？新教徒为能在最高法院赢得席位作出了不懈努力，但还总是未能赢得完全相等的票数，还没有一个新教首领被加上皇冠。



就奥格斯堡宗教和约对德意志两大教会的平等性而言，天主教会无可非议是赢家。路德教会得到的是忍耐，而天主教会付出的是危难，而不是正义公道。两个本应同等对待的势力间一直并无真正和平，仅仅是主子同一个不可征服的叛逆者之间的条约，根据这一原则，天主教会对新教教会提出了许多诉讼。总的说来，皈依新教教会仍是一种犯罪，因为依据宗教保留条件分离出去的教会诸侯将遭受惨重损失。在随后的岁月中，天主教会宁愿通过武力失去一切，也不愿自动或通过法律途径把一小点利益让给对方，因为他们还抱有希望夺回失去的东西，再说那也仅仅是偶然的损失，而放弃一种权益，承认新教徒获得的要求，会动摇天主教会的整个基础。在宗教和约中天主教会牢牢恪守这一原则。天主教会在宗教和约中让给福音新教的，并不意味着放弃。和约明确声明所有一切仅适用至下届泛教会代表大会，而下届泛教会代表大会又将尽力促成两大教会的再统一。倘若这一最终努力仍属无效，则宗教和约才享有绝对的有效性。两大教会再统一的希望是很渺茫的，天主教徒自己对此也未抱认真的态度，但尽管如此他们通过这一附加条件限制了和约，这本身意味着他们取得了胜利。

想永久熄灭内战之火的宗教和约其实只是个临时性的解决办法，是危难与武力的产物，它不受正义公道法律的支配，并非是对宗教和宗教自由更正想法。这后一类的宗教和约天主教是不可能给予的。即使人们是真诚的，福音新教也还无法容忍如此的宗教和约。也从未证实有一种无限制的公道手段对待天主教的，福音新教在其掌权之地也是压制天主教的。喀尔文教徒自然同样缺乏改善意义上的宽容，他们从未约束过自己。在那个时期签署宗教和约的条件还不成熟，人们对此的想法还太模糊。一方怎么能向另一方提出连他自己也无法办到的事呢？每一个宗教派别在奥格斯堡和约中所拯救及所得到的，得归功于这两大宗教派别在和约签署之际所处的偶然的权力关系。借用武力所得到的还得借用武力来维持。那种权力关系今后还得维持下去，不然和约便会失去其力量。人们手持剑规定了两大教会间的界限，这一界限还得通过剑来维护。较早被解除武装的那一派是会遭殃的啊！宗教和约

使德意志兰的安宁面临着多么危险的前景！

眼下帝国获得了暂时宁静，和睦的松散纽带把彼此分离的各个部分又重新维系在一个帝国躯体之中，甚至一度出现了共同利益感。但分离是事物最内在的本质，已不可能恢复最初的和谐了。尽管和约对双方的权限划分得相当明确，但人们仍会对它作出不同解释。在双方处于激战之际，和约促成交战双方停战，它把燃烧着的火焰盖住，但没能把它最终熄灭。双方均有一些要求未得到满足。天主教方认为他们失去的太多，而福音新教方则认为他们得到的太少，双方都设法按照自己的意图解释目前还不敢践踏的和约。

一些新教诸侯竭力利用路德教义，占据教会捐赠者的资产。和约签署后他们比以往更急于实现这种愿望，想把一些还没有落入己手的间接捐赠资产立即变成自己囊中之物。整个下德意志兰在短时间内世俗化了，而上德意志兰地区的情形并非如此，这主要是由于天主教方的竭力反对，因为天主教在该地区占据优势。每一个教派都在占优势的地方对另一教派的追随者实行迫害。教会诸侯作为帝国中最无保卫力的那部分人不间断地受到其非天主教邻居扩张欲的困扰。谁软弱无能，不敢以暴制暴，便只好躲避到司法的羽翼下。帝国法庭上反对新教等级袭夺教产的诉状堆积如山。帝国法庭也很想对被控方实行判决。但它获得的支持太少，无法执行判决。宗教和约使帝国各等级享有完全的信教自由，臣民也获得了随意离开其宗教信仰受迫害邦国的权利。但邦君对他所憎恨的臣民实行的残暴压迫、邦君为他所憎恨的臣民离开国度所设置的障碍、对他们实行的无名折磨、对能罗织人的情绪并带有强力奸诈的人为设置的圈套等，所有这一切宗教和约的一纸死文是无法予以保护的。受新教邦君统治的天主教臣民大声抱怨宗教和约受到了践踏，而新教臣民则抱怨天主教当权者对他们实行迫害。神学家的愤怒和争辩毒化了每一个偶发事件，这些事件就其自身而言无关紧要，但它们会激怒人的情绪。倘若这种神学的怒火已耗尽在共同的宗教之敌身上，不再发泄到自己的宗亲身上，那就太幸运了。

如果新教徒内部保持统一，便能维持发生争执的两大教派的平衡，和平也随之得到延长。但事情并非那么简单，新教内部的和睦不久就消失了。茨温格里在苏黎世、喀尔文在日内瓦所传播的教义马上在德意志兰有了响应者。新教徒内部也随之分成两派。他们几乎不再同仇敌忾对付教皇。这一时期的新教徒已与50年前发表奥格斯堡告白时的新教徒大不相同了，而这一变化的起因得从奥格斯堡告白中寻找。这一告白为新教信仰设定了一条在觉醒的研究精神能予以容忍之前的有利界限，而新教徒却不知道失去了他们脱离罗马教廷时本应得到的那部分利益。对罗马僧侣统治集团的抱怨、对罗马教会滥用权术的不满、对天主教教义的厌恶，这一切已足以使新教教会建立起统一点。但新教徒们在一个新的有利的信仰系统中寻找这种统一点，并把他们间的区别、优先权、教会的本质纳入该系统中，还把他们与天主教方所签订的条约与该系统连在一起。仅仅是作为教团的追随者他们才同意宗教和约，教友们单独地分享了和约的善举。尽管和约是有成效的，但教友间的关系由此马上变得很糟糕。倘若盲目听从教团的规章，就会给研究精神设置一个持久性的栅栏。如果人们对确定下来的

形式持不同见解，新教间的统一点即随之消失。不幸这两种情况均发生了，对双方都极为糟糕。一方坚定地固守第一个告白，而喀尔文教徒背离了此道，因而只会是以类似的方式接受另一种新教义。

新教内部的不统一就不能对他们共同的敌人提出任何借口。除了相互增长怒气外，再没有令人高兴的场面。当他们哂笑信仰改进者厚颜地宣告这是唯一真正的宗教学派；当他们新教徒自己诉诸武力反对新教徒；当他们遇意见不一时各派固守他们自己信仰的权威性，并部分地使用受尊敬的老辈资格和一种更受尊敬的多数表决票进行辩护，在这种情况下，他们现在有谁还能把天主教打成罪犯呢？新教徒的分裂也使他们自己陷入了窘境，宗教和约仅仅是针对“告白”派教友的，天主教方现在急于想澄清谁是他们的信仰同道？为不加重良心负担，福音新教方不能把宗教改革家纳入他们的联盟，但为不让有用的朋友变成危险的敌人，他们又不能把他们排除掉。因此这种不幸的分裂使耶稣会士的阴谋诡计有机可乘：新教两派间相互猜疑和破坏以往的和睦关系，相互进行责备。出于对天主教徒和自己新教对手的双重害怕，新教徒耽误了为自己教会获得与罗马教会平权这一无法弥补的有利时机。倘若人们仅仅从罗马教廷分离中，而不在奥格斯堡“告白”派中，不在新教宗典全书中寻找统一点，则新教徒就能避免所有这一切窘迫状况，宗教改革家的分离也完全无损于这一共同的事业。

尽管人们在其他所有问题上意见异常分歧，但在安全性问题上的考虑却是一致的。他们认为安全是由于双方力量均衡而出现的，它仍得靠力量均衡来维持。一派继续致力宗教改革，另一派的反致力就会使双方都保持警惕，而宗教和约的内容却永远是争执的口号。另一方迈出的任何一步都是有损于这一和约的，而自己冒昧做的任何一件事都是捍卫这一和约的。其实天主教所做的一切不全像它的对立派所指责的那样具有攻击意图，许多是为了自卫。若天主教遭到了不幸，成了失败方，则新教徒就会毫不含糊地去干天主教徒曾经干过的事。新教徒对教会财富的贪欲使得他们不会有半点宽大，他们对天主教的仇恨不会使他们表现出慷慨和容忍。

新教徒们很少信任教皇们的诚信是可谅解的。教皇们允许在西班牙、法国和尼德兰用背信与野蛮的手段去反对他们的教友，并用天主教诸侯的可耻托辞来解除由教皇立下的最神圣的誓言。他们奉行丑恶的信条是不要信任异教徒，不要对他们保持诚信。所有这些使得天主教教会在所有诚信者眼中失去了声望。一位教皇的任何一种保证、任何一种誓言均不能安抚新教徒。宗教和约这个在罗马已被庄严拒绝的东西，又怎能让耶稣会会士在整个德意志兰说成是一种临时的适应！

和约提及的共同教会大会此期间在特兰特城举行。但正如人们所预料的那样，这次会议未能使发生争执的两大宗教实现统一，也未能向统一方向迈出一步。新教徒没有派遣代表赴会，他们的这种做法无疑受到教会的抨击，因为为让新教代表出席会议教会大会已煞费了苦心。新教徒则认为一种非宗教的、用武力威逼而达成的条约是不能长期保障他们免受革出教会处罚的，因为一个以某种条件为依据的条约，难道这种条件不会随着教会大会的结束而随之取消？倘若天主教觉得已强大到可践踏宗教和约了，则他们连法律的幌子都不需要。对新教徒而言，目前人们除了对他们的力量有所敬畏外，没有什么能保护他们。

众多事情累积起来，增加了人们对天主教会的不信任。信天主教的德意志兰依附于西班牙，而此时西班牙人同尼德兰人打得正酣。这场战争把西班牙势力的核心移到了德意志兰边境。倘若决定性的一击需要这支西班牙军队，这支军队就会立即出现在德意志帝国领土上。德意志兰当时几乎成了所有欧洲强权发动战争的储存室。宗教战争把那些因和约而失去面包的士兵卷聚其中。对不少相互独立的诸侯来说，很容易把作战部队聚集起来，他们或是受利欲的驱使，或是派性斗争所致，随后会把部队出让给外国强权。腓力浦二世用德意志军队同尼德兰作战，用德意志军队进行自卫。在德意志兰招募任何一支军队都会使两大宗教派别的其中一派大受惊吓。这种招募是以压迫另一派为宗旨的。到处周游的公使、罗马教皇的特派使节、诸侯们的聚会以及任何一种不同寻常的现象总会使这方或那方遭受不幸，因此，德意志兰在差不多半个世纪中总是手持着剑，对任何一点风吹草动都会惊恐不已。

匈牙利国王斐迪南一世和他那出类拔萃的儿子——马克西米利安二世在这一令人忧虑的时期执着帝国牛耳。斐迪南以一颗正直的心和一种真正英雄般的忍耐居间调停，促成了奥格斯堡宗教和约。他想在特兰特举行的教会大会上促成两大教会的统一，但枉费精力。这位皇帝被他的侄子——西班牙的腓力浦遗弃了，同时在西本彪根[①]和匈牙利受到常胜的土耳其军队的困扰，他怎么

① 德国人称特兰西瓦尼亚为西本彪根。——译者

会想到去损害宗教和约和去毁坏他为此而付出诸多辛劳的事业呢？一再发生的土耳其战争耗资巨大，这笔费用没法从他已枯竭的世袭领地不足的贡纳中开支。因此，他需要帝国的帮助，而只有宗教和约还能把四分五裂的帝国结为一体。出于经济方面的需求，他认为新教并不比天主教不重要，因此他对新教和天主教采取一视同仁的态度。由于新教和天主教的要求大相径庭，要对两者同等对待着实不易。他取得的成绩与他的愿望总是相去甚远。他对新教徒的宽容仅仅是为了消解这场损害其孙子行将失明眼睛的战争。他的儿子马克西米利安也不见得更为走运。也许是情况所逼，也许是他没能活得更久些，不然的话，皇冠就会落在新宗教的头上。宽容新教徒的必要性教育了父亲，新教徒又把这种必要性和廉价性强加在他的儿子身上，而他的孙子既没有顺从这种廉价性也没有服从这种必要性，因而付出了昂贵代价。

马克西米利安留下了6个儿子。只有长子卢道夫大公继承了他的邦国，登上了皇位，他的其他几个兄弟只能满足于微薄的遗产。少数几个附属领地归给了他的旁系，由他们的伯父——施泰尔马克的卡尔管理，这些附属领地在卡尔之子斐迪南二世时期同其他的世袭领地合并在一起。除这些邦领外，奥地利王室所有巨大的力量都连成了一气，但不幸这是一个羸弱的联合。

卢道夫二世不是没有德行的人，如果他满足于自个儿的命运，就必然会赢得人们的爱戴。他性格温柔，热爱和平，崇尚科学，尤其偏爱天文学、博物学、化学和研究古玩。在那个令人忧虑的时代，他为自己的偏爱倾注了全副精力，他那拮据的经济状况要求他相当节俭地生活，但他不理政务，大肆挥霍。他对星象学的兴趣大到了痴迷的程度，他那抑郁和胆怯的性格使他很容易沉湎其中。这一点及他在西班牙所度过的青年时代使他很容易听得进耶稣会会士的糟糕建议，听从于西班牙宫廷，直至最后到了完全受西班牙宫廷的支配。由于迷恋业余癖好，他对自己任要职不当一回事，由于受可笑预言的惊吓，他依照西班牙的习俗避见其臣民，携带着宝石和古代艺术品藏到他的实验室和宫廷马厩中去，而此时可怕的争执已松散了德意志邦国躯体的全部联系纽带，愤怒之火已开始打击他的皇位之阶。任何人无例外地均被挡驾在外。许多十万火急的事务被搁置。由于他对是否娶伊莎贝拉公主为妻一事犹豫不决，继承富裕的西班牙遗产一事也化为乌有。整个帝国遭受着极度可怕的无政府状态的威胁。他本人没有继承人，且又不让人选出一个罗马人国王。奥地利的邦等级会议宣布不再服从他了。匈牙利和西本彪根摆脱了他的主权。没过多久，波希米亚也跟着这样做了。令人敬畏的查理五世的后裔面临着危险：他们的产业部分得给土耳其人，另一部分得给新教徒；此外他们还得屈从于欧洲一位伟大君主为对付他们而组合起来的可怕的诸侯同盟。德意志兰内部发生着历来发生过的皇帝空缺或皇帝缺少皇帝意识所发生的情况，各等级在受帝国最高统治者的伤害及被遗弃后开始实行自救，他们结成联盟，以弥补缺少皇帝权威这一缺陷。德意志兰于是分裂成两大以武力相对峙的联盟。而卢道夫这个受一方鄙视的对手和对另一方无力的保护者，无能和多余地站在两者之间，他既不能摧毁前一方，也不能控制另一方。在内敌面前连自己的世袭领地也无法维护的诸侯，德意志帝国对他还能期望什么呢？为阻止奥地利世系的整个崩溃，他自己的家族起来反对他。一个强大的派别投身到他兄弟的怀抱。他被从所有的世袭邦国中驱逐出去，除了皇位外，一无所有。他的去世使他及时避免遭到最后的羞辱。

这是德意志兰糟糕的守护神，它正是在那个令人担忧的时代让一个叫卢道夫的人当上了皇帝，而那时只有机智善变，且具有强腕力量的人方能挽救帝国的和平。倘若在较为平静的时刻，德意志的邦国躯体懂得自救，以及在神秘主义的黑暗中，卢道夫也会像许多其他同样身份的人那样，隐藏自己的弱点。他缺少迫切需要的道德品行，因此他的无能也就暴露在光天化日之下。德意志兰的处境需要一位皇帝，他能借助自救手段加强他的决定，而外表也是如此辉煌的卢道夫的诸世袭邦国却把这位君主推到极为窘迫的境地。

奥地利亲王们虽然都是天主教诸侯，而且还是罗马教廷的支柱，但他们的邦国较之天主教邦国相去甚远，新的见解在这些地区无孔不入。由于斐迪南的窘迫困境和马克西米利安的宽容善意，新的见解在这些地方广为流传。在奥地利诸邦的传播范围要比在德意志兰小。较大多数贵族-骑士等级信福音新教，而在城市中新教徒占绝对优势。新教徒们把自己的资金带往各地，他们很走运，不经意间就占领了一个个地区和一个个同业集体，天主教徒从这些地方被排挤出去。在众多的贵族-骑士等级和城市议员面前，为数不多的高级教士的声音显得那么微弱。他们那种无礼的冷嘲热讽及对他人伤害性的蔑视迫使他们从邦议会中消失。因此整个奥地利邦议会不经意间就成了新教化。从此，宗教改革以最快的速度成为一种公开的存在。君主依赖于邦等级会议，因为他们能决定是否向君主纳税。他们利用斐迪南及其儿子经济拮据情况接连向这些诸侯逼取宗教自由。马克西米利安最终同意了贵族-骑士等级提出的自由从事宗教的要求，但这种自由仅局限于他们自己的领地和宫殿。可是福音新教传教士过分的狂热超越了这一明智的目标，他们不顾禁令在不少邦城市，甚至在维也纳公开布道，大批人众涌向这一新的基督福音。同时也佐以天主教徒的讽刺和诅骂。这无疑是在给狂热主义火上加油，两大如此贴近的教会由于受不洁热情之毒刺而加深了相互间的仇恨。

在奥地利家族的袭承国中，匈牙利是除西本彪根外最不安全也是最难坚守的领地。由于这两个邦国没有可能在近在咫尺的土耳其优势强权面前坚守领地，斐迪南便迈出了很不光彩的一步，即通过每年纳贡的方式承认土耳其对西本彪根的最高主权，真是无能的可耻！此外，这种做法对不安分贵族也是危险的刺激，如果他自以为有理由抱怨他的君主的话。匈牙利人并不曾绝对地臣服于奥地利王室家族。他们坚持自由选举国王，坚决要求获得与这种自由选举不可分离的所有等级权利。与土耳其帝国的邻近关系和不受惩罚地自由更换君主的宽松，更强化了匈牙利贵族这方面的固执。出于对奥地利政府的不满，他们投入了奥斯曼人的怀抱。由于对奥斯曼人的不满，他们又回过头来接受德意志人的主权。这种经常性及迅速地从一个统治者投靠到另一个统治者的做法使他们的思维方式也随之发生变化。由于不知道他们的国家究竟应该处于德意志人的统治之下呢还是应受奥斯曼人的统治，导致了他们的思想在背离和服从两者间举棋不定。这两个国家对降低身份成为外来君主治下的省份越感到不幸，便越坚定他们想听从自

己中间某个君主的意愿，而对一个有事业心的贵族来说要想得到他们的敬意并不是件很困难的事。邻近的土耳其巴夏[①]很乐意为他们推选一名奥地利君权和王冠的反抗者，而在奥地利，人们也乐意允许由另一个曾经从土耳其政府那里夺得这些省份的人来据有该省，而只要能拯救最高主权之名声和由此获得反对土耳其人的屏障就行。许多此类的大贵族如贝托里、博克斯凯、拉科奇和贝特伦相继以这种方式在西本彪根和匈牙利当上了有纳贡义务的国王。他们采用的治国手腕不外乎是与敌人结盟，以便令他们的君主更感害怕。

斐迪南、马克西米利安和卢道夫，这三位西本彪根和匈牙利的统治者，为使这两个国家在土耳其人的扩张及内部暴乱时期能生存下来，耗尽了其他邦国的资金。这块土地上交替进行着毁灭性的战争，虽然也有短期的停战，却也无济于事。国土荒芜日盛一日。饱受虐待的臣民对他们的敌人和保护者均提出了控诉。宗教改革之火也蔓延到了这些国家，这里的宗教改革在保护等级自由和在骚乱的掩盖下取得了引人注目的进步。现在人们不谨慎地触犯了这些。宗教的狂热性使政治上的小派别变得更加危险。西本彪根和匈牙利的贵族在果敢的叛乱者博克斯凯的率领下举起了反抗旗帜。匈牙利的反叛者打算同奥地利、摩拉维亚和波希米亚恼怒的新教徒干一番共同的事业，把所有这些邦国都拖入一场可怕的叛乱漩涡，这样无疑会导致奥地利王室的没落，而教皇的统治也不可避免地在这些国家中没落。

① 土耳其总督之音译。——译者

奥地利的大公们，即皇帝的兄弟们早就以沉默的不满关注着王室的沉沦。最近发生的事情使他们作出决定。马蒂亚斯大公——马克西米利安的次子，匈牙利的总督和卢道夫可能的继承人站出来支撑哈布斯堡沉沦的王室。这位大公正当青年，且受着不正当虚荣心的驱使，不顾王室家族利益，接受了尼德兰几个反叛者要他去他们的祖国捍卫他们的民族自由而同他的亲戚腓力浦二世作斗争的邀请。马蒂亚斯误把一些个别派别的声音当成整个尼德兰民众的呼声，听从了这一召唤出现在尼德兰。但他所取得的成就却很少能满足反叛者的愿望和自己的期待。他不光彩地从这一不明智行动中抽身出来。他第二次出现在政治舞台上时就光彩多了。

当他对皇帝一再提出要求无效果时，他便召唤其兄弟和堂兄弟这些大公去普雷斯堡，在那里同他们商讨了王室日趋增长的危险。兄弟们一致委托他作为长兄的身份去捍卫被他们那低能兄弟所废弃的他们那部分继承份额。他们把自己所拥有的权力和权利均交付给这位长兄，并授予他明智地决定他们共同利益的绝对全权。马蒂亚斯马上便与土耳其政府和匈牙利叛乱者进行谈判。凭着他的机智，他与土耳其人签署了和约，挽救了匈牙利的剩余部分；通过与奥地利反叛者签署条约，重新得到已失去的省份。但卢道夫既嫉妒他的邦君权力，又疏于维护这种权力。他阻挠认可和约，因为这在他看来是违法的，是对其最高权力的侵犯。他指责这位大公与敌人达成共识，并以背信弃义的意图觊觎匈牙利王冠。

马蒂亚斯的工作热情绝大多数出于其自私计谋，但皇帝的态度加速他执行此项计谋。他不久前给匈牙利人送去了和约，对此匈牙利人深表感谢，从而赢得了匈牙利人的好感，通过他的谈判者的活动又确保了匈牙利贵族们的忠诚，而在奥地利他又有众多的追随者，因此他现在敢于大声宣告其意图。他手握武器开始与皇帝清算。奥地利和摩拉维亚的新教徒早就准备起义了，现在获得大公许诺的宗教自由，大胆而公开地站到他一边来了。早就预示的与反叛的匈牙利联合的威胁实际上已出现。一个反对皇帝的可怕密谋突然形成。而当皇帝下决心改正所犯的错误时已为时过晚。他徒劳地试图解决这有害的联盟。所有的人都手握武器。匈牙利、奥地利和摩拉维亚均宣誓效忠马蒂亚斯，而此时的马蒂亚斯已上路去波希米亚，目的是搜寻待在城堡中的皇帝，并切断他的权力神经系统。

就奥地利而言，波希米亚王国与匈牙利相比并非是个较安稳的领地，但两者有明显区别，即波希米亚有较多的政治原因，而匈牙利则更多出于宗教原因才酿成不和。在波希米亚，路德前的100年就已燃起了宗教战争最初之火，而路德后的100年则点燃了三十年战争之火。由约翰·胡司倡导的教派此时还留在波希米亚人的记忆之中，该教派在仪式和教义上与罗马教会有类同之处。根据圣餐的某个教义，胡司教徒可以两种身份享用两种东西的圣餐。胡司是依据巴塞尔宗教会议的一个特殊条约（波希米亚条约）才享有这种特权的。尽管这一条约后来受到了教皇的竭力反对，但胡司教徒还是在法律的保护下，继续享有条约给予他们的特权。为王国所用是这一教派唯一的也是最为明显的区分标志，所以人们把这一派别称为圣杯派（Utraquisten，它以两种东西受圣餐），他们也就容忍了这种称呼，因为这种称呼使他们想起那种名贵的特权。但在这一称呼的背后也隐藏着波希米亚和摩拉维亚兄弟们远为严格的教派。这一教派在一些远为重要的问题上与占统治地位的教会存在分歧，而与德意志新教徒有许多共同之处。后两者为德意志及瑞士的宗教革新带来了好运，因为以圣杯派的名称传教他们不会受到迫害，而他们那些改变了的原则也可在这一名称下隐蔽起来。

总的说来他们与圣杯派仅在名称上相同，按其本质，他们是完全的新教徒。由于深信他们拥有众多的追随者，由于深信能得到皇帝的宽容，他们在马克西米利安统治下便敢于显露出真实思想。他们仿效德意志人的榜样，建立起自己的教派，既承认路德教义又承认改革派教义，并要把他们先前圣杯派教会所享有的所有特权转归这一新的教派。这一要求遭到了天主教诸等级的反对，他们只能以皇帝对此的口头承诺聊以自慰。

马克西米利安在世时，他们的新形象仍得到了他的极度宽容。但在他的继承人统治时，情况就发生了变化。他发了一道敕谕，剥夺了波希米亚兄弟的宗教自由权。波希米亚兄弟与其他圣杯派没有任何区别。这道敕谕对波希米亚其他教友也同样生效。因此在邦议会上，所有的人都起来反对这种皇家授权，只是没起什么作用。皇帝及天主教诸等级以条约和波希米亚王国法律为依据进行争辩，这里面当然没有维护宗教利益的条文，当时宗教还未为自己赢得民族的声音。但从那以后情况发生了多大的变化！当时还是个没什么影响的教派，现在已成了占统治地位的教会。用旧条约来规定一种新出现宗教的界限，岂非纯系一种刁难？波希米亚的新教徒用马克西米利安的口头承诺及德意志人的宗教自由据理力争，但无济于事，他们被驳回了。

当马蒂亚斯以匈牙利、奥地利和摩拉维亚君主身份出现在科林时，波希米亚就出事了。波希米亚的邦等级会议也起来反对皇帝了，这使得皇帝陷入了极度窘迫的境地。被他的所有世袭邦国所遗弃的皇帝把他的最后希望寄托于波希米亚诸等级，但是后者只想利用皇帝的境况来实现自身的要求。许多年后，皇帝又公开出现在布拉格的邦议会上，他这样做是想向人民展示他还确实活着。他所经过的宫廷过道百叶窗均须打开，以此来证明他走了多远。但他所担心的事终于发生了。对自身的重要性非常清楚的诸等级，只有在人们完全确保他们的等级特权和宗教的绝对自由权后，才愿意跨出一步。现在再想用陈旧的借口予以搪塞，实属徒劳。皇帝的命运受他们的控制，他不得不屈从于这种急迫状况。然而皇帝只是答应了他们的其他要求，至于宗教事务则留待下一届邦议会予以更正。

于是波希米亚人拿起了武器进行自卫。两兄弟间将点燃一场血腥的内战。但最怕像奴隶般依赖于等级会议的卢道夫不希望发生战争。他急忙以一种和平的方式容忍了大公爵兄弟。在一份公开放弃记录中他慷慨地把奥地利和匈牙利王国让给了他的兄弟，并承认他兄弟以他的继承人身份出任波希米亚国王。

为摆脱这一困境，皇帝付出了昂贵代价，但紧接着他又陷入了一种新的窘境。波希米亚的宗教事务曾被推迟到下一届邦议会上讨论。这个邦等级议会于1609年举行。它要求像先前统治的皇帝那样，同样享有自由的宗教习俗，要求一个自己的教会监理会，要求把布拉格科学院让给他们，并准许他们自筹资金设立保护人或自由卫士。但皇帝仍持先前那种回答，因为天主教那方已牵制住了这个胆怯皇帝所要作出的任何一个决定。尽管诸等级代表接二连三地，甚至用咄咄逼人的言辞重申他们的意见，卢道夫仍坚持第一个声明，即不会同意老条约中的任何内容。邦等级会议最终不欢而散。被皇帝激怒了的诸等级为实现自救，商定在布拉格擅自集会。

出席布拉格会议的人数更多。他们不顾皇帝禁令，几乎是在皇帝的眼皮底下自行商讨事宜。皇帝最初表现出的妥协只是表明他是多么害怕他们，这益发加剧了他们的固执。但皇帝在关键问题上仍不让步。他们诸方威胁，决定在他们自己控制的所有地区实行宗教自由，对皇帝所处的困境置之不理，直至其屈服于他们为止。他们甚至自行设立了为皇帝所拒的保护人。三个等级的每一等级各出 10 名防御使。他们想借此迅速建立起一支军事力量，这次起义的主要支持者屠尔恩伯爵被任命为总卫官。他们的这种举措最终迫使皇帝让步，现在就连西班牙人也劝其让步。由于害怕这些已被激怒的诸等级最终投入匈牙利国王的怀抱，皇帝签署了引人注目的波希米亚大诏书。依据大诏书，各等级代表是在皇帝的继承人领导下行动的，他们的骚乱也就变得正当了。

由诸等级推荐给马克西米利安皇帝的这一波希米亚教派，在大诏书中获得了与天主教教会完全平等的权利。波希米亚的新教徒仍称自己为胡司教派中的圣杯派，它获得了布拉格大学和一个自己的教会监理会。这个监理会完全独立于布拉格大主教宝座。诏书公布时，波希米亚新教徒在城市、乡村和集市已拥有的教会均归他们所有。倘若他们还想设立新教会，则得向贵族等级、骑士等级及所有城市开放。大诏书的上述章句缓解了使欧洲陷入战火的不幸争端。

大诏书使信奉新教的波希米亚成了共和国的一类。诸等级认识到了他们在受指责时凭借坚定、和睦和协调一致所获得的力量。皇帝除了拥有邦君权力的幻影外，别无所有。在那些所谓自由保卫者的人物中，暴动意识被危险地激励起来。波希米亚的例子和幸运对奥地利其他世袭邦国产生了很大诱惑力。所有的世袭邦国都准备采取类似的手段索取类似的特权。自由的精神从一个省份传到另一个省份。由于新教徒们很走运地利用了奥地利亲王间的不一致，因而人们急于想让皇帝同匈牙利国王和解。

但这种和解不可能是真诚的。卢道夫受到的伤害实在是太大了，无法宽恕对方。他心中仍怀着对马蒂亚斯的深仇大恨。他痛苦而又不满地想着，波希米亚的君主节杖最终也将落到一只如此可恶的手上。而如果马蒂亚斯未继承就离开了，也不能给他带来多少安慰。因为那时斐迪南——格拉茨的大公爵会成为家族首领，此人也不讨他喜欢。为了不让此人及马蒂亚斯继承波希米亚王位，他想到了一个办法，即让斐迪南的兄弟——莱奥波德大公爵、帕骚主教获得这份继承权。在他所有男系亲属中他最偏爱他，也是最值得称道的一位。波希米亚人对其王国自由选举的理解及对莱奥波德个人的偏爱有利于他实现这一计划。在此他考虑得较多的是党派性和报复欲，而不是自己家族的利益。为贯彻这一计划，他需要一支武装力量，他也确实在帕骚主教区召集起了一支队伍，无人知道这个军团究竟用来干什么。但由于未发军饷，这支队伍未通告皇帝就突然向波希米亚进袭，并在那里为所欲为，使得整个王国都起来反对皇帝。皇帝竭力向波希米亚各等级解释他的无辜,但无济于事,因为他们不相信他。他尽力想制止他的士兵们那专横跋扈的行为,但他们不听从他。大家都认定他这样做是想毁掉他的大诏书。自由保卫者于是把整个信奉新教的波希米亚武装了起来。马蒂亚斯也被召了回来。皇帝在驱散他的帕骚部队后来到布拉格,已失去了一切帮助,所有的顾问均离开了他,在布拉格他自己的宫殿里人们像对待囚犯那样监视着他。而在此期间,马蒂亚斯却在人们的一片欢呼声中回到了布拉格。此后不久,卢道夫很沮丧地承认他为波希米亚国王。命运如此残酷地惩罚了这位皇帝,使他在世时就得把这个王位让给他的敌人,而这本来是他死后都不愿赐给的。人们为完全羞辱他,乃迫使他签署一份亲笔的卷档,放弃了他在波希米亚、西里西亚和劳西茨拥有的所有职责。他心腑欲裂地这样做了。他总自以为负有其责的那一切,就此离他而去。签完字后,他把帽子扔在地上,咬碎了羽管笔,因为这支笔使他做了如此可耻的事。

当卢道夫接二连三地失去世袭邦国时,他也未想办法来维护好皇帝尊严。分布在德意志兰的各宗教派别均设法以别的派别为代价改善自己,或采取措施反对其他派别的进攻。握住帝国君杖的那只手越是软弱,新教徒和天主教徒便更放纵,他们对对方的戒备心也就越强,对对方的猜疑也就越多。这位皇帝是受耶稣会士支配的,被西班牙人的意见所左右的,因此新教徒有足够的理由对此感到害怕,有足够的借口对此充满敌意。耶稣会士在文章和布道中对宗教和约的有效性提出质疑时那种不审慎的热情,更激起了他们的猜疑,连天主教采取任何一种无关紧要的行动,新教徒都会怀疑有什么危险的目的。在皇帝的世袭邦国中对福音新教采取的任何一种限制行为都会引起全德意志兰新教徒的惊觉。奥地利福音新教臣民表现出来的那种固执态度很大程度上是因为他们在德意志兰其他地方的教友那里找到了或能找到强大的后援。马蒂亚斯的迅速走运很大程度上亦与此相关。在这个帝国中,人们相信他们之所以能较长时间享受宗教和约得感谢皇帝在世袭邦国的内乱中陷入了困境,因此人们并不急于帮助皇帝摆脱困境。

帝国议会中所有事务几乎都搁置在那里,这一方面由于皇帝的拖拉,另一方面是新教帝国等级的责任。后者定出了条文,倘若他们的控诉不被采纳,则不为帝国的共同利益出力。他们对皇帝的帝国不良治理、践踏宗教和约和帝国王家枢密院的新的非分要求极为不满。帝国王家枢密院在皇帝的统辖下开始损害议会法院的权限,扩大其司法权。皇帝通常可自行决定一些不太重要的事,遇一些重要的事则延请诸侯到场,由最高法院解决所有那些诸侯缺席时用武力自卫权未曾解决的诸等级之间的诉讼或由跟宫随行的皇家法官裁决。15 世纪末,他们委托一个正规的、持续的和常设的法庭,即设在施佩耶尔的议会法院来承担最高法院的任务。为不受皇帝的专横压迫,帝国各等级坚决要求设立陪审法官,以及审核各时期修订的法院用语。宗教和约让路德教徒也拥有诸等级所享有的那种建议权和检查权,同时允许新教法官在新教徒的诉讼中发言,两个宗教在这个帝国最高法院中达成表面的均势。

然而,宗教改革和等级自由之敌对有利于他们目的的任何情况都非常警觉。他们马上找到了一种办法来破坏这一机构的收益。皇帝私人法院,即位于维也纳的帝国王家枢密院,其设立的初衷仅仅是皇帝在行使其不容置疑的个人的权力时帮助出谋献策，成员均由皇帝自行指定，由他单独发薪。他们必须把君主的利益看成最高法则；必须把自己信奉的天主教的利益当成唯一的准绳。这一帝国王家枢密院就逐渐成了法庭，行使起对帝国诸等级的最高司法权，不同宗教的各等级间的许多诉讼现在也由该院处理，而本来这些事应由议会法院裁决，在它设立前则由诸侯委员会过问。由此可见，法院作出的裁决违背了裁决的原意，由天主教法官和皇帝走狗操纵的法庭维护的当然是天主教和皇帝的利益，牺牲了公正。尽管德意志兰所有帝国等级显得有原因去抨击当时那些非常危险的滥用职权行为，但只有受皇帝压迫最深的新教徒，且还不是所有的新教徒，以德意志自由的捍卫者身份站了出来，抨击这种处于最神圣地方的专制机构践踏了公正的维护。由于德意志兰除了议会法院外还同时存在一个专制的皇家审判权，因此德意志兰在废除了武力自卫权而代之以议会法院后事实上很少能指望带来多少幸运。德意志诸帝国等级当他们同时与皇帝在议会法院出庭审判，并为出庭审判已经放弃了以往的诸侯权时，议会法院就应该停止作为一个必要的法院机关，否则他们在反对那个时代的暴行方面就不会有些微的改善。这一时代人的头脑中常会把一些最罕见的对立面连在一起，如把暴虐的罗马遗产：恺撒的名字与当时绝对权力的概念粘连在一起。这种绝对权反对了德意志人的其余国家法，造成最可笑的意图。尽管如此，它仍受到法学家们的保护，受到专制政体的支持者们的传播，并赢得了弱者的信任。

这种普遍的不满情绪渐渐与一系列特殊事件结合在一起，这些事件使得新教徒们的忧虑最终发展到极度不信任。当西班牙在尼德兰进行宗教迫害时，一些新教家庭便逃到了信奉天主教的帝国城市亚琛，他们在那里定居下来，并秘密发展了他们的追随者。当他们通过计谋使几个同信仰的人进入市议会后，他们便要求建立自己的教会和举行公开的礼拜仪式。他们的要求遭到了拒绝，他们便通过暴力之路实现了礼拜仪式，并夺取整个城市的统治权。一个享有如此威望的城市落到了新教徒手中，对皇帝及整个天主教派无疑是沉重的一击。当皇帝想恢复先前状态的一切警告和命令均不奏效时，帝国王家枢密院便宣布褫夺该城市法律保护的命令，但这条命令得由下届政府执行。

新教徒另两个扩大地区和势力的尝试更具有意义。科隆选侯格布哈德生来就是特鲁赫泽斯·冯·瓦尔德堡[①]，深深地爱着年轻的伯爵夫人阿格娜斯·冯·曼斯费尔德——格赖斯海姆的圣女，且也不属于单相思。由于整个德意志兰都注视着这场爱恋，因此伯爵夫人的兄弟，两个狂热的喀尔文教徒要求他就损坏他们家族声誉进行赔礼道歉。但如选侯仍保留着天主教的主教身份，不结婚，家族的声誉就无法得到拯救。他们威胁选侯，倘若他不马上与他们的妹妹断绝一切往来或在圣坛前恢复她的声誉，便用他和他们妹妹的血来洗刷这一耻辱。这位选侯却漠不关心这一步产生的所有后果，除了爱的声音什么也听不见。谁也不知道，是这位选侯已倾向于改革教会的宗教呢？还是仅仅是他所钟爱人的诱惑，才发生这样的奇迹：他发誓抛弃天主教信仰，娶美丽的阿格娜斯为妻。

① 一种荣誉官职或王家扈从首领职称，1525 年后成为帝国世袭官职。——译者

这一事件是很令人深思的。根据宗教保留条件的明文规定，选侯的这种背弃信仰行为会使他失去所有主教权利。倘若天主教徒们认为无论出现什么情况都得依照宗教保留条件办，则首先涉及的是选侯领地。另一方面脱离最高权力意味着迈出了非常坚定的一步，而仅仅为当一名体贴入微的丈夫而这样做就显得更为坚定。这位选侯以牺牲选侯领地为代价更显示出他对爱情的忠贞不渝。宗教保留条件在奥格斯堡和约中反正是一个有争议的条款，整个新教的德意志兰认为至关重要的，是剥夺天主教一方所享有的和约中的第四款办法。下德意志兰的宗教机构中已有许多这样的成功先例。科隆大教堂的修士会成员中许多人信奉新教，并站到了选侯一边，选侯知道他在该市有众多的新教追随者，所有这些，再加上亲朋好友的规劝及许多德意志宫廷的许诺使这位选侯最终决定，改宗宗教的同时，仍不放弃主教领地。



但事实马上证明，为此他得投入到一场无终止的战斗中去。单在科隆邦领开放新教的礼拜仪式便遭到天主教邦等级和主教大教堂修士会成员的强烈抗议。皇帝出面干预此事，罗马给以革出教门的破门令的处罚，诅骂他是个叛教者并剥夺了他所有宗教的及世俗的显职。他的邦等级会议和修士会武装反对他。选侯召集起了一支军队，而修士会成员也这样做了。为快速得到有力的支持，修士会成员急忙地进行新选侯选举，一位巴伐利亚的亲王、列日地方的主教当选为新选侯。

一场内战于是爆发了，它是由德意志兰两大部分，两个宗教派别不得不揪住这一偶发事件而引发的，它中止了帝国和平。新教徒们对教皇擅自利用骄横的使徒暴力剥夺一位帝国选侯的帝国显职表现出极大愤慨。即使在教会统治的黄金时代，教皇们也是不具有这种权力的，更不用说在一百多年后的现在，他们的威望在一部分人中已荡然无存，在另一部分人中也已摇摇欲坠。德意志兰的所有新教宫廷在皇帝那里坚决支持新教徒们的行动。法国的亨利四世当时还是纳瓦拉的国王，他想方设法进行维护，力劝德意志的诸侯们运用他们的权利。这个事件对德意志兰的自由是决定性的。选侯委员会中有四票新教徒，三票天主教徒，这样就会使新教一方占据优势，并永远堵塞了奥地利家族通向皇位之路。

但格布哈德选侯依靠的是改革教会宗，而不是路德宗，正是这种状况造成了他的不幸。这两个教宗相互间的怨恨不允许福音新教的帝国等级把选侯看成是他们自己的人，没有大力支持他。尽管大家都给他鼓气，并许诺相助，但只有普法尔茨家族的封禄亲王——普法尔茨伯爵约翰·卡西米尔，一位狂热的喀尔文教徒，恪守诺言。他不顾皇帝的禁令，带着一支小分队火速来到了科隆地区。然而他未能做出什么惊人之举，选侯得去对付一些更为必要的事，未给予他任何帮助。倒是新选出的选侯取得较多进展，他得到了他的巴伐利亚亲戚和来自尼德兰的西班牙人的大力支援。格布哈德的军队未能从他们的君主那里领到任何军饷。他们接二连三地丢失了阵地，有的被迫投降。格布哈德在他的威斯特伐伦地区坚守得更为长久些，但在这里也被迫向优势兵力屈服。当他在英国和荷兰做了多次重整旗鼓的努力均无效后，便撤到了斯特拉斯堡修士领①，以便在那里以大教堂主教身份死去。他是宗教保

① 等同于主教辖区。——译者

留条件的第一个牺牲品，更确切地说是德意志兰新教徒不和谐的牺牲品。

科隆争端发生不久，斯特拉斯堡又发生了一场新的争端。许多信奉新教的科隆主教大教堂修士会成员与格布哈德选侯一起受到革出教门处罚后，逃进了斯特拉斯堡的诸修道院，并都得到了牧师俸禄。由于斯特拉斯堡修士领中的天主教修士会成员对是否允许他们以流亡者身份享受俸禄一事踌躇不决，后者便专横地把一切占为己有，并在斯特拉斯堡市民中发展了大批新教的追随者，并很快在该修士领中占了上风。信奉天主教的大教堂主逃到了阿尔萨斯-察贝恩，在该地主教的保护下作为唯一合法的修士会继续发挥作用，而留在斯特拉斯堡的则宣布为伪修士会。在此期间，斯特拉斯堡的修士会通过接纳众多担任高级职位的新教成员而得到了加强，他们提出在主教死后让勃兰登堡亲王约翰·格奥尔格担任新的新教主教。天主教的大教堂主当然不会同意这种选择，他们要求由洛林亲王梅斯主教来担任这一职位。此人立即通过反斯特拉斯堡地区的敌对行为，宣布发动起义。

斯特拉斯堡城为新教修士会和勃兰登堡亲王拿起了武器，而反对派在洛林军队的帮助下试图夺回教区财富，于是爆发了一场旷日持久的战争，它按那个时代的精神伴随着一场野蛮的蹂躏。皇帝徒劳地想借助他的最高权威对这场争执进行决断：教区财产在很长一段时间里由两大教派分别保留着，直至新教亲王最终得到相当等值的钱后放弃了对教区财产的要求，这里最终也只是天主教会占了胜面。

待这场争执平息后不久，士瓦本帝国城市多瑙沃尔特发生的事更令整个新教德意志兰深思。这个先前天主教统治的城市在斐迪南和他儿子统治下，新教派别通过正常途径变成了占统治地位的派别，而天主教居民只能以小教堂中放着圣十字架的附属教会为满足。由于新教徒憎恨他们，他们不得不放弃许多宗教礼拜习俗。终于修道院一位狂热的院长敢于不顾民意，举着十字架和飘扬着的旗帜举行了一个公开的天主教宗教仪式，但人们逼着他马上放弃这种行动。当这位修道院院长在皇帝有利声明的促使下第二年重复这一行动时，人们便开始动用武力了。狂热的暴民锁住了修道院大门，不让回来的修道院兄弟进去，把他们的旗帜扔在地上，用喊骂声把他们赶回了家。皇帝的一个传唤出庭导致了这场暴行，被激怒的人们甚至给皇帝的全权代表以颜色，把所有平心静气解决争端的尝试都挡了回去，结果对该城颁布了正式的帝国法外令，巴伐利亚的马克西米利安公爵奉命执行。当巴伐利亚军队逼近时，平时非常倔强的市民一下变得十分胆怯，不作抵抗便放下了武器。他们的行动使得这个城市的新教宗教被彻底取缔，城市失去它的特权，它由士瓦本的帝国城市变成了巴伐利亚的一个邦城。

两种情况伴随着这一事件，即使宗教利益对新教徒不会起太大作用的话，也足以引起他们的高度重视。帝国王家枢密院是一个极端专制及清一色天主教法庭，其公正性早就受到了新教徒的强烈抨击。它下了褫夺该城市法律保护的命令并委托巴伐利亚公爵，一个外区来的首领执行此项判决，如此违法的行径向他们预示了天主教一方要对他们实行残酷的惩罚，这种惩罚是以秘密约定和危险的计划为依据的，并会以完全压制他们的宗教自由而告终。

在强力法制要求和所有安全仅系于力量的形势下，最弱的那部分便最热心于从事捍卫活动。德意志兰目前的情形就是这样。倘若天主教徒真的决定对新教徒下手，依据明智的估计，肯定首先向南部德意志兰而不是向北部德意志兰开刀，因为下德意志的新教徒相互间紧密联系在一起，彼此很容易提供帮助，而上德意志的新教徒相互间联系很少，他们逐渐被信奉天主教的邦国包围，不堪一击。此外，倘若像人们预料的那样，天主教徒利用新教徒间的内部分裂，决定首先对它们中的单独一个派别展开攻击，则首当其冲的便是喀尔文教徒，换言之他们面临的威胁最大，因为喀尔文教徒是新教中的弱者，他们不受和约保护。

这两种情况在普法尔茨选侯邦都遇上了，它与很危险的巴伐利亚公爵为邻。由于这一地区皈依了喀尔文教，因此它未能受到宗教和约的保护，从福音新教诸等级那里也不可能获得多大帮助。那个时代没有一个德意志邦国像普法尔茨邦国那样在如此短的时间里如此快地改变他们的宗教信仰。在60年的短暂时间里，这个邦国如同其统治者手中的不幸玩偶，两次宣誓信奉路德教义，两次为了喀尔文教而背叛了路德教。弗里德里希三世选侯起初不相信奥格斯堡告白，而其长子及继承人路德维希则很快用武力使该告白成了占统治的地位。整个邦的喀尔文教徒被夺走了教堂，他们的传道士和自己的宗教学校教师均被逐出该地区。这位热忱的福音新教诸侯在其遗嘱中还想对喀尔文教徒进行迫害，只允许严格正统的路德教徒作为其未成年王子的监护人。但其弟弟——普法尔茨伯爵约翰·卡西米尔毁掉了这份非法遗嘱，依照黄金诏书的准则占据了监护权，并管理整个邦国事务。9岁的选侯（弗里德里希四世）被交给信奉喀尔文教的教师教育，这些教师承担的任务就是清除弟子灵魂中的路德异教，必要时可加殴打。人们对主子都可这样对待，更不用说对待臣民了。

弗里德里希四世统治时期，普法尔茨宫廷积极致力于使德意志兰的新教等级一致声讨奥地利王室家族，可能的话召开一个共同的会议。此时的普法尔茨宫廷听从法国的建议，而法国的建议总是刻骨仇恨奥地利。除此而外，忧虑自己的安全也迫使普法尔茨宫廷通过依靠在当时是非常值得怀疑的福音新教的保护，确保对付相近的和占优势的敌人。这种联合面临着很大的困难，因为福音新教派对这些宗教改革者的厌恶不亚于他们对罗马教皇的共同憎恶。因此人们试图先把这些宗教联合起来，以便使政治联系变得容易些。但所有这些尝试均以失败告终，反而使得每一派更坚定了它自身的信念。除了增加福音新教的恐惧和猜疑，并由此招致这类联合的必要性外，一无所获。他们夸大了天主教的力量，夸大了危险，一些偶然事件被说成是深思熟虑的计划；一些无辜事件经敌意解释而被扭曲了，天主教的一切举止均被看成是协调一致和有计划性的，其实并非如此。

新教徒们对累根斯堡的帝国议会寄予厚望，指望它能修正宗教和约，然而希望成了泡影。帝国议会除了要他们承受现有的负担外，还增加了多瑙沃尔特的压制。这样一来盼望已久的联合居然很快实现了。1608 年，在法兰克尼亚的奥豪森，普法尔茨的弗里德里希四世选侯、诺伊堡的普法尔茨伯爵、勃兰登堡的两名马克伯爵、巴登的马克伯爵和符腾堡的约翰-弗里德里希公爵，即路德教徒和喀尔文教徒为了自身和其遗产结成了紧密同盟，即所谓的福音新教联盟。该联盟的宗旨是，联合起来的诸侯在宗教事务及他们的等级权利中若受到任何伤害，则相互提供言行支持。大家团结如一人；某联盟成员若参与战争，余者应立即派兵增援。情况危急时联盟诸等级的邦领、城市和宫殿均对它的军队开放。选侯占领的东西，应按每一位成员为此提供的贡献比例作整体划分分配。在和平时代整个联盟受普法尔茨领导，但其权力应受到某种限制，支付费用须预支，须存放一笔基金。路德教徒和喀尔文教徒间的宗教差异不应对联盟产生影响，整个有效期为10年。联盟成员均须自告奋勇地招募新成员。勃兰登堡选侯愿意加入联盟；萨克森不赞同联盟；黑森无法自由作出决定；不伦瑞克和吕纳堡公爵也同样对此举棋不定。但斯特拉斯堡、纽伦堡和乌尔姆这三个帝国城市是否加入对联盟来说至关重要，因为联盟很需要这三个城市的金钱，而且他们的举动会被其他帝国城市仿效。



结成联盟的诸等级在未结盟前非常懦弱，并不令人感到害怕，但在结盟后，说话时就变得较大胆了。他们推举选侯克里斯蒂安·冯·安哈尔特向皇帝提出他们共同的抗议和要求，其中有：重建多瑙沃尔特、废除皇家宫廷诉讼、改革皇家政权和革新皇家最高层顾问。此时皇帝恰好被他的世袭领地之动乱压得喘不过气来，不久前他把奥地利和匈牙利失给了马蒂亚斯，仅仅靠那封谕信保住了波希米亚王冠，而远处于利希的继承问题终于又酿成一场新的战火，在这种情况下，这位行动缓慢的诸侯比往常更慢地作出决定是不足为奇的。当皇帝还在思忖之际，联盟已拿起了武器。

天主教徒用满腹狐疑的目光注视着联盟，而联盟也同样不信任地注意着天主教徒和皇帝，各方的恐惧和愤怒均上升到了极点。

正是在这令人忧虑的时刻，于利希的约翰-威廉公爵之死在于利希-克勒弗邦引发了一场相当激烈的继承权之争。

八位具有法定资格的继承人提出了继承遗产要求，而这份遗产的不可分性又由庄严的协定明确规定下来，而皇帝却有兴趣把它作为空缺的帝国采邑收归己有，他就成为第九位继承人。八位继承人中的四人，即勃兰登堡选侯、诺伊堡的普法尔茨伯爵、茨韦布吕肯的普法尔茨伯爵和布尔部的马克伯爵——一位奥地利亲王，以四位公主：即去世公爵姐妹的名义要求以女性封地获得继承权。另外两位，即阿尔贝廷系的萨克森选侯和埃内斯廷系的萨克森公爵引用皇帝弗里德里希三世早已授予他们这一继承权的资格和马克西米利安一世对这两个萨克森家族的认可。几个外来亲王对这一继承的要求很少被重视。最有权获得继承的要数勃兰登堡和诺伊堡方面，两者具有同等权利。两个宫廷在遗产公布后马上把它占为己有。勃兰登堡抢先这样做，诺伊堡紧紧跟上。他们先是打笔墨官司，眼看要发展到刀兵相向。此时皇帝出面干预，要他们到御前作权利商谈。这时有争执的邦才愿意接受财产暂行分离保管法，使争执的两派很快取得妥协，以回避共同面临的危险，他们达成一致，共同管理这块公爵领地。皇帝让人要求邦等级会议拒绝效忠新主人，但无济于事。他又把其亲戚莱奥波德大公爵——帕骚和斯特拉斯堡的主教，派往于利希地区，想通过他的出场帮助皇帝一方，也是徒劳无功。除于利希外，整个邦都投靠新教亲王了，而皇帝党已被困在邦首府。

于利希争端对整个德意志帝国来说是重要的事件，它甚至引起欧洲许多宫廷的关注。这场争执涉及的不仅仅是由谁来占有于

利希公爵领和谁不应该占有的问题,问题在于是天主教和新教,德意志兰这两大宗教派别谁将扩充一块如此可观的领地?谁将获得这一地区?谁将失去这一地区?问题还在于奥地利是否又在努力争取实现它的非分要求?以新的掠获物来满足其土地扩张欲,或者是否德意志兰的自由和力量的均势能否抵挡得住奥地利的非分要求?于利希的继承权争执为想促进自由及敌视奥地利的所有强权提供了机遇。福音新教联盟、荷兰、英国特别是法国的亨利四世首先卷入其中。

亨利四世这位君主的大半生输给了奥地利和西班牙王室家族,仅凭着坚忍不拔的英雄气概才使他最终克服了重重困难,搬开了阻在他和法国王位之间的这一家族,获得了法兰西的王冠。迄今为止,这位君主靠着德意志兰的动乱而坐收渔利,正是等级会议与皇帝的斗争才确保了法国的和平。新教徒和土耳其人是两只有效的砝码,分别在东部和西部抑制着奥地利势力。但奥地利一旦摆脱了这种压力,则又会从极度惊恐中重新崛起。亨利四世在半辈子人生中亲眼目睹了奥地利上演的一幕幕反映其统治欲及扩张欲的戏。这种领土扩张欲的所有热情通常确实会因笨拙而减弱,但既非可恶又非笨拙就会使某人胸中消失,只要他的胸中流入阿拉扬人[①]斐迪南的一滴血。百年来奥地利的领土扩张欲破坏了欧洲幸福的和平,引起了欧洲一些主要国家的内部发生重大变化。这种变化导致了农田不让耕种,艺术家的工作室空无一人,庞大的



① 阿拉扬,西班牙东北部的古族民,好战,13 世纪以来在阿拉扬家族国王统治下,上升为强国。15 世纪后叶屈服于喀斯提里亚王国,合并成为西班牙王国。——译者

前所未见的军队充斥国土，商海上铺盖着充满敌意的舰队。这种变化迫使欧洲的诸侯为这种不祥的需要向他们勤劳的臣民征收闻所未闻的赋税，而国家中最好的劳力都耗尽在一种无谓困顿的保卫战中。这种做法失却了居民的欢心。若继续容忍这个危险宗族随心所欲地破坏这一地区的安宁，欧洲就不会有和平，欧洲各国不会出现繁荣，不会产生一个为各民族幸福的长远计划。

这种局势困扰着亨利这个伟人的晚年情绪。为了平息这种混乱状况，亨利付出了很大代价。奥地利点燃和维持了一场长的内战，混乱中要推翻法国！每个伟人均想为永恒而工作，即便他离开法国，但只要奥地利和西班牙还维持着一支唯一的军力，谁能向这位国王保证富裕能延续多久？虽然这支军力目前被击垮并被解除了武装，但只要出现一件走运的事，它们又会联成一体，又会死灰复燃，完全令人恐慌。倘若这位君主想给他的继承人留下一个稳固的王位，让人民享受持久和平，则他必须永远解除这支危险军力的武装。正是基于此，亨利四世对奥地利王室家族怀有深仇大恨，就像汉尼拔对罗穆卢斯[1]的族民所怀的敌意那样，不可解的，灼热的，正义的，只是由于高尚的本源而显得高贵些。

欧洲的所有强国同亨利有着相同要求，但并非所有强国都能根据这一要求实施这一明白无误的政策，具有这种无私的勇气。所有的人无例外地均是被眼前利益所诱惑，唯有伟大的灵魂才关注这种远处的善事。只要他计划中的智慧是依赖智慧的，或是依

① 罗穆卢斯（Romulus），罗马神话中的人物，为罗马第一位国王的孪生兄弟，出世后被弃于梯比里乌斯荒郊，被一母狼所救并哺育成长。他把其治下的新城取名为雷穆斯，以抢劫特别是劫掠妇女而闻名于世。——译者

赖他自身力量的，则制订出来的计划只能是空想的，这种智慧将有被世人嘲笑之虞。但只要在他充满才智的计划中含有抑压暴行、贪婪和偏见的内容，而情势又赐予他实施其美好目标的自私热情，那么他是能得到人们的喝彩和钦佩的。

第一种情况就是著名的亨利计划，即将奥地利家族从它所有的领地中驱逐出去，将它的掠获物在欧洲列强间分配，这真是名副其实的幻想，自此人们总是用幻想家的名字慷慨地称呼他。难道他配得到另外名字吗？这位出类拔萃的国王也许从未想过，在实施这一计划时应考虑到一种动机，即别人也会怀有他及他的叙尔利[①]在实施这一计划时类似的动机。所有采取必要行动的国家都是受不断追逐政治强权这一最强烈动机的驱使才扮演它们该扮演的角色。对奥地利的新教徒人们不需要求什么，他们反正想摆脱奥地利的枷锁。对尼德兰人也不需要求什么，他们总是要求摆脱西班牙的枷锁。对教皇和意大利所有共和国而言最重要的事莫过于把西班牙的专制统治从半岛上永远驱逐出去。英国希望发生一场革命，借此摆脱它最深恶痛绝的敌人。每一个强国，在瓜分奥地利的掠获物时或者分得了土地或者获得了自由，或者获得新的财富，或者确保了先前拥有者的财富。由于大家均有所获，因此均势未遭破坏。法国表现得非常慷慨，它鄙薄地拒绝接受任何奥地利的掠获物，因为奥地利的没落已使它至少获益双倍，成了最强大的国家，尽管较前并未变得更强大。作为把欧洲从现状中解脱出来

① 叙尔利（Sully，1560—1641），法国的国务活动家，胡格诺教徒，亨利四世的大臣，致力于重商主义改革。——译者

的最终代价，是允许哈布斯堡的后裔自由在其他已发现或正待发现的世界自由扩张。拉法叶拉克[1]的几刀拯救了奥地利，使欧洲的安宁又延误几个世纪。

由于亨利把目光注视在这一计划上，他不得不把德意志兰的福音新教联盟和于利希继承权争执视为最重要的事件，迅速而积极地介入其中。他的交涉使节在德意志兰所有新教宫廷积极开展活动。他们只需向后者披露一星点亨利国王的伟大政治秘密或让它们察觉到一点什么就足以使它们的情绪激动起来，因为它们对奥地利怀有深仇大恨，并具有极强烈的扩张欲。亨利凭借其高超的政治手腕把福音新教联盟更紧密地拉在一起。他主动承诺提供巨大援助，以增强同盟者的必胜勇气。一支由国王亲自统率的法国大军将在莱茵河畔与联盟军会师，首先助其完成占领于利希-克勒弗邦，然后与德意志人联合向意大利挺进（萨伏依、威尼斯和教皇已在那里准备了一支强大的增援部队），去摧毁西班牙的全部宝座。这支胜利的军队还将从伦巴第出发，向哈布斯堡的世袭领地挺进，在那里借新教徒普遍起义之东风，在所有它的德意志邦国、在波希米亚、在匈牙利及西本彪根摧毁奥地利的统治权。在此期间，布拉班特人和荷兰人在法国支援下也能摆脱西班牙的暴虐统治。西班牙这股越过河岸的可怕的洪流不久前还曾威胁要把欧洲的自由淹没在它那浑浊的漩涡下，现在则会悄然无声、被人遗忘地在比利牛斯山脉后流动。

① 拉法叶拉克（Ravaillac，1578—1610），起先当私人秘书和教师，后在修道院里做杂役，1610 年 5 月 14 日出于宗教狂热杀死了法国国王亨利四世，1610 年 5 月 27 日在巴黎被处死。——译者

法国人素以速度快而著称，这次他们被德意志人赶上了。亨利出现在阿尔萨斯前，已有一支联盟部队在那里，并驱散了一支由斯特拉斯堡和帕骚主教在这一地区征集起来的想向于利希地区挺进的奥地利军队。亨利四世以政治家和国王的身份制订了这一计划，但他把这一计划交付强盗们实施。在他看来天主教的帝国诸等级没有理由会把军备对准自己，没有理由把奥地利的事搞成自己的事。宗教完全不应介入该事件。但德意志诸侯们怎么会为亨利的计划而忘了他们自己的目的呢？他们是受扩张欲和宗教仇恨的驱使才采取行动的。为了他们的统治热情，他们难道不应尽可能多地干些他们能干的事吗？他们像掠鹰一样在教会诸侯的邦国上空盘旋，选择肥沃的牧场作为他们的驻营地，以补偿他们绕了这么大弯儿所付出的。他们像是来到敌人的营地，开列了索要物品的清单，任意征收地税，武力夺取不自愿提供的东西。为使天主教徒对他们武装的真实动机不产生怀疑，他们故意大声清晰地让人听到，他们为诸教会捐设机构准备下一种什么命运。亨利四世和德意志亲王们在这一行动计划中相互了解越少，则这位杰出的国王对他的“工具”们误解越多，这是一条永恒的真理：倘若智慧要求采取暴力行动，千万不能让暴力者去使用暴力，只应委托那些视秩序为神圣者去破坏秩序。

联盟的这一行为甚至连不少福音新教等级也感到非常愤慨。天主教徒们害怕还会发生更糟糕的事。这种恐惧远远超出了他们无益的愤怒。皇帝的威信正在日益下降，无法给他们提供任何保护去反对一个如此的敌人。现在他们必须结成同盟，与联盟者再次对抗。而这正是联盟者最为害怕并予以防止的。

武尔茨堡主教起草一个天主教同盟计划，它取名为同盟，以与先前的福音新教联盟相区别。这一同盟成员达成的几点共识与联盟大致相同。它的绝大多数成员是主教，巴伐利亚公爵马克西米利安出任同盟首领，他是天主教同盟中唯一一名世俗成员，享有远远大于新教联盟首领的权力。这位巴伐利亚唯一的公爵，亦是整个同盟武装力量的公爵。同盟采取行动表现出的快捷性和坚定性是新教联盟无法企及的。除此之外，它还具有另一优势，即它的金钱来源于富有的高级教士，而不像新教联盟那样由贫穷的福音新教诸等级提供，这样就远为合理。天主教同盟没有给作为一个天主教帝国等级的皇帝提供任何东西，也没有就同盟之事向这位皇帝作解释。同盟是一下子崛起的，有一支相当强大的武装力量，它的最终目的是消灭新教联盟。这种目的在三位皇帝统治下均未改变。尽管它是为奥地利而战，因为它的目标是对准新教诸侯，但没多久奥地利自己也对它感到害怕了。

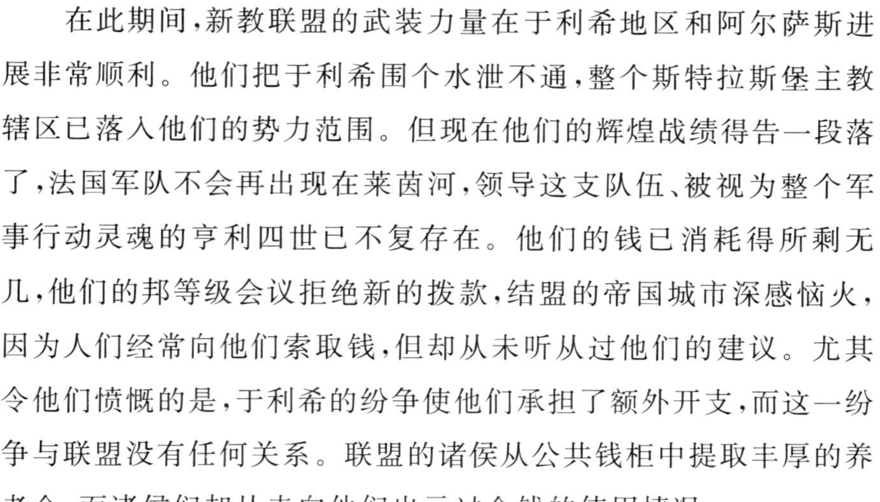

在此期间，新教联盟的武装力量在于利希地区和阿尔萨斯进展非常顺利。他们把于利希围个水泄不通，整个斯特拉斯堡主教辖区已落入他们的势力范围。但现在他们的辉煌战绩得告一段落了，法国军队不会再出现在莱茵河，领导这支队伍、被视为整个军事行动灵魂的亨利四世已不复存在。他们的钱已消耗得所剩无几，他们的邦等级会议拒绝新的拨款，结盟的帝国城市深感恼火，因为人们经常向他们索取钱，但却从未听从过他们的建议。尤其令他们愤慨的是，于利希的纷争使他们承担了额外开支，而这一纷争与联盟没有任何关系。联盟的诸侯从公共钱柜中提取丰厚的养老金，而诸侯们却从未向他们出示过金钱的使用情况。

当天主教同盟以一种新的充满活力的力量出现在新教联盟面前时，新教联盟已行将崩溃。由于金钱短缺，它无法继续作战，而在一个结束争执的敌人面前放下武器确实又很危险！为了至少确保一边的安全，该联盟马上与以前的敌人莱奥波德大公爵握手言和，双方达成一致，均从阿尔萨斯撤军，释放俘虏，对往事不再追究责任，一种很有前途的军备就这样化为乌有。

以前新教联盟凭借其实力，对天主教的德意志兰用命令性的口吻说话，而现在天主教同盟以彼之道，还施其身，用同样的口吻来对待新教联盟和其军队。同盟揭发他们的劣迹，严词谴责，真是罪有应得！武尔茨堡、班贝克、斯特拉斯堡、美因茨、特里尔、科隆及其他一些城市的教会捐设机构曾遭到过新教联盟的蹂躏，遭受的损失将得到补偿，水路和陆路关卡再度开放(因为新教联盟也曾强占过莱茵河航道)，一切恢复到先前状态。人们要求联盟盟友就为何结成联盟作出详细而明确的解释，眼下轮到新教联盟屈服于强大势力了。他们没想到会遇上如此强劲的对手，且是他们自己向天主教派泄露了强大的秘密。虽然乞求和平有损于他们的自尊，但他们还是应该庆幸为自己得到了和平。一方许诺给予补偿，另一方许诺给予宽恕，双方均放下了武器，战争风暴再一次消失，出现了短暂的宁静。眼下波希米亚爆发了起义，起义剥夺了皇帝最后一块世袭领地，但新教联盟和天主教同盟均未介入到波希米亚的纷争中去。

1612 年皇帝终于去世。如同他在位时那样，没有多少人悼念他。当各届继任政府带来的不幸早已把他那届政府带来的不幸忘却了之后很久，才对他出现缅怀之情。德意志兰目前正被可怕的黑夜笼罩着，人们用血泪来追忆那位皇帝。

人们绝不可能从卢道夫那里指望在帝国中选举继承人。所有人满怀忧虑，期待着皇位继承问题的尽快解决。出乎人们所料，马蒂亚斯迅速而从容不迫地登上了皇位。天主教徒赞同他，因为他们对这位诸侯充沛的精力寄予厚望；新教徒们赞同他，是想利用他的年迈体弱。把这种矛盾统一起来并不困难，那一方是相信他曾经显示出来的，这一方则依据他现在显示出来的进行判断。

新皇登基时刻总是人们表达希望的中彩日子。国王在其选举国的第一届帝国议会里面通常得经受严峻的考验。那个老的申诉被提了出来，而新的申诉又被搜索出来，以便在所希望的改革中分享成果。新国王必须有全新的创造力开始工作。新教的帝国诸等级还清楚地记得，他们的奥地利同宗教友当马蒂亚斯发动叛乱时所给予他们的巨大帮助，而马蒂亚斯为此酬谢他们的方式更令他们记忆犹新，目前这就成了他们的模式。

借助于奥地利和摩拉维亚新教诸等级的庇护，马蒂亚斯开始寻找使其兄弟通向王位的道路，而且真的找到了。但是，他被他的雄心勃勃的计划所吸引，没有考虑到他这样做同时也为等级会议开辟了为其君主立法的道路。这一发现使他及早地从幸福的陶醉中清醒。他几乎不露声色得意扬扬地接见波希米亚人群后再接见他的奥地利臣民，人们便向他递交一份最顺从的请求，这份请求足以败坏他的凯旋喜悦之情。人们要求在向他进行宣誓效忠之前，城市和集市获得不受限制的宗教自由权，天主教徒和新教徒应享有完全平等的权利，新教徒同样有权享受所有的服务。在许多地方人们自行获得了这些自由权。由于对新政府充满了信心，有些地方甚至擅自恢复了曾被皇帝取缔的福音新教礼拜仪式。马蒂亚斯虽然没有拒绝利用新教徒对皇帝的不满情绪，但他从未想到去扩大这种不满。他想用一种坚决而果断的语调把人们的这些非分要求消弭在萌芽状态。他谈到在这个国家的世袭权利，在宣誓效忠前他不愿听见任何条件。他们的邻居，施泰尔马克的等级会议曾对斐迪南大公作无条件宣誓效忠，但不久就深感后悔。以此为鉴，奥地利的等级会议坚决拒绝宣誓效忠。为防止被武力逼迫宣誓效忠，他们甚至离开了首都，并呼吁天主教诸等级采取类似的反抗行动。他们着手招募军队，采取步骤恢复与匈牙利的旧联盟。他们竭力争取新教帝国诸侯来维护自己的利益，并郑重其事地准备用武力实施自己的要求。

而匈牙利人提出的高得多的要求，马蒂亚斯却毫不犹豫地答应了，因为匈牙利是个选举王国，该国的共和宪法证明了其等级会议当他面提出的要求是合法的。他对等级会议的迁就在整个天主教世界看来是合情合理的。而奥地利则不同，他的前任们在奥地利行使大得多的最高统治权，他为了不致遭整个天主教欧洲的辱骂，不引起西班牙和罗马的愤怒，不受他自己的天主教臣民的鄙视，他不能把这些最高统治权拱手交给等级会议。他的几位严格的天主教顾问，尤其是维也纳主教梅尔希奥·克勒斯尔基本上掌握着他，鼓励他宁愿所有的教会被新教徒武力夺走，也不要让给他们一点合法的权利。

但不幸的是，当马蒂亚斯陷入这一尴尬境地时适逢卢道夫皇帝还在世，并成了这一惊人事件的目击者。此人因而轻而易举地用其兄弟取胜他的武器来对付他，这也是卢道夫与他那些叛乱性的臣民达成的谅解。为避免这一打击，马蒂亚斯乐意接受了摩拉维亚邦等级会议提出的在他和奥地利间充当调解人的请求。两方组成谈判委员会在维也纳举行了会议。会上奥地利代表的一番话即使在伦敦英国议会里都会令人惊讶。委员会中的新教徒想要在他们祖国享有比一小撮天主教徒不更坏的尊重。马蒂亚斯让他的新教贵族逼迫皇帝作出妥协：在有80个教皇追随者的地方，就应有300个福音新教的男爵。卢道夫的例子为马蒂亚斯敲响了警钟。他得避免为占领天堂而失去尘世。由于摩拉维亚等级会议照顾皇帝的利益，没有履行调解人的职责，最终转入了奥地利同信仰者那一派；由于德意志兰的新教联盟竭力坚持他们的要求而影响了调解；以及由于对皇帝报复手段的恐惧，马蒂亚斯被逼入困境，他最终容忍人们从其手中夺取那份有利于福音新教徒的声明。

现在德意志兰的新教帝国等级在同皇帝的斗争时采用了奥地利邦等级会议对他们大公的斗争模式，也确实卓有成效。1613年，在累根斯堡举行的第一届帝国议会原本打算对一些最紧迫的事情作出决定；为反对土耳其的战争和反对西本彪根的贝特伦·加博尔侯爵的战争筹措必要的款项，因为后者在此期间在土耳其人帮助下已成了该邦国君主，甚至对匈牙利构成了威胁。而新教帝国等级在会上向皇帝提出了一个他意想不到的全新要求。在诸侯委员会中天主教的票数总是占据多数，由于所有一切均由多数票决定，因此尽管福音新教徒内部多么团结一致，他们的意见通常不被重视。但现在天主教徒得放弃他们的多数票优势。今后任何一个宗教派别均不允许通过不可改变的多数把其他派别的票数拉到自己份上。事实上，倘若福音新教在帝国议会上被体现了出来，帝国议会宪法显然也会使它有可能去使用这种权利。福音新教徒在提出这一要求的同时，还对帝国王家枢密院的专横司法权和新教徒所遭受的迫害提出了抗议。等级会议的全权代表们奉命，在他们提出的上述要求得不到一个较满意的答复前，不参加集体讨论。

这一危险的分裂行为毁坏了帝国议会，并有可能使商谈永远无法达成一致。皇帝是多么真诚地希望像马克西米利安——他父亲那样用政治手腕在两大教派间保持中立。但目前新教徒的举止迫使他在两者间作出令人忧虑的抉择。在目前的急迫情况下，帝国等级会议的共同拨款对他是必不可少的。倘若他不想失去一方的支持，就不能向另一方允诺承担义务。由于皇帝在自己的世袭领里没有很牢固的基础，他根本不敢与新教徒公开作战。但整个天主教世界盯着他目前决断的那种目光、天主教诸等级以及罗马与西班牙宫廷的劝诫不容他在损害天主教利益的基础上做出任何对新教徒有利的事，这样一种进退维谷的境况会把比马蒂亚斯更为伟大的人也搞得焦头烂额，凭借他自身的智慧是很难摆脱这一困境的。天主教徒们的利益与皇帝威望是休戚相关的，倘若他们任凭皇帝的威望下降，那么特别是教会诸侯在遇到新教徒攻击时就不再有防卫武器了。

现在他们见皇帝犹豫不决，觉得这是给他鼓气的最佳时机，他们向他披露了天主教同盟、其整个状况、辅助手段和力量。尽管这一发现对皇帝来说不能带来多大慰藉，但在如此强大的庇护前，至少为他增添了几分同福音新教徒作斗争的勇气。他驳回了福音新教徒提出的要求，帝国议会未作出任何决定便结束了。但马蒂亚斯成了这场争执的牺牲品。为惩罚他，新教徒拒绝为他提供金钱资助，天主教徒则依然按兵不动。

土耳其人此时希望延长停战期，贝特伦·加博尔侯爵则从容不迫地占领了西本彪根，帝国躲过了外来危险，国内虽然出现了危险的分裂局面，但仍维持着和平状态。一个纯属偶然的事件给了于利希的继承权争执以出人意料的转机。这块公爵领仍被勃兰登堡选侯家族和诺伊堡的普法尔茨伯爵共同占领着。本来诺伊堡亲王和勃兰登堡公主的联姻会使这两大家族的利益不可分地结合在一起。这整个计划却由于勃兰登堡选侯在酣醉神迷时不慎打了他未来女婿一记耳光而付诸东流，这两大家族的和睦关系由此瓦解。诺伊堡亲王转向教廷一方。为奖赏他这一变节行为，一位巴伐利亚公主嫁给了他，于是诺伊堡便得到巴伐利亚和西班牙的有力保护。为让普法尔茨伯爵单独拥有于利希邦国，西班牙军队从尼德兰调入公爵领地。为赶走这些不速之客，勃兰登堡选侯把荷兰人调入这一邦国，他接受了改革派的宗教，想以此取悦他们。西班牙和荷兰这两支军队便扎营在领地里，但正如后来所发生的那样，他们仅仅是为自身的占领意图而来。

一触即发的尼德兰战争看来眼下要在德意志土地上进行了，这里已为这场战争准备了取之不尽的导火线。德意志兰的新教徒恐惧地看着西班牙人在下莱茵河畔站稳了脚跟；天主教徒则更恐惧地看着荷兰人经帝国边境而入。在西部将点燃早已把整个德意志兰挖空了的地雷。恐惧和期待是偏向西部地区的，但来自东部的一击把它点燃了。

卢道夫二世的大诏书给波希米亚带来了安宁，马蒂亚斯执政时期这种安宁又维持了一段时间，直至斐迪南·冯·格拉茨被任命为该王国新的王位继承人。

这位亲王，后面以皇帝斐迪南二世的名字将会更了解他，在他的一些世袭邦国中用暴力灭绝新教教义，成了一名教皇统治的极端热衷者，被波希米亚民族的天主教方视为他们教会未来的支柱。皇帝由于身体欠佳又使这一时刻提前到来。出于对这位如此强大的庇护者的信任，波希米亚天主教徒便不再宽容新教徒了。受天主教领主统治的福音新教臣民首当其冲地领教了这种暴虐。天主教徒敢于不多加小心，纵声谈论他们的希望，并以信口雌黄的恫吓之词，在新教徒中煽起对他们未来君主的不良猜疑。如果人们只是停留在一般状况，不特别攻击单个人物而让民众的不满情绪被首领们所用，则这种猜疑也就绝不会变成行动。

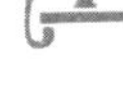



亨利希·马蒂亚斯·冯·屠尔恩伯爵不是生而为波希米亚人的，但在波希米亚王国拥有一些庄园地产。由于他对新教教义表现出极度的热情及对新祖国的极端忠诚，使他赢得了圣杯派的充分信任，为他铺平了通向最重要职位的道路。与土耳其人作战使他声誉大增，他的一些迎合举止征服了大多数人的心。他是个热情和暴躁的人，喜欢混乱场面，因为只有在这种状况下才能显露他的才华。他采取行动时不假思索，肆无忌惮，而一位稳重又充满智慧的人是不会这样鲁莽从事的。有时为了满足其热情，他甚至会毫无把握地拿成千上万人的生命去冒险。他还会很巧妙地去控制像波希米亚那样的民族。卢道夫执政之时所出现的不安宁局面他应负相当部分责任，诸等级向皇帝索要大诏书是他一手策划的。出于对他的信任，波希米亚宫廷让他以卡尔斯泰因城堡伯爵的身份，护卫波希米亚王冠和王国的自由信函。此外，远为重要的是，波希米亚民族自身还把他视为保护人或信仰的庇护者。那些控制着皇帝的贵族们不明智地把他从通往阴曹地府的前景中救了出来，让他对活跃的人世发挥影响。他们剥夺了他的城堡伯爵职位（因为该职位使他依附于赐恩的王室宫廷），以此打开他的眼界看看剩留给他的另外职位的重要性。他们伤害了他的虚荣心，虽然这种虚荣心并无碍于他的功名心。从这时起他就想寻机报复，而这一时机马上到来了。

在波希米亚人向卢道夫二世所索要的大诏书中，如同德意志人的宗教和约那样，有一主要条款未写明确。宗教和约许诺给新教徒的所有权利其实仅给诸等级会议，而不是给臣民带来好处，仅为教会邦国的臣民要求到一种不明确的内心自由。波希米亚的大诏书中提及的也仅是诸等级会议和一些王国城市，王国城市的市政府要求获得和等级会议同等的权利。上述两者获得了设立教会和学校及公开进行新教礼拜的权力。其余一些城市由它们所属的邦等级会议决定赐予臣民哪些宗教自由权。德意志帝国等级会议广泛地使用这种权利，也就是说世俗等级对此毫无异议，而教会等级由于斐迪南皇帝在一个声明中提出无权享有这种权利，它们便不是无理地反驳这一声明的约束。宗教和约中的一个争议点，在大诏书中便成了一个不明确点：前者作了不容置疑的解释，但人们是否听从却值得怀疑；而后者却把这一点留给诸等级自行解释。波希米亚的教会邦等级会议的臣民因此认为他们拥有斐迪南声明中赐予德意志主教区臣民的那些权利。他们认为自己和王国城市中的臣民是一样的，因为他们把教会财富看成王室的世袭财富。

在属于布拉格大主教的克洛斯特格拉布小城及归属修道院院长的布劳瑙城，新教臣民擅自修建了教堂。不顾领主们的抗议甚至皇帝的指责，他们居然完成了这项工程。

在此期间，保护人的警觉性有所减弱，于是宫廷认为现在可试着迈出关键性的一步。按照皇帝的命令，克洛斯特格拉布教堂被拆除了，布劳瑙教堂也被武力封禁了。市民中一些不安分子被投入了监狱，这一行动在新教徒中引起了普遍骚动，人们为践踏大诏书而大声呼叫。屠尔恩伯爵一心想报复，且又担任着保护人的职务，因此他竭力使新教徒的情绪变得更为激昂。受他的推动，特派代表们被从王国所有县区召集到布拉格，以磋商在所面临着的险情下该采取哪些必要措施。大家一致同意起草一份给皇帝的请愿书，并压他释放所有的被捕者。而皇帝的答复令等级会议非常生气，因为他的答复不是偏向着他们，而是偏向他的督抚的。皇帝叱责他们的行为违犯了法律，是一种暴乱，并下了一道敕令使克洛斯特格拉布和布劳瑙的事件合法化，他答复中有几处的措辞还带有威胁性。

屠尔恩伯爵不停地增强在集结起来的等级会议中对这封皇家复信的坏印象。他向所有参与请愿活动的人指出了他们所面临的危险，想利用他们的愤怒和害怕使他们作出使用暴力的决定。但现在让他们直接起来反对皇帝还太鲁莽。他想逐步逐步地把他们引至这一不可回避的目标上。他设法首先引导臣民对皇帝建议表示不满，进而提出这封皇家复信是在布拉格的总督衙门起草，而只是在维也纳签署的。皇家督抚中宫廷总管斯拉瓦塔及替代屠尔恩被选为卡尔斯泰因城堡伯爵的马尔蒂尼茨男爵成了众矢之的。他们曾经拒绝出席讨论如何把大诏书写进波希米亚邦国法的会议，由此把他们对新教诸等级怀有的敌意暴露在光天化日之下。当时就有人威胁他们，应对大诏书的任何未来损害负全部责任。从那时起，新教徒们便理所当然地把他们所遭受的一切不幸记在他们账上。所有天主教领主中这两位对新教臣民的态度最为恶劣。人们指责他们用狗追逐新教臣民去做天主教弥撒，并采用不允许他们举行洗礼、葬礼及禁婚等方式强迫他们皈依天主教。对这两个不共戴天的敌人很容易燃起民族仇恨，他们成了普遍不满情绪的牺牲品。

1618 年 5 月 23 日，几名全副武装的特派代表在众人陪伴下出现在王宫。他们强行冲入施特恩贝格总督、马尔蒂尼茨、罗伯柯维茨和斯拉瓦塔聚会的那个大厅，以咄咄逼人的口吻要求每人从实招供是否参与了皇帝的那封复信，是否对此投了赞同票。施特恩贝格对他们的态度较缓和，而马尔蒂尼茨和斯拉瓦塔回答得很倔强，这就决定了他们的命运。对施特恩贝格和罗伯柯维茨他们与其说是恨倒不如说是怕，他们挽起他俩的胳膊把他们架了出去。尔后抓起了斯拉瓦塔和马尔蒂尼茨，拖曳至窗旁，从 80 英尺的高处掷入王宫壕沟。两位走狗的秘书法布里丘斯随后也被掷出。整个尘世对如此罕见的处决方式既感到惊奇，又觉得公正。波希米亚人原谅了这种举动，把它看成是一种邦国的习俗，并且感到整个事件：人们从如此高处摔下就不能再健康站立起来，毫无可奇之处。皇家督抚们掉落在粪堆上，粪堆救了他们，未伤性命。

这种快速处决的方式并没有使皇帝对他们表现得仁慈些，而屠尔恩伯爵正是希望等级会议参与进来。如果等级会议当初出于

担心某种不确定的危险而认同这种暴力行为，现在则由于害怕受到确定的惩罚和变得越来越迫切的安全需要而更深地牵涉到此事中去。他们采用的这种残忍的自救行为，使他们没有观望和后悔的余地。一种单独的犯罪行为只能通过一连串的暴力行为来调解，由于这种行为无法自发产生，必须解除应受惩罚势力的武器。为把这场起义合法地坚持下去，他们任命30位负责人，强占了所有政府商务和所有王家地税，要求所有王家官吏和士兵恪尽天职，并向整个波希米亚民族发出征兵令，要求大家承担起共同的事。被看成是迄今为止所有压迫的罪魁祸首的耶稣会会士被从整个波希米亚王国驱逐了出去。等级会议认为有必要在自己的宣言中对这种强硬的决议负责。他们所采取的所有这些步骤均是为维护王家政权和法律——这是在获胜前所有叛乱者惯用的措辞。

皇家宫廷中由波希米亚起义消息所引起的轰动远没有应该达到的那么强烈。马蒂亚斯皇帝不再是位果断的英才了。以前他能在人民的簇拥下探访他的国王和主上，倾倒了三个王座，而现在，那种以往在夺权时振奋他的坚毅勇气在一种合法的保卫中已荡然无存。波希米亚的反叛者首先武装起来了，按事情的本性需要他追随。但他并不希望限制波希米亚战争。在他的统治下，所有邦国的新教徒在共同面临着危险的情况下结成一体，这种共同的宗教险情使他们相互间能很快联合起来组成一个可怕的共和国。如果他臣民中的新教部分同他拆伙，他会面对一个多么可怕的敌人啊！在一场如此有害的内战中双方的力量不就消耗殆尽了吗？倘若他输了，一切不都有危险了吗？倘若他赢了，除了毁灭自己的臣民，他还能毁灭谁呢？

基于这种考虑，皇帝和他的顾问决定采取顺从态度，萌发了和平的念头。但正是这种顺从在其他人看来是祸害的缘由。大公爵斐迪南·冯·格拉茨希望皇帝能在全欧洲面前证明对波希米亚新教徒采取任何武力行动都是正确的，并能在这一事件中走运。他认为不听命，也就是说，无视法律和暴乱总是同新教携手同行的。所有他本人及前任皇帝给予等级会议的所有自由除了助长他们的要求外，没有其他任何作用。异教徒的所有步骤都是针对邦君权力的；他们一步一步地从对抗到对抗，一直上升到最近的进攻，他们也会很快向仅剩的皇帝本人进犯。对付这种敌人只能动用武力。安宁和屈服只会化成他们危险特权的废墟。只有这一教派彻底垮台了，才能确保天主教信仰的安全。尽管战争的结局尚难确定，但放弃战争确定是错误的。叛乱者所索取的财富足够偿还战争费用。对处决的恐惧将足以教训残余的邦等级会议，使他们很快学会听命，等等。波希米亚新教徒起来自卫抗击当时这类准则的作用，难道也得受责难？而且波希米亚起义还只是针对皇帝的继承人，而不是对皇帝本人，因为皇帝未做任何令新教徒担忧的事。为堵截皇帝的继承人登上波希米亚王位之路，他们在马蒂亚斯统治时期就已经拿起武器。但只要这位皇帝还活着，他们还愿保持一种表面的服从。

但是波希米亚人已经拿起了武器。如果他们不武装起来，皇帝也绝不会甘心给他们提供和平的。西班牙出资搞军备并许诺从意大利和尼德兰派兵增援。由于在他帐下没有一个土著人值得信赖，尼德兰人布阔伊伯爵出任总司令。另一位外国人达皮埃尔伯爵指挥军队。这支军队行动前，皇帝用事先发出的宣言试探和睦之道。在宣言中他向波希米亚人说明，大诏书对他而言是神圣的，他从未做过任何有损于他们的宗教和特权的决定，就连他目前的军备也是被他们的军备逼迫所致。一旦波希米亚民族放下武器，他就会解散军队。但这封仁慈的信并未起到应有效果，因为叛乱首领觉得有必要向民众隐瞒皇帝的善意，更有甚者，他们还在教堂的布道台及传单中散布恶言，使得追随其后的那些民众为他们虚构的巴托罗缪之夜[①]而感到颤抖。除布德韦斯、克鲁莫和庇尔森 3 个城市外，波希米亚所有其他城市均参加了暴动。这 3 个城市中天主教徒占据多数，在众叛亲离的情况下它们仍效忠于皇帝，因为皇帝许诺给他们提供帮助。但屠尔恩伯爵不想让如此重要的 3 个城市落入敌人之手，这会是十分危险的，因为这意味着随时都为皇帝的兵力敞开进入王国的通道。他果断地出现在布德韦斯和克鲁莫城市前，希望通过惊吓手段征服两地。克鲁莫向他屈服，而布德韦斯对他的进攻则予以坚决还击。

现在皇帝也开始显示更多一些认真和活动。布阔伊和达皮埃尔率领两支部队开进波希米亚地区，开始采取敌对行动。但皇帝的将领们在开进布拉格途中遇到的困难比他们想象的要多。每一个通道、每一个可防守的地方他们都不得不用剑开道。他们每前进一步，受到的阻力就越大，因为军队中的士兵，其中大部分是匈牙利人和瓦龙人的放纵行为，使朋友背离，使敌人拼命。更有甚



① 又称“巴黎的流血婚礼”。1572 年 8 月 23 日夜和 8 月 24 日，天主教派乘胡格诺派首领那瓦尔的亨利与国王妹妹结婚之际，在巴黎发动对新教徒的大屠杀，被杀者约 3000 人。法国其他地区被杀者数万人。由于 8 月 24 日是耶稣十二弟子之一的巴托罗缪的节日，故名。——译者

者，当部队挺进到波希米亚时，皇帝还在向等级会议提及和平，愿意与他们握手言和。此时叛乱者面前出现的新前景更鼓起了他们的勇气：摩拉维亚的等级会议前来加盟，以勇敢保护人著称的曼斯费尔德伯爵出乎意料地亲自率兵从德意志兰赶来增援他们。

福音新教联盟首领默默无言地，但并非漫不经心地关注着迄今为止波希米亚的运动。两者是为共同事业而战的，反对的是共同的敌人。他们让盟友们从波希米亚人的命运中“读”到自己的命运，把波希米亚民族的事业描绘成德意志的联盟最神圣的事业。基于这一原则，他们承诺给叛乱者提供帮助，以鼓起他们的士气。一个幸运的偶然事件使他们出乎意料地实现了这一点。

彼得-恩斯特·冯·曼斯费尔德伯爵，是功勋卓著的奥地利臣仆恩斯特·冯·曼斯费尔德之子，他曾率领西班牙军队在尼德兰连战告捷，现在成了在德意志兰凌辱奥地利王室家族的工具。他曾效忠于这个家族，参加了最先几次远征，并在莱奥波德大公麾下，在于利希和阿尔萨斯为反对新教宗和为德意志的自由而战。但新教宗的基本原则不经意间却征服了他，当他向一名领导人要求补偿他在服役期间的花费，遭贪婪领导人的拒绝，于是他便离开了，投靠了福音新教联盟，用他的全部热情和一把常胜的剑为其效劳。碰巧萨伏依公爵——福音新教联盟的同盟者在反对西班牙的战争中需要他的帮助，便把新占领的地区让给了他。曼斯费尔德承担的任务是在德意志兰准备好一支4000人的军队，这支军队供公爵使用并由公爵承担费用。当波希米亚的战火熊熊燃烧之际，这支军队已做好了出征准备，而公爵此时恰巧不需要加强兵力，便把这支军队供联盟使用。没有什么比用他人的费用来为波希米亚的盟友服务更受欢迎的了。几乎同时曼斯费尔德伯爵得到命令，把这支4000人的军队开进波希米亚王国，并接受一种波希米亚的编号职制，在世人面前掩藏起这支武装的真正创立者。

曼斯费尔德于是来到了波希米亚，通过占领庇尔森这座坚固而又亲皇家的城市，在波希米亚王国站稳了脚跟。西里西亚的等级会议也派了一支援军增援叛乱者，他们的士气由此变得更为高涨。他们和皇帝之间很少出现决定性的但却大肆破坏的战斗，它们可被看成是一场真正战争的前奏。为了削弱他战争行动的热情，人们与皇帝商谈，甚至提出让萨克森出面调解。但在结局能证明人们是多么少情寡意对待谈判之前，死神已把皇帝从舞台上掠走。

为满足世人由于他推翻了其前任而对他怀有的期望，马蒂亚斯究竟干了些什么呢？通过不正当的途径夺取了卢道夫的皇位，在任期间又干得如此不称职，未获得什么荣誉就离去了，他所付出的辛劳值得吗？马蒂亚斯在当国王时的很长时间，就为使他变成这样的愚笨行为忏悔。在他戴上皇冠前一些年，他已因玩忽而把皇冠的整个自由损失殆尽。等级会议扩大了权力后还剩留给他的那点主动权，又被他的男系宗亲紧紧束缚着，多么耻辱。体弱多病、膝下无子的他看着世人的注意力朝向一位自傲的继承人，此人迫不及待地想抢在命运的前面，已在这个白发老人的濒临死亡的政府中开创他自己的事业。

马蒂亚斯执政时期，奥地利的德意志王室的执政世系已近灭绝，因为在马克西米利安的所有儿子中，唯有无后代且体弱多病的阿尔布雷希特大公爵尚生活在尼德兰。但他却把这种优先的继承权转让给了格拉茨世系。西班牙王室家族也在一份秘密的保证书中放弃了它对奥地利领地的所有权利，这种做法对施泰尔马克的大公爵斐迪南十分有利，于是哈布斯堡族系又在德意志兰新增了一个旁系，并可再度恢复先前奥地利的辉煌。

斐迪南是皇帝马克西米利安二世最小的弟弟、克赖因、克恩滕和施泰尔马克的卡尔大公爵的儿子，其母是巴伐利亚公主。由于他在12岁时失去了父亲，大公爵夫人便委托其兄弟巴伐利亚的威廉公爵看顾，在其监护下，他在英戈尔斯塔特学院接受耶稣会会士的教育和授业。在与一位出于虔诚而放弃统治的侯爵的交往中他能汲取什么样的准则是可想而知的。人们一方面告诉他马克西米利安亲王们对新教教宗和他们邦国混乱局面所采取的容忍态度，另一方面又让他知道巴伐利亚的祝福和统治者的那种无情的宗教狂热，他必须在这两种模式中选择其一。

这一学派把他培养成了上帝的坚强斗士、教会的精力充沛的工具。在巴伐利亚居留了5年后，他离开了那里，去管理他的世袭领地。克赖因、克恩滕和施泰尔马克的等级会议在宣誓效忠前要求获得宗教自由权，但他们得到的回答是宗教自由同效忠是互不相干的事。他要求他们无条件地宣誓效忠，他们也确实这样做了。在英戈尔斯塔特为此所拟订的草案在实施前过去许多年，才显得成熟了。斐迪南在亮出这一草案前，首先亲自去洛雷托叨圣母玛利亚之佑并在罗马克莱门斯八世脚下获得圣徒的祝福。

把新教在其占优势的地区驱逐出去，并通过一个形式上的宽容文件把斐迪南的父亲答应给这些邦国的贵族-骑士等级的特权合法化，这并非是件小事。这些特权一旦正式给予了，要收回就不会没有危险，但这位耶稣会会士的虔诚弟子不怕任何困难。残留的既是天主教的也是新教的帝国等级会议在他们的邦国执行宗教改革权时未受到抗议的例子，和施泰尔马克等级会议滥用宗教自由的行为，均可用来证明这种暴力行动的合法性。在一种乏味的成文法的保护下，人们相信可毫无顾忌地嘲弄理性和公正法则。此外，在采取这种不公正行动时，斐迪南显示出一种令人惊讶的勇气，一种着实令人称道的坚强。不声不响地，或者还可这样补充说，不取残酷的手段，他在一个接着一个城市里镇压了新教礼拜，在几年内便居然完成了这项非常危险的工作，着实令整个德意志兰感到惊讶。

当天主教徒把他当作他们教会的英雄和骑士倍加崇拜时，新教徒已把他当作最危险的敌人而开始武装起来。尽管如此，当马蒂亚斯请求把继承权给他时，在奥地利的一些选举邦国中并未受到或仅受到很小的抗议，就连波希米亚人也在可接受的条件下加冕他为他们未来的国王。后来他们得知他的建议对皇帝的政府产生非常糟糕的影响时才忧虑起来。那些给他们私授恶意，泄露他的主张的亲笔文章，使他们变得极为害怕，特别激怒他们的是斐迪南与西班牙秘密签订的一个家族条约。在该密约中他乱写下在男性继承人死后，把波希米亚王国让给西班牙，而对此他没有听听民族的意见，没有尊重波希米亚王位的自由选举权。由于在施泰尔马克实行宗教改革，新教徒中有许多人对这位亲王怀恨在心，他们在波希米亚人中干了许多对他非常不利的事，尤其是若干流亡到波希米亚的斯泰尔马克人，他们把满腔报复心带到了新的祖国，忙于孕育暴乱之火。当马蒂亚斯皇帝为斐迪南让出王位时，斐迪南国王正面临着波希米亚民族如此的敌对情绪。

民族与王位候选人间如此糟糕的关系，即使在最平静的王位继承中也会产生风暴，更不用说暴动之火现在燃烧得正旺之时。现在波希米亚民族撤回了他们的陛下，回到了自然法状态；现在，由于他们手中握着武器，由于他们的团结一致，苏醒了他们热情的自信；由于最幸运的结果，由于有望得到外来增援和令人眩晕的希望，他们的勇气提升成了极为坚定的信念！等级会议不顾已转让给斐迪南的权利，声明他们的王位问题已解决，他们的选举应完全不受约束。由于不可能采用和平征服，斐迪南若想获得波希米亚王位的话，则他面临着两种选择，要么满足波希米亚人对王位所值企望的一切来收买他们，要么用手中剑征服他们。

但用什么辅助手段来征服他们呢？他扫了一眼他欲求助的那些邦国，它们均处于熊熊烈火之中：西里西亚同时已卷入波希米亚起义之中，摩拉维亚也想追随这样做，上奥地利和下奥地利，如同卢道夫统治时那样，自由精神激荡，没有一个邦等级会议愿意效忠。西本彪根的贝特伦·加博尔侯爵正想以袭击威胁匈牙利，土耳其人的秘密军备使东部所有省份均感到惊吓。为要造成四面楚歌之势，受普遍例子的影响，斐迪南父亲的世袭邦国中的新教徒也必须高傲地站起来。在这些邦国中新教徒占据多数，在绝大多数邦国中新教徒还有收入，斐迪南得与他们交战。中立派开始动摇了，忠实追随者开始绝望，唯有怀有不良动机者有勇气。半个德意志兰向叛乱者挥手，以示鼓励，其他的人在观望着那决定意义的开球。西班牙援军还处在遥远的邦国。为他带来一切的那一刻，就是威胁他被夺去一切的那一刻。

现在即使他被困境所逼，向波希米亚叛乱者提出和平建议，也会遭到他们傲慢的拒绝。屠尔恩伯爵所率领的一支军队的前锋已来到摩拉维亚，以逼迫这唯一还在犹豫不决的省份尽快作出决定。朋友们的出现给摩拉维亚的新教徒发出叛乱的信号。布吕恩被占领了，剩留的土地也自愿仿效。整个省份均变更了宗教和政府。叛乱者们乘胜追击，向上奥地利冲去。在那里他们受到了信仰同宗的热情欢迎。“宗教不应该再有区别，所有基督教会应享有平等的权利”。据说该邦国中的外来族民也被征募来镇压波希米亚人。人们搜寻这些外来族民，要追踪这些自由之敌直到耶路撒冷为止。没有人愿意出力保卫大公爵。他们在维也纳前安了营，包围了他们的君主。

斐迪南·冯·格拉茨感到他的孩子在格拉茨不再安全了，便让他们逃往蒂罗尔，而他自己则在皇城里等待着暴乱。他手下能对付愤怒人群的士兵屈指可数，就是这些士兵也不太情愿抵抗，因为他们没有得到金钱和面包。维也纳对长时间的围攻未做好准备，城中新教徒一派占据优势，他们随时都会加盟到波希米亚人中去，乡村已招募好了反对他的军队。新教暴民已看见大公爵被封锁在修道院里了，他的邦国被分裂了，他的孩子们受到了新教教义的教育。暗藏的敌人受到重用，公开的敌人包围了他。他瞧见吞噬他所有希望和他自己的那个深渊每时每刻都会打开。波希米亚的子弹射进了皇帝城堡。16名奥地利男爵涌进了他的房间，他们边责备边冲向他，强迫他同意与波希米亚人组成邦联。其中一位拉着他短上衣的纽扣，对他嚷道：“斐迪南，你愿意签字吗？”

在这种可怕的境地不是谁都会表现出犹豫不决的吗？斐迪南再三思虑的是，他如何才能成为罗马皇帝[①]。现在留给他的，除了逃跑或是屈服外，什么都没有了。伙伴们劝他逃跑，天主教教士们劝他屈服。倘若他离开了维也纳，这座城市就会落到敌人手中。维也纳的陷落便会导致奥地利的陷落，奥地利的陷落便会丢失皇座。斐迪南不离开他的都城，也不想听从什么条件。

当大公爵还在与委派来的男爵们交涉时，城堡广场上忽然响起了军号声。在场的人有的感到害怕，有的感到惊讶。一个令人恐惧的谣言在城堡中不胫而走：特派代表一个接一个地消失了；还听说贵族和市民中有许多人仓促地逃往屠尔恩营地。为保卫大公爵，达皮埃尔的一个胸甲骑兵团在这一重要时刻开进了城，使局势发生了急剧变化。紧接着步兵也来了。许多天主教市民受这一场面的影响，鼓起了新勇气，学生们也握起了武器。一个从波希米亚传来的消息完成了这次拯救行动。尼德兰将军布阔伊在布德韦斯彻底击垮了曼斯费尔德伯爵，并向布拉格挺进。波希米亚人为了救援首都，急速地拆除了帐篷。

先前敌人为使斐迪南延误参加皇帝选举，封锁了通往法兰克福的道路，现在这些通道又重新敞开了。倘若对这位匈牙利国王来说登基德意志王位对实现他的整个计划至关重要，则这一点对他目前来说显得尤为重要，因为被任命为皇帝便会最无异议地、最决定性地证实了他个人的功绩及他所从事事业的正义性，同时也使他有望得到这一帝国的帮助。但在他的世袭邦国中用这种同样

① 指自 1508 年起被选出的神圣罗马帝国的皇帝。——译者

的阴谋追击他，也会妨碍他追求皇帝威望的活动。不应该再有一个奥地利亲王登上德意志王位，至少不让斐迪南这样做，因为他是他们宗教的坚定追随者，是西班牙和耶稣会会士的奴隶。为阻止斐迪南登基德意志王位，马蒂亚斯在世时人们就建议由巴伐利亚公爵戴上德意志王冠，这位公爵拒绝后，建议由萨伏依公爵担任这一职位。由于人们与后者在谈条件时未能达成一致，便寻求起码得延搁选举，直至在波希米亚或在奥地利那决定性的一击击破斐迪南的所有希望，使他无能造成这种威望为止。新教联盟成员想尽一切办法去挑动与奥地利利益束系一起的萨克森选侯邦反对斐迪南，并向该宫廷介绍所面临的危险，即斐迪南这位诸侯的准则及与西班牙的各种联系威胁着新教教宗和帝国宪法。他们还指出，若让斐迪南出任皇帝，德意志兰便会卷入这位亲王的个人纷争之中，波希米亚人便会把武器对准德意志人，但所有这些努力都是徒劳的。选举还是如期举行，斐迪南被委任为波希米亚的合法国王。尽管遭到波希米亚等级会议的抗议，他获得的选侯票被确认为合法。3 个教会选侯投了他的票，萨克森选侯也投了他的票，勃兰登堡选侯未投反对票。这种决定性的优势使他于 1619 年被加冕为皇帝。他却认为，这顶在他所有王冠中最受怀疑的王冠首先戴在他的头上，为的是在几天之后让他失去已计入他确定财产的这些东西。当人们在法兰克福为他加冕皇帝时，已在布拉格把他从波希米亚王座上倾翻下来。

在此期间，几乎他所有的德意志世袭领地与波希米亚联合成一个可怕的普泛联邦，它的对抗现在突破了所有框界。在 1619 年 8 月 17 日举行的帝国大会上他们把皇帝称为波希米亚宗教和自由的敌人，指责他通过有害的建议煽动那位已死去的国王反对他们，出动军队镇压他们，并让外国人掠夺波希米亚王国，甚至置他们的民族威严于不顾，在一个秘密协议中把波希米亚转让给了西班牙人，他已经完全丧失戴他们王冠的资格，要求刻不容缓地进行新的选举。由于是新教徒们提出了这一要求，因此就不能选一名天主教亲王为国王，尽管表面上巴伐利亚和萨伏依也得到一些票，但由于福音新教派同宗教改革派自己相互间存在不睦，在相当一段时间内使选举新教国王之事变得困难。最终喀尔文派教徒凭借他们的精密细致和积极活动战胜了人数占据优势的路德宗教徒。

在所有被推荐担任这一显职的亲王中普法尔茨的弗里德里希五世选侯最有理由获得波希米亚人的信赖和感激；而在所有人选中几乎无一人能通过如此多的邦国优势维护好各个等级的私利和偏向于族民大众。弗里德里希五世具有自由和觉醒精神，为人宽厚，具有国王般的慷慨。他是德意志兰的宗教改革派首领，新教联盟的领头人，可借助于联盟的力量。他又是巴伐利亚公爵的一个近亲，借助这层关系他也许能确保波希米亚王国在这位危险邻居前的安全。他是大不列颠国王的女婿，这位国王会大力支持他。他所具备的所有这些优势被喀尔文教派很好地利用了。布拉格的王国议会在祈祷和流着欢乐泪水的场面下选举了弗里德里希五世为波希米亚国王。

布拉格王国议会上所发生的一切是经过精心准备的。弗里德里希本人积极参与了所有谈判，因此他对波希米亚人的提案一点儿都不感到意外。然而这顶王冠的眼前光彩着实令他大为吃惊。而罪行和幸福的双重分量使他的怯懦颤抖起来。依据懦弱灵魂的惯例，他首先想通过外部对他企图的判断来加强自己。倘若评判是反对他的热情，则这种判断不会对他施加暴力。他征询萨克森和巴伐利亚的意见，所有同道选侯及所有对他的行动计划与他的能耐和力量做过估量的人，均向他警告那个他正在陷进去的深渊，就连英格兰国王雅各布宁可看见女婿被剥夺王位，也不愿看见国王的神圣尊严受到这么糟糕的范例的损害。但明智的声音在诱人的国王王冠光彩前还能产生多大作用呢？一个自由的民族在其力量显示最强的时刻，脱离了摄政二百年世家的神圣支系，投入了弗里德里希五世的怀抱。出于对他勇气的信赖，推选他担任他们的首领，带领他们在荆棘丛生的道路上获得荣誉和自由。一种受到压制的宗教想从他——他们与生俱来的保护人那里得到保护和庇护。难道他该懦弱地承认他的害怕吗？难道他该胆怯地背叛宗教和自由吗？正是这个民族向他展示了他们力量的优势和他们敌人的软弱；三分之二的奥地利势力武装起来反对奥地利；准备一个好斗的联盟盟友从西本彪根出来，对这股软弱的剩余势力发起敌对进攻，把它们分解开。那些要求难道不该唤醒他的虚荣心？这些希望难道不会鼓起他的勇气？

片刻冷静的思考已足以向他展示这场冒险的重大意义和对此付出的微小代价。但激励者要他深思，警告者只要他理智。他的不幸在于起先围绕着他和他最常听见的声音是袒护他的热情的。君主的那种势力扩张欲极大地满足了所有普法尔茨臣民的虚荣心和利欲。他的教会的胜利使每一位喀尔文教狂热者均为此而振奋。一个如此软弱的人能抵挡得住他的顾问们的花言巧语吗？这些过分夸大他的谋略和力量、过分贬低敌人的势力。他能抵挡得住宫廷宣教士的请求吗？这些宣教士向他宣示他们笃信宗教的炽情的灵感是上苍的意愿。他的头脑里充满了虚幻希望的占星梦想，就连由情人那迷倒人的嘴中吐露的也是这类诱人的话。女选侯对他说："你敢不敢向国王的女儿求婚？你对别人自愿送给你的王冠感到忧虑吗？我宁愿在你的国王的宴席上啃面包，也不愿在选侯的餐桌上享用佳肴。"

弗里德里希就这样戴上了波希米亚王冠。在布拉格，人们以从未有过的豪华排场举行了国王的加冕仪式。波希米亚民族倾其所有来庆贺他们自己的杰作。西里西亚和摩拉维亚这些波希米亚的支邦仿照首邦对新国王宣誓效忠。波希米亚王国的所有教堂均实行了宗教改革，那种欢乐的场面难以用言语表达。波希米亚人对新国王喜欢到了崇拜的地步。丹麦、瑞典、荷兰、威尼斯和众多的德意志邦国承认他是合法的国王，弗里德里希现在也准备坚守这个王位。

他对西本彪根的贝特伦·加博尔侯爵寄予最大的希望。此人是奥地利和天主教教会可怕的敌人，他不满足于借助土耳其人帮助从合法主人加布里尔·贝托里那里获得的侯爵领地，贪婪地抓住这个机会，以牺牲那些拒绝承认他为西本彪根主人的奥地利亲王们为代价，实行扩张。他与波希米亚叛乱者约定对匈牙利和奥地利发动进攻，两方部队在首都前会合。在此期间贝特伦·加博尔在友谊的面具下把他战事军备的真实意图掩盖了起来，狡猾地对皇帝说他想通过这种佯装的援助让波希米亚人陷入圈套，活捉他们的首领，把他们交给皇帝处理。但在上匈牙利他突然以敌人面目出现。他的前面是一片惊恐，后面是一片荒漠。所有一切都屈服了。在普雷斯堡他获得了匈牙利王冠。皇帝兄弟——维也纳总督已为首都而胆战心惊。他命令布阔伊将军火速来援。皇家军队撤出了维也纳,波希米亚军队第二次来到维也纳。这支军队因得到 1.2 万名西本彪根人增援和此后不久与贝特伦·加博尔常胜军联合后而大为加强,现在又重新对首都构成了威胁。维也纳周围已成了一片荒野。多瑙河被封锁了,任何补给均被切断了,出现了饥荒。在这岌岌可危之际,斐迪南急匆匆返回了首都,看到自己第二次处于崩溃的边缘。而缺衣少食和寒冷刺骨的天气,最终使波希米亚人撤退回家,匈牙利的失守又把贝特伦·加博尔召了回去。幸运之神第二次拯救了皇帝。

数周之后,一切均发生了变化。斐迪南凭借着其治国手腕把一切纳入了正轨,而弗里德里希由于懈怠和糟糕举措使其处境每况愈下。下奥地利的等级会议在他们的特权获得承认的前提下宣誓了效忠,而那些少数不出席宣誓效忠者则被指控犯有侮辱陛下和谋叛罪。皇帝在他的一个世袭领里又重新站稳了脚跟,同时他还竭力争取外来的增援。早在法兰克福选举皇帝时他已通过他口头提示成功地得到了教会选侯对他事业的支持,在慕尼黑又得到了巴伐利亚公爵马克西米利安的支持。福音新教联盟和天主教同盟参与波西米亚战争就直接关系到这场战争的整个战局,关系到弗里德里希和皇帝的命运。整个新教的德意志兰认为支持波希米亚国王是极为重要的,而天主教宗的利益则希望皇帝不要失败。如果新教徒在波希米亚取胜了,德意志兰所有信奉天主教的亲王们便会为他们的领地深感担忧;倘若他们失败了,皇帝便可为新教的德意志兰立下章法。斐迪南率领天主教同盟,弗里德里希则带领着新教联盟。巴伐利亚公爵与皇帝有亲戚关系和个人效忠关系，皇帝是他的姐夫，他们在英戈尔斯塔特一起长大，特别热忱于目前处于岌岌可危境地的天主教宗，加上耶稣会会士的煽动和新教联盟的可疑行动，所有这些使得这位公爵和天主教同盟的所有诸侯均把斐迪南的事业当作自己的事业。

巴伐利亚公爵与斐迪南缔结了一个条约。根据这个条约他所有的作战开支和所有遭受的损失均将得到补偿。他获得了指挥天主教同盟军的全权，尽速帮助皇帝镇压波希米亚的叛乱者。新教联盟的首领们不但未阻止天主教同盟和皇帝的危险联合，反而倾全力加速这一进程。倘若他们能让天主教同盟公开参与波希米亚战争，则他们也可期望所有成员和联盟者干同样的事。天主教徒如不迈出反对新教联盟那公开的一步，则新教徒间就没有希望出现权力联合。他们选择波希米亚动乱这一危难时刻，要求摆脱迄今为止所遭受的一切痛苦，要求天主教徒保障他们的宗教信仰。他们用恐吓性语气向天主教徒的首领巴伐利亚公爵提出了这一要求，压他迅速无条件地作出解释。马克西米利安只要对此作赞同或否定的回答，则他们的意图就达到了：倘若他顺从了，则天主教派便失去了他们最有力的保护者；倘若他反对，则整个新教派便会武装起来，并使战争成为不可避免，而他们预计会赢得这场战争。马克西米利安出于别的许多动因站到对立方去，把新教联盟的要求看成是正式的战争宣言，加快了军备。当巴伐利亚和天主教同盟在为皇帝积极备战时，还同西班牙宫廷就补助费问题展开谈判。皇帝驻马德里公使克芬希勒伯爵侥幸克服了由于内阁的昏庸政策而对这一申请讨价还价时遇到的所有困难。西班牙除了想一步一

步引诱皇廷而同意付出 100 万古尔登预付金外，同时还同意从西属尼德兰出发，对下普法尔茨发动一次进攻。

当人们试图把所有天主教强权结成同盟时，也对新教强权的对立同盟展开针锋相对的抵制，主要表现在，当新教联盟散布说它对萨克森选侯和多数福音新教诸等级的处境表示忧虑时，天主教同盟认为重要的是它的军备的目的在于使他们再次脱离教产还俗的发起者。它的一封书面保证慰抚了萨克森选侯。此时萨克森选侯出于嫉妒而反对普法尔茨，加上被奥地利收买的宫廷传教士的怂恿以及国王选举时被波希米亚人超过而产生的烦恼，本已倾向奥地利一方了。路德教派的狂热者是绝不能宽恕宗教改革的狂热派的，后者在众多高贵的国度中，如人所说，让喀尔文教“飞进咽喉”，而罗马的恶魔只让出赫尔维齐亚[1]的位置。

当斐迪南采取一切措施改变他的困境时，弗里德里希却不惜一切把好事变成坏事。他与土耳其政府公开的同盟者西本彪根侯爵结成的有失体统的紧密同盟，激起了那些弱者的情绪，而普遍的传闻则控告他花基督徒们的钱来为自己寻求扩张，把土耳其武装起来对付德意志兰。他对宗教改革宗所表现出的未加思索的热情，培植了波希米亚的路德宗教徒反对他去攻击该王国的教皇派诸人物。新的沉重的赋税使他失去了民众的爱戴。大部分波希米亚人由于期望受挫而失去了热情，迟迟不至的外来援助使他们的信心大为减色。弗里德里希不把满腔的热情放在王国政务上，却把时间消磨在恣意欢娱上，不采取明智的节约措施增加其财富，却

① 赫尔维齐亚，瑞士的旧称。——译者

把他各领地的收入乱花在华而不实的装点门面的排场和挥霍的慷慨上。他以漫不经心的轻浮对他新的显职沾沾自喜，顾影自怜。他不合时宜地一味追求获得王冠的欢乐，而忘却了迫在眉睫的忧虑：保住自己头上的王冠。

人们对他的误解越多，他本人对期待外国援助的失算也越不幸。新教联盟的绝大多数成员把波希米亚的事务同他们结盟的目的分离开来。对皇帝盲目的害怕牵制着其他一些效忠于他的帝国等级。斐迪南赢得了萨克森选侯邦和黑森-达姆斯塔特的支持。人们原指望下奥地利人能从他们那里发动一次猛烈进攻，而现在它已宣布效忠皇帝了。贝特伦·加博尔与皇帝签署了一个停战协定。维也纳宫廷通过公使馆的工作使得丹麦保守中立，瑞典正忙于与波兰作战，荷兰共和国为抵抗西班牙的军队已是精疲力竭，威尼斯和萨伏依则按兵不动，英国的雅各布国王被西班牙的诡计所骗。朋友一个接着一个地退却了，希望也一个接着一个成了泡影。几个月之内，一切均发生了很快变化。

期间，新教联盟首领们已集结起一支武装力量，皇帝和天主教同盟做了同样的事。后者的兵力在马克西米利安的麾下云集在多瑙沃尔特，新教联盟方的军队在安斯巴赫马克伯爵的率领下聚集在乌尔姆。决定性的时刻终于来到了。它将通过一场决战结束长期的纷争，无可更改地决定德意志兰两大教会间的关系。双方恐惧地期待着结果。但非常出人意料，和平的消息突然传来，两方军队未经交战便相继撤离了。

法国的调停促成了和平，双方均乐意接受这一和平。此时法国的内阁已不再由亨利大王领导，他的治国箴言已不再适用于王国当时的状况。法国当时与其说害怕奥地利王室家族的壮大，倒不如说更害怕喀尔文教派势力的扩张，因为普法尔茨王室家族一旦坐上波希米亚王位，就会出现喀尔文教派势力的扩张。法国当时正卷入同国内喀尔文教徒的一场危险的纷争之中，因此认定尽快镇压波希米亚的新教秘密团体，使得法国的胡格诺派秘密团体不会步其后尘，实为当务之急。为使皇帝尽快腾出手来对付波希米亚人，法国便以新教联盟和天主教同盟的居间人自居，促成了这一出人预料的和约。该和约最重要的条款为："新教联盟参与波希米亚的争执，它给弗里德里希五世提供的援助不能扩展到他的普法尔茨诸领地。"马克西米利安的果敢和害怕在天主教同盟军和一支从尼德兰开来的皇家新军队之间陷入窘境，就诱劝新教联盟接受这一耻辱和约。

现在整个巴伐利亚和天主教同盟的势力提供给皇帝去反对波希米亚人了。乌尔姆的调解使波希米亚人只能听天由命。有关乌尔姆调解进程的传闻还未在那里传开，马克西米利安已出现在上奥地利了，使那里的等级会议倍感惊愕，因为他们未料之敌突临。为得到皇帝的仁慈，他们迅速而无条件地宣誓效忠。在下奥地利这位公爵收编了布阔伊伯爵的尼德兰部队。皇帝和巴伐利亚联军在兵力增长达到 5 万人之后，刻不容缓地向波希米亚地区挺进，迅速驱散了在下奥地利和摩拉维亚被击溃的所有波希米亚骑兵中队，所有敢于反抗的城市都用突击方法加以占领。其他那些慑于将遭惩罚传闻的城市，自愿打开了他们的城门，没有任何东西能阻挡马克西米利安所向披靡的进程。由勇敢的克里斯蒂安·冯·安哈尔特侯爵指挥的波希米亚军队退缩到布拉格的近处。在首府的城墙旁，这支军队与马克西米利安相遭遇。

弗里德里希希望这支叛乱者的军队让人刮目相看，但这支军队装备很差，这就证明了马克西米利安公爵的快速战策略是正确的，并保证了他的胜利。弗里德里希身边的兵力不足3万人，冯·安哈尔特侯爵给他派来了8000兵力。贝特伦·加博尔让1万匈牙利人加入他的军队。萨克森选侯对劳西茨的进攻切断了他指望从劳西茨和西里西亚得到的增援。奥地利按兵不动，静观他指望从那儿来的一切援助。他最重要的盟友贝特伦·加博尔也按兵不动。新教联盟把他出卖给了皇帝，此时除了波希米亚外他一无所有。但波希米亚人缺乏良好的意志、和睦和勇气，波希米亚贵族歧视德意志将领，厌恶他们。曼斯费尔德伯爵遭到波希米亚大本营的排斥，为不在安哈尔特和霍亨洛厄麾下听命，滞留在庇尔森。缺乏生活必需品的士兵们失去所有乐观的勇气，百姓对军队的极坏军纪痛恨不已。弗里德里希在军营里露面，想当面鼓起战士们的勇气，想以身示范，鼓起贵族们的热情，但这都是徒劳的。

在距布拉格不远的白山，波希米亚人开始筑工事防身，而此时（1620年11月8日）皇帝和巴伐利亚联军已开始进攻。遭遇之初，安哈尔特亲王率领的骑兵部队取得一些胜利，但优势的敌军马上把它消灭。巴伐利亚人和瓦龙人所向披靡地压进，匈牙利的骑兵部队首先开始逃跑，波希米亚步兵马上步其后尘，最终德意志人在全面溃败中急急随之逃跑了。弗里德里希整个炮兵部队所拥有的10门大炮落到了敌人手中。4000波希米亚人逃跑了，而参战的皇帝和天主教同盟方面的人不过数百名。他们在不到一个小时的时间内就赢得了这场决定性的胜利。

当弗里德里希的军队在城墙前为他浴血牺牲时，他正在布拉格吃午餐，也许未料到今天就会发动进攻，他正在设宴款待客人。一位急使终于把他叫离了桌子，走下墙垣，让他看了那整个可怕的场景。为作出一个深思熟虑的决定，他要求停战24小时，但马克西米利安公爵只答应给他8小时的考虑时间。弗里德里希利用这8个小时期限，携带着妻子和军队的最主要将领连夜逃离了首府。他们逃得如此仓促，以至于安哈尔特侯爵忘带了他的最机密文件，弗里德里希忘带了皇冠。"现在我知道，我是谁了"，这位不走运的诸侯事后对宽慰他的人说："有一些美德，只有灾祸才会教会我们。我们诸侯们只有经历过遭人厌恶，才会知道我们是些什么人。"

由于怯懦的弗里德里希放弃了布拉格，这座城市便不是不可拯救地陷落了。曼斯费尔德的行辕还设在庇尔森，他不曾见着这场战役。贝特伦·加博尔随时可表示敌意并让皇帝伸向匈牙利边境的势力离去。受创的波希米亚人可望得到恢复。疾病、饥饿和阴冷的气候会使敌人耗尽精力。所有这些希望由于仓促的逃遁而成了泡影。

弗里德里希害怕反复无常的波希米亚人，认为他们会轻易地出卖他，以求得皇帝的宽恕。屠尔恩和那些与他同样受诅咒的人均认为待在布拉格城墙内等待命运的宣判不是上策。他们向摩拉维亚逃跑，想在西本彪根寻求救援，弗里德里希向布勒斯劳逃跑。但他在那里只待了很短时间，就在勃兰登堡选侯的宫廷及最终在荷兰找到避难处。

布拉格的战败决定了波希米亚的整个命运，交战次日，布拉格便向胜者投降了。波希米亚其他城市也追随着首府的命运。等级会议无条件宣誓效忠。西里西亚人和摩拉维亚人也这样做了。在着手审查这一事件始末前，花3个月时间让人粉饰修补它。许多在最初的惊恐中逃离的人，完全听信这种表面的布控，又重返首府。但在一天的同一时刻发生了不测。48名起义的最积极支持者被逮捕了，并被押至一个由土著波希米亚人与奥地利人组成的特别委员会前受审。他们中的27人被送上了断头台。普通民众被处死者不计其数。一些人遭到缺席审判——看来似乎没有人自愿报名——他们以叛逆罪和侮辱皇帝陛下罪被判死刑。他们的财富被没收，他们的名字被打入绞刑架。就连一些已死去的叛乱者财富也被没收了。这种暴政还可忍受，因为它只涉及个人，是通过掠夺一个人的财富而使另一人富裕起来。更令人痛苦的是那种无区别地强加在整个波希米亚王国上的压力。所有新教的传教士被驱逐出境，首先被驱逐出境的是波希米亚的新教传教士，紧接着是德意志传教士。斐迪南亲手撕毁了大诏书，焚烧了印记。布拉格战役后的7年，波希米亚王国取消了所有对新教徒的宽容。皇帝任意采取反对波希米亚人宗教特权的暴力行动，违背了波希米亚人的政治宪章，皇帝在剥夺他们思想自由的同时，还慷慨地给予他们自我评估的权利。

白山的胜利使斐迪南们占领了波希米亚人所有的邦国。胜利甚至使他拥有比他前任对这些邦国拥有的更大权力，因为所有这些邦国均是无条件宣誓效忠的，不再有大诏书来限制他的君主权。他所有愿望均实现了，且超出了他的期望。

现在他可允许其盟友离开并召回他的军队。战争已结束，尽管它没有什么正义可言。倘若他是位慷慨和富有正义感的人，那么这也是惩罚。眼下德意志兰的整个命运掌握在他手中了，成千上万人的幸福和苦难均取决于他所作出的决定。从未出现过如此重大的决定落在一个人手中的情况，从未出现过一个人的丧失理智会造成如此多的破坏。

# 第 二 章

斐迪南目前所把握的决定权给予战争一种完全另外的方向，另外的战场和另外的玩家，从波希米亚的一场叛乱和对叛乱者实行的镇压演变成一场德意志的战争，尔后成为一场欧洲的战争，因此现在需要把目光投向德意志兰和欧洲其他国家。

德意志帝国的领地田产相差甚远，天主教徒和新教徒的各领有者所享有的特权差异很大，因此每个教派只有利用自身优势，和睦一致，方能与对方抗衡。当天主教方在数量方面占据优势，受帝国宪法的恩惠较多时，新教方就具有连成一陌的人口稠密地区、勇敢的诸侯、好战的贵族、众多的军队和富裕的帝国城市，且控制着海域，在最糟糕的情况下也能在天主教诸侯统治的邦国中获得一批值得信赖的追随者。如果天主教的西班牙和意大利支援天主教方武装起来，那么威尼斯、荷兰和英格兰便会为新教方打开他们的财宝，北方的国家和可怕的土耳其势力便会迅速提供帮助。勃兰登堡、萨克森和普法尔茨在选侯委员会中以新教的重要 3 票同天主教的 3 票相抗衡。倘若新教的帝国诸等级懂得利用波希米亚选侯及奥地利大公的重要性，皇帝的头衔就会是一种枷锁。新教联盟的剑会使天主教同盟的剑不敢轻易出鞘，或者虽然真的开了战，战争的结局也难以预料。然而一些私人关系遗憾地扯断了新教帝国成员本应联合起来的共同的政治纽带。在这一重大时刻，只有一些平庸者出现在政治舞台上，未能很好利用这一决定性契机，当时勇敢者缺少权力，而强权者缺乏明智、勇气和果断性。

萨克森选侯约翰·格奥尔格凭借其先祖莫里茨的功业、他的邦国的规模和他的选侯票的分量被举为新教德意志兰的首领。两派相争谁会取胜，取决于这位亲王的决定。约翰·格奥尔格对于使他获得这种重要关系的利益也不是无动于衷的。为同时赢得皇帝和新教联盟的好感，他小心行事，避免把自己整个地赠给其中一方，并通过一个不可更改的声明既获得皇帝的谢意又放弃了人们害怕这位诸侯会得到的利益。受骑士或宗教热情的欺骗，一个接着一个的君主为王冠和生存不惜投入战争的游戏，而约翰·格奥尔格则不受这些感染，力求那比较诚正的荣誉，节用其所有并力求改进之。倘若他同时代的人指责他在风暴中置新教事业于不顾，把拯救祖国置于扩大自己家族之后，仅仅因为不想高抬宗教改革派教会而甘冒让德意志兰的整个福音新教教会没落；倘若他们指责他是一位不可信赖的朋友，对共同事业所造成的损害不亚于他们的死敌，那么这些过错应当归咎于那没有仿效约翰·格奥尔格明智策略的诸侯们。倘若这位萨克森乡下佬不顾这一明智策略，与其他人一样，为皇帝军队的行军通过所造成的恐怖而叹息；倘若整个德意志兰都是见证人：斐迪南如何把他的盟友拉下水，如何嘲弄自己的诺言；倘若这一些约翰·格奥尔格本人最终也觉察到了，那么皇帝所遭受的耻辱会更大，因为他如此残酷无情地欺骗了如此诚实可靠的信任！

如果对奥地利的过度信赖和希望扩大其邦国束缚住了萨克森

选侯的手脚，则勃兰登堡软弱的格奥尔格·威廉由于害怕奥地利，担心失去他的邦国而更为可耻地束缚住了手脚。人们曾指责这两位选侯，说他们本来能拯救普法尔茨选侯的荣誉和邦国的。后者出于对那未经考验的力量的轻信，法国劝告的影响和王冠的诱人光辉，曾不幸地追逐那种既超出其才智又非其政治主张的冒险行为。由于分散了他的邦国，统治者间又不相和谐，普法尔茨王室家族的势力受到削弱。这种势力本来集中在一人手里，能让战争的结局在较长时间内令人捉摸不定。

黑森的诸侯家族遭削弱也正是由于邦国的分割，达姆斯塔特和卡塞尔之间存在着宗教的不同而维持着一种有害的分离。赞同奥格斯堡告白的达姆斯塔特系投靠到皇帝的庇护下，皇帝以卡塞尔的宗教改革系为代价优抚他们。当他的宗亲们为信仰和自由浴血奋战时，达姆斯塔特的格奥尔格邦伯却从皇帝那里领着军饷。但卡塞尔的威廉邦伯尊敬那些百年前就在可怕的查理面前捍卫德意志兰自由的先辈，决定去承担风险，去争取荣誉。这位不同凡响的较强大的诸侯抛弃了对斐迪南至高无上权力的害怕，第一个自告奋勇地向瑞典英雄挑战。他的举动为德意志兰的诸侯们树立了榜样，因为起先没人愿意这样做。他的决定体现了他的勇气，他的顽强显示了他的坚毅，他的行为体现了勇敢。他果敢地出现在他那正在流血的邦国前，颇具讽刺性地迎来了一位手上还散发着在马格德堡杀人放火硝烟的敌人。

威廉邦伯理应和英勇威武的埃内斯廷族人一样流芳千古。不幸的约翰·弗里德里希，高贵的、令人难以忘怀的诸侯，你报仇的日子终于来到了！它缓慢但很辉煌地出现了。你的时代再度来临。你的英雄精神流传到你的后辈身上。一个勇敢的诸侯家族从图林根的森林里走了出来,用不朽的行为洗刷掉你被剥夺选侯帽的耻辱;用不断浴血奋战的牺牲者来告慰你怒发冲冠的幽灵。胜利者能从他们那里夺取你的邦国,但不能夺取你为此而失去他们的爱国主义道德,不能夺取百年后将动摇他后辈王冠的骑士勇气。你和德意志兰的报复欲为他们反对哈布斯堡世系带来一把神圣的剑,这把剑不可征服的光芒从一个英雄手中传到另一个英雄手中。他们作为男子汉完成作为统治者没能完成的事业,他们作为最勇敢的自由战士英勇献身了。各邦国太软弱,以致不能依靠自己的兵力向敌人发起进攻。他们指望外国雷电来击敌人,并使外国军旗取得胜利。

德意志兰的自由,被强大的等级会议所放弃,而实际上这种自由归根结底只关乎他们的利益。德意志兰的自由却由一小部分亲王来保卫,而这对他们几乎没有多大价值。邦国的地产和荣誉扼杀了勇气,而缺少这两者才会造就英雄。倘若萨克森、勃兰登堡和其他邦国胆怯地撤退了,那么安哈尔特们、曼斯弗尔德们和魏玛亲王们等在杀气腾腾的会战中流血也是徒劳的。对波美拉尼亚、梅克伦堡、吕纳堡和符腾堡的公爵们来说,对上德意志兰的帝国城市们来说帝国首脑自古以来就是个令人害怕的名字,他们怯懦地退出了与皇帝的战斗,咕哝地屈从在皇帝那毁灭性的手下。

奥地利和天主教的德意志兰把巴伐利亚的马克西米利安公爵看成是他们强大而又具有高超政治手腕的勇敢卫士。在这场战争的整个过程中,他始终遵循着唯一一个预先考虑好的计划,他从未在他的邦国利益和他的宗教信仰间表现出犹豫不决,从未是奥地利的奴隶，奥地利为自身的伟大而战，对他那拯救性的手臂深感害怕。马克西米利安本不应从专横者的手而应从一个更好的手中获得他理应得到的荣誉和土地。其余的天主教诸等级，绝大部分的教会诸侯，他们不善作战，无法抵御那些由于受他们邦国财富诱惑成群而至的散兵游勇。他们接二连三地成了战争的牺牲品，只好满足于在小教堂和布道坛上迫害一名在战场上不敢与之较量的敌人。所有的人，无论是奥地利的奴隶还是巴伐利亚的奴隶都退缩到马克西米利安身后，只有在这位诸侯的手中他们聚集起来的力量才有意义。

查理五世和他的儿子创立的由尼德兰、米兰和两西西里及广阔的东、西印度群邦组成的不正常的可怕君主国在腓力浦三世和四世统治时期已开始瓦解。人们看到，这个从无甚收益情况下快速膨胀成庞然大物的君主国，现正慢慢地“缩衣节食”，因为这些邦国的牛奶和耕地已被耗尽。占领西印度使西班牙人陷入了贫困，为充实欧洲所有的市场，安特卫普、威尼斯和热那亚的货币兑换者早已对尚躺在秘鲁矿井下的黄金放起了高利贷。由于印度的占领，西班牙各邦国人口急剧减少，印度的宝藏在二度占领荷兰、妄图推翻法国王位继承的规划、对英格兰发动的那场不走运的进攻中损失殆尽。但这一宫廷在其强盛时期过了之后仍表现得相当自傲，它的敌人的仇恨仍存在着，而惊恐还如离开狮穴时悬在心头。新教徒的不信任使得腓力浦三世内阁采用了他父亲那危险的治国手腕，而德意志的天主教教徒还总对西班牙的援助抱有幻想，如同对殉教者骨头抱有神奇幻想一样。外表的华丽掩盖了该君主国的重创伤口，它仍坚持自己具有强力的观点，继续唱着它黄金岁月的

高调。这些西班牙的名义国王，在自己的王国内是家族的奴隶和外来人，却为他们的德意志亲戚制定法律。人们完全有理由对此提出怀疑，即德意志皇帝通过对西班牙可耻的依赖而换来的西班牙国王们的支援是否值得。在比利牛斯山脉的后面由无知的僧侣和诡计多端的宠儿编织着欧洲的命运。但就在它最沉沦之际仍有一种势力令人害怕，这种势力的规模与前者相差无几。不是由于坚定的政策，而是出于习惯它仍坚定不移地忠实于原先那种国家制度。它拥有训练有素的军队和杰出的将领，他们懂得在战争还不够的地方，利用强盗手中的短剑。它懂得把他们公开的使节当作杀人放火者使用。它想在东部地区重新获得在世界其他三个地区失去的东西，想在阿尔卑斯山和亚德里亚海间与奥地利的世袭领地汇合，对此它作了长久准备，倘若这一计成功的话，欧洲就会落入它的牢笼。

这股扰人的势力挺进到意大利时，引起了那里一些邦国的极度不安，它的那种扩张欲令所有相邻的独立主权邦国为他们的领地而胆战心惊。教皇的处境最为危险。西班牙的副王们让他坐在那不勒斯和米兰中间。威尼斯共和国被挤在奥地利的蒂罗尔和西班牙的米兰间。萨伏依也在西班牙和法国间陷入了窘境。于是出现了那种不稳定的和模棱两可的政策，这种政策自查理五世在世时就被意大利诸邦国所觉察。教皇们所表现出来的双重人格使这种政策在两种完全对立的国家制度间动摇地保持着。彼特里的后继人在西班牙亲王中尊崇他的顺从的儿子们，他们是最坚定的捍卫者，而教会国的诸侯把这些亲王看成是他们最糟糕的邻居、最危险的对手，非常害怕。倘若前者没有机会看见新教徒被消灭和奥地利武装部队取胜的场面，那么后者就有理由为新教徒的武装部队祝福，这支武装能使他的邻居失去对自己构成威胁的能力。教皇们关注更多的是他们的世俗权力还是他们的教会统治，这一点取决于是这一方还是另一方保持着优势。总的说来，罗马的治国手腕针对的是最迫切的危险，它对失去目前拥有的财富和影响这种情绪的害怕程度大大强于重新获得先前失去财富的欲望。因此克里斯蒂总督与奥地利王室家族密谋消灭异教徒，以及同是这位克里斯蒂总督又与这些异教徒密谋消灭奥地利王室家族的举动也就不难理解了。世界历史是多么错综复杂地交织在一起啊！从宗教改革中大致得到的东西，设若罗马主教和罗马诸侯固持着一种利益，这些东西从德意志诸侯的自由中又会变成什么？

法国随着失去了杰出的亨利也失去了它在欧洲政治天平上的全部伟大和整个分量。一位狂热的未成年人摧毁了先前强大政府的所有善举。靠恩赐和诡计上台的无能大臣们在短短几年内耗尽了靠叙尔利的经济政策和亨利的节俭措施积聚起来的财富。几乎没有能力固守骗来的权力去对付内部反对派。他们不得不放弃欧洲的掌舵作用。同样一种内战使德意志兰为对付德意志兰而武装起来，也使得法国为对付法国而发生了暴乱。路易十三所表现出来的成年仅仅是为了攻打自己的母亲和他的新教臣民。这些固守亨利明智政策的臣民被机遇所唤醒并受到一些勇于行动的领袖的促使，现在拿起了武器，在国家中结成一个自己的国家，并把坚固而又强大的罗谢尔城作为他们正在形成的国家中心。当时能够采取明智的宽容而把这场内战消灭在摇篮中的政治家实在是太少了，而能控制国家力量、能对国家实行强有力领导者则更少。没过多久，路易十三便被迫迈出丢脸的一步，即用大量金钱换取叛乱者的屈服。尽管也有明智的政治家建议他支持波希米亚的叛乱者反对奥地利，但亨利四世的儿子却置若罔闻，看着他的国家沉沦下去。幸运的是他国内的喀尔文教徒没有不合时宜地想起莱茵河对岸的那些信仰同宗。这个国家掌舵人的一种伟大英才就是会使法国的新教徒们顺从，并使他们的德意志兰兄弟争得自由。但亨利四世已不再有这种英才，应说黎塞留才重显他的治国英才。

当法国从光荣之巅再度跌落之际，获得自由的荷兰却完成了大业的建造。奥兰治世家点燃了鼓舞人心的勇气，激励人们把这个商业民族转变成为英雄民族，并有能力在一场反西班牙王室家族的残酷战争中争得独立，这种鼓舞人心的勇气至今仍未消失。共和派人士还清楚地记得在获得解放的过程中曾得到过许许多多外援，因此他们热切希望帮助处于相似命运的德意志弟兄们。其他更重要的原因还在于他们反对的是同样的敌人，德意志兰的自由能为荷兰的自由筑起最好的屏障。但这个共和国还必须为自己的生存而战，它付出了令人惊讶的努力，但在自己的领地仍很难战胜远占优势的敌人。为进行必要的自卫，它不能分散兵力，不能对外部国家滥施慷慨的政策。

此时的英格兰虽然通过与苏格兰的联合而扩大了，但在软弱的雅格布的领导下在欧洲失去了它的统治英才伊丽莎白所创立的那种重要地位。伊丽莎白深知她的岛国的福利是系于新教徒的安全上的，因此这位深谙治国手腕的女王积极支持任何致力于削弱奥地利势力的行动，这成了她的一个基本原则。然而她的后继人既缺乏理解这个原则的才能，又缺乏履行这一原则的力量。节俭的伊丽莎白在支援尼德兰反对西班牙、帮助亨利四世反对天主教同盟的狂热时并不惜其财宝，而雅格布则让他的女儿、外孙和女婿听凭一个势不两立的胜利者的任意处置。这位国王不管尘世间的政务，绞尽脑汁想在天堂寻找国王尊严的起源。当他竭尽其辩才，证明国王们所拥有的是不受限制的权力时，他就使英吉利民族想到它自己的权力，并且通过一种无益的金钱挥霍，他丧失了所享有的关闭议会和取消选举自由这种最重要的王室经济特权。他生来就对任何刀剑非常害怕，因此最富有正义性的战争也会吓得他后退。他的宠臣白金汉就利用其弱点。他的自鸣得意的虚荣心使他极易中西班牙欺骗他的诡计。当人们在德意志兰罢免了他的女婿，并把他外孙的那份世袭产业送给他人时，这位低能的诸侯却欢天喜地在受用着奥地利和西班牙把他捧上天的迷魂汤。为把他的注意力从德意志战争引开，人们给他介绍了一位在马德里的儿媳妇，而这位滑稽父亲亲自为他那爱冒险的儿子做好去参加这场滑稽戏的准备，此举使得那位西班牙未婚妻惊异不止。这位西班牙未婚妻在他的儿子那里消失了，就像波希米亚王冠和普法尔茨选侯冠在他的女婿那里消失一样，只有死亡才使他摆脱用战争结束他温和统治的险境，仅仅是因为他没有勇气及早决定这场战争。

他的笨拙的统治激起了许多市民的抗议风暴。他的不幸的儿子是惊觉到了。他在经历了几次不关痛痒的尝试之后，被迫决定不参与任何的德意志战争，以平息国内各党派的怒气，但他最终还是成了这些党派可怜的牺牲品。

此时两位功勋卓著的国王引起了北欧人的高度重视，尽管他们在个人声誉方面相差甚远，但他们在势力方面不相上下，且同样热衷于荣誉。丹麦在克里斯蒂安的长久和有效统治下崛起成一股重要势力。这位诸侯的个人秉性、一支卓越的海军、一支精选的军队、良好的财政情况和治国贤才的团结，所有这些一起造就了这个国家内部的昌盛繁荣和外观的卓卓声望。古斯塔夫·瓦萨使瑞典摆脱了屈从地位，并颁布了一个明智法律，依法对国家实行了改革，使得这个新崛起的国家开始提到世界史的日程上。这位伟大的亲王所粗略构想的东西，由他的长孙古斯塔夫·阿道夫实现了。

这两个国家原先是不自然地被强组入一个君主国的，在这个联合中它们显得相当无力。宗教改革时期，它们采用武力手段相互分开了，而正是这种分离导致它们步入繁荣昌盛时代。事实证明那种强制的联合对这两个国家都是极为有害的，这两个被分离的国家建立睦邻的友谊和和谐的关系是极为必要的。福音新教教会依赖于这两者的支持，两者需要保卫同一个海。一种同样的利益本应促使他们联合起来反对同样的敌人，但解除这两个君主国的联系的那种仇恨依然未消，它充满敌意地离间了这两个早已分离的国家。丹麦的国王们仍不想放弃对瑞典王国的一些权利，而瑞典无法排除对以往丹麦暴政的记忆。两国合流的边界成了民族仇恨的永恒导火线。两个国王戒备的嫉妒心和在北海不可避免的商业冲突使得两国的争执源泉不涸竭。

瑞典王国的创始人古斯塔夫·瓦萨为加强这一新创立国的实力，采取了一系列辅助性措施，其中最有效的措施之一便是实行宗教改革。王国基本法规定把所有教皇追随者逐出国家机关，并禁止任何一个未来的瑞典统治者改变王国的宗教状况。但古斯塔夫的次子，即他的第二继承人约翰，却皈依教皇，后者的儿子西吉斯蒙德同时担任波兰国王，他采取措施推翻基本法和占统治地位的教会。松德曼兰公爵卡尔是古斯塔夫的第三个儿子，领导等级会议发起一场强烈的反抗运动，由此最终导致叔叔和侄儿间、国王和民族间发生一场公开的内战。卡尔公爵乘国王的王国行政长官不在之机，利用西吉斯蒙德长期驻跸在波兰和等级会议正当的愤懑，把这一民族紧紧地连成一气，悄悄为自己家族铺平了通向王冠之路。西吉斯蒙德的一些糟糕措施又为他实现计划助了一臂之力。一次泛王国大会作出决定，同意放松有利于王国行政长官的长子继承权，即放松由古斯塔夫·瓦萨在瑞典的王位继承问题上所倡导的长子继承权原则，让松德曼兰公爵登基即位，并庄严宣告西吉斯蒙德及他的所有后裔均无权继承王位。新国王的儿子，以卡尔九世名号实行统治的是古斯塔夫·阿道夫。西吉斯蒙德的追随者把他看成是篡夺王位者之子，拒绝承认他。然而倘若国王和民众间的约束是交互的，倘若国家不像一种死的物品那样可以手手相传，那么对一个整体的、一致行动的民族来说，就必须认可此事；对一个违背誓约的统治者来说，就必须废止其义务，并让有德行者占有其位置。

当他父亲去世，瑞典王位空缺时，古斯塔夫·阿道夫尚不满17岁。但他的思想成熟早，等级会议设法缩短他达到法定年龄所需的时间，这点对他极为有利。在出色地战胜了自我之后，他组建的政府开张了，这届政府在对固定的侍从们取得胜利后就得胜收场了。他深深地爱上了年轻的布拉厄女伯爵，一个他臣仆的女儿，他也真诚地决定与她共享瑞典王位。但被时间和情势所迫，他潜心于各种高级政务。英雄道德重新占据了他的整个心，此心以往就未曾决定要把自己局限于这种宁静的家庭生活。

古斯塔夫·阿道夫出世以前，克里斯蒂安四世已是国王。他袭击了瑞典边境，从这位英雄的父亲手里获得了许多好处。为把武器转而用来对付莫斯科沙皇，古斯塔夫·阿道夫急于想结束这种有害的战争，作出明智的牺牲后赢得了和平。一个征服者表里不一的荣誉从未能诱惑住他，他绝不会让民众为不正义的战争流血，但也从不拒绝正义的战争。对俄罗斯的作战他很走运，在获得东部几个重要省份后，瑞典王国明显得到了扩大。

在此期间，波兰的西吉斯蒙德国王继承了父亲的“权利”，继续对古斯塔夫·阿道夫抱着敌意，百般诡计无不试过：动摇古斯塔夫·阿道夫的臣民对他的忠诚；让他的朋友对他表示冷淡；让他的敌人与他势不两立。既非其他对手的伟大本性，亦非瑞典人对他们仰慕的国王表示出的无上忠诚，就能使那位昏了头的诸侯矫正重新登上失去了的王位的愚蠢念头。古斯塔夫所有的媾和建议均遭到傲慢的拒绝。这位酷爱和平的英雄不得不被卷入同波兰的旷日持久的战争中，在这场战争中，整个立陶宛和波兰-普鲁士均逐个地屈服于瑞典的统治。尽管古斯塔夫·阿道夫总是胜利者，但总是他先伸出和谈之手。

这场瑞典-波兰战争发生在德意志兰的三十年战争初期，并与它密切联系在一起。信奉天主教的西吉斯蒙德国王挑起新教亲王争夺瑞典王位，为的是确保从西班牙和奥地利那里得到最有效的友谊。与皇帝的双重亲属关系使他更有理由获得皇帝的庇护。出于对如此强大支持者的信赖，这位波兰国王执意继续作战。但事实证明这场战争对他是极处劣势的，而马德里和维也纳宫廷又竭力用夸下海口的许诺来鼓起他的勇气。当西吉斯蒙德在立陶宛、库尔兰和普鲁士接连失守时，他的德意志兰的盟友却在同一时刻在反对专制统治中加速从胜利走向胜利。随着连连败仗，西吉斯蒙德对和平的厌恶与日俱增，也就毫不奇怪了。由于急切想实现他那虚幻的希望，他没能看清他盟友的狡诈政策，后者只是想以他为代价牵制住瑞典英雄，以便能不受干扰地破坏德意志帝国的自由，然后轻易地把疲惫不堪的北部占为己有。但有一种情况是人们始料未及的，即古斯塔夫的英雄大度击破了这种欺人的政治手腕所编造的谎言。8 年的波兰战争不但远未耗竭瑞典的力量，反而成熟了古斯塔夫·阿道夫的统帅才能，并使瑞典军队在长期的战争中经受了磨炼，不知不觉间使用了新的作战艺术，正是凭着这些使他们日后在德意志土地上创造了奇迹。

在必须离题讲述欧洲诸国当时的情况之后，请允许我重新回到那条历史主线上来。

斐迪南又重新拥有了他的邦国。但还顶不上因重新拥有这些邦国而付出的花费。没收波希米亚和摩拉维亚教产而落到他手中的一笔总数为 4 千万古尔登的款项，本来足以偿付他和联盟的所有费用，但这笔巨大的款项马上被耶稣会会士和他的宠幸们挥霍殆尽。皇帝能占领他所有的邦国主要应归功于与巴伐利亚的马克西米利安公爵的常胜军队。此人为自身的宗教信仰和为效忠于皇帝，牺牲了自己一个近亲的生命。马克西米利安最有理由得到皇帝的酬谢。战争爆发前，马克西米利安与皇帝签署了一个协议，内中明确提出了补偿所有作战费用的要求。但斐迪南感觉到了这个协议和那个职务是强加在他身上的束缚。他并不乐于以自己遭受损失的方式来满足这些要求。他认为应重酬马克西米利安公爵，但不能让自己遭受损失。除了以另一个诸侯为代价，还会有什么更好的办法呢？而与这个诸侯作战看上去又必须是天经地义的。此人罪恶昭彰，以至于从法律角度讲对他采取任何一种武力行为岂非都是合法的吗？因此必须继续追踪弗里德里希，弗里德里希必须被消灭，以此让马克西米利安得到酬谢，并且为偿清那场旧战争，一场新战争又开始了。

加强斐迪南的分量是发动这场战争另一个更重要的动机。迄今为止，斐迪南仅为自己的生存而战。除了自卫外，没有履行过其他义务。但现在胜利给予他行动的自由，他念念不忘他的所谓高级义务，并回忆起在洛雷托和罗马向他的最高指挥官圣母玛利亚所立下的誓言：甘冒其王冠和生命之风险，扩传对她的崇敬。镇压新教徒是与这个誓言不可分离地结合在一起的。波希米亚战争结束后，并未出现履行这一誓言较为有利的形势。他既无实力，又无法律依凭使普法尔茨邦改信天主教，而这种改变的后果对整个天主教的德意志兰又是至关重要的。他用从其亲属那里取得的掠获物酬谢巴伐利亚的马克西米利安公爵，同时又满足了他那最低的欲望和履行了他那最高尚的义务：他捣碎了一个他憎恨的敌人；他用赚得神圣王冠的方式，用节俭贪欲使自己成了一个痛苦的牺牲品。

在命运向弗里德里希挑战前，皇帝内阁中早就作出毁灭他的决定，但在后来的事发生之后，人们才敢于向他发出专横暴力的雷鸣，皇帝的决定缺少帝国律法规定的在何种情况下才必须为之的所有手续。它宣布弗里德里希选侯及其他三位在西里西亚和波希

米亚为他助战的亲王侮辱皇帝尊严、犯有骚扰国家和平罪而被褫夺法律保护，并剥夺他们拥有的所有显职和领地。类似的对帝国律法的嘲讽，居然委托占领着勃艮弟地区的西班牙女王、巴伐利亚公爵和天主教同盟对弗里德里希执行判决，即剥夺他的诸领地。倘若福音新教联盟真正配得上他们所取的名字和他们所捍卫的事业，那么人们在执行帝国褫夺法律保护令时将会遇到不可克服的障碍。但是这一受藐视的势力根本无法与下普法尔茨的西班牙军队相匹敌，它不得不放弃同皇帝、巴伐利亚和天主教同盟的联合势力作战。对弗里德里希判处的帝国褫夺法律保护令把所有帝国城市都吓得退出了联盟，诸侯们紧接着也都这样做了。他们为能拯救自己的领地而深感幸运，任凭他们先前的首领弗里德里希选侯成为皇帝专制的牺牲品，他们发誓退出新教联盟，信誓旦旦不再重建联盟。

德意志诸侯们不光彩地离开了不幸的弗里德里希。波希米亚、西里西亚和摩拉维亚宣誓效忠于皇帝的可怕势力。唯有一位汉子、一位追求幸福者、全部财产仅为一把剑的恩斯特·冯·曼斯费尔德伯爵敢于在波希米亚的庇尔森城抵抗皇帝的整个势力。布拉格战役以后，他孤身无助地被他所效命的选侯解除了职务，他甚至不知道弗里德里希是否会对他的那种不屈不挠的做法表示感谢。在单独同皇家方对抗了一阵之后，由于他的军队缺少金钱，他把庇尔森城卖给了皇帝。他没有因此而气馁，人们看见他不久在上普法尔茨设立了一个新的募兵站，招募那些被新教联盟解散的军队。在很短时间内，他手下便聚集起了一支拥有 2 万兵力的强大军队。所有被这支军队瞄准的省份均感到很害怕，因为这支军队是只靠掠夺来维持的。所有相邻的主教辖区均胆战心惊，因为他们的财富会吸引这支军队，而他们不知道这伙人群将突进何方。帝国褫夺法律保护令执行者巴伐利亚公爵向上普法尔茨挺进时，迫使曼斯费尔德撤出了这一地区。但他设了一个骗局，摆脱了紧随而来的巴伐利亚将军悌利，突然出现在下普法尔茨，对莱茵河畔的主教辖区实行大肆掠夺，而这种掠夺他本来想在法兰克尼亚主教区进行的。当皇帝和巴伐利亚联军云集在波希米亚时，西班牙将军安布罗斯·施皮诺拉率领一支可观的部队从尼德兰出发向下普法尔茨进攻。乌尔姆和约规定这一地区由新教联盟防守，但防守措施非常糟糕，地盘一块接一块相继落到西班牙人手中。最终由于联盟相互反对，这块领地的最大部分也被西班牙军占领。施皮诺拉撤离该地区后，另一位西班牙将军科尔杜巴指挥这支军队。当曼斯费尔德挺进到下普法尔茨时，科尔杜巴迅速解除了对法兰克塔尔的包围。但曼斯费尔德没有把西班牙人赶出这一省，而是迅速渡过莱茵河，想为他弱小的军队在阿尔萨斯建一个要塞。这支掠夺成性的兵群经过的所有开放的邦国均变成了一片荒漠，一些城市在出了高价之后才免遭洗劫。待这次进军增强了实力后，曼斯费尔德示意要重回莱茵河畔，以便掩护下普法尔茨。

只要曼斯费尔德还在为弗里德里希助战，弗里德里希就还有挽救的可能性。这时他又出现了一线希望。他的不幸为他唤醒了在他走运时一些表示沉默的朋友。英格兰国王雅格布对他女婿失去波希米亚王位袖手旁观，但这时从无知无觉中觉醒了，因为这关系到他女儿和外孙的生存，而且那位常胜敌人胆敢向选侯领地发起进攻。他现在才打开他的宝库，急忙用钱和军队去增援当时还保卫着下普法尔茨的新教联盟，而当联盟完蛋之后，急忙又去增援曼斯费尔德伯爵。他还要求他的近亲、丹麦国王克里斯蒂安采取积极的增援措施。西班牙和荷兰间停战期已满，这样皇帝便无法得到从尼德兰那里来的所有支援。比这一切更重要的是，这位普法尔茨伯爵显然得到了西本彪根和匈牙利的援助。加博尔与皇帝的停战期限几乎尚未满，这位奥地利可怕的敌人便重新涌入匈牙利，并在普雷斯堡让人加冕为国王。他飞快地前进，迫使布阔伊不得不离开波希米亚，以保卫匈牙利和奥地利抗击加博尔。这位勇敢的将军在围攻诺伊霍伊塞尔的战斗中阵亡。此前同样勇敢的达皮埃尔也在普雷斯堡前战死。加博尔则以不可阻挡之势压向奥地利边境。老伯爵屠尔恩和许多不受法律保护的波希米亚人把他们的仇恨与力量同他们敌人的敌人联合起来。当加博尔从匈牙利进逼皇帝时，倘若从德意志方面发动一次猛烈进攻，即可迅速重建弗里德里希的幸福。但当加博尔开赴战场时，波希米亚人和德意志人总是放下了武器；而当加博尔累得精疲力竭时，波希米亚人和德意志人便开始振作起来了。

在此期间，弗里德里希毫不犹豫地投入他新的保护者曼斯费尔德的怀抱。他乔装出现在曼斯费尔德和巴伐利亚将军悌利正争夺着的下普法尔茨。上普法尔茨早就被制服。当四分五裂的新教联盟中重新出现支持他的朋友时，他看到了希望之光。巴登的马克伯爵格奥尔格·弗里德里希原先为新教联盟成员，一段时间以来拉集起一支武装，不久这支武装就增强到相当规模的军队。谁也不知道这支军队将为谁而战。他出乎意料地投入战场，与曼斯费尔德伯爵联合在一起。在他投身于战争前，他把他的马克伯爵领地转让给其儿子。倘若他福星高照，他可借此免除皇帝取消这一领地的报复。邻近的符腾堡公爵也开始加强他的武装力量。普法尔茨伯爵于是被鼓起了勇气，认真地着手进行重振新教联盟的工作。眼下轮到悌利考虑自身安全了。他以最快速度把西班牙将军科尔杜巴的军队调到自己身边。但当敌人在联合其军时，曼斯费尔德和巴登的马克伯爵却分开了，后者于1622年在维姆帕芬被巴伐利亚将军击败。

一个身无分文、连合法的出生都有争议的冒险者自告奋勇地承担起保卫一位被其的一个近亲打翻在地、遭其岳父遗弃的国王。一个掌权的亲王自愿放弃他平静统治着的诸领地，试图为一个陌生人而战，碰一碰无把握的战争运气。一个出身于穷邦国但却有辉煌先祖的新的幸运追求者，继他之后接受了他所拼死执行的保卫事务。不伦瑞克的克里斯蒂安公爵，哈尔伯斯塔特的行政长官，自认为从曼斯费尔德伯爵那里学会了不花钱维持一支2万人的军队。受年轻气盛和贪得无厌的驱使，他想以损害他所憎恨的天主教僧侣来造就自己的名声，并猎取掠获物。他在下萨克森聚集起了一支可观的军队，这支军队打着保卫弗里德里希和德意志自由的幌子。“上帝的朋友，僧侣的敌人”是他熔铸教会的银币为他的银币所用的格言，他的行动也无愧于这一格言。

这伙强盗所经之处均留下了可怕的蹂躏足迹。通过大肆掠夺下萨克森和威斯特伐伦的教会机构，他们积聚了力量，有能力洗劫上莱茵河的主教辖区了。遭那里的朋友和敌人的驱逐，这位行政长官在美茵茨城郊的赫希斯特逼近了美茵河。由于悌利要与他争渡这条河，他便与悌利展开了一场残酷的厮杀，在损失了一半兵力之后，抵达了河的彼岸。在那里，他迅速把剩余兵力重新集合起来，带着这支兵力去投靠曼斯费尔德伯爵。由于受悌利的追击，这支联军第二次猛袭阿尔萨斯，想在那儿弥补上次未洗劫到的地方。当弗里德里希选侯像一位在逃的乞丐那样与一支承认他为主人并打着他的名义作战的军队到处流窜时，他的朋友正致力于使他与皇帝媾和。斐迪南还不想破灭这些人想让他重新列为普法尔茨伯爵的所有希望。斐迪南诡计多端地佯装表示乐意谈判，希望借此冷却他们的作战热情，防止过激行为。雅格布国王是奥地利诡计的玩偶，他总是用愚蠢的举动积极支持皇帝的惩处。斐迪南首先要求，倘若弗里德里希想请求皇帝的宽恕，就得放下武器，而雅格布觉得这一要求极为廉价。这位普法尔茨伯爵下令辞退了他的唯一两位真正卫士——曼斯费尔德伯爵和那位行政长官，在荷兰期待他的命运——这就得看皇帝的怜悯之心。

曼斯费尔德和克里斯蒂安公爵仅仅是为了一个新名义而感到为难，并不是普法尔茨公爵的事业才使他们搞军备的，所以普法尔茨伯爵的辞退令并未能使他们解除武装。战争是他们的目的，而为谁的事业而战对他们来说是无所谓的。曼斯费尔德伯爵想为皇帝效命的试图徒劳无功之后，这两位于是向洛林进发。部队的放纵行为令法国的腹地都感到心惊胆战。在那里他们曾一度徒劳地等待某位要雇用他们的主人。当荷兰人被西班牙将军施皮诺拉进逼时，便为他们提供了出力的机会。为截住他们的去路，西班牙人在弗勒吕斯与他们展开一场残酷的厮杀，之后他们抵达了荷兰。他们一出现在荷兰，西班牙将军便撤除了对奥帕佐姆山的包围。但不久荷兰对这些糟糕的客人也感到厌倦了，它利用正待复原的最初片刻，就了结了他们那危险的支援。曼斯费尔德让军队在肥沃的上弗里斯兰省采取新的行动，加强实力；而克里斯蒂安公爵则对在荷兰结识的普法尔茨公爵妃满怀热情。他比任何时候都更好斗。他把自己的部队撤回下萨克森。他把这位女亲王的手套戴在他的帽子上。口号是：一切为了上帝和她！这两人在这场战争中扮演的角色还远未结束。

所有皇帝的邦国现在均肃清了敌人。新教联盟解体了，巴登的马克伯爵、曼斯费尔德伯爵和克里斯蒂安公爵均被逐出了战场。普法尔茨诸领地充斥着帝国惩罚令的执行部队。巴伐利亚人占据了曼海姆和海德贝格。之后不久西班牙人也撤出了法兰肯塔尔。在荷兰的某角落，普法尔茨公爵期待着一种羞辱人的许可，即用跪伏在地来平息皇帝的雷霆之怒，并在所谓的累根斯堡选侯大会上最终决定他的命运。实际上他的命运早在皇帝宫廷中就已决定了，但现在把这整个决定曝光，情势才最为有利。依据迄今皇帝对这位选侯所做的一切来推断，斐迪南相信是不可能再希望得到真诚的和解了。只是现在武力行动已告结束，人们相信无法再用武力为非作歹了。因此失去的就不得不让它失去，弗里德里希不应再拥有他的邦国，而一个没有邦国和民众的人是不能再戴选侯冠的。普法尔茨伯爵对奥地利王室而言是如此的罪孽深重，而巴伐利亚公爵却为奥地利王室家族立下了光辉伟业。因此奥地利王室家族和天主教会是如此害怕普法尔茨家族的报复欲望与宗教仇恨，他们又是如此寄希望于对巴伐利亚公爵的谢意和他的宗教热忱。通过把普法尔茨的选侯资格转让给巴伐利亚的途径，最终确保了天主教宗在选侯委员会中的决定性优势和在德意志兰的持久

胜利。

后面这点很有利于3个教会选侯实行革新。在新教选侯中只有萨克森唯一的一票是重要的。但是约翰·格奥尔格会与皇帝争夺这个权力吗？因为没有这个权力他就很难保住他自己的选侯冠。他的出身、他的威望和他的势力使他成了德意志兰新教教会的首领。就他而言，正如人们所看见的那样，在天主教教会的所有进攻面前维护新教教会的权力是其最神圣的职责。但现在问题不仅是如何在天主教徒面前维护新教宗的利益，还在于在两个同样遭到憎恨的教宗，即喀尔文教宗和教皇派教宗中应让谁战胜谁？在两个同样糟糕的敌人中应把普法尔茨的选侯资格归谁所有？显然夹在两种相对立的义务中间总是私人仇怨和私人利益起决定性作用。这位为德意志自由和新教宗而生的保护者鼓励皇帝依据皇家的绝对权力支配普法尔茨的选侯资格。倘若有人对萨克森选侯方提出的这种分寸的处分表示异议的话，他至少不会让人误解。如果约翰·格奥尔格随后保持沉默，那么斐迪南自己就有理由用把福音新教传教士逐出波希米亚的方式改变主意。一旦皇帝同意以600万塔勒的战争费用计算把劳西茨让给萨克森选侯，把普法尔茨的选侯资格授予巴伐利亚就不算是一种违法的行为。

于是斐迪南在累根斯堡庄严地把普法尔茨的选侯资格授予了巴伐利亚公爵，此举遭到整个新教的德意志兰的抗议，也是对他在选举中宣誓服从的帝国基本法的嘲弄，然而这就像所说，这无损于弗里德里希的父系亲属和后裔想维护的一些权利。这位不幸的诸侯现在无可抗拒地从其邦国的领地上被驱逐出去，事先也未给他

在遣责他的法庭面前听取其陈述的机会，而这种法律的公正性连最下级的臣仆，甚至连罪大恶极的罪犯都赋予的啊！

这种暴力手段终于使英格兰国王醒悟了，也恰好在这一时刻他儿子与一西班牙女孩的婚姻谈判破裂了，因此雅格布终于鲜明地站到了女婿派一边。法国内阁的一场革命使红衣主教黎塞留成了事务的主管。这个一落千丈的王国开始感觉到国家有一个大人物在掌舵了。西班牙驻米兰总督为夺取凡尔特林以便找到一个与奥地利的袭承邦国的联合点，展开积极的活动。西班牙的这一举动又重新引起了人们对这一势力和大亨利治国准则的害怕。威尔士亲王与法国亨里埃特的婚姻奠定了这两个王室间更紧密的联合。荷兰、丹麦和意大利的一些邦国也加入到这个联合中来。为了用武力迫使西班牙交出凡尔特林和奥地利重新创立弗里德里希的邦国，人们制定了草案。但仅为第一个目标采取过一些行动。雅格布一世去世后，查理一世由于同议会发生争执无暇顾及德意志兰的事务，萨伏依和威尼斯对支援采取矜持态度，而法国这位大臣则认为在大胆出头保护德意志兰的新教徒反对皇帝前，必须首先镇压国内的胡格诺教徒。人们起初对这一联合抱有如此大的希望，但只留下如此少的结果。

失去了任何支援的曼斯费尔德伯爵在下莱茵河畔无所事事，而不伦瑞克的克里斯蒂安公爵在经历了一次倒运的战役后重新被逐出了德意志兰。贝特伦·加博尔在摩拉维亚发动的又一次进攻，由于没有得到来自德意志兰的支援，与以往一样没有结果，最终与皇帝签署了一个正式和约。新教联盟已不复存在，没有一个新教诸侯再拥有武装。巴伐利亚的悌利将军统率着一支常胜军队坚守在下德意志兰边境——新教的土地上，不伦瑞克的克里斯蒂安公爵的活动把他引到这个地区，还一度进到下萨克森区域，攻克了克里斯蒂安公爵设在利普斯塔特的武器库。为监视克里斯蒂安的动向，阻止他发起新的进攻，他必须留守在这块土地上。但是曼斯费尔德和克里斯蒂安因缺少金钱已经解散了他们的部队，悌利伯爵的军队横看直看都不再见到敌人了。为什么这支军队还要骚扰他们所在的邦国呢？

要从神情激昂的各派的叫喊中区别出真理的声音是很困难的，令人颇费疑虑的是天主教同盟还没有解除武装。天主教徒过早的高兴增加了人们的惊恐。皇帝和天主教同盟全副武装着并胜利地进入德意志兰。倘若他们试图进攻新教诸等级甚或推翻宗教和约的话，没有一种势力可与其匹敌。如果斐迪南皇帝还真的未想到滥用其胜利成果的话，那么新教徒的那种无防卫就会唤醒他这方面的意识。对一个认为大家都对其宗教欠下债的和一切为贯彻宗教意向的暴力均是神圣的诸侯来说，过时的条约还有什么束缚力呢？上德意志兰已被征服了，唯独下德意志兰仍成为他单独统治的障碍，这里新教徒占绝对优势，此地大部分天主教教会创立的机构被剥夺了，而现在把这些失去的财产归还教会的时候到了。下德意志的诸侯曾通过收回教产而势力大增，现在帮助天主教教会夺回教产同时也是削弱这些诸侯的好借口。

倘若在这种危机四伏的情况下还表现得闲散无事，这种轻率是不可宽恕的。人们对悌利军队在下萨克森所执行的一些暴力行径仍记忆犹新，以至于不得不鼓动等级会议起来自我防卫。下萨克森区域以最快的速度武装起来。征收特别战争税，招募军队，补

充仓库。人们与威尼斯、荷兰、英格兰进行谈判，并商量应由谁来领导同盟。属于该区域同盟成员的位于松德海峡[①]和波罗的海沿岸的国王们也不能无动于衷地坐视皇帝以征服者的身份进入这一区域，并在北海沿岸成为他们的邻居。宗教和贤能治国这双重利益要求他们限制这位君主挺进北德意兰。丹麦国王克里斯蒂安四世，以荷尔斯泰因公爵的身份算作这一区域等级议会的一员；瑞典的古斯塔夫·阿道夫受劝诱参加了这一同盟。

这两位国王互相争夺捍卫下萨克森区域和与可怕的奥地利强权作战的荣誉。每人均自告奋勇地提出组建一支装备精良的军队，并由他本人亲自统率。对莫斯科和波兰作战的胜利进程使瑞典国王的许诺更具有分量。韦尔特的整个沿岸均能听见古斯塔夫·阿道夫的名字。这位竞争对手的荣誉不断咬啮着丹麦国王的心，克里斯蒂安四世越是期望在这场征战中获得桂冠，便越想让那位他所妒忌的邻居获得尽可能少的荣耀。两位均向英国内阁提出各自的建议和条件，克里斯蒂安最终击败了他的竞争者。为安全起见，古斯塔夫·阿道夫要求在德意志兰获得若干个固定地盘，因为他在德意志兰没有任何立足之地，这样就能为他的军队在遇到不幸时提供必要的避难处。而克里斯蒂安拥有荷尔斯泰因和日德兰岛，遭遇战败时可确保他向这些邦国撤。

为了胜过他的竞争者，这位丹麦国王急于想在战场上表现自己。他在被任命为下萨克森区域的最高指挥官后，短时间内就组建起了一支 6 万人的强大军队。马格德堡的行政长官、不伦瑞克

① 松德，海峡之义也，此处专指瑞典与丹麦西兰岛间的海峡而言。——译者

的公爵、梅克伦堡的公爵均与他联合起来。英格兰可能提供的支援鼓起了他的勇气。装备了这样一支武装力量后，他踌躇满志，夸口说只要通过一场战役便可结束这场战争。有人向维也纳报告说这种武装的意图仅只为了保卫这一区域，维持这一地区的安宁。但从与荷兰、与英国乃至与法国的谈判，从这一区域作出的特殊努力和招募起来的那支可怕的军队，显示出这并非仅只为了防卫，而是为了重新恢复普法尔茨的选侯资格，其最终目的是让变得过于强大的皇帝屈服。

为使丹麦国王和下萨克森区域放下武器，皇帝采取了谈判、警告、威胁和命令等手段。在一切均不奏效的情况下，皇帝便开始了敌对行动，下德意志兰于是成了战场。悌利伯爵沿威悉河左岸而上，占据了直至明登的所有通道。尼恩堡的进攻受挫后，他渡过威悉河，蜂拥入卡伦贝格诸侯领地，并让其军队占领之。丹麦国王在威悉河的右岸采取行动，并让他的军队在不伦瑞克领土上扩展开来。但由于他加强了分遣队从而削弱了其主力部队，以致靠着这点剩余兵力，他就未能取得重大结果。当天主教同盟的前敌总司令寻找他时，由于深知对手占据优势，他便小心翼翼地避免与敌军展开决定性的战斗。

到目前为止，假如不把进攻下普法尔茨的西班牙和尼德兰的国民辅助军算在内，皇帝仅只利用巴伐利亚和天主教同盟的军队在德意志兰与敌人作战。马克西米利安是以帝国强制执行的最高官身份领导作战的，而佑护帝国强制执行的悌利则是巴伐利亚的公仆。皇帝在战场上取得的所有优势都得归功于巴伐利亚和天主教同盟的武装部队。因此这两支武装部队掌握着皇帝的整个幸运和声望。皇帝宫廷中随着旗开得胜而开始萌发的那种远为宏大的设想，与对巴伐利亚和天主教同盟良好意愿的依赖是不相容的。

天主教同盟甘愿承担起保卫皇帝的任务，这是由于同它自己的幸福密切相关，因此，很少能期待它也甘愿帮助皇帝实现他的占领计划。即使它将来把军队用于占领，恐怕他们也不会与皇帝同仇敌忾，不会让皇帝一人独占所有好处。皇帝只有自己征募起一支可观的兵力，才能摆脱对巴伐利亚的紧紧依赖，维护至今他在德意志兰获得的优势。但战争把皇帝的邦国搞得疲惫不堪，以致无力支付维持一支可观军队所需的军备。在这种情况下，他的一名军官向他提出的一个令他惊讶的提案正合他的意。

这位军官就是瓦伦斯泰伯爵，一名功勋卓著的军官，波希米亚最富有的贵族。从早期青年时代起他就效忠于皇帝贵族。在反对土耳其人、威尼西亚人、波希米亚人、匈牙利人和西本彪根人的众多战役中，他多次受到嘉奖。他以上校身份参加了布拉格战役，随后以少将身份在摩拉维亚击败了一支匈牙利军队。皇帝立即对这位公仆表示感谢，并把波希米亚暴动后没收来的财产中相当可观的部分赐赠给他。由于拥有巨额财产和受雄心勃勃计划的驱使，充分坚信幸运之星会照着他以及对当时的情势做过仔细的估量，他自告奋勇地提出由他本人及朋友出资替皇帝组建一支军队，并把这支军队全副武装起来，皇帝毋需关心这支军队的给养，如蒙允准，可把这支军队扩大到 5 万人。没有人不把这一建议视为急躁头脑的幻想产物。但即使这一许诺仅实现了一部分，这种尝试还总是受到大力赞赏的。皇帝给了他波希米亚的几个区，让他作试点，并授予他任命军官的权力。不多几个月后，一支 2 万人的军队被武装起来了。他率领这支军队离开了奥地利边境。不久他带着3万兵力出现在下萨克森边境。这支军队除了打着皇帝的名义外,从皇帝那里没有得到任何东西。这位统帅的名望、辉煌晋升的前景和对掠获物的渴望把德意志兰所有地区的冒险者招引至他的旗下,甚至一些在位的诸侯,受荣誉及利欲的驱使,现在也出面要为奥地利组建军团。

于是这场战争中在德意志兰首次出现了皇帝军队,这对新教徒来说是一种非常可怕的现象,但也没给天主教徒带来多大欢乐。瓦伦斯泰接到命令,要他的军队与天主教同盟部队联合,并与巴伐利亚将军合同后一起进攻丹麦国王。但瓦伦斯泰早就已经嫉妒悌利的战争荣誉,因此他表示没有兴趣与他分享桂冠。他也怕在悌利的行动光环下会失去自己的荣誉。虽然他的战争计划能对悌利的军事行动起支援作用,但他想完全独立于该人单独执行这一计划。由于他缺少像悌利那样获得军需品的来源地,因此他必须把他的军队拉到那些尚未遭受战祸的富裕邦国。他没按皇帝命令去与天主教同盟会合,而是移师到哈尔伯斯塔特和马格德堡地区,并占领了德绍地区的易北河。易北河两岸的所有邦国现在都成了他勒索的对象。他可以从那里,从背后进攻丹麦国王。倘若有必要的话,他真的可以在丹麦国王自己的邦国里开出一条路来。

克里斯蒂安四世感觉到置身在两支如此可怕的敌军间自己处境的重重危险。他事先已把刚从荷兰撤回的哈尔伯斯塔特的行政长官拉到自己一边。现在他也公开宣布赞成曼斯费尔德伯爵,而这是他以前一直不愿意做的,并尽其可能支援曼斯费尔德,曼斯费尔德也采取各种方式回报他。他单独地对付易北河畔瓦伦斯泰的军力,阻碍他与悌利会合起来歼灭国王。这位勇敢的将领甚至不顾敌方的优势逼近了德绍桥,敢于在皇家的防御工事对面同样筑起了防御工事。但受到了背后敌军的整个攻击,他不得不避开敌人的优势兵力,在损失了3000兵力后,离开了防御工事。这次战败之后,曼斯费尔德撤退到了勃兰登堡马克。在那里经过短暂的休整,他又加强了新军,然后突然转向西里西亚,想从那进入匈牙利,与贝特伦·加博尔联络后把战争推进到奥地利诸邦国的心脏地带。由于皇帝的世袭领无力防卫这样的敌人,因此瓦伦斯泰接到了加急命令,要他暂且不顾丹麦国王,尽可能截断曼斯费尔德通往西里西亚的道路。

由于曼斯费尔德而导致的瓦伦斯泰军队的大转移使得丹麦国王有可能把他的一部分军队派往威斯特伐伦地区,以占领那里的明斯特和奥斯纳布吕克主教辖区。为阻止这事,悌利赶紧离开了威悉河。但克里斯蒂安公爵的行动,像是想把军队从黑森开进天主教同盟诸国,把战火烧到那里去。他的行动再度促使悌利以最快的速度从威斯特伐伦撤回。为不被切断与这些邦国的联系和防止黑森邦伯爵与敌人建立起可怕的联合,悌利迅速占领了韦拉河畔和富尔达的所有可固守的场所,确保了位于黑森山脉入口处明登市的安全,在那里有两条河汇入威悉河。不久,他占领了通往不伦瑞克和黑森的要道哥廷根,还打算占领北莱茵河。为阻止北莱茵河被占,丹麦国王迅速率领他的全部兵力赶了过来。他配备了所有的必需品,准备在此地经受住长期围攻。一切就绪后,他便开始寻找一条经艾希斯费尔德和图林根通往天主教同盟诸国的道路。他已经过了杜德尔斯塔特,但急行军赶过来的悌利军队比他占先一步。与瓦伦斯泰的一些军团会合后悌利兵力得到了加强，与丹麦国王的军队相比在数量上远占优势，因此为避免会战，丹麦国王便撤退到了不伦瑞克地区。但就在撤退途中，悌利对他还是穷追不舍，经过3天的多次小战斗后，他才让敌人在巴伦贝格的路特尔村停下。丹麦人面对敌人的进攻，作战非常勇敢。这位胆略过人的国王3次与敌人奋战，但终因寡不敌众和敌人的优良训练而避让其锋，天主教同盟战地统帅获得了完全胜利。这次战役丹麦方面共损失了60面旗子、整个炮兵部队和所有辎重弹药。许多贵族军官留尸战场，约4000名士兵阵亡，不少步兵中队在逃入路特村村公所后放下武器，向胜利者投降了。

丹麦国王带着他的骑兵部队逃跑了。他在这次严重的打击之后不久，又重新召集了兵力。而悌利则乘胜占领了威悉河和不伦瑞克的领地，把丹麦国王逐回不来梅领地。由于吃过败仗，丹麦国王不敢轻举妄动，只想采取一些防御措施，特别是阻止敌人渡过易北河。他向所有可固守的场所派去守军，但他以分散的兵力是无法行动的。这些分散的团队被敌人相继驱散或歼灭了。控制了整个威悉河的天主教同盟军队扩伸到易北河和哈弗尔河，而丹麦人被从一个要塞赶至另一个要塞。悌利亲自渡过了易北河，他的常胜军队一直深入到勃兰登堡要塞。瓦伦斯泰从另一方面向荷尔斯泰因突进，让战火烧到丹麦国王自己的领地上。



此刻瓦伦斯泰将军刚从匈牙利返回。他一直追逐曼斯费尔德伯爵到了匈牙利，既未能阻止后者的进军，也未能阻碍后者与贝特伦·加博尔的会合。他总是受其命运的摆布，而又总是战胜了命运。克服了无休止的困难之后，幸运地通过了西里西亚和匈牙利，进到了西本彪根的侯爵那里，他不太受那里的欢迎。加博尔由于相信英格兰的援助和在下萨克森会发起猛烈的佯攻，重新撕毁与皇帝的停战协议。但曼斯费尔德没有给加博尔带来所希望的佯攻，反而给他带来了瓦伦斯泰的全部武装力量，并要他出钱，而不是给他送来钱。新教诸侯中少有的一致冷却了加博尔的热情。像以往那样，他通过快速缔结和约的办法摆脱了占优势的皇帝兵力。他打定主意重新破灭曼斯费尔德伯爵希望的曙光，指点他与威尼斯共和国接洽，以便在那里首先筹集额外的金钱。

由于与德意志兰切断了联系和无力维持其在匈牙利的剩余兵力，曼斯费尔德出卖了火炮和兵器，并解散了军队。他本人则带着少数护从取道前往波斯尼亚、达尔马提亚和威尼斯。一些新的设想鼓起了他的勇气，但他的前程已经完结。命运使得他的人生起伏无常，并在达尔马提亚为他备好了坟墓。1626 年他在扎拉附近去世。不久前他最忠诚的患难与共者不伦瑞克的克里斯蒂安公爵也谢世了。这是两位理应成为流芳百世的伟男子！他们本应超越他们的时代，驾驭他们的命运的！

丹麦国王的全部兵力就连悌利的那支军队都招架不了，现在更不用说去对付皇帝的两员将军了。丹麦人撤出了他们设在威悉河、易北河和哈弗尔河畔的所有营地。瓦伦斯泰的军队像湍急的洪流冲入勃兰登堡、梅克伦堡、荷尔斯泰因和石勒苏益格地区。这位将军太自负了，以致无法与另一位将军协同行动。他把天主教同盟的战地统帅遣送到易北河彼岸，去监视荷兰人的动向。他这样做本来是想单独结束与丹麦国王的战争，独自享受由悌利所取得的胜利而带来的果实。除格吕克斯塔特外，克里斯蒂安失去了他在德意志邦国中的所有坚固要塞。他的军队由于未能从德意志兰那里获得增援，未能从英国那里得到多少安慰就被击败或被消灭了。他在下萨克森的盟友也屈服于胜者了。悌利在路特尔一带取胜之后，强迫黑森-卡塞尔邦伯爵解除与丹麦的同盟。瓦伦斯泰在柏林城前的吓人仪态迫使勃兰登堡选侯屈服，并强迫他承认巴伐利亚的马克西米利安为合法的选侯。梅克伦堡的绝大部分地区被皇帝军队控制了。两位追随丹麦国王的公爵受到了帝国法令的惩罚，被逐出了他们的邦国。抗击违法的进攻、捍卫德意志的自由现在被当作犯罪行为处理，将失去所有的显职和邦国。然而这一切仅是紧接而来的更令人发指的暴行的前奏。

现在瓦伦斯泰认为可以采用何种方式实践他那信口雌黄诺言的秘密了。这一招是从曼斯费尔德那里学来的，但青出于蓝而胜于蓝，学徒超过了师傅。基于以战养战的准则，曼斯费尔德和克里斯蒂安公爵不加区别地用从朋友和敌人处抢掠到的虏获物来维持他们军队的开支，但这种强盗式的生活方式也伴随着强盗生涯的所有烦恼和不安全性。正如在逃的小偷那样，他们得从警觉和愤怒的敌人那里潜逃，从德意志兰的一地逃到另一地，提心吊胆地等待时机。他们得避开一些最富裕的邦国，因为这些邦国通常由重兵把守着。曼斯费尔德和克里斯蒂安公爵在与如此可怕的障碍作斗争中还能干出如此多的惊人之举，如果在所有这些障碍被消除之后，还有什么不能干成的呢？倘若所招募到的军队足够数量，就会令最强大的单个儿帝国等级心存恐惧；倘若皇帝的名义能确保所有的暴行免受惩罚，简言之，倘若凭借着帝国的最高权威，并统率着一支占优势的军队，效法执行曾由那两位冒险家冒着危险，用凑集起来的一伙人执行过的同一种作战计划，这一计划难道还不能实现吗？

看清了这一点之后，瓦伦斯泰才果断地向皇帝提出了自愿效劳的请求，而现在已不再有人感到这是夸张之词。这支军队越是得到了加强，人们对它给养的担忧就越少，而带给对立的等级会议的恐惧就越多。暴行越是肆虐，人们越不会对它实施惩罚。在敌对意义上的帝国等级会议面前它持有法律的凭证；在忠诚的帝国等级会议面前会借口提防的必要性请求谅解。这种压力的不等量施加阻碍了等级会议中形成一种危险的统一。被搞得精疲力竭的各邦国失去了告发军队暴行的手段。整个德意志兰就这样成了皇帝军队的给养仓库，他可像处理自己的世袭领地那样处置所有领土。普遍都在呼吁皇冠的公正性。但只要这些受肆虐的诸侯还在呼吁公正，就不用担心会受到他们的亲自报复。普遍的不满情绪使皇帝和统帅间发生了隔阂。皇帝允许用他的名义去实施这些暴行，而这位统帅超越了他的全权，明显地滥用了主子的权威。人们想依靠皇帝的力量，在对抗这位统帅时得到保护，但当瓦伦斯泰感到他的军队已变得威力无比时，他就不再顺从皇帝了。

此时敌人已是精疲力竭，预期很有可能会有人提出媾和建议。但瓦伦斯泰仍坚持继续扩大皇帝军队，最后甚至增强到 10 万兵力。拥有上校衔及少尉以上军官证书者不计其数。他得维持自己的一个王国，对他的追随者无节制地施舍（他赠送东西时从不少于 1000 古尔登）。为扩大在皇帝宫廷的影响，他贿赂的金额到了令人难以置信的程度，而所有这一切并没有增加皇帝的负担。他是通过对下德意志兰几个省份的掠夺来开销那无法估量的数目。在掠夺过程中他不分朋友和敌人，在所有主子领地中任意行军过道或宿营，任意勒索或施暴。倘若人们相信当时离奇的陈述，瓦伦斯泰在7年的司令部任职间他从半个德意志兰共征收了约600亿塔勒的军税。他的勒索越是肆无忌惮，军队的储备就越多，投奔他麾下的人也就越多。所有人都飞奔来碰运气。他的军队急剧膨胀，与此同时军队所经过的所有邦国都变得萧条不堪。现在各省的咒骂和诸侯们的怨声载道对他还会起什么作用呢？他的军队崇拜他，罪行自身把他置于一种嘲笑罪行所有后果的境地。

倘若人们因皇帝军队的放纵行为都找皇帝算账，对皇帝显然是不公正的。如果斐迪南事先知道他把所有德意志邦国供这位统帅掠夺的话，他肯定会知道这位不受约束的统帅会给他带来的危险。军队与首领间的纽带越是紧密——一切幸福和所有晋升都来源于这位首领——这两者同皇帝间的关系就必须变得越松弛。尽管这一切都打着皇帝的名号进行，但瓦伦斯泰仅是利用帝国元首陛下的权威来压碎德意志兰的任何一种其他权威。由此可见此人深思熟虑的原则是明显贬低德意志的帝国诸侯，打破这些诸侯同帝国元首间的所有梯级和次序，竭力提高帝国元首的威望。倘若皇帝是德意志兰唯一的立法势力，那谁是助手呢？谁来执行皇帝的意愿呢？瓦伦斯泰如此高抬皇帝，就连皇帝本人也很惊讶。正如主人的伟大乃是仆人的事业，瓦伦斯泰的这种创造一旦失去了创造者之手，那就会再度归于子虚乌有。他使得所有德意志兰的帝国诸侯都对皇帝气愤，不是徒劳的。这些诸侯对斐迪南恨得越厉害，他就越有必要站在皇帝一边，因为仅有他能平息诸侯们的怒气。他的意图再明显不过了：他的权力在整个德意志兰除了害怕

给予他至高无上权力的那位外，无须再害怕任何人。

为实现这一目的，瓦伦斯泰采取的第一步正是要求把刚刚占领的梅克伦堡暂时作为抵押品属于己有，直至皇帝偿还他在迄今为止战争中所支出的费用。在此以前，斐迪南就已提升他为弗里德兰公爵，大概表示宁愿让他的将军多居先于巴伐利亚的将军。但这种一般性的奖赏不能满足瓦伦斯泰的虚荣心。在皇帝的枢密院中徒劳地出现反对这种新奖赏的声音，因为它是以两个帝国诸侯为代价的。甚至那些早就冒犯过他的傲慢的西班牙人，他们的反对也徒劳无功。瓦伦斯泰在皇帝的枢密顾问中收买了的人占据着优势。而斐迪南无论付出多少代价也愿意为这位不可或缺的仆人承担义务。仅仅是一个小小过失，皇帝就剥夺了德意志最古老诸侯家族后裔的遗产继承份额，为的是把掠获物恩赐给他的奴才（1628 年）。

此后瓦伦斯泰便开始自称为皇帝的海陆大元帅。占领了维斯玛城之后，他便在波罗的海沿岸站稳了脚跟。他要求波兰和汉萨城市提供船只，要把战争推进到波罗的海彼岸，把丹麦人一直追逐到丹麦王国腹地，迫使他们签订和约，这样便可为更大规模的占领铺平道路。如果皇帝能成功地在下德意志诸等级和北方诸国中间安营扎寨，就能把这两者之间的联系扯断，并能用一条连续不断的邦国之链从亚德里亚海，直至松德海峡（位于其间的波兰附属于它）把德意志兰包围起来。倘若皇帝打算这样做，瓦伦斯泰就会奉行他的特殊的同样计划。占领波罗的海就会为一种强权奠下基石，这是他梦寐以求的，这样他就有能力摆脱主子。

为实现这一目的，占领位于波罗的海沿岸的施特拉尔松德市就显得格外重要。它拥有优良的港口,从那很容易横渡到瑞典和丹麦海岸,很适合于同瑞典和丹麦国王作战。作为汉萨同盟 6 个城市之一,它在波美拉尼亚公爵的保护下享有一些最重要的特权。它与丹麦没有任何联系,迄今为止还没有参加过战争。但中立和特权均不能使这座城市幸免于瓦伦斯泰计划中对它的非分要求。

瓦伦斯泰向这一城市提出了接纳皇家驻防部队的要求,但受到施特拉尔松德市政府的强烈抗议,也拒绝让他的军队不怀好意地通过城市。现在瓦伦斯泰准备围攻这一城市。

捍卫施特拉尔松德市的独立性对两位北部的国王来说同样重要。没有这种独立性,波罗的海海上的航海自由就无法维持。共同面临的危险最终化解了早就使这两位国王不睦的私人妒忌。1628 年双方在哥本哈根签署了条约,双方承诺联合起来共同维护施特拉尔松德的独立,共同抵抗任何不怀好意出现在波罗的海的外来势力。克里斯蒂安四世立即向施特拉尔松德派遣了足够驻军,并亲自出访施特拉尔松德市,以鼓舞市民的勇气。波兰国王西吉斯蒙德支援皇家统帅的几艘战舰被丹麦舰队凿沉了。由于卢卑克市也拒绝皇帝军队进驻,这位皇家大元帅便没有足够的船只出海包围一座孤城的港口。

没有什么比不包围港口而想占领一个防守得固若金汤的海域更具有冒险性了。至今还从未遇到过抵抗的瓦伦斯泰现在也想战胜自然,做不可能做的事。一面临海的施特拉尔松德市继续不停地储备生活必需品,增加新部队。尽管如此,瓦伦斯泰还是从陆上加以包围,并用虚张声势来掩饰周密手段的缺失。他说:“我要取下这座城市,即使它用链与天相连。”皇帝本人也后悔这种他许诺的没有光彩结局的军事行动。他急切抓住了施特拉尔松德人表面上的顺从和一些可接受的提议,命令他的将军从该城撤退。但瓦伦斯泰对皇帝命令置若罔闻,继续不间断地进攻这一城市。由于丹麦的驻防部队已被打得所剩无几,余下的兵力已无力抵抗不间断的进攻,而丹麦国王也无计可施,不敢再把更多兵力派往这一城市,因此在征得克里斯蒂安的同意后,该市投入了瑞典国王的怀抱。为给瑞典人让出位置,丹麦指挥官撤离了要塞。瑞典人卓有成效地保卫了这座城市。瓦伦斯泰的运气在这座城市面前碰了壁,他的自豪感第一次受到严重挫折。几个月过去了,在损失了约1.2万人之后,他仍不想放弃他的计划。他给这座城市造成的胁迫性,迫使该城请求瑞典国王保护,导致古斯塔夫·阿道夫和施特拉尔松德之间建立了紧密联盟,从而使瑞典人随后进入德意志兰变得轻而易举了。

到目前为止,幸运之神一直伴随着天主教同盟和皇帝军队,在德意志兰吃了败仗的克里斯蒂安四世不得不藏匿到他的岛上。但波罗的海为这种征服设置了屏障。战舰的被凿沉不仅阻止继续追击丹麦国王,而且也使胜利者面临失去已占领之物的危险。最可怕的是北欧两个君主国的联合,假如他们有了外援,皇帝和他的统帅就不可能在波罗的海上起作用,更不用说在瑞典登陆了。如果能把这两位诸侯的事业分开,确保丹麦国王友好,就比较容易对付单独的瑞典势力。对外国强权干预的害怕、自己邦国中新教徒的煽动性活动、迄今为止庞大的战争开支、整个新教的德意志兰人们正在酝酿的风暴,所有这些使皇帝的心情急于想媾和,而他的统帅则出于完全相反的理由尽力想实现他的愿望。他根本不想实现和平，和平会使他失去如日中天的伟大和权力，跌入私人领域的黑暗深渊。他仅想变换一下战争的现场，通过这种单方面的和平来延长这种乱局。身为梅克伦堡公爵的他与丹麦是近邻，而与丹麦保持友谊对实现他远大计划至关重要。他决定，即使损害了他主子的利益，也要对丹麦君主国承担起义务。

哥本哈根条约规定克里斯蒂安四世在未征得瑞典人同意的情况下，不能与皇帝单方面缔结和约，尽管如此，他还是乐于准备接受瓦伦斯泰向他提出的建议。1629 年，在卢卑克举行的一次会议上皇帝方面把所有从丹麦人那里获得的土地全部给了丹麦。瓦伦斯泰以无礼的轻蔑态度对待为梅克伦堡作担保而来的瑞典公使，拒绝他出席会议。瓦伦斯泰要求丹麦国王今后不再继续干涉德意志兰事务，除非以荷尔斯泰因公爵名义；不能再擅自控制下德意志的诸教会机构，让梅克伦堡两公爵听凭命运的安排。克里斯蒂安本人曾把这两位诸侯牵连进同皇帝的战争中，现在为让这个强盗对他们邦国承担起义务，就牺牲了他们。在促使他与皇帝作战的动机中，重新恢复普法尔茨选侯，即他的亲戚的荣誉不是不重要的，而这位诸侯在卢卑克和约中没能得到任何好处。该和约的其中一个条款甚至承认了巴伐利亚选侯资格的合法性，克里斯蒂安四世就这样不光彩地离开了现场。

眼下斐迪南第二次把德意志兰的安宁掌握在手。他的任务在于把与丹麦的和约变成普遍的和平。德意志兰所有地区都向他传来了不幸者要求结束痛苦的哀求。他的士兵们的暴行、他的统帅的贪婪已到了无以复加的程度。经曼斯费尔德和不伦瑞克的克里斯蒂安的散兵游勇蝗群过境般的抢掠，经悌利和瓦伦斯泰那支可怕军队的来回蹂躏，德意志兰已直僵僵地躺在地上流着血，田园荒芜，渴求休养。帝国所有等级均怀着强烈的和平愿望，就连皇帝也渴求和平，他在上意大利与法国交战，已被迄今为止德意志兰的战争拖累得疲乏不堪，又担忧人们等着向他算账。但不幸的是两大宗教派别提出的愿意插剑入鞘的条件是相互矛盾的。天主教教徒想从战争中获益多多，新教徒们想从此中获益匪少。而皇帝不但没有用巧妙的缓和手段促使双方联合，反而加入一派，因而德意志兰又重新陷入一场可怕战争的惊恐中。

波希米亚暴动结束以来，斐迪南开始在他的袭承邦国中进行反宗教改革。可是顾及这些邦国中一些福音新教等级，反宗教改革是有节制地进行的。但他的统帅们在下德意志兰取得的胜利使他有勇气摆脱迄今为止所有束缚。他的世袭领地中的所有新教徒均被遵照告知，他们或者抛弃他们的宗教或者离开他们的祖国，这是一种痛苦而可怕的抉择，此举在奥地利乡民中激起无比愤懑。在普法尔茨邦，弗里德里希五世遭驱逐后，宗教改革派的礼拜马上被取缔了，这一教宗的教师被驱逐出了海德贝格高级学校。

这些革新仅仅是一些较大革新的前奏。在米尔豪森举行的选侯聚会上，天主教教徒要求皇帝把奥格斯堡和约以来由新教徒没收的大主教区、主教辖区、直属和非直属的修道院和修庵重新归还给天主教会，并向天主教诸等级赔偿他们在迄今为止的战争中所遭受的损失和受到的迫害。在像斐迪南这样严格的天主教诸侯那里，诸如此类的示意是不会碰壁的，但他似乎觉得，采取如此决定性的步骤来激怒整个新教的德意志兰还为时过早。对并非个别新教诸侯来说索回教会机构就是剥夺他们的一部分领地。过去人们把这些机构的收益不全用于世俗目的，也把它用于新教教会上，许多诸侯的绝大部分收益和势力正是由于获得这些领地。收回这些教产将无例外地引起他们的暴动。宗教和约没有剥夺他们对这些教产的所有权，尽管它对此也不无怀疑。但是长期的占有，许多甚至已达百年以上、经四位前任皇帝的默认和公正的法律判定在他们先祖的捐赠物上可享有与天主教徒同等的份额，所有这些均可被他们提作权利的相当充足的理由。归还这些教产会使新教徒的势力和审判权遭到实际损失，会引起无法预见的混乱结局。除此之外，重新设置天主教的主教来加强天主教派在帝国会议中获得许多新的议席，这对新教诸侯的害处不小。皇帝料到福音新教徒在遭到如此重大损失时会提出最强烈的抵抗。当战火在德意志兰尚未扑灭前，他不想在不合适的时候激怒以萨克森选侯为支柱而联合起来的那相当令人害怕的整个一派，不想让他们的矛头对准自己，因此他试图首先采取小范围行动，以了解一下他们大致会如何行动。上德意志兰的一些帝国城市和符腾堡公爵接到敕旨，要他们交出各种被没收的教产。

萨克森的情势使他在那里敢于采取另一些更为大胆的尝试。马格德堡和哈尔伯斯塔特主教辖区信奉新教的大教堂牧师长老们毫不犹豫地列出了新教主教辖区。除马格德堡城外，两个主教区都充斥着瓦伦斯泰的军队。碰巧由于哈尔伯斯塔特的行政长官不伦瑞克的克里斯蒂安公爵的去世，马格德堡大修道院通过废黜克里斯蒂安·威廉——一位勃兰登堡的亲王而得到解决。斐迪南利用上述两种情况，把哈尔伯斯塔特的教区转让给一位天主教主教，还外加一位自己家族的亲王。为不遭到类似的强制，马格德堡的牧师会会议加速推选萨克森选侯之子担任大主教。但教皇依据自己在这方面享有的权利,答应让奥地利亲王占有马格德堡大修道院。人们忍不住要对斐迪南机灵熟巧的手腕感到惊讶,他在为宗教投入满腔热情之际仍不忘记顾及自己家族的利益。

卢卑克和约排除了皇帝对丹麦的后顾之忧,从表面上看,德意志兰的新教徒似已完全被击垮了,天主教同盟的要求也随之变得越来越大声和急切。在这种情况下,斐迪南在征得四位天主教选侯中的任何一位的认可后,签署了造成如此多不幸而声名狼藉的赔偿敕令(1629年)。在引言中他自称凭皇帝权力的至高无上和作为两大争执教派的最高仲裁人和法官,有权解释宗教和约的含义,因为对该和约不同的理解成了迄今为止错误的起因。他以把这种权力奠基于先祖的惯例和以往新教等级会议自己曾做出的认可上。萨克森选侯确实曾认可过皇帝的这种权力,而现在看来,萨克森宫廷对奥地利的忠诚给新教事业带来了多大的损失啊!倘若从宗教和约的字里行间真的可以作出不同的解释,就像两大教派百年来的纷争足以证实的那样,则皇帝无论如何也不能解决天主教等级和新教等级间的宗教争端,因为皇帝自身要么是天主教帝国诸侯,要么是新教帝国诸侯,也就是说他自己也属于其中的一派。如若如此,就会损害宗教和约的基本条款。如若不让德意志帝国的自由变得徒有虚名,他就不能在他自己的事务中充当法官。

而现在斐迪南依据这种自认为理应获得的解释宗教和约的权力作出了下述决定:“所有在该和约生效之后由新教徒直接或间接没收的教产违背了该和约精神,践踏了和约,应予以取缔。”此外他还规定:“宗教和约并未要求天主教邦君同意其新教臣民自由离开

所在邦国之外的更多东西。”根据这一规定，所有教会产业的非法占有者，即所有新教帝国等级一律均需把这种非法财物交还给皇家专员，不执行者将受到革出教会的帝国破门令的惩罚。

两个以上的大主教辖区和12个以上的主教辖区被列在单子上。此外，还有被新教徒占有的不计其数的修道院。这一敕令对整个新教的德意志兰无异是一个晴天霹雳，现实所发生的这一切着实令他们害怕，而更令他们恐惧的是为未来担忧，因为人们把这一切只当作是一种先兆。眼下新教徒们完全看清，他们宗教的毁灭取决于皇帝和天主教同盟，德意志自由的毁灭也将不久随之而来。皇帝毫不顾及任何异议，任命了专员，还抽集了一支军队，迫使新教徒们顺从。他们首先向缔结和约的奥格斯堡开刀，这座城市必须恢复主教的管辖权，城内的6个新教教堂被关闭了。同样符腾堡公爵也得交出他的修道院。这些严峻举措惊吓了所有福音新教的帝国等级，但他们没能奋起进行积极的抵抗。他们过于害怕皇帝的势力，一大部分新教徒甚至已准备屈服了。由于想通过和平方式实现自己的愿望，天主教徒考虑再缓一年执行这一敕令，而正是这点挽救了新教徒。这一期限还未到前，瑞典军队的成功改变了整个事态。

1630年，在累根斯堡召开了一次选侯大会，斐迪南亲自出席。会上将认真商讨德意志兰的完全安宁和改善所有疾苦等事宜。这些事关涉到天主教徒方面并不比福音新教徒方面少。因此斐迪南也同意，通过赔偿敕令对所有天主教同盟成员承担起义务，通过分配选侯资格和通过让与大部分普法尔茨领地对天主教同盟的首领承担起义务。自瓦伦斯泰出现之后，皇帝和天主教同盟诸侯间良好的关系受到无穷的损害。傲慢的巴伐利亚选侯习惯于扮演德意志兰的立法者，甚至对皇帝的命运也要加以干涉。但由于皇家统帅的出现，他一下子变得多余了，他迄今的整个重要性连同天主教同盟的威望一下子消失了。现在另一个人登台了，摘取了他的胜利果实，把他以往立下的功业遗忘殆尽。这位弗里德兰公爵最得意的胜利是嘲讽诸侯们的威望和他主子的权威越来越令人厌恶。他的这种目空一切的品性更加剧了这位选侯的痛处。由于不满意皇帝和极度蔑视皇帝的思想品质，后者与法国缔结了联盟，其余的天主教同盟的诸侯对这个联盟均持疑虑。对皇帝扩张计划的害怕，对当前显著的祸害的不满，窒息了这位选侯对感谢的任何感觉。瓦伦斯泰的勒索到了令人难以忍受的程度。勃兰登堡为他所遭受的损失支付了 2000 万古尔登；波美拉尼亚 1000 万古尔登；黑森 700 万古尔登，其余邦国视情况而定。求助的呼声是普遍的、急迫的、强烈的，所有的反指责均徒劳无功，天主教教徒和新教徒之间没有区别，种种谈及这一点的只有唯一的一种声音。人们拿着反对瓦伦斯泰的请愿书，潮水般地涌向受惊的皇帝，在他面前对他们所遭受的暴行作了最令人毛骨悚然的描述，令他大为震惊。斐迪南并非是位残暴的人，尽管他对以他的名义在德意志兰犯下的残暴行径难辞其咎，但他对这种行径已达到如此程度是不得而知的。因此没有多加考虑他便顺从了诸侯们的要求，立刻裁减了战场上的 1.8 万名骑兵。当裁减军队之时，瑞典人已活跃地装备起来并向德意志兰进军，一大批被解雇的皇家士兵急投奔到瑞典军旗下。

斐迪南的这种偏听偏信态度反而促使巴伐利亚选侯提出更为

大胆的要求。只要弗里德兰公爵还掌握着最高司令权，超越皇帝威望的凯旋就不会是完美的。诸侯们打算对这位统帅的傲慢狂妄——这是他们大家一致感受到的——进行重重的报复。整个选侯全会乃至西班牙人都群情激昂地一致提出解除瓦伦斯泰职务的要求。皇帝对此感到惊愕。但皇帝的妒忌者们在要求解除瓦伦斯泰时所表现出的那种一致性和坚决性，不得不使皇帝确信这位臣仆的重要性。获悉人们在累根斯堡策划反对他的阴谋诡计之后，瓦伦斯泰刻不容缓地要让皇帝看清巴伐利亚选侯的真实意图。他亲自来到了累根斯堡，但他出现时的那种豪华排场使皇帝也黯然失色，便也增加了其对手对他的仇恨。

皇帝久久未能作出决定。人们要他作出的牺牲实在令人痛惜。他目前所拥有的优势都得归功于弗里德兰公爵。他觉得，倘若他为诸侯们的仇恨而牺牲了瓦伦斯泰，他将失去很多。但不幸的是他现在正需要选侯们的支持，他想让其儿子斐迪南，即匈牙利的当选国王，继承皇位，而此事他须征得马克西米利安的认可，这事对他来说最为急切，为了对巴伐利亚选侯承担起义务，他会不惜牺牲他最重要的臣仆。

出席累根斯堡选侯大会的还有法国的全权代表，他们受命来调解一场将在意大利爆发的皇帝与他们君主间的战争。曼图亚和蒙费拉的文岑茨公爵未留下后嗣便去世了。他最近的亲属，讷韦尔的卡尔公爵马上继承了这笔遗产，但未向这块诸侯领地的最高采邑主的皇帝证实应承担的义务。由于得到法国和讷韦尔的支持，他固执地拒绝在他的权利得到裁决前把这些领地转交给皇帝的专员掌管。经西班牙人煽动而怒火中烧的斐迪南此时拿起了武器。身为米兰领地主的西班牙人对一个法国附庸的邻居充满了疑虑，非常想以皇帝之助乘机占领意大利的这一部分。教皇乌尔班八世为使战火远离这一地区作出了巨大努力，尽管如此，斐迪南还是派遣了一个德意志军团越过了阿尔卑斯山。这支军队的突然出现令所有意大利的邦国惊恐不止，因为这是一支在德意志兰常胜的军队，惊恐的人们现在似乎看到，奥地利追求大一统君主国的老方案突然又要复活了。对德意志战争的惊恐现在也扩大到波河流域的福泽地带。曼图亚市在猛攻下被占领了，而周围的所有土地均领略了这群无法无天的兵痞蝗群过境的现场。原先遍及整个德意志兰咒骂皇帝的喊声眼下又遍及意大利平原，甚至在红衣主教的秘密会议上，有人兴起静默的祷告祝福新教的军队。

由于被这次意大利远征所引起的普遍仇恨吓住了，由于被选侯们所热情支持的法国请求搞得疲惫不堪，皇帝最终听从了法国建议，答应授予这位曼图亚的新公爵封地。

巴伐利亚方面为这事立下了汗马功劳，它值得要求法国方面作出某种回报。条约的缔结给黎塞留的全权代表一个良机，即利用他们在累根斯堡期间用可怕的诡计将皇帝诱入圈套，激起天主教同盟中那些欲壑难填的诸侯们越来越多地反对他，并导致这次选侯大会的所有协商越来越不利于皇帝。为完成这一使命，黎塞留选中了方济各会神甫约瑟夫。此人曾让全权代表当成是一位无可怀疑的道边乞丐，因而是个相当合适的人选。他要做的第一步便是热心推动解除瓦伦斯泰职务。随着这位领导奥地利军队走向胜利的将军的解职，奥地利军队也就失去了强大的最大部分，整个军队均无法弥补失去此一人所造成的损失。这一策略的主要一招便是话说当今时代，有一位常胜国王，一位在他的军事行动中享有无限权力的君主，武装起来反对皇帝，以便把唯一一位同这位国王在作战经验与威望方面不相上下的统帅从皇帝军队最高将领的位置上搬走。征得巴伐利亚选侯同意后，约瑟夫神甫便设法克服皇帝的不坚定性，而皇帝此时正受到西班牙人和整个选侯委员会的团团包围。约瑟夫对皇帝说："这将是一种好办法，在这个剧中让诸侯们活得满意，这样可尽早促使选侯们在其子的罗马国王选举中投赞同票。只要这一风暴一过去，可马上再让瓦伦斯泰担任先前的职位。"这位狡猾的方济各会神甫相当了解皇帝的为人，所以敢这样抚慰皇帝。

这位僧侣的一番话在斐迪南二世听来仿佛就是上帝的声音。他向自己的忏悔神父写道："世上对他来说没有比一个神甫头脑更神圣的了。他常说，倘若他在同一时间和同一地点遇见一位天使和一位骑士团成员[①]，他会首先向这位骑士团成员鞠躬致意，尔后再向这位天使鞠躬致意。"瓦伦斯泰的解职就这样决定了。



为对这种虔诚信任表示感谢，这位方济各会修士在累根斯堡十分机警地抵制皇帝，使得皇帝想让匈牙利的国王取得罗马国王头衔的努力最终付诸东流。在刚缔结条约的一项特别条款中法国大臣们以法国王冠的名义保证对皇帝的所有敌人持中立态度。但与此同时黎塞留已与瑞典国王签署了条约，鼓动他参战，且硬让他加入法国君主的联盟。一旦谎言起了作用，他也便立即把谎言收

① 此处是指中古时代的德意志宗教骑士团的成员，他们都是笃信基督教的僧侣。——译者

起，而约瑟夫神甫则不得不因其超越全权而在某个修道院中忏悔赎罪。当斐迪南察觉到人们在嘲弄他时，已为时过晚。有人听到他说："一个邪恶的方济各会修士用他十字架念珠解除了我的武装，把不下 6 顶选侯冠塞进了他那狭窄的风帽中。"

欺骗和诡计战胜了皇帝，而此时人们在德意志兰却把他视为威力无比的人，他确实因其军队显得强大。在减少了 1.5 万兵力，失去了能补偿一支兵力损失的统帅之后，他未实现愿望并为实现此愿望而付出惨重的代价后，离开了累根斯堡。在瑞典人还未在战场上打击他前，巴伐利亚的马克西米利安和约瑟夫神甫已使他受到了无法治愈的伤害。正是在累根斯堡的这次引人注目的大会上决定同瑞典人开战，这场战争在曼图亚结束。会上诸侯们在皇帝面前替梅克伦堡公爵们说话，英国公使们想为普法尔茨伯爵乞讨年俸，均无结果。

当向他下达解职令时，瓦伦斯泰统率着一支差不多 10 万兵力的军队，部下都敬佩他。绝大多数军官是他的宠儿。他的指示对普通士兵来说是命运的格言。他的虚荣心是无止境的；他的自尊心是不可征服的；他那专横独断的精神无法忍受那种非恶意的伤害。现在他顷刻间从权力的顶端跌到一无所有的私人地位。对这样一个罪犯实行这样的判决需要高明手腕，这并不比从法官手里夺取判决权来得容易。为此人们加倍小心，选了两位瓦伦斯泰最知心的朋友，让他们把这一不幸的消息告诉他，并用"继续得到皇帝恩宠"这种最恭维的保证竭尽可能减缓这一不幸消息的程度。

当皇帝的两位专使出现在他面前时，瓦伦斯泰早就知道他们出使的全部内容。他需要时间集中思想，他的脸上虽然流露出高兴神情，内心却极度痛苦和气愤，但他决定顺从。这一判决使他大感意外，以至于来不及做好采取明智步骤的充分准备和部署。他的巨大的庄园地产分布在波希米亚和摩拉维亚，倘若皇帝通过没收这些财富，就可切断他的权力神经。他期待着未来能得到赔偿。在这种期待中一位意大利星占学家的预言给他增添了力量。这位星占学家像控制一个孩子那样控制着这个放荡不羁的人。这位叫塞尼的星占学家对他说，从占星象中得知，他的主子光辉的生涯还远未结束；他的前景还会是福星高照的。其实人们无须去占星问卜，求问未来凶吉，只要有像古斯塔夫·阿道夫这样的敌人，就不会长期缺少像瓦伦斯泰这样的将军。

瓦伦斯泰对专使说："皇帝叛变了。我为他而感到遗憾，但我原谅他。显然是那位盛气凌人的巴伐利亚人支配着他。他是毫不反对就把我牺牲掉，令我非常痛心，但我愿服从。"在给了两位专使体面的礼物之后，他让他们离开。在给皇帝的一封恳切的信中，他请求皇帝不要剥夺对他的恩宠，维护他现有的尊严。当部队得知他们的统帅遭解职时，出现一片不平之声。他手下一些最好的军官马上就宣布不再为皇帝效劳了。许多人跟随他回到波希米亚和摩拉维亚的庄园，另一些人则被他束之于可观的恩俸，一旦机会到来就可立即服役。

他的计划是除赋闲外不做任何事，因为现在他已退居私人生活的平静之中。他孤独地享受着国王般的荣华，仿佛就在嘲讽那个贬黜他的判决令。他在布拉格居住的宫殿设有 6 道门，为使宫院宽敞些，拆除了上百幢房子。在其余众多的庄园里，他也造起了类似的宫殿。来自最高贵家族的绅士争相侍候他，并以此为荣。

为了成为瓦伦斯泰的侍从，一些皇帝的侍从甚至把金钥匙交还给宫廷。他雇用60名侍从少年，让一些最出色的师傅给他们授课。他的前室通常由50名卫兵保卫着，他平时的餐桌上从未少于百道菜。他的管家是位有教养和身份的人。他周游领地时，有146匹马拉的装着设备和随从的车队跟随着。他的宫院中拥有60辆豪华马车，外加50匹备用马。他的起居的阔绰、马车的辉煌和房间的装饰均与其他的奢侈相吻合。6名男爵和6名骑士得常在身边，以便执行他的任何指示。12名哨兵守卫在他的宫殿四周，禁止任何喧闹。他不停工作着的脑子需要绝对安宁，住所附近不准有车子的辘辘声，街道经常用链条封锁起来。走近他时不得说话，他与人相处也是默默无言。他常板着脸，沉默寡言，令人深不可测，他说的话还不如送的礼品多。他的只言片语也是用一种敌视的声调发出来的。他从不笑，血液的冷酷对抗着感官的诱惑。他总是忙忙碌碌，老是被一些宏大的设想所打动，放弃所有的消遣，由此浪费了别人宝贵的生命。他亲自处理与整个欧洲的信件往来，大部分信文是他亲笔写的，因为他很少相信别人会保守秘密。他个子很高，但干瘦，脸呈黄色，留着红色的短发，长着一双小而闪闪发光的眼睛。额上刻着一种可怕的骇人的严肃。只有他支付的极高的恩俸才能留住这批诚惶诚恐的仆从。

在这种外观动人的黑暗中瓦伦斯泰静静地，但并非闲散无事地等待着他那辉煌的时刻，期待着报仇之日。不久，古斯塔夫·阿道夫那迅雷不及掩耳的胜利进程让他预感到这一天快到。他不愿放弃任何一个远大计划。皇帝的忘恩负义使他的虚荣心从一个累赘的缰中解脱出来。他私人生活的那种炫目光辉泄露了其计划的骄人活力。他像君主那样挥霍，看来他已把希望得到的庄园地产算进他的固定财产中去了。

瓦伦斯泰被解职和古斯塔夫·阿道夫登陆之后，不得不任命一位新的最高统帅，同时看来也有必要把迄今分开的皇帝军队司令部同天主教同盟军司令部联合成一个唯一的司令部。巴伐利亚的马克西米利安觊觎这一重要职位，该职位能使他控制皇帝，但正因如此，皇帝考虑让其长子——匈牙利的国王来担任这一职位。但最终他还是决定不启用这两位有资格的人，以便不引起任何一方的不满，他把这个统帅权交给了天主教同盟军的悌利将军，这样悌利的职责从为巴伐利亚服务变成为奥地利服务。瓦伦斯泰的军队被解散后，斐迪南在德意志土地上驻有 4 万兵力。天主教同盟的军事力量与其相差无几。两支军队均由出色的军官指挥，均身经百战，并为他们取得的多次胜利而自豪。凭着这支军力，他们认为无须对瑞典国王的逼近感到害怕，因为他们占领着波美拉尼亚和梅克伦堡两个进入德意志兰的唯一关口。

丹麦国王在阻止皇帝进军的尝试未成之后，古斯塔夫·阿道夫成了欧洲唯一有望拯救岌岌可危自由的诸侯。他同时也是唯一受强烈政治原则驱使、遭受过凌辱因而有权捍卫自由和凭借个人能耐敢于大胆行动的诸侯。与丹麦共同拥有国家利益促使他早在下萨克森战争爆发前就决定把自己军队置身于保卫德意志兰事业之中。当时丹麦国王使他个人遭受了不幸。打那以后，瓦伦斯泰的傲慢和皇帝的骄横让人向他提出了多方要求，这些要求激怒了他个人，而他作为国王又不得不对这些要求作出决定。为保卫普鲁士反对瑞典，皇帝军队被派来增援波兰国王西吉斯蒙德。瑞典国王指责瓦伦斯泰这种充满敌意的行动，但得到的回答却是：皇帝兵力太多了，他必须用这些兵力帮助他的好朋友。正是这个瓦伦斯泰在卢卑克与丹麦举行的会议上以侮辱人的自傲把瑞典公使赶出了会场。由于这些公使不怕他那一套，他就用践踏国际公法相威胁。斐迪南曾侮辱过瑞典旗，让人截获瑞典国王发往西本彪根的电报，还继续阻挠波兰与瑞典媾和，支持西吉斯蒙德对瑞典王位的非分要求，拒绝让古斯塔夫·阿道夫获得瑞典国王头衔。皇帝对古斯塔夫·阿道夫一再提出的抗议置若罔闻。瑞典国王在老的伤害得到补偿以前，又加上了新的伤害。

如此多的个人要求，且又得到一些最重要的国家原因和良知原因的支持，并受到来自德意志兰最急切的邀请而加强了的，就必然会对这位诸侯的心情产生影响：人们越多的偏向他，为他争辩，他的国王荣誉就越会遭到嫉妒；发觉人们用"保卫被压迫者"的美名进行无休止的谄媚；把满腔热情眷爱这场战争说成是他天才的根本因素。但在未与波兰停战或缔结和约前，他无法腾出手来，不可能认真考虑开展一场新的、充满危险的战争。

红衣主教黎塞留促成了瑞典与波兰的停战。这位伟大的政治家一手为欧洲掌舵，另一手压抑法国内部诸党派的怒火和大人物们的自负僭越。在处理瞬息万变的国家政务时，他坚定不移地贯彻着自己的计划：阻止奥地利势力的日益膨胀。但他周围的一些情况给他在实行这一计划时造成了不少障碍，因为即便是最伟大的英才在嘲讽他那个时代的谬见时也不能不受到惩罚。身为天主教国王的大臣、穿着紫衣又是罗马教会的诸侯，他现在还不敢同他的教会敌人结盟一起公开攻击一种势力，这种势力用宗教的名义在群众面前把他们的僭取野心神圣化了。由于黎塞留对他同时代人的受限制的观念负有保全之责，这就限制了他只能以谨小慎微的方式开展政治活动，即在某种掩护下秘密进行，借用他人之手执行他贤明智慧的方案。阻止丹麦与皇帝媾和失败之后，他便开始支持古斯塔夫·阿道夫——他那个世纪的英雄。为了让这位国王下定决心，他不惜工本，为帮助他实行计划，还向他提供援助。沙尔纳塞——红衣主教的一个可信的调停者来到了古斯塔夫·阿道夫与西吉斯蒙德作战的波属普鲁士。为使双方停战或签署和约，这位调停者在两个国王间周旋。古斯塔夫·阿道夫早就想结束战争，这位法国大臣最终成功地使西吉斯蒙德看清了他的真正利益和皇帝的欺骗政策。两位国王间于是签署了停战6年的和约。和约规定古斯塔夫·阿道夫可拥有所有占领的领地，并获得盼望已久的自由，可把武器掉过来反对皇帝。这位法国的调停者还把他的国王的联盟和可观的补助金提供给古斯塔夫·阿道夫，让他去采取行动。这点不能小看。但古斯塔夫·阿道夫担心接受了这些之后会依附于法国，也许会在今后取胜过程中为自己加上桎梏，此外与一天主教势力结盟会引起新教徒的不信任。

这场战争是极为紧迫和正义的，古斯塔夫·阿道夫进行这场战争时所处的形势又是极为有利的，尽管皇帝的名字令人可畏，他的增援源源不绝，他的武力迄今不可战胜，可以说除古斯塔夫·阿道夫外，任何他人均会退出这一充满危险的玩局。古斯塔夫预见到他执行行动时会遇到的所有障碍和危险，但他也知道怎样克服它们的手段。他的兵力算不上可观，但纪律严明，经受过严酷气候和持续远征的磨炼，在波兰战争中取得了胜利。瑞典虽然缺少金钱，人员不足，经过一场 8 年的战争费尽财力，但瑞典人对国王敬慕忠诚，瑞典国王可从他的王国等级会议中得到全力支持。而在德意志兰，皇帝的名字与其说让人害怕不如说令人憎恨。为摆脱无法忍受的专制枷锁，公开宣布支持瑞典，新教诸侯只盼着一位解放者的到来。甚至天主教诸等级对能限制占优势的皇帝势力的敌人也抱欢迎态度。倘若能在德意志土地上首战告捷，对他的事业将会起决定作用；可向持怀疑态度的诸侯进行解释；能增强其追随者的勇气；将会有更多的人投奔到他的麾下；开辟持续战争的足够资助源。如果说大多数德意志邦国同样无休止地遭受到一直以来的压迫的话，那么一些富裕的汉萨城市到目前为止确实还幸免于难，保持自由。这些城市会毫不犹豫地自愿作出适当的牺牲来防止普遍的毁灭。人们把皇帝的军队从各个邦国中驱逐越多，皇帝的军队就消失得越多，因为这些军队是依赖于所处的邦国生存的。把部队不合时宜地派往意大利和尼德兰无疑减弱了皇帝的力量。西班牙由于丧失了它的美洲运银商船队而遭到削弱，又由于在尼德兰进行一场严重的战争而不可能给皇帝提供些微支援。与此相反，大不列颠却有望给瑞典国王提供可观的补助费，而新近刚为自己争得和平的法国，答应在他采取军事行动时给以最优惠的援助。

古斯塔夫・阿道夫还在自己身上找到了能确保这个军事行动幸运获胜的因素。只有凭借聪明才智方能确保获得一切外来支援，才不会让人责怪他的军事行动是一种鲁莽行为。他从自己身上取得了信心和勇气。古斯塔夫・阿道夫无疑是他那个世纪的第一号统帅，是他自己创建起来的军队中的一名最勇敢的战士。他深谙希腊人和罗马人的战术，但他发明了一种更好的战术，这种战术被他后来的一些最伟大统帅所仿效。他减少了笨重的骑兵中队，使骑兵的活动更为轻易与敏捷。同样为了这个目的，他拉开了步兵营之间的距离，抛弃了人们惯用的把部队排成一线的阵势，把他的军队排成双线的战斗行列，这样前排退却时后排可顶上去。为弥补骑兵的不足，他把步兵穿插到骑兵间，这点经常决定着胜利。欧洲是从他那里才学到步兵在会战中的重要性的。整个德意志兰为瑞典军队在德意志土地上初期表现出来的良好军纪而感到惊讶，它与其他军队有着天壤之别。所有的放纵行为均会受到最严厉的惩罚，处罚最重的为亵渎神明、抢劫、赌博和决斗。瑞典军法中强调适中有度。只要看一下瑞典的军营便会发现既没有银子也没有黄金，国王的帐篷也不例外。统帅的眼睛既关注着士兵的习俗，也关注着士兵作战的勇敢。每个团队早晚祈祷时均得成圈围着牧师而坐，并在自由的天空下做礼拜。立法者在这方面以身作则。一种自然存在着的活跃的敬神振奋了他伟大的心，提高了他的勇气。他摆脱了那种粗俗的无信仰，不让野蛮的粗野欲望牵着鼻子走；他也摆脱了一种斐迪南式虚假的虔诚：在神面前把自己贬低为蠕虫，在人面前却是趾高气扬，不可一世。古斯塔夫·阿道夫在幸运的陶醉中仍是一个人，一个基督徒，而在虔诚礼拜时仍是英雄，仍是国王。他把所有战争中的不快只当作军队中发生的微小之事，在战斗最不利之际他的心中仍有一束光明。他的目光无所不在，他忘却了包围着他的死神，人们总能看见他出现在最危险的路上。他天生的神勇使他常常忘却作为统帅所负之责，而且这位国王的生命也像普通人的死一样终结。跟随着这样一位首领，懦夫也会如勇士般去夺取胜利。没有一种以他为榜样的英雄行为

能逃脱他那明察秋毫的鹰目。他们的统治者的荣誉在民族中唤起一种激奋的自信心。由于为这位国王而感到自豪，芬兰和哥特兰岛农民乐意献出他们的贫困，战士们乐意浴血奋战，这个民族唯一一位伟人的英才给民族以极大的推动，在他去世之后还远未消失。

尽管大家对战争的必要性没有丝毫怀疑，但对古斯塔夫·阿道夫的作战方式却有众多不同意见。一场进攻性的战争即使在英勇的宰相奥克森斯梯尔纳看来也是太大胆了。他的这位缺金而意诚的国王的实力远不是一位暴君无限后援的对手。皇帝可像处理自己的私产那样处理整个德意志兰。但瑞典国王这位英雄的高瞻远瞩的智慧驳倒了这位大臣的顾虑。古斯塔夫说："倘若我们在瑞典等待敌人，只要一场战斗失手，满盘皆输。但如果我们在德意志兰开局走运的话，就胜券在握了。大海是辽阔的。在瑞典我们得防守广阔的海岸。一旦敌方舰队潜逃了，或是我方舰队被击溃了，那么要想阻止敌人登陆就会是徒劳无功了。保住施特拉尔松德对我们来说举足轻重。只要这一港口还对我们开放，我们就会保住在波罗的海的威望，与德意志兰开展自由往来。但为保卫施特拉尔松德，我们不能待在瑞典，必须派一支大军越过瑞典开往波美拉尼亚。不要再向我提防御战了，这只会丧失我们的最大优势。在瑞典国土上不允许出现敌方旗帜。倘若我们在德意志兰被击垮了，到时候再回过头来执行你们的计划也不晚。"

于是决定向德意志兰挺进，进攻皇帝，为此做了充分战备。古斯塔夫所做的准备工作显示他处事的小心谨慎，丝毫不亚于他作决定时的智慧和伟大。去一个如此遥远之地作战，就首先有必要让持模棱两可主张的邻居保证瑞典本土的安全。古斯塔夫在马尔卡勒德私人会见丹麦国王时向这位君主承诺了友谊,与莫斯科的边境问题也得到妥善安排。如果波兰乐于损害与瑞典的停战协议,便会受到来自德意志兰的威胁。一位名叫冯·法尔肯贝格的瑞典调停者去了荷兰和德意志宫廷,他禀告瑞典国王,瑞典可望得到众多新教诸侯最积极的支持,尽管他们没有足够勇气但也没有完全拒绝与他签署正式的盟约。卢卑克城和汉堡城答应预支金钱,允许瑞典人用其铜偿付。瑞典国王还派了亲信去见西本彪根侯爵,动员这位奥地利不共戴天的敌人同皇帝开战。

在此期间,瑞典在尼德兰和德意志兰开展了征兵活动,充实了团队,还建立了新团队。船只被调来。舰队装备完成随时待命。征集来尽可能多的食品、战争必需品和金钱。短时间内 30 艘战舰完成了出航准备。一支 1.5 万兵力的军队已整装待命,并指定 200 艘运输船运送这支部队。古斯塔夫·阿道夫不想把更多的兵力派往德意志兰,以免这支军队的给养目前会超过瑞典王国的国力。尽管这支军队并不庞大,但它纪律严明,作战斗志旺盛且富有作战经验。一旦古斯塔夫·阿道夫到达德意志土地上,加上幸运之神助他开局得胜的话,则这支部队便会成为更大战争势力的坚强核心。身为将军和宰相的奥克森斯梯尔纳率领约 1 万兵力驻在普鲁士,保卫该省抗击波兰。几支正规部队和一个巨大的用作主力部队培训学校的地方民军兵团留守在瑞典,以防背信弃义邻居的突然侵犯。

通过上述措施确保了国家的防卫。在政府内部安排上也体现出古斯塔夫·阿道夫精细的办事作风。他授权王国枢密院管理政务,财政事务委托普法尔茨伯爵约翰·卡西米尔——他的姐夫管理。尽管他深深爱着妻子，由于她的能力有限，没让她管理任何政务。同临死亡的人一样，他嘱托了后事。1630 年 5 月 20 日，一切安排停当，出发的一切准备就绪后，瑞典国王出现在斯德哥尔摩的王国大会上，向各等级郑重告别，还带上了 4 岁的女儿克里斯蒂娜，把她抱在怀里。还在摇篮中时，她就被指定为他的继承人。他让各等级认识了他们未来的女统治者。倘若他自己不能再返回瑞典，就对她重新宣誓，并执行“在他不在期间或在她女儿尚未成年之际”保留王国摄政制的规定。大会场是泪流一片，国王在向各等级发表告别演讲时也难以控制自己的感情。

他开场就说：“我本人和让你们投入到这场新的充满险情的战争并非是轻率之举。万能的上帝可以作证，我不是乐意战斗的。皇帝对我公使的凌辱是对我极为残虐的侮辱。他支持我的敌人，追踪我的朋友和兄弟，践踏我的宗教，想剥夺我的王冠。德意志兰受压迫的各等级向我们发出了急切的援助请求。倘若上帝喜欢，我们就得给他们帮助。”

“我知道我将冒付出生命的危险。我从未躲避过危险，也很难完全躲避它。虽然迄今为止万能之神神奇地保护了我，但我最终会为保卫祖国而献出生命。我让上天保佑你们。你们要正义，你们要忠贞，循无可指责之道，则我们就会在九泉之下再相会。”

“我的王国枢密委员会，我首先想要求你们，让上帝光照你们，赋予你们智慧，总是能把我的王国襄助得最好；勇敢的贵族们，让上帝保佑你们！继续证明你们是那个英勇的哥特人无愧的后裔，哥特人的勇敢曾把古罗马倾覆尘埃；你们，教会的仆人们，我劝告你们要亲善与和睦，应当成为你们宣讲的道德楷模，绝不要滥用你们对我人民心灵的统治；你们，市民和农民等级的代表，愿上帝降福于你们，让你们的勤劳结出令人兴奋的收获，祝你们五谷丰登，生活资源丰盛！对你们大家，不在场的和所有在座的各位，我真诚地祝愿你们，我要向你们深情地告别了，也许是永别了。”

在舰队停泊的埃尔弗斯纳本，部队接着被运走了。无数的人群涌到了这里，目睹那蔚为壮观的活动奇景。观众的心是随着极其不同的感受而跳动的，事后就越停留在伟大的冒险或伟大的男儿身上。指挥这支军队的高级军官有古斯塔夫·霍恩、莱茵伯爵奥托·路德维希、屠尔恩伯爵亨利希·马蒂亚斯、奥尔腾布尔格、鲍迪辛、巴纳、托伊费尔、托特、穆特森法尔、法尔肯贝格、克尼普豪森和其他一些著名将领。被狂风阻遏住的舰队在6月方能张帆出航，在该月的24日抵达波美拉尼亚海滨的鲁登岛。

古斯塔夫·阿道夫第一个上了岸，当着随从的面，他跪在德意志兰土地上，感谢万能之神让他保住了军队和舰队。他让他的部队在沃林岛和乌泽多姆岛登陆。皇帝驻军在瑞典军逼近时立刻离开战壕逃跑了。他一进入德意志兰便占领地盘。他风驰电掣般出现在施泰廷，在皇帝军队超过他之前掌握这一重要阵地。波美拉尼亚公爵博吉斯拉夫十四世是一位体弱苍老的亲王。他早就不堪忍受皇帝军队在他邦国的蹂躏，但又无力抵抗，只得咕哝着屈服于强权优势。他的拯救者的出现不但没有鼓起他的勇气，反而使他感到非常害怕，满腹疑虑。皇帝军队在他邦国打出的伤口血流得越多，这位诸侯便越不敢决定接受瑞典人的公开庇护，因为他害怕皇帝会对他报复。扎营在施泰廷炮兵中的古斯塔夫·阿道夫要求该城市接纳瑞典的驻屯部队。博吉斯拉夫亲自来到瑞典国王的营前，不允许军队宿营。“我是以朋友身份，而不是以敌人身份来到你这儿的，”古斯塔夫·阿道夫答道：“我不与波美拉尼亚人，不与德意志帝国作战，而是与他们的敌人作战。在我的手中这块公爵领地将会神圣地保存起来，战后您会比从其他任何人手中都更为可靠地从我这里重新获得这块领地。您看一下皇帝军队在您的邦国留下的足迹，再看一下我的军队在乌泽多姆的足迹，您选择一下吧，是把我还是把皇帝当作朋友。一旦皇帝占领了您的首府，您还能期待什么呢？他难道会比我更仁慈地对待您的邦国吗？难道您要限制我的胜利吗？您作出决定吧，不要逼我采取更为有力的措施。”

这种抉择对波美拉尼亚公爵来说是很痛苦的。这边瑞典国王已率领着一支可怕的军队出现在他首府门前，那边不可避免地要遭受来自皇帝的报复，众多德意志诸侯就是可怕的前车之鉴，他们成为皇帝报复的牺牲品，落得一贫如洗到处流浪。但迫在眉睫的危险促使他作出了决定，施泰廷大门向瑞典国王敞开，瑞典部队抢在急行军赶来的皇帝军队之前进驻了施泰廷。占领施泰廷后，瑞典国王在波美拉尼亚站稳了脚跟，他的军队便可利用奥得河和一座武器库。博吉斯拉夫公爵没有犹豫就向皇帝解释他采取这一步骤的必要性，请皇帝恕罪，并事先堵住背叛的指责。但当他确信不能取得这位君主的谅解，便与新的保护人紧密地连在一起，想借助瑞典的友谊免遭奥地利的报复。通过与波美拉尼亚结盟，瑞典国王在德意志土地上赢得了一位重要朋友，这块土地掩护其背部，并与瑞典公开保持联系。



古斯塔夫·阿道夫认为他反对斐迪南是由于斐迪南首先在普

鲁士对他发起敌对的进攻，因此他免除了习惯的程式，开始了不宣而战。在欧洲诸侯面前，他发布了申辩宣言，内中列举了促使他采取行动的种种理由，以此说明他握起武器的合理性。在此期间，他在波美拉尼亚继续进军，他的兵力与日俱增。曼斯费尔德、不伦瑞克的克里斯蒂安公爵、丹麦国王和在瓦伦斯泰军下面战斗的军官和士兵均想在古斯塔夫· 阿道夫常胜的旗子下作战。

瑞典国王的进攻在皇帝宫廷中根本没有引起重视，但随后不久瑞典国王就因此而赢了他们。奥地利的骄纵通过迄今闻所未闻的幸运被推到了顶峰，它根本不把一位率领一小批人从欧洲的一个不起眼的角落来的诸侯放在眼里。他们认为古斯塔夫·阿道夫迄今为止获得的战争荣誉仅仅因为他的对手太软弱、太笨拙了。瓦伦斯泰对瑞典力量故意贬低的描述增加了皇帝的安全感。他如何能去尊重一个他的统帅确信能用棍棒驱逐出德意志兰的敌人呢？甚至古斯塔夫·阿道夫在波美拉尼亚的节节胜利也没有完全改变皇帝的这种偏见，反而经常为朝臣们的嘲讽提供了素材。在维也纳人们把瑞典国王称为“雪”陛下。它是靠着北方的寒冷支撑着的，越往南方，便会加速融化。云集在累根斯堡的选侯们对古斯塔夫·阿道夫所取得的进展不屑一顾，为盲目讨好皇帝，他们甚至拒绝承认他的国王头衔。就在人们在累根斯堡和维也纳对他进行嘲讽之时，波美拉尼亚和梅克伦堡的坚固城镇一个接一个相继丢失于他。

尽管蔑视他，皇帝还是愿意通过谈判解决与瑞典的分歧，终于还向但泽派出全权代表。但从这些代表所得到的指令可看出皇帝对此还是没有诚意，因为他仍然拒绝给予古斯塔夫国王的头衔。

他的真实意图是想把人们对进攻的憎恨从自己身上转移至瑞典国王身上，这样便可尽早得到帝国等级会议的支持。但与预料的相反，但泽会谈失败了。而双方的激怒被激烈的文书交换推到了极点。

皇帝的一名指挥波美拉尼亚军队的将军托尔夸托·孔蒂想从瑞典人那里再夺回施泰廷，但徒劳无功。皇帝的军队被从一处接一处地赶走了。达姆、斯塔尔戈德、卡明、沃尔加斯特很快相继落入瑞典国王手中。为报复波美拉尼亚公爵，皇帝的这位将军让其军队在撤退途中对波美拉尼亚居民实行闻所未闻的暴行。他的贪得无厌早已让波美拉尼亚的居民生灵涂炭。他以不给瑞典人留下任何粮食为词，对该地区实行大肆蹂躏，把它洗劫一空。当皇帝的军队知道难以守住某地区时，就把这一地区付之一炬，把废墟留给敌人。但这种野蛮反而更鲜明地衬托了瑞典人那种相反的举止，使富有人情味的瑞典国王赢得了所有人的心。瑞典士兵支付他们所需要的一切，在行军途中对他人财物一点儿都不碰，因此城市和乡村的人均张开双臂欢迎瑞典军队。所有落到波美拉尼亚农民手中的皇帝的士兵均被无情地处决了。众多波美拉尼亚人加入了瑞典军队，这个精疲力竭的邦国等级会议非常乐意向瑞典国王缴纳10万古尔登的战时特种税。

托尔夸托·孔蒂是一位卓越的将领，具有刚强的性格。由于没法把瑞典国王赶出施泰廷，他便设法至少让瑞典国王占领这一地区变得毫无意义。他在位于施泰廷上方奥得河畔的加尔茨筑工事防御，以便控制这条河，切断施泰廷同其余德意志兰的任何城市的水上往来。由于对方在兵力上占据优势，他避开与瑞典国王作战，但瑞典国王若想进攻皇帝军队的防御工事也相当困难。极为缺兵少钱的托尔夸托为向瑞典国王发动进攻，想借这一作战计划之助为悌利伯爵赶来保卫波美拉尼亚赢得时间，与他会合后进攻瑞典国王。为占领施泰廷，他还利用瑞典国王离开之机，发动了突然袭击。但瑞典人做好了充分准备。皇帝军队的猛烈进攻被瑞典人顽强地击退了，托尔夸托损失惨重。不可否认，古斯塔夫·阿道夫能有良好的开端除了作战经验外，还得归功于运气。波美拉尼亚的皇帝军队自瓦伦斯泰解职后一落千丈。他们在这里的荒唐放纵行为现在在自己身上得到了残酷的报应。一个被耗尽的荒无人烟的邦国是不可能再为他们提供给养了。一切军纪都荡然无存，士兵们对军官的命令置若罔闻。由于大量的开小差和反常气候的刺骨寒冷所引起的普遍死亡，军队的人数急剧减少。在这种情况下，皇帝的这位将军祈求安宁，以便让他的军队在冬季营舍里得到恢复，但他遇到了一位对德意志的冬天一点儿都不怕的对手。古斯塔夫采取了预防措施，让其士兵均配备了羊皮，这样即使在最阴冷的季节也能待在战场上。为商谈停战而来的皇帝的全权代表得到了毫无希望的回答：瑞典人无论在冬天还是在夏天都是战士，我们不想再加重贫穷乡民的负担。皇帝的代表们想坚持自己的意见，但他们又不想无益地行事。此后不久，托尔夸托·孔蒂卸下了他的指挥权。他在指挥方面没有获得多大荣誉，现在也不再能捞到金钱了。

在这种不同的情况下，优势必然存在于瑞典一方。皇帝的军队在他们的冬季营舍不听命地骚动不安。奥得河畔的一个重要阵地格赖芬哈根被瑞典军猛攻占领了，最后加尔茨城和皮里茨城也属于敌军。整个波美拉尼亚还只有格赖弗斯瓦尔德、代明和科尔贝格尚被皇帝军队控制着！为围攻这些城市，瑞典国王刻不容缓地做了最有力的准备。皇帝军队朝勃兰登堡马克路上飞也似地逃遁，丢失了大量大炮、辎重和兵力，这些均落入紧随而来的瑞典人手中。

占领了里布尼茨和达姆加滕的隘口之后，古斯塔夫便打开了通往梅克伦堡公爵领的通道。他先向该领地臣民发出了一份宣言，要求他们重新回到先前合法君主的治下，抛弃所有瓦伦斯泰的东西。但皇帝军队通过骗局把重要城市罗斯托克纳入其管辖权，这便阻止了那个不愿意分散其兵力的瑞典国王今后的推进。此时被驱逐的梅克伦堡公爵们让云集在累根斯堡的诸侯们在皇帝那里为他们说情，他们不屑与瑞典结盟，不屑任何自救之路，只想用卑躬屈从来赢得皇帝的欢心，但这一切均徒劳无功。被皇帝那固执的拒绝逼得绝望的公爵们现在公然站到了瑞典国王一方，替他招募军队，并把军队的指挥权交给了萨克森-劳恩堡公爵弗兰茨·卡尔。这位公爵也确实占领了易北河畔的几个坚固营地。但这些营地马上又落到了被派来对付他的皇帝将军帕彭海姆手中。不久，他在拉策堡遭帕彭海姆围攻，在试图逃跑不逞的情况下，不得不与他的整支部队俯首就擒。这些不幸的诸侯们重返邦国的希望再一次成了泡影。现在唯有常胜的古斯塔夫·阿道夫能向他们展示这种光灿的合法权益。

逃跑的皇帝兵群来到了勃兰登堡马克，现在把这里变成他们施暴的场所，他们横征暴敛，苛捐杂税，用宿营压迫市民。他们尚不满足于此，这批残酷不仁的人还进入居民内宅搜瓜抢劫，打碎、

撬开所有上锁的东西;掠劫走他们找到的所有储备;谁胆敢反对,就以最残酷的手段对付他;奸污妇女,甚至在圣所为之。而所有这些不仅发生在敌人的邦国中,就连一位未伤害过皇帝,但皇帝希望他拿起武器同瑞典国王作战的诸侯手下的臣民也未能幸免。这种由于丧失廉耻和缺乏金钱所致的可怕的胡作非为,甚至也招致皇帝一些将领的不满。他们的最高首领绍姆堡伯爵羞愧地想放弃指挥权。由于缺少士兵保卫邦国,又不能得到那个连对最动人的介绍均保持沉默的皇帝的帮助,勃兰登堡选侯终于在一个谕令中命令他的臣民以暴制暴,对在纵火抢劫中被捉住的任何一个皇帝士兵格杀勿论。暴虐和政府的贫困已达到如此地步,以致这位邦君只能出此下策,实行自己报复。

皇帝军队把瑞典军队也招引入勃兰登堡马克。仅仅由于选侯拒绝让瑞典军队通过库斯特林要塞,阻隔了瑞典国王围攻位于奥得河畔的法兰克福,他便撤退,想通过占领代明和科尔贝格完成对波美拉尼亚的占领。期间,陆军元帅悌利为保卫勃兰登堡马克,正朝这里进军。



这位将军会自夸说他迄今没有打过一次败仗。他击败过曼斯费尔德、不伦瑞克的克里斯蒂安、巴登的马克伯爵和丹麦国王,现在总算找到了瑞典国王这位劲敌。悌利出身于列日的一个贵族之家,在被当时称之为统帅学校的尼德兰战争中造就了他的才能。此后不久,在皇帝卢道夫二世手下,他找到了在匈牙利施展才能的机会。在那里他飞黄腾达,步步高升。和约缔结后,他在巴伐利亚的马克西米利安手下服役。马克西米利安任命他为总司令,赋予他不受限制的权力。由于他卓越的营建,悌利成了巴伐利亚武装力量的创立者，为马克西米利安迄今为止在战场上的优势立下了汗马功劳。波希米亚战争结束后他成了天主教同盟军的司令。瓦伦斯泰被解职后，他成了皇帝军队的陆军将军。他治军极为严格，对敌人极为残忍。他的性情比瓦伦斯泰更为阴沉，但远较瓦伦斯泰为谦虚，为无私。对宗教的狂热和一种嗜血的追捕欲与他性格中天生的野蛮结合在一起，使他成了恐吓新教徒的工具。他那古怪而令人恐怖的外貌与他的性情相吻合。他个子不高，干瘦，面颊凹陷，长鼻子，宽宽的额头上布满了皱纹，蓄着浓密的卷平上须，下脸尖削。他常穿一件由浅绿色缎子制成的西班牙式短上衣，该衣的袖子是剪开的。头上戴着一顶缀以红色鸵鸟管羽的小而高耸的帽子，鸵鸟管羽一直垂到背上。他的整个外貌让人想起阿尔巴公爵——弗兰德斯人的监狱典狱官，但他的行为举止完全不是这样，正是这位统帅现在要与北方英雄决一雌雄。

悌利并没有小觑他的对手。在累根斯堡的选侯大会上他说："瑞典国王是位才智超群、英勇无畏的敌人。经过战争磨炼，他正处于花样年华。他做好了一流的准备，也不乏策略手段。他的王国的等级会议对他唯命是从。虽然他的军队由瑞典人、德意志人、立陶宛人、芬兰人、苏格兰人和英格兰人组成，但由于对他的盲从，已融合成一个不可分的民族。这是一位赌徒，只要不输给他，就意味着大赢。"

瑞典国王在勃兰登堡和波美拉尼亚的迈步前进使得这位新元帅不能再浪费时间了。在彼处指挥的统帅们急切要求他赶到现场。他以最快的速度把分散在德意志兰各处的皇帝军队调集到自己那里。但从荒芜不堪和一贫如洗的省份中征集战争必需品要花费许多时间。这年冬季中旬他终于率领一支 2 万兵力的军队出现在奥得河畔的法兰克福前，在那里与绍姆堡的剩余部队会合。他让这位统帅保卫法兰克福，并为他配备了强大的驻防部队，自己则想快速赶往波美拉尼亚，以拯救代明和为科尔贝格解围，后者城市已被瑞典人逼急了。但他还未离开勃兰登堡前，代明城由于萨韦利公爵防守不力，已向瑞典国王投降，而科尔贝克在经历 5 个月的围困后也因弹尽粮绝被迫投降。鉴于通向前波美拉尼亚的诸隘口均被占领，瑞典国王在施韦德特的军营又能抵抗得住任何进攻，悌利便放弃了第一个进攻计划，向易北河撤退，赶去包围马格德堡。

拿下代明后，瑞典国王可长驱直入梅克伦堡了。但一个更为重要的行动把他的部队拉到了另一地区。悌利一开始撤离，瑞典国王便突然放弃施韦德特军营，率领整个兵力向奥德河畔的法兰克福挺进。这一城市虽然设防较差，但有 8000 重兵把守着，他们中绝大多数是洗劫过波美拉尼亚和勃兰登堡的剩余匪帮。瑞典军队向该城发起了猛攻。第三天该城被攻下了。尽管敌人已两次鸣鼓求降，但胜券在握的瑞典军队为图报复执行恐怖法，拒不受降。起因就是悌利在到达这一地区的同时，在新勃兰登堡袭取了一支晚到的瑞典守军。由于受到顽强抵抗，悌利把他们砍杀殆尽。法兰克福被攻克后，瑞典人回想起发生在新勃兰登堡宿营地那惨不忍睹的一幕，因此对任何一个请求饶命的皇帝士兵均不留情，把他们全部撂倒，数千名士兵被击毙或被逮捕，许多被淹死在奥得河中，剩余的向西里西亚逃遁。整个炮兵部队落入瑞典人手中。为满足士兵们的狂躁，古斯塔夫·阿道夫不得不允许他们掠城 3 小时。

瑞典国王所向披靡的胜利，极大地增强了新教各等级的勇气和反抗。但皇帝仍一味执行赔偿敕令，一再提出无理要求，使诸等级到了忍无可忍的地步。由于被困境所迫，皇帝现在继续走那条开始出于傲慢而踏上的暴力之路，他的专擅的处事使他陷入狼狈境地，他现在知道除了用同样的专擅手段避害外已经没有其他手段了。但是一个如此人为地组织起来的国家机体中，就像现在的德意志机体和过去的德意志机体中，专制主义之手必然酿成肉眼看不见的分解。诸侯们惊奇地发现整部帝国宪法被不知不觉地篡改了。而这种自然出现的状况促使他们进行自救，这也是在自然状况下唯一的拯救手段。皇帝反对福音新教教会所采取的公然步骤终于撩开了挡住约翰·格奥尔格眼睛的绷带，它曾在很长时间内向约翰·格奥尔格隐瞒了这位亲王的欺骗政策。斐迪南把他的儿子逐出马格德堡大修道院，这就亲手伤害了他，而他的新宠儿和大臣——阿恩海姆元帅又不遗余力地把他主子的伤感推到极致。他先前是瓦伦斯泰指挥部麾下的皇家将军，现在仍是瓦伦斯泰热情顺从的朋友，他要为他的老恩人和自己寻找向皇帝报仇的机会，并让萨克森选侯从奥地利利益中退出来。瑞典人出现在德意志兰为他实施这一计划提供了契机。一旦新教各等级同古斯塔夫·阿道夫联合，则他将是不可战胜的，而皇帝也就不再有安宁了。大家都会以萨克森选侯为榜样，而皇帝的命运在一定程度上显得掌握在约翰·格奥尔格的手中。这位狡猾的宠儿为满足其主子的虚荣心，有意让他感觉到他的重要性，并向他提议采取佯装与瑞典结盟的方式来吓唬皇帝，从皇帝的害怕中得到皇帝在感激时不会给他的东西。但他又认为不要真的与瑞典人结盟，这样他会永远显得

重要，永远不受约束。他为这一计划而自鸣得意(除了一只智慧之手去执行外什么也不缺了)，这一计划能把整个新教派拉到自己一边，能在德意志兰建立起第三种势力，也能在瑞典和奥地利中间自由作出抉择。

这一计划恰好迎合了约翰·格奥尔格的自尊心，因为依附于瑞典和长期屈服于皇帝的暴政这两者均令他难以忍受。他不能坐视德意志事务的领导被一名外国亲王夺走，但他又没有能力扮演主角，承担次角又不能满足他的虚荣心，因此他决定从瑞典国王的进程中为自己取得尽可能多的利益，在不依赖瑞典国王的前提下实现自己的计划。为达到这一步，他与勃兰登堡选侯会谈。后者出于类似原因既恼怒于皇帝，又不信任瑞典人。他在托尔高举行的邦议会上对他自己的邦等级保证，他们的决定对他执行计划是不可缺少的，因此他邀请了帝国所有的福音新教等级出席一次全体会议，该会议于1631年2月6日在莱比锡开幕。勃兰登堡、黑森-卡塞尔、众多诸侯、伯爵、帝国等级、新教主教等或亲自赴会或派全权代表出席。会议由萨克森宫廷传教士霍约·冯·霍约纳格博士主持，他用一个措辞激烈的布道演说宣告会议开始。皇帝力图阻挠他们擅自集会，显然这种集会是以自救为目的，在瑞典人亲临德意志兰之际这是非常令人担忧的，但皇帝的努力是徒劳的。被召集起来的诸侯们受了古斯塔夫·阿道夫挺进的鼓舞，要捍卫他们的权利。经过两个月的讨论，他们作出了一个值得注意的决议后结束了会议，该决议使皇帝陷入了窘迫的境地。在一封共同声明中他们强烈要求皇帝废除赔偿敕令、从他们的邦都和要塞撤军、停止强制执行和祛除迄今为止的所有弊害。倘若皇帝拒绝他

们的请求，他们便会组织起一支4万兵力的军队捍卫自己的权利。

此外另一种情况的出现更坚定了新教诸侯们的决心。瑞典国王最终消除了迄今为止害怕与法国建立一种更为密切联系的种种疑虑，于1631年1月13日正式与法王结盟。在结盟谈判中双方就今后如何对待那些在法国庇护下的天主教帝国诸侯的方式上，发生了激烈的争吵；古斯塔夫与法国相反，要让他们感受一下再报复权利。此外，在陛下的头衔问题上双方也发生了比较严重的口角，高傲的法国不顾及瑞典的自尊。最终黎塞留在第二条款上作了让步，而古斯塔夫·阿道夫在第一条款上作了妥协，并在诺伊马克的巴尔瓦德签署了结盟条约。两个强国允诺相互进行保护，并以武力保卫共同的朋友，帮助遭驱逐的帝国诸侯重返各自的邦国，在边境和德意志兰内部把一切重新恢复到战前状态。为实现这一目标，瑞典得依靠自己力量在德意志兰维持一支3万兵力的军队，而法国每年需向瑞典交40万塔勒的补助金。倘若古斯塔夫的军队获胜了，则在被占领地区他应尊重当地的天主教宗和帝国法律，不能对两者采取任何行动。德意志兰内外的所有等级和诸侯，即使是天主教徒，均可加入该联盟。任何一方不能在对方不知或不愿的情况下与敌人单方面媾和，该联盟的有效期为5年。

为从法国那里接受军饷和在领导这场战争中放弃不受束缚的自由，瑞典国王作了多大的思想斗争啊！但与法国结盟对他在德意志兰的事务来说又是何等重要！只有现在，在他得到了欧洲最强大势力的保护之后，德意志的帝国等级会议才对他的行动产生信任，迄今为止他们都被他的战绩吓得发抖。只有现在他才让皇帝感到害怕。就连那些希望奥地利受侮辱的天主教诸侯现在也不再小觑他在德意志兰取得的进展了，因为他与一个天主教国家结盟就使他对他们的宗教承担保护。如同古斯塔夫·阿道夫在德意志兰的出现就保护了反对斐迪南皇帝强势的福音新教宗和德意志的自由那样，一旦古斯塔夫·阿道夫被胜利冲昏头脑做出越轨行为时，现今法国的调解同样能反对这位古斯塔夫·阿道夫而保护天主教宗和德意志的自由。

瑞典国王刻不容缓地向莱比锡联盟的诸侯们通报了与法国结盟的消息，同时邀请他们与他建立更为紧密的联盟。法国也支持他的这一举动，并竭力做萨克森选侯的工作。倘若这些诸侯感到现在公开支持他这一派尚太冒险，瑞典国王也愿意接受他们的秘密支持。众多诸侯向他表示一旦他们对此有兴趣，会接受他的建议。但约翰·格奥尔格始终对瑞典国王充满嫉妒和鄙视，始终遵循他的自私自利政策，对此未作出明确答复。

莱比锡联盟会议的决议和法国与瑞典的结盟对皇帝无疑是两个同样坏的消息。皇帝借助于“必须绝对服从皇帝命令”的雷声反对莱比锡决议，仅仅由于缺少一支军队他才没能让法国感受到他对结盟之事的不满。他向莱比锡联盟的所有参加者发出警告，严禁他们招募军队。但他们积极反驳，用他们的天然权利证明他们行为的合法性，并继续备战。

由于缺少部队和金钱，皇帝的将军们不得不作出糟糕的选择：或者不顾瑞典国王，或者不顾德意志帝国等级会议，因为在兵力分散后他们无法同时对付这两股势力。新教徒的活动把他们的注意力吸引到德意志帝国内部；而瑞典国王在勃兰登堡马克的进展已威胁到附近的皇帝世袭领地，他们又得赶快把兵力调至那边。攻克法兰克福之后，瑞典国王把目标转向瓦特河畔的兰茨贝格。悌利想救援这一城市，但已为时过晚，于是他便撤向马格德堡，继续大力围攻这一城市。

马格德堡城是富裕的大主教区的首邑，很久以来就被勃兰登堡家族的福音新教亲王们所领有，他们在那里推行自己的宗教。最后一位行政管理人克里斯蒂安·威廉由于同丹麦的联络而受到帝国法外令的处罚。为不招致皇帝对该大主教辖区的报复，大教堂牧师长老会决定正式免去他的职位。萨克森选侯的次子约翰·奥古斯特亲王想接替克里斯蒂安·威廉。但皇帝为了让其子莱奥波德拥有这一大主教辖区，摒弃约翰·奥古斯特。为此萨克森选侯对皇帝宫廷提出无力的抗议。勃兰登堡的克里斯蒂安·威廉也采取相当积极的措施。由于确信获得了马格德堡民众和市参事会的好感，以及被一些狂妄希望所迷惑，克里斯蒂安·威廉自认为已有能力推翻大教堂牧师长老会的决定，能与两个有力的竞争者展开竞争，能排除赔偿敕令在重新启用他方面设置的种种障碍。他去了一趟瑞典，想通过答应在德意志兰发动一次重要佯攻来取得瑞典国王的支持。瑞典国王许诺向他提供强有力的支援，但再三嘱咐他行事要机灵些。

克里斯蒂安·威廉一听到他的庇护者在波美拉尼亚登陆，便乔装潜入马格德堡。他突然出现在市参事会的会议上，让市参事们回忆起从那以来城市和乡村所受到的皇帝军队的种种折磨，回忆起斐迪南的有害攻击，回忆起福音新教教会所面临的危险。经过这番开场之后，他向他们揭示，他们解放的时刻到来了；古斯塔夫·阿道夫愿意与他们结盟，并提供所有的援助。德意志兰最富裕城市之一的马格德堡在其市参事会领导下享有共和自由，这种共和自由用一种英雄的果敢精神鼓舞其市民。他们早在反对瓦伦斯泰时已光荣经受了考验：瓦伦斯泰被他们财富所吸引，向他们提出了最非分的要求，而马格德堡市民们在一次勇敢的抵抗中捍卫了他们的权利。他们整个地区虽然遭受瓦伦斯泰军队毁灭性的摧残，但唯独马格德堡城逃脱他的报复。由于人们对遭受过的虐待记忆犹新，因此这位行政管理人没费多大劲就赢得同情，马格德堡城便与瑞典国王结盟，允许瑞典国王顺利通过其境和其城，并允许他在那里招募军队，瑞典国王则保证全力保护他们的宗教和特权。

这位行政管理人马上拉起了一支作战部队，在古斯塔夫·阿道夫还未充分做好支援他的准备时，就仓促开始向皇帝方面采取敌对行动。他很走运，居然歼灭了附近的几个皇帝军团，占领了一些小地方，甚至还突袭了哈勒。但一支皇帝军队的逼近迫使他飞快向马格德堡撤退，而且不无损失。古斯塔夫·阿道夫尽管对他的鲁莽深感不满，但还是派了一支由富有作战经验的迪特里希斯·冯·法尔肯贝格军官率领的军队赶来增援，指挥作战，帮这位行政管理人出谋划策。市参事会还任命法尔肯贝格为该城的战时指挥官。这位亲王的兵力随着邻近城市的加入日益扩大，比皇帝军团具有更多的优势。相比皇帝军团作战时更为灵活，在更多个月中能幸运地取得一些小的胜利。

帕彭海姆伯爵在完成反对萨克森-劳恩堡公爵的军事行动后终于逼近了马格德堡城，在短时间内把这位行政管理人的部队从周围所有堑壕中赶跑了，由此切断了该城与萨克森的任何联系，摆出了真的准备围攻该城的架势。悌利也紧随着他来了。在一封威吓信中，悌利要求这位行政管理人不要继续违抗赔偿敕令，听从皇帝命令，交出马格德堡。但这位亲王却回答得十分坚决和智勇，皇帝的这位统帅于是决定付诸武力。

在此期间，由于瑞典国王的进展把皇帝统帅从该城引开，对马格德堡的围攻一度迁延了。由于悌利不在时谋划马格德堡的指挥将军们相互妒忌，使马格德堡多稳定了几个月。1631 年 3 月 30 日，悌利终于再度出现，从现在起便开始发动猛攻。

在短时内所有的外部阵地均被占领。由于没法挽救守卫军，法尔肯贝格便让守卫军撤退，并下令拆掉易北河桥。由于没有足够部队防守大片要塞和周边城市，市郊的苏登堡和诺伊斯塔特便让给了敌军，后者马上把它们变成废墟。为能从另一方向围攻马格德堡，帕彭海姆与悌利分别行动，自己在舍讷贝克渡过了易北河。

由于先前的战斗发生在外部阵地，马格德堡城内的守卫军兵力已有所削弱，只有不足 2000 步兵和数百名骑兵，依靠这点兵力防守如此大而又不规则的要塞是太弱了。为弥补这一缺陷，市民也被武装起来，这是一种绝望的出路，这样做不仅不能预防损失，反而会招致更大的损失。就这些市民自身而言，他们是很平庸的士兵，由于他们的意见不一而毁了这座城市。贫穷者在痛苦地呻吟：人们把所有负担都压在他们身上，只让他们去经历所有的不幸和危险；而富有者差人代役，自己待在家里享福。这种不满情绪最终酿成一种普遍抱怨。他们以无所谓的态度来替代热情，在需要加倍小心时却表现出厌倦和漫不经心。随着困难的加剧，这种情绪的向背渐渐产生了怯懦的想法，许多人甚至开始为他们的鲁莽行动担惊受怕，在皇帝至高无上的权力面前颤抖，而他们正是为反对皇帝而战的。但宗教的狂热、对自由的炽热的爱、对皇帝名字的无可克制的厌恶及获得近邻增援的可能打消了他们投降的任何念头。尽管他们在其他方面有着很大分歧，但在竭力自卫这点上却意见一致。

被围困者抱有他们能被解围的希望是有充分根据的。他们指望莱比锡联盟的军队，指望古斯塔夫·阿道夫马上能赶到，因为对这两者来说守住马格德堡同样至关重要，而瑞典国王只需几天行程就能抵达马格德堡城前。悌利伯爵对所有这些也并不是不知道，所以他正在快马加鞭，要不惜任何代价成为马格德堡的主人。为劝降，他派传令兵把各种公文送交那位行政管理人、指挥官和市参事会，但得到的回答是宁死也不投降。市民们这一不含糊的答复向他表明他们并没有失去勇气。瑞典国王抵达波茨泰和瑞典的巡逻队已抵达采尔布斯特使悌利忧心如焚，而马格德堡市民们却欢欣鼓舞。悌利派去的第二名传令兵带给他们措辞温和些的公文，更使他们坚定了信心，变得愈加无忧无虑。

在此期间，围攻者渐渐逼近，已到达了护城壕，炮兵向城墙和塔楼发起猛烈轰击。一个塔楼已倒塌，但这并未给进攻带来多大方便，因为塔楼并没有倒入护城壕，而是侧着靠在城墙上。尽管一再受到重炮轰击，城墙并未受到多大破坏。本想使城市燃烧的火被事先的防范措施克制未发挥效果。但被围攻者的弹药储备不久告罄，对付围攻者要塞的射击渐渐停了下来。在新弹药补充好前，马格德堡必须被解围，不然就要遭沦陷。眼下马格德堡急切期望着，所有目光均向瑞典军旗会出现的方向眺望。古斯塔夫·阿道夫若日夜兼程的话，则第三天就能赶到马格德堡。安全性随着希望而提高，而一切均有助于增强希望。5 月 9 日，敌方的炮击居然出乎意料地缄默了。许多炮位被转移阵地。皇帝军营一片寂静。所有这一切使得被围攻者确信他们马上要获救了。绝大多数值岗的市民和士兵一大早便离开了城墙上的岗位，为经过长期劳动后终于能美美睡上一觉而感到高兴。但是这是一觉昂贵的觉，一觉要命的觉！

悌利最终放弃了一直以来的进攻方式，希望赶在瑞典人到达前占领这座城市。他决定放弃营地，但在这以前再发起一次总攻。他的困难很大，因为迄今未能打开一个缺口，要塞工事也未遭受多大损伤。他召集的军事会议却赞同进行猛攻，并以马斯特里赫特为例，该城在一清早由于市民和士兵均在睡觉，被用猛攻征服了。会议决定 4 处同时发起进攻；9 日与 10 日间的整个夜晚做好必要的准备。一切准备就绪，只等着按照约定的清晨 5 时大炮发出信号。大炮发了信号 2 小时后，由于对胜利还抱着怀疑态度，悌利又一次召集了军事会议。帕彭海姆被派去进攻诺伊斯塔特工事；一段倾斜的城墙和一条干涸又不太深的护城壕有助于他的进攻。绝大多数市民和士兵已离开了城墙，少量留守者在那里酣睡，于是这位将军轻而易举地第一个攀上了城墙。

法尔肯贝格被步枪击发的清脆声惊呆了，此时他正在市政厅接待悌利的第二位传令兵，他急忙集合兵力赶赴诺伊斯塔特城门，但此时城门已被占领。这里被击回后，这位勇敢的将领飞速赶到另一处，另一支敌方人马正准备攀登那里的工事。但他的抵抗是徒劳的，交战刚一开始他就被敌人的子弹击倒在地。急促的步枪射击声、警钟的响声和不绝的怒涛声最终使醒来的市民意识到形势的严峻。他们急忙穿好衣服，拿起武器，盲目朝敌人冲去。当时尚存一线击退敌人的希望，但司令官阵亡了，无作战计划，无骑兵参战，最终火药也没有了，无法继续射击。为应付城内更严峻的形势，防守着其余两座迄今未遭进攻的城门的人撤离了。敌人马上利用由此引起的混乱局面，攻取这两个哨位。但他们遇到了顽强抵抗，最终4个擅长于攻城的皇帝军团从背后攻击马格德堡人，就这样他们被击败了。一位名叫施密特的勇敢上校在普遍混乱状况下率领一些最坚定的人再次与敌人作战，他们很幸运，把敌人一直赶到城门边，但他受了重伤，马格德堡的最后希望随他而没。所有工事还在中午前均被攻占，马格德堡城落入敌人手中。

主力部队的突击手们打开了两个城门。悌利让他的步兵一部分进入，这批步兵迅速占领了主要街道，并架起大炮把所有市民赶进他们的住所，在那里等待他们的命运。他们不用多长怀疑：悌利伯爵的两句话就决定马格德堡的命运。倘若是一个稍有人情味的统帅也许会嘱咐这样的军队宽容些，尽管这通常是不起作用的。但悌利压根儿不想这样做。在他的将军保持沉默的情况下，士兵们成了主宰所有市民生命的主人。他们冲入民宅内院，无拘束地发泄畜类的全部欲望。在某些德意志人面前无辜的乞求还能得到怜悯，但在帕彭海姆军中从那些怒气冲天的瓦龙人那里是绝不可能得到怜悯的。这场血腥屠杀刚开始，其余的城门也被打开了，所有骑兵和克罗地亚人均对这座不幸城市进行可怕的劫掠。

现在一幕屠杀的场景开始了。这种惨暴是史无前例的，是非笔墨所能形容的。不管无辜的孩子，不管无援的老人，不管青年人，不管性别，不管等级，不管美丽与否都不能平息胜利者的怒气。妇女们在其丈夫的怀中、女孩们在其父亲的脚下受强暴，而这些无防卫力的性别仅享有发泄双重怒气牺牲品的优先权。还没有一个如此的圣坛能避免如此仔细搜索一切的贪欲。53 名妇女在教堂被砍了头。克罗地亚人以把孩子扔进火堆里取乐。帕彭海姆军中的瓦龙人用枪去刺依偎在母亲胸前的婴儿。一些天主教同盟的军官被这种残酷情景逼得气愤填膺。他们大胆地提醒悌利伯爵该去制止这种血腥屠杀。悌利回答说："你们过一个小时再来，然后我将看一下，我将做什么；士兵们冒了险，出了力，他们应有所得。"这种残暴行径仍持续着，直至最后烟雾和火焰妨碍了那种掠夺欲。为扩大这种紊乱局面，阻止市民反抗，他们开始同时在不同地方纵火。尔后狂风大作，火焰便飞快地向整个城市蔓延，到处都起了火。人们惊骇地从烟雾和尸体间，从闪闪的刀光中，从倒塌的废墟间，从流动的血河中挤过。空气沸腾了，难以忍受的灼热最终迫使这些刽子手们逃进了军营。在不到 12 个钟头里这座人口稠密、坚固、庞大的城市，这座德意志兰最漂亮的城市之一成了废墟，只有两个教堂和几家冶金厂幸免于难。行政管理人克里斯蒂安·威廉及其他 3 位市长在多处受伤后被捕。许多勇敢的军官和参事会参事在战斗中阵亡。军官们的贪得无厌让 400 名最富有的市民免于一死，以便从他们那里勒索到高额赎金。另外，天主教同盟的一大部分军官居然把进行野蛮烧杀的皇帝军队的士兵说成是拯救的天使，这就是他们的人性！

燃烧的怒气刚有所减弱，又一批饥饿的皇帝兵群赶到了，想在废墟中翻出掠获物。烟雾窒息了一些人；而许多人则大有收获，因为市民们把最好的东西都藏到地窖之故。5 月 13 日悌利本人终于在这座城市出现了。在此以前人们把主要街道的瓦砾和尸体均清理完了。现在展现人性的这种场景是多么可怕的丑恶！多么令人气愤！活着的人从尸体中爬了出来；无家可归的孩子碎心裂肺地呼号着，四处寻找他们的父母；婴儿吮着他们已死去母亲的乳房。为清扫街道，不得不把 6000 多具尸体投入易北河，还有更多的活人和死人被付之一炬。死者共达 3 万人。

14 日随着悌利将军的入城，这场大洗劫才画上了句号。到目前为止得到拯救的东西可继续活着。近 1000 人被迁出了教堂，他们在死亡的恐怖和饥饿中曾在这里度过了三天两夜。悌利让人向他们表示抱歉，并给他们发了面包。第二天在这个教堂举行了一次隆重的弥撒。伴随着炮声唱起了感恩赞美诗。皇帝的这位将军漫步穿过街道，以目击者的身份向他的君主禀报自特洛伊和耶路撒冷被摧毁后从未有过的胜利。倘若人们把这座被毁灭城市的庞大、富裕和重要性与摧毁者的疯狂结合起来考虑的话，这种说法一点儿也不夸张。

马格德堡遭受巨大不幸的传闻令天主教的德意志兰欢欣鼓舞，而整个新教的德意志兰则感到惊骇不止。但大家把痛心和不满普遍归罪于瑞典国王。他离马格德堡近在咫尺，又是如此强大，却不顾联盟城市，任凭其毁灭。就连一些最公道的人也无法解释瑞典国王为什么按兵不动。古斯塔夫·阿道夫为了不失去难以收回的心，显示他是他们的解救者，被迫在一封自辩信中向世人陈述他采取这种举动的原因。

当他听闻马格德堡遭遇危险时，他正开始进攻兰茨贝格，并于

4 月 16 日拿下了它。他立刻便决定去解救马格德堡这座危急之城。他率领所有骑兵和 10 个步兵军团向施普雷河移动。他在德意志土地上的处境迫使他始终不渝地遵从这样一条明智法则:在背部未保证安全以前,不要向前迈出一步。他不得不以最疑虑的谨慎穿越被不可靠的朋友和强大公开的敌人环绕的邦国。任何操之过急的一步均会切断他同自己王国的联系。勃兰登堡选侯先前已为在逃的皇帝军开放他的库斯特林要塞,而向随后赶来的瑞典人关闭了这一要塞。倘若古斯塔夫现在对悌利作战失利了,那么同是这位选侯会对皇帝军队开放他的要塞,然后瑞典国王就会腹背受敌,注定被消灭。为在目前的军事行动中不出现这种偶然事件,他要求在解救马格德堡前勃兰登堡选侯把库斯特林和施潘道两个要塞让给他,等马格德堡获得自由后再予归还。

其实这一要求很正当。不久前古斯塔夫·阿道夫帮了这位选侯一个大忙,把皇帝军队赶出了勃兰登堡的诸领地。他理应得到勃兰登堡选侯的感谢,后者也应对瑞典人迄今为止在德意志兰的行为表示信任。但假如他把要塞让与瑞典国王,这位选侯似乎有几分把瑞典国王当成他领地的君主,而没有虑及,他正因此而同皇帝的关系马上破裂,皇帝军队会对他的邦国实行报复。格奥尔格·威廉与自己作了长时间残忍的斗争,最终怯懦和自私占了上风。他对马格德堡的命运无动于衷,对宗教和德意志自由表现冷漠,除了自己的险情,别的什么都不顾,他的这种顾虑之情被他的秘密为皇帝服务的大臣施瓦岑贝格推到极点。这期间瑞典部队已逼近柏林,瑞典国王在选侯那里住宿。当他得知这位亲王那可怕的疑虑后,无法抑制住不满情绪。“我要向马格德堡挺进,”他说道，“这不是为我个人，而是为福音新教徒。倘若没人支援我，那我立即打道回府。我会与皇帝和解，然后返回斯德哥尔摩。我确信经我再三要求皇帝会与我签署和约的。但一旦马格德堡失守，皇帝就不再怕我了。你们会怎么样，那就等着瞧吧！”这种适时抛出的恫吓，也许还瞥见了那支非常强大的瑞典军队，足以让瑞典国王通过武力获得以善意方式人们拒绝给他的东西，这位勃兰登堡选侯终于决定把施潘道让给他。

目下瑞典国王有两条路去马格德堡，其中一条在傍晚时分可通过一个精疲力竭的邦国，从一支敌方部队的中央穿过，这支部队会与他争夺渡过易北河；另一条路可在午间通过德绍或维滕贝格，在那里找到过易北河的桥，并能从萨克森获得粮草。但这一点未经萨克森选侯的同意是办不到的，而古斯塔夫·阿道夫恰好对他基本上不信任。因此在古斯塔夫·阿道夫向萨克森进军前，便让人向这位萨克森亲王请求让他的军队自由通过和用现金向他购买军队的必需品，但请求遭到这位亲王的拒绝。无论怎样劝说都未能使他放弃中立。当人们还在为此事争吵不休时，传来了马格德堡失陷的不幸消息。

悌利以胜者的口吻向所有的新教诸侯宣布了这一消息，并不失时机地竭力利用这种普遍的恐惧心理。皇帝的威望曾由于古斯塔夫·阿道夫迄今为止的进展而一落千丈，但经过这一决定性事件后，他的威信又可怕地上升，这一点很快在他对新教帝国等级专横的说话变化明显得见。莱比锡同盟的决议被皇帝的裁决令取消了，而同盟本身也被皇帝的谕令取缔了，所有反抗的等级都受到马格德堡的命运的恫吓。作为皇帝命令的执行者，悌利马上率部队向不来梅主教进发，因为这位主教是莱比锡同盟成员，并招募了军队。这位受惊的主教马上把士兵转交给了悌利，并签署了莱比锡决议无效的声明。一支由菲斯滕贝格伯爵率领的皇帝军队恰好此时从意大利归来，马上以同样方式去对付符腾堡的行政管理人。这位公爵不得不屈从于皇帝的赔偿敕令和其他所有谕令，此外还为皇帝军队的给养每月提供10万塔勒。乌尔姆市、纽伦堡市、整个法兰克尼亚和士瓦本的专区均需负类似的承担。皇帝的手可怕地伸向德意志兰。但他在这一事变中迅速获得的优势与其说是奠基于现实不如说只是一种表象，这种优势导致他超越一直以来适度的界限，采取一种操之过急的高压手段，最终克服了德意志诸侯那种犹豫不决，倒向古斯塔夫·阿道夫一方。可以说，马格德堡毁灭的最近结果带给新教徒以巨大的不幸，但后来的结果也为新教徒带来巨大的实惠。最初的惊愕很快就被活跃的愤慨所代替，绝望给予力量，德意志的自由从马格德堡的灰烬中重新升起。

莱比锡联盟的所有诸侯中唯有萨克森选侯和黑森邦伯最为可怕。只要皇帝还没有解除上述两位的武装，他在这些地区的统治就不会稳固。悌利首先把军队对付黑森邦伯，直接从马格德堡向图林根进军。在军队行进中，萨克森-埃纳斯廷和施瓦茨堡邦领受到极度糟蹋。法兰肯豪森甚至在悌利的眼皮下被他的士兵大肆蹂躏并化为灰烬，这些士兵未受任何惩罚。不幸的农民由于其邦国军队优待瑞典人而受到如此的惩罚。被视为萨克森和法兰克尼亚之间钥匙的埃尔福特市受到了围攻的威胁，通过自愿提供给养及一笔金钱才幸免于难。悌利从埃尔福特向卡塞尔邦伯派去他的使节，要求立刻解散他的部队，退出莱比锡联盟，在邦国和要塞接待皇帝军团，交纳军税，并明确表态想当悌利的朋友还是敌人。一位德意志的帝国选侯居然被一个皇帝的仆人如此对待。这种放肆要求在重兵压境下更加重其可怕的分量，令人记忆犹新的马格德堡那可怖命运更加深了那种要求的力度。在这种情况下这位邦伯在对这些要求作出回答时所表现出的那种大胆着实令人称赞，他说："他根本没有考虑过要在自己的要塞和首邑接待外国士兵。他需要他自己的部队。他懂得怎样保卫自己反对进攻。若悌利将军缺少金钱和粮草，他只应撤兵回慕尼黑，那里这两者均很充足"。这种挑衅性回答的最近结果是两支皇帝人马入侵黑森，但这位邦伯善于同他们周旋，未造成多大伤害。悌利于是决定率领全部兵力发动进攻，要不是瑞典国王的军事行动及时把悌利召回，这一不幸的邦国定会因其诸侯的坚定性而受到重大报复。

马格德堡的陷落令古斯塔夫·阿道夫深感痛心。恰在这时格奥尔格·威廉依照协议向他提出归还施潘道要塞的要求，这对他来说无疑是雪上加霜。马格德堡的丧失有着诸多原因，而且增加原因比减少原因容易，但瑞典国王曾为之要据有这座要塞，却是至关重要的，并且目前该要塞对他来说显得更为重要，在他与悌利决战时刻日益逼近之际，他更不想放弃在他遭受不幸时留给他唯一的避难所。瑞典国王在勃兰登堡选侯那里竭力解释和请求均告无效，反使这位选侯的无情与日俱增，他终于向他的司令官发出撤出施潘道的命令，同时声明即日起把勃兰登堡选侯视为敌人。

为加重声明的力度，他率领全部兵力来到柏林前。"我不愿意得到比皇帝的将军们更差的待遇。"他对那位受惊的选侯派到他军营里来的使节说道。"你们君主在邦国里接待皇帝的将军们，供给他们所需的一切，并把他们所要的一切阵地都给了他们。但所有这些盛情并未能使他们对邦国臣民更人道些。我向他提出的要求仅仅是安全性及为我的部队提供一笔适度款额和面包，但我向他许诺保卫其邦国，让战争远离此地。我是会恪守这一点的。我的兄弟，勃兰登堡选侯得赶紧作出决定，是把我当作他的朋友呢还是愿意看我洗劫他的首府。”他说话时那种果断的腔调更加重了语气，而大炮所向的首府方向战胜了格奥尔格·威廉的所有疑惑。几天以后，瑞典国王和勃兰登堡选侯签署了盟约。据此选侯每月得向瑞典国王支付3万塔勒，把施潘道让给瑞典国王，还自告奋勇地提议随时向瑞典军队开放库斯特林要塞。勃兰登堡选侯与瑞典国王的结盟在维也纳并没有引起多大重视，就像以前波美拉尼亚公爵的类似决定那样，但皇帝军队随后的连连失利使皇帝除用话语表达感受外别无他法。

这一幸运事件使瑞典国王欢欣不已，不久的另一重要事件更增添了他的欢乐心情。皇帝军队在波美拉尼亚占领着的唯一一个坚固阵地——格赖夫斯瓦尔德也转到瑞典军队手中，这样整个波美拉尼亚邦便肃清了恶劣的敌人。瑞典国王又出现在波美拉尼亚公爵领地，享受着普遍民乐的心醉神迷的场景，而他就是这一普遍民乐的创造者。此时适逢古斯塔夫踏入德意志兰一周年，整个波美拉尼亚公爵领以举办各种答谢活动的方式予以庆贺。不久前，莫斯科沙皇派使节向他问候，重申了他的友谊，甚至提议派遣增援部队。对他来说俄罗斯人具有这种和睦的想法是很幸运的，也是至关重要的，这样他在这场危险的战争中就不会被怀有敌意的邻居所困扰。此后不久，王后玛丽亚·埃莱奥诺拉——他的妻子带领 8000 瑞典人在波美拉尼亚登陆，而哈密尔顿侯爵率领的 6000 英国人的到来同样不能忽视，因为他们的到达谱写了英国人在三十年战争中所立下的业绩史。

悌利向图林根进军时，帕彭海姆坚守在马格德堡地区，但他未能阻止瑞典人多次越过易北河，击垮了皇帝的几个分遣队，占领了更多的阵地。他害怕瑞典国王的逼近，要求悌利伯爵急速返回。悌利也确实调过头向马格德堡快速行军。他在易北河这边的沃尔米施泰特安营，而古斯塔夫·阿道夫也正在易北河这边的韦尔本，距哈弗尔河的易北河入口处不远的地方安营。他的到达使这一地区就立刻向悌利显示了不祥之兆。瑞典人驱散了他的 3 个远离主力部队扎营在乡村的军团，取走了他们的一半辎重，烧毁了剩余的。为与瑞典国王战斗，悌利率领他的部队向瑞典国王的军营逼近，从远处徒然地向军营开炮。此时古斯塔夫的兵力比悌利弱一半，他很明智地避开战斗。他的军营十分坚固，足以抵抗敌人的猛烈进攻。双方仅发生了一次连续炮击和几次小接触，均是瑞典人占了上风。在向沃尔米施泰特撤退的途中，由于大量士兵开小差，悌利的兵力减少了许多，自从马格德堡的血腥屠杀之后，幸运之神便逃离了他。

从今开始瑞典国王却一直福星高照。当他在韦尔本安营之际，除少量阵地外，整个梅克伦堡均被他的将军托特和阿道夫·弗里德里希公爵占领了。他享受着国王的喜悦，再任命这两位公爵管理他们的邦国。他亲自赴居斯特罗出席任命仪式，他的亲临现场为这一仪式大增光彩。这两位公爵举行了一个隆重的开进仪式，两位公爵的中央是他们的拯救者，一群光鲜的诸侯簇拥着他们。臣民们的欢乐心情使这一仪式演变成了激动人心的节日。瑞典国王回到韦尔本不久,黑森-卡塞尔邦伯便出现在他的军营,要求与他缔结紧密的攻防同盟,这是德意志兰第一位在任诸侯自愿公开声明反对皇帝,但也有许多令人信服的理由要求他这样做。威廉邦伯有义务把瑞典国王的敌人当作自己的敌人看待,为瑞典国王开放他的所有城市和整个领地,为他提供给养和所有必需品,而瑞典国王则保证当他的朋友和保护人,并答应在皇帝未向这位邦伯进行赔礼道歉前不能与皇帝媾和。双方都恪守诺言。黑森-卡塞尔在这场冗长的战争中始终恪守与瑞典的联盟,因此在威斯特伐伦和约中它有理由赞颂瑞典的友谊。

没过多久,悌利便获悉这位邦伯所迈出的果敢的一步,他遣派富格尔伯爵率领几个军团去对付他,还试图用一些叛乱性的信件煽动萨克森臣民起来反对他们的君主。但他的信件及军团均未产生多大效果,反而使他在随后的布赖滕费尔德战役中不合时宜地缺少了这些军团。黑森的等级会议没有片刻的迟疑,他们喜欢其财富的保护者,而不是其财富的掠夺者。

但比黑森-卡塞尔更令这位皇帝的将军头痛的,是萨克森选侯那模棱两可的思想。他不顾皇帝禁令,继续实行军备和维持着莱比锡联盟。眼下瑞典国王近在咫尺,短期内就会出现一场决定性战役。令他极度不安的是萨克森手中拿着武器,且随时随刻都会站到敌方去。悌利新近增加了 2.5 万名老兵部队,这些部队是菲尔斯滕贝格带来的。由于对自己的力量充满信心,他相信仅他的到来就能把这位选侯吓得解除武装,或者不费吹灰之力就能克制他。在悌利离开沃尔米施泰特军营前,曾派了几位使节去萨克森选侯那里，要求他为皇帝军队打开邦国，解散其军队或与皇帝军队联合，共同把瑞典国王逐出德意志兰。他还提醒他，在所有德意志邦国中萨克森选侯邦是迄今最受照顾的，并威胁说倘若他拒绝，就会遭受最可怕的洗劫。

悌利选择了最不合宜的时间提出这个命令式的要求。对他的教友和盟友的虐待、马格德堡的摧毁、皇帝军队在劳西茨的放纵行径，所有这些激起这位选侯对皇帝的愤怒。古斯塔夫·阿道夫近在咫尺也为他鼓起了勇气，尽管他没有多大理由会得到他的庇护。他禁止皇帝军队宿营，声明仍保留军备。这事也不得不引起他的特别注意（他补充道），就是看到皇帝的那支曾在他的邦国干过很多事的军队，现在正向他的邦国进军，追踪瑞典国王。但他非常期待的，并不是以忘恩负义和毁其邦国来代替曾被允诺的和应得的酬谢。他很好地款待了悌利的使节。在他们上路前给了他们一个更易懂的回答，“先生们，”他说道：“我发现，人们已考虑好把长期节省下来的萨克森的小点心最终端上桌了。但人们习惯于先把各种坚果和各色硬点[①]端上来。它们咬起来很硬，你们得事先准备好，别把牙齿给咬坏了。”

悌利于是从他的营地出发，一直挺进到哈勒，沿途大肆蹂躏。从哈勒那里他以更迫切和更带威逼性的口吻向萨克森选侯提出要求。如果人们回忆一下这位选侯一直以来的思维方式：他由于自己的偏爱和受那些被贿赂的大臣们的唆使，曾屈从于皇帝的利益，

① Schauessen，指各色未经发酵烤制的点心，先是供神用的，后来作为结盟的标志。——译者

纵然不牺牲他最神圣的义务。人们一直以来只需略施巧计就能使他无所行动的,因此人们现在不得不惊讶于这位被皇帝或其大臣的伪装所迷惑的诸侯,在这个最危难的时刻辞别他一直奉行的政策,并用一种暴力的经历把这位如此易于驾驭的诸侯逼至忍无可忍。难道这正是悌利的意图吗?他想把犹豫不决的朋友变成公开敌人,以解除皇帝秘密给他下的对这位诸侯邦国的保护令?也许这只是皇帝的意图,刺激这位选侯迈出敌对一步,借此摆脱他的约束,以好的方式了结麻烦的结算?人们不得不对悌利的狂妄自大感到惊讶。他怎么会对此不假思索,在一个可怕敌人面前再搞出一个新的敌人,这位统帅怎么不担心两者会顺利地联合起来?

由于悌利进入了他的邦国,约翰·格奥尔格陷入了绝望,经踌躇再三终于投向瑞典国王的怀抱。

把悌利的第一批使节打发掉的同时,他便急速派陆军元帅阿恩海姆到古斯塔夫军营,向这位被他冷落已久的君主恳求帮助。瑞典国王故意抑制住内心的满足感,他早就盼望着出现这种情况。“我很为选侯难过,”他以佯装的冷淡回答阿恩海姆,“倘若他听从了我的一再建议,就不会有敌人闯入他的邦国。马格德堡也还会存在。现在急迫的危机使他走投无路了,他便来请求我瑞典国王帮忙。请您转告他,我不会因萨克森选侯之故而毁了我自己和我的盟友。谁能向我保证一位亲王的忠诚?他的大臣们受奥地利的雇佣,一旦皇帝迎合他,从边境撤出了军队,他又会弃我而去的。悌利在此期间已扩充了军队,一旦我没有后顾之忧了,他就不该阻碍我猛烈地对付他。”

这位萨克森大臣对这些责备无言以对,最好的办法是把以往发生的事忘却掉。他一再要求瑞典国王提出在何种条件下愿意帮助萨克森，并事先保证这些条件。“我要求，”古斯塔夫答道：“选侯把维滕贝格要塞让给我，把他的长子亲王给我当人质，为我的部队支付 3 个月军饷，把他内阁中的一些背信者交给我处置。这些条件满足的情况下，我愿意帮助他。”

“我不仅愿意把维滕贝格要塞让给他，”这位选侯在听到这个答复后喊道，并要他的这位大臣再回到瑞典军营里去。“不仅维滕贝格，就连托尔高和整个萨克森都可向他开放。我愿意把我整个家庭去当人质。倘若这还不够的话，我也愿意把我自己当作他的人质。您赶紧过去告诉他，我愿意把他指出的那些背信者交给他。愿意为他的军队支付所要的军饷。愿意把我的生命和财产用于美好事业上。”

其实瑞典国王仅想考验一下约翰·格奥尔格的新想法。他被这种真诚打动了，收回了苛刻条件。他说：“当我想去帮助马格德堡时，人们不信任我，由此唤起了我的不信任。现在选侯对我如此信任，我必须回报他的信任。他为我的军队支付一个月的军饷我已满意了。我希望我将无愧于得到他的这笔支付。”

结盟之后瑞典国王便马上越过易北河，次日便与萨克森人联合起来。悌利没有阻止这种联合，而是向莱比锡推进，要求莱比锡接纳皇帝驻军。为能迅速解围，普福泰的汉斯指挥官准备起而自卫，结果哈勒的城郊化成了灰烬。防御工事的差劣使这种抵抗徒劳无功。第二天城门就被打开了。在哈勒城郊仅存的掘墓人家舍里悌利安了营。在此他签署了受降条约，也是在此作出了进攻瑞典国王的决定。当悌利这个占领者凝睇着他用来装饰掘墓人家舍而画上的头颅骨和腿股骨时，不由得脸色苍白。出乎大家的意料，莱比锡受到了一种仁慈的待遇。

这期间，瑞典国王、萨克森选侯和勃兰登堡选侯正在托尔高召开大型的作战会议，会上将作出关乎德意志兰和福音新教宗命运、关乎许多族民的幸福和他们诸侯命运的不可更改的决定。正如每位英雄在每个重大的决定前会被期待的忧虑所困一样，此时古斯塔夫·阿道夫的心灵片刻间也蒙上阴云。“如果我们现在决定战斗，”他说道，“输赢的不仅是一顶王冠和两顶选侯冠。幸运是个可变因素，加上玄妙莫测的天意，也许会因我们的罪孽而把胜利付与我们的敌人。设若敌人消灭了我的军队和我本人，但我的王冠还能固若金汤。在远处会受到一支可观舰队的保护，在边境也会受到很好的防护，并受到一个善战民族的保卫，它至少会幸免那些最可怕的事。但你们怎样得到拯救呢？倘若会战失利，敌人会逼迫你们就范”。

古斯塔夫·阿道夫显示了一位英雄的谦逊疑虑。他了解自己的强大，也清楚所面临的巨大危险。他没有盲目行事。约翰·格奥尔格表达了一位弱者的信心，他知道有一位英雄站在他一边，但他完全无法忍耐，渴望着他的邦国尽快地被两支劳苦的军队解放，他热望进行战斗。作战对他来说不会失去旧的桂冠，他想率领他的萨克森人单独向莱比锡挺进，和悌利决一雌雄。古斯塔夫·阿道夫最终同意了他的意见，决定在阿尔特林格尔和蒂芬巴赫将军赶来增援悌利前对他发动进攻。瑞典和萨克森联军过了穆尔德河，勃兰登堡选侯返回了他的邦国。

1631 年 9 月 7 日清晨，两支敌对的军队正面对垒。悌利一直在等待赶来的增援部队，因此错过了在萨克森军队与瑞典人联合前把它消灭掉。现在他住进了离莱比锡不远的一个坚固而又非常有利的营地，希望在那里不会被迫应战。然而当敌军准备行进时，在帕彭海姆的急切催促下他终于变换了阵地。左翼部队向丘陵移动，该丘陵从瓦伦村向林登塔尔延伸。在丘陵脚下他的军队排成了一条线。他把炮兵部队分散在丘陵上，这样能扫射整个布赖滕费尔德平原。瑞典萨克森联军从那里以两路纵队逼近。他们在波德维茨，一个处于悌利前线的村庄前过了洛柏溪。为给联军过溪河设置障碍，帕彭海姆率2000名重骑兵赶赴那里。然而悌利长时间竭力反对这样做，并明确命令绝不能战斗。但帕彭海姆不顾禁令，与瑞典的先遣部队交锋了。后者短时间的抵抗后被迫撤退。为阻遏敌人，帕彭海姆把波德维茨焚烧成灰烬。但这并不能阻止联军推进和摆开阵势。

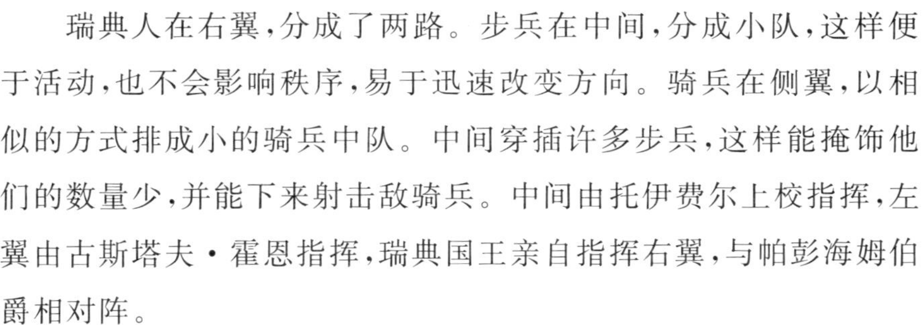

瑞典人在右翼，分成了两路。步兵在中间，分成小队，这样便于活动，也不会影响秩序，易于迅速改变方向。骑兵在侧翼，以相似的方式排成小的骑兵中队。中间穿插许多步兵，这样能掩饰他们的数量少，并能下来射击敌骑兵。中间由托伊费尔上校指挥，左翼由古斯塔夫·霍恩指挥，瑞典国王亲自指挥右翼，与帕彭海姆伯爵相对阵。

萨克森人与瑞典人间有一条宽的间距，这是古斯塔夫作出的安排，结果证明是正确的。这一阵势由萨克森选侯本人与他的陆军元帅共同制定，得到了瑞典国王的认可。这就显示他想细心地把瑞典人的勇敢同萨克森人的勇敢区分开来。且幸而没有把它们混杂起来。

接近傍晚时分，山丘下面敌军已排成了长长的无法目及的一线。兵力已远远超过了瑞典军队。步兵分成大队，骑兵也同样分成大而不当的大队。火炮被安置在后面高地上，而悌利却站在自己子弹射程内，子弹从他们头顶上呈弧线飞过。倘若这一报道可信的话，从火炮的阵势可推断出悌利的用意毋宁说是在等待敌人，而不是进攻敌人，因为这种阵势使他不可能侵入敌人行列，不然的话他就要葬身于自己大炮的烈焰中。悌利自己指挥中路兵力，帕彭海姆指挥左翼，右翼兵力由菲尔斯滕贝格伯爵指挥。这一天皇帝和天主教同盟的兵力合起来不超过 3.4 万至 3.5 万人，与瑞典和萨克森联军相差无几。

但是即使是百万兵力对另一百万兵力的战斗，也没有这一天更为血腥，更为重要，更为有决定意义。为了这一天之故，古斯塔夫越过了波罗的海，踏上遥远的危险土地，把王冠和生命依托给不忠实的幸运之神。两位当代最伟大的陆军将帅，两位迄今为止都战无不胜的最伟大的陆军将帅现在要在一场长期避免的战斗中作最后的较量。两人中的一位将失去战场上获得的荣誉。德意志兰的两个整半以恐惧和颤抖的心情看着这一天的来临；整个同时代的人忧虑不安地期待着这场会战的结局，而后世则将为此祝福或流泪。

悌利伯爵以前从未失去过的果断性这一天离开了他。他既无坚定决心与瑞典国王交战，又不坚决避免之。他违背了自己的意愿，被帕彭海姆扯着走。从未感到过的疑虑在他的内心交战，黑煞朕兆掩蔽了他总是爽直的额头，马格德堡的幽灵在他头上漂浮着。

两小时的炮击打响了这场战役。傍晚刮起了风。从新耕作的干涸原野上刮起的厚厚的尘土和火药烟雾向瑞典人扑来。瑞典国王利用这一点命令他的军队悄无声息向北转。他们的速度非常快,敌军根本来不及阻住他们。

悌利终于离开了他所在的山丘,敢于向瑞典人发起首次进攻。由于瑞典人的凶猛火力,他转向了右翼,向萨克森人发起极其急躁的猛攻。打散了萨克森人的行列,整个军队陷入了混乱。萨克森选侯本人到艾伦堡时才定下了神。只有少数几个军团在战场上坚守了一段时间,用他们男子汉的顽强抵抗拯救了萨克森人的荣誉。克罗地亚人一看见萨克森人出现混乱,便开始洗劫,而急报信使已整装待发,去慕尼黑和维也纳报捷。

帕彭海姆伯爵用他整个骑兵的力量向瑞典人的右翼冲击,但并没能使其动摇。瑞典国王在这里亲自指挥,巴纳将军协助他。帕彭海姆发起了 7 次进攻,但 7 次被击退。遭受了惨重损失之后,他逃跑了,把战场留给了胜利者。

此时悌利击败了萨克森的残余兵力,用他的常胜部队进攻瑞典人的左翼。一发现萨克森军队出现了混乱局面,瑞典国王果断地作出决定,派 3 个军团去增援左翼,以填补由于萨克森人的逃跑而出现的侧翼空缺。在这里指挥的古斯塔夫·霍恩顽强还击敌方的重骑兵,分散在骑兵中队间的步兵助了这种反击一臂之力。当古斯塔夫·阿道夫出现时,敌人已开始感到疲劳。他的出现决定了会战的结局。皇帝军队的左翼被击垮了。他的那支现在已不再有敌人的部队,可在别处得到更好的使用。于是他率领他的右翼部队和整个主力兵团向左转移,向布置着敌方火炮的山丘进攻。经短时间交锋,山丘落到了他的手中。敌人现在不得不经受自己大炮的轰击。

侧翼受到火炮的扫射，瑞典人又从前面可怕涌来，这支从未被战胜过的军队被冲散了，悌利无计可施，只得快速撤退。但撤退须从敌军中间穿过，全军于是陷入一片混乱之中。只有 4 个军团例外。这些久经考验的士兵从未逃离过战场，就是现在他们也不愿意这样做。他们排成密封的行列，从胜利的军队中间冲挤过去。他们一边战斗，一边到达了一个小丛林，在那里重新组织起反击瑞典人的阵线。他们一直抵抗到夜晚，最后只剩下 600 人，悌利军队的残余兵力和他们一起逃跑了，战局就这样决定了。

古斯塔夫·阿道夫跪在伤者和死者中间，初战告捷所带来的最炽热的胜利欢悦都贯注在那炽热的祈祷中。他让他的骑兵在漆黑的夜色中去追赶那些逃跑的敌人。警钟声把周围乡村的民众动员起来，凡落到愤怒的农民手中的不幸者都被消灭。因无法连夜进攻莱比锡，瑞典国王率领剩余兵力在战场和莱比锡之间安了营。悌利方面 7000 人死于战场，被俘虏和受伤者逾 5000 多人，他们的整个炮兵和整个军营都被占领了，上百面军旗和小方旗被缴获。萨克森方面军队损失了 2000 兵力，瑞典军失去了不到 700 名士兵。皇帝军队损失惨重。悌利在逃往哈勒和哈尔伯斯塔特时其兵力只剩下不到 600 人，而帕彭海姆能集合起来的兵力不足 1400 人。这支如此让人害怕的军队就这样迅速瓦解了，不久前它还让整个意大利和德意志兰深感惊恐。

出于偶然才使得悌利幸免于死。尽管被多处伤口折磨得疲惫不堪，他还是不想成为一位紧追他的瑞典骑兵的俘虏。当这位骑兵正准备杀死他时，一颗手枪射出的子弹及时地把他击倒在地。

但比死亡的危险和创伤更令悌利感到可怕的，是他痛失了荣誉，一日间失去了一生的经营。现在他所有以往的胜利都不算什么了，因为他失去了居所有那些胜利之冠的那一仗。从他辉煌的战绩中剩留给他的，除了人类的诅骂外，没有什么了。从这一天起，悌利不再得到欢悦，幸运之神不再回到他的身边。甚至他最后的慰藉：报复，也被其主子明确的禁令所剥夺，皇帝不再允许他发动决定性的会战。这一天他所犯的三大错误导致了他的不幸：把火炮安置在部队后面的山丘上；他后来离开了山丘；在敌人布阵时未加阻拦。他没有冷静的沉思，没有对手超常的天才，未能在最短时间内改正这些错误。悌利迅速从哈勒赶赴哈尔伯斯塔特，未等伤口愈合，就过了威悉河，用皇帝驻下萨克森的卫戍部队加强了自己。

险情刚过，萨克森选侯立即来到瑞典国王军营。瑞典国王感谢他建议的进行会战。约翰·格奥尔格对这一盛情接待深感意外，兴奋之余，把罗马国王[①]的桂冠许诺给了瑞典国王。第二天，古斯塔夫就向梅泽堡进发，把重占莱比锡的任务交给了萨克森选侯。途中与重新集结起来的5000皇帝兵力相遇，这支部队落到他的手中，其中一部分被他斩杀，部分被俘，大多数则加入他的队伍。梅泽堡立即屈服了。不久哈勒也被占领了。萨克森选侯在拿下了莱比锡之后来到瑞典国王那里，与他商讨下一步行动计划。

胜利是得到了，但只有明智地利用胜利对瑞典国王才是至关重要的。皇帝军队已被歼灭，萨克森已不再是敌人，逃跑的悌利已

① 罗马国王，11世纪以来出现的对那些未经教皇加冕为罗马皇帝的德意志国王的通行称呼。——译者

到了不伦瑞克。假如一直追赶他到那里，战争就会在下萨克森重启，但那里还未从先前战争所遭受的创伤中恢复过来。也可把战争转入敌对的邦国，那里没有设防，敞开直抵维也纳的大门在邀请胜利者。向右可攻入天主教的诸邦国，向左可向皇帝的袭承国挺进，让皇帝在他的宫苑里颤抖吧！会上两个方案都提到了。现在的问题是怎样分配任务？倘若由古斯塔夫·阿道夫率领那支常胜军，从莱比锡直至布拉格、维也纳和普雷斯堡不会遇到多大抵抗。波希米亚、摩拉维亚、奥地利、匈牙利已被保卫者们夺取了，这些邦国遭受压迫的新教徒早已盼望改变现况。皇帝在他的城堡里就不再会感到安全了。在首次进攻的恐惧中，维也纳会打开它的大门。但从敌人手中夺取邦国的同时，也会耗尽作战资源。为让一个可怕的敌人从他的邦国心脏地带撤走，斐迪南会急于求和。这一大胆的作战计划是为了迎合一位征服者的，兴许幸运的结果会证明这一计划是正确的。古斯塔夫·阿道夫既小心谨慎，又大胆勇敢，与其说他是位征服者，不如说是位政治家。他指责这一计划，因为他追求的是更高的目标，因为他不相信单靠运气和勇敢就能决定胜算。

倘若古斯塔夫选择去波希米亚之路，则法兰克尼亚和上莱茵就不得不让给萨克森选侯。悌利在威悉河畔开始组建一支新的军队，这支军队由他的残兵败将、驻下萨克森的卫戍部队和赶来的增援部队组成。瑞典国王实在难以耽得起时日去遍寻在悌利领导下的敌人。这样一位久经考验的将军绝非阿恩海姆所能对付得了的，阿恩海姆的能力在莱比锡战役中表现得非常模棱两可。倘若悌利在帝国土地上又重新强大起来，倘若他获得新的胜利又复活了天主教徒的勇气，并解除了瑞典国王盟友的武装，那么还有什么能帮助瑞典国王在波希米亚和奥地利取得如此迅速的、辉煌的进展？如果悌利替皇帝占领了德意志兰，那把皇帝从他的袭承邦国中赶走又有什么用呢？尽管他可指望像12年前的波希米亚暴动那样使皇帝陷入更可怕的困境，但他不能动摇这位亲王的坚定性，无法使他的援助枯竭，反而会使他变得更令人害怕。

瑞典国王亲自进攻天主教同盟邦国曾期待得到的与其说是荣誉，远不如说是基本利益。他武装的到达是决定性的。由于赔偿敕令之故，诸侯们恰好云集在法兰克福的一次帝国议会上。斐迪南在此施尽所有的奸诈计谋，哄骗那些感到害怕的新教徒作出快速和不利的妥协。只是由于他们保护人的逼近，才会鼓起他们的勇气去作坚决的反抗，并取消了皇帝的提议。古斯塔夫·阿道夫曾指望由于他的胜利到场，能把所有愤愤不平的诸侯联合起来，并仗着他的武器威吓，把剩下的诸侯脱离开皇帝。他想在这里，在德意志兰的中心点切断皇帝势力的神经，这一势力没有天主教同盟的支援是无法保持下去的。这里他可在近处监视法国这一不可靠的盟友。倘若实现他的秘密愿望时天主教选侯们的友谊对他是重要的，那么他首先必须成为他们命运的主宰，通过对他们实行宽容的保护获得他们的感恩。

于是瑞典国王为自己选择了去法兰克尼亚和莱茵河之路，让萨克森选侯去占领波希米亚。

# 第三章

古斯塔夫·阿道夫在莱比锡的辉煌一战改变了这位君主的举止言谈，也改变了他的敌人和朋友对他的看法。现在他已同当代最伟大的将领进行了较量，他战术的威力和瑞典人的勇气在对皇帝那支欧洲最训练有素的主力部队作战中经受了考验并在决战中取得了胜利。从这时起他对自己充满了信心，而信心是创立伟大业绩之母。人们发现这位瑞典国王在以后所有作战中采取了更为大胆和可靠的步骤，即使身陷困境也更为果敢，更不把危险放在眼里，对敌人说话更为傲慢，在盟友面前更加充满自信，他的宽厚本身更显得这位统治者倨傲而又谦和的性格。他丰富的想象力辅佐了他天生的神勇。他喜欢把自己的事业同天国的事业混为一谈，如他把悌利的失败看作是上帝为惩罚他的对手而作出的决定性裁决，而把自己看成是上帝实行报复的工具。眼下他不顾王冠和祖国土地，乘胜向德意志兰的纵深挺进，这是德意志兰境内几百年不曾见过的一位外来征服者。德意志兰居民好战的性格、数目众多的诸侯们的高度警惕、各邦国间不自然的那种联系、大量坚固的宫殿、诸多急流险滩，所有这一切自古以来为防范邻国的入侵筑起了一道天然屏障。尽管这个地域辽阔的国家边境不时遭受侵扰，但它的内部却从未受任何的外国侵入。这个国家历来就享有表里不一的特权：只有内乱，从外部是不可被征服的。现在也仅仅是内部的不统一和那种的不相容信仰狂热才为这位瑞典征服者进入国家内部搭起桥梁。各等级间和谐的纽带早已被解除，而这种纽带是德意志帝国不可征服的唯一原因。古斯塔夫·阿道夫从德意志兰本身寻找使德意志兰屈服的力量。凭着他的智慧和胆略，他充分利用了天赐良机。他在政务上和在战场上一样机灵。他像用炮火雷击轰倒城墙一样，击碎了阴险狡猾的政治手腕所设下的陷阱。他百战不殆，从德意志兰的一侧边界到另一侧边界，却不抛弃能确保他安全返回的阿丽阿德纳线①，而且在莱茵河两岸和莱希河口他绝不在接近帝国世袭领的地方停下来。

皇帝和天主教同盟对悌利在莱比锡的失败深感震惊，而瑞典盟友对瑞典国王出乎意料的成功所流露的惊愕和窘态并不亚于前者的震惊。它远远超出了人们的估计，远远超出了人们的期望。这支阻碍他进军、限制他抱负、要他屈服的可怕军队一下子被消灭了。现在他单独雄踞德意志兰的中部，没有竞争者，没有能与其匹敌的对手，即使幸运陶醉了头脑，让他去为所欲为，也没有什么能挡得住他的进程，没有什么能限制他的非分要求。如果说人们起初曾对皇帝至高无上的权力感到战栗，那么现在也不是不存在诸多缘由，让人们对一个外国占领者的狂热性会对帝国宪法干出的一切感到害怕，让人们对一个新教国王的宗教狂会对德意志兰天主教会干出的一切感到害怕。一些同盟势力出于对皇帝的惧怕曾

① 阿丽阿德纳，希腊神话与传说中克里特国王之女，她用一个羊毛线团把雅典国王泰西乌斯从迷宫里救出来。“阿丽阿德纳线”就代表“一种救命方法”。——译者

一度疲伏的狐疑和嫉妒，很快再度复苏。古斯塔夫·阿道夫好不容易凭借其勇气和运气博得同盟势力的信任，远处就已在策划推翻他的计划了。他必须在同敌人的诡计和自己盟友的猜疑的持久斗争中获胜，他坚定的勇气、深邃的智慧能使他冲破所有这些障碍。他的出色战果使他强大的同盟者法国和萨克森忧心忡忡，但复活了弱者的勇气，使他们敢于表述自己的真实想法，公然站在古斯塔夫·阿道夫一边。这些弱者既不能同古斯塔夫·阿道夫的强大相较，又不能受到他的欲望的损害，他们越来越多地期待这位强大朋友的慷慨，用他从敌人处掠来之物接济他们，并保护他们不受强者的压迫。他的强大掩盖了他们的无能，而且，他们要求与这位瑞典英雄联合来增加他们分量之举对他们自己也不是没有意义的。这便是绝大多数帝国城市，尤其是较弱的新教等级当时的状况。他们引领这位瑞典国王进入德意志兰腹地，护卫他，供养其军队，把部队安置在他们的要塞里，为他浴血奋战。古斯塔夫·阿道夫对德意志的自尊性倍加爱护，言行举止彬彬有礼，办事公正，恪守法律，所有这些是他加诸德意志新教徒忧虑灵魂的枷锁。皇帝方面的人、西班牙人和洛林人令人毛骨悚然的野蛮性更有力地衬托出古斯塔夫·阿道夫和他的军队行为的适度。

倘若古斯塔夫·阿道夫把这绝大部分归结为他的天赋，也不容否认，幸运之神在庇护他，情势对他十分有利。两大有利条件使他对敌人有着决定性的优势：他把战争场地安在天主教同盟诸邦国，拉拢这些邦国中的年轻人，靠战利品补充给养，把逃跑诸侯的收入当作自己的财产任意处置，剥夺敌人想对他进行有力对抗的所有救济金，而他自己则有可能用较少的费用支持昂贵的战争。

另外，他的对手天主教同盟的诸侯们各自为政，他们各自的利益不同，甚至常起冲突。他们步调不一致，没有很强的战斗力。它的统帅缺少全权，它的部队不听号令，它的军队分散，缺少协同；军队领导人同立法者和国务活动家是分离的，而古斯塔夫·阿道夫则集两者于一身，他犹如唯一的源泉，所有权威都从这里喷涌而出，犹如唯一的目标，所有参战者的眼睛都瞄着他。他是他这方的灵魂，是军事计划的制订者和实施者。新教徒的事业在他身上找到了统一与和谐，而这正是其对立派完全缺少的。由于有如此多有利条件，又用一种如此的天才统率着这一支如此的军队，又拥有一种如此的政治睿智，毋庸置疑，古斯塔夫·阿道夫是不可抗拒的。

古斯塔夫·阿道夫一手执剑，另一只手发着慈悲，在德意志兰土地上以征服者、立法者和法官身份从这一头到那一头纵横驰骋。不要太多时间他也许会被当作另一个人在作纵横驰骋的快乐旅行。人们把他当成一位土生土长的邦君，把城市和要塞的钥匙献给了他。对他来说，没有一所宫殿是不能登临的，没有一条河流能阻挡他所向披靡的战车，通常他用他可怕的名字就已取得胜利。整条美茵河早就竖起了瑞典旗。下普法尔茨已无人防守，西班牙人和洛林人早已退避三舍，渡过莱茵河和摩泽尔河去了。瑞典人和黑森人犹如奔腾急流淹没了美茵茨选侯邦、武尔茨堡邦和班贝克邦。3位逃之夭夭的主教在远离他们的驻地就他们不幸的顺从向皇帝赎罪。天主教同盟首脑马克西米利安最终也难逃这种惩罚，在自己的地盘上遭受他在别人地盘上曾经造下的苦难。他盟友的可怕遭遇和正在征战途中的古斯塔夫·阿道夫向他提出媾和的建议都未能征服这位刚愎自用的亲王。战争越过悌利的尸体辗转到了巴伐利亚邦，以前悌利像一位守卫天使把守在巴伐利亚的入口处。现在莱希河两岸和多瑙河两岸像莱茵河两岸一样云集着瑞典战战士。被击败的巴伐利亚选侯龟缩在他坚固的宫堡中，把被侵夺的邦国让给了敌人。古斯塔夫·阿道夫在这个上帝赐福的、从未遭受战争蹂躏的要冲地带大肆掠夺，巴伐利亚乡民的宗教狂热同样招来他的暴力行为。慕尼黑自己为这位不可战胜的国王打开了城门。逃跑的普法尔茨伯爵弗里得里希五世短暂地来到了被他对手遗弃的首府，为自己失去邦国聊加慰藉。

当古斯塔夫·阿道夫在德意志帝国的南部边境扩大征服地，并以不可阻挡的威力击败所有敌人时，他的盟友和统帅们在其他省份也战绩斐然。下萨克森摆脱了皇帝的羁绊；敌人撤离了梅克伦堡；奥地利驻军从威悉河和易北河的所有沿岸撤走了。黑森的威廉邦伯在威斯特法伦和上莱茵河，魏玛公爵们在图林根，法国人在特里尔选侯邦都有长足的进展。往东几乎整个波希米亚王国被萨克森人征服了。土耳其正准备进攻匈牙利，在奥地利邦国的中心地带将点燃一场危险的暴动。为对付如此众多的敌人，皇帝斐迪南绝望地向欧洲所有宫廷寻求外来帮助。他把正在莱茵河对岸忙于对抗英勇的尼德兰人的西班牙军队调遣过来，同时又向罗马教廷和整个天主教教会求援。可惜这一切都是徒劳无功。这位曾被得罪的教皇以豪华的列队欢庆和无效的大摈斥[①]对斐迪南的窘态加以讽刺，不但不给他钱，反向他展示满目疮痍的曼图亚平原。

敌军从辽阔君主国的四面八方朝皇帝涌来。由于敌人把君主

① 逐出教门褫夺教友资格的教皇谕。——译者

国前沿的天主教同盟各邦国占领了，一切胸墙均被冲决，在胸墙后面的奥地利势力，曾在相当长时间内感到非常安全，现在战火已蔓延至未设防的边境。他的最忠实的盟友均被缴了械，他的最强大的支柱——巴伐利亚的马克西米利安也几乎无力自卫。由于士兵逃离和屡次失败，他的军队人数减少了许多，由于长期的倒霉不幸，军队变得毫无士气，这样的军队在败将指挥下，已经疏于任何一种战争的暴烈性，而这种暴烈性正是事先保证胜利之本。危险已臻高点，只有一种特殊的办法才能把皇帝势力从深渊中拯救出来。当务之急是需要一位统帅，而唯一能重振昔日雄风的统帅已因嫉妒的阴谋而被罢黜军队首脑的职务。皇帝束手无策，不得不要求和他这位受侮辱的仆人与臣民达成丢脸的条约，并授予这位高傲的弗里得兰人以大权，这个权力曾被皇帝侮辱性地剥夺了的，而现在不得不更丢脸地非得奉还他不可。这位重新出山的英才现在开始重振奥地利那奄奄一息的势力。由于他的得力指挥，事态迅速出现了转机。目前拥有无限权力的瑞典国王面临着一个同样拥有无限权力的将领；一个所向无敌的英雄面对着另一个战无不胜的统帅。两股力量重新又在胜负未卜的战斗中争风。一半已被古斯塔夫·阿道夫消耗的战争费用还要支应一场新的更为严峻的战斗。纽伦堡的上空笼罩着两缕乌云，两支战斗的军队对垒着，双方敬畏地注视着对方，大家都在伺机以待，大家都对这一时刻感到胆怯，因为一开战就会相互死缠在战火激流中。整个欧洲都用恐慌和惊奇的目光关注这一重要战场，惊恐万状的纽伦堡已等待打一场比在莱比锡更具决定意义的野战而驰誉天下。突然间风云变幻，战争风暴从法兰克尼亚那里消失了，而在萨克森的平原上更可

怕地倾泻。在吕茨恩不远处雷声隆隆，威胁着纽伦堡。这场难解难分的会战却被瑞典国王的战死所赢得。这位国王一生福星高照，就连对他的死也分外恩惠。他的死不仅光荣环抱，而且名垂青史。由于他的适时谢世，他的守护神帮他免遭了人类不可避免的命运：在登峰造极之际忘记了谦虚谨慎；在大权在握之际忘记了公平正义。我们不免怀疑：如果他有幸活得更长些，配不配得到德意志兰在其坟墓旁流下的眼泪？配不配得到后世对这第一位也是唯一的一位正义的征服者所表达的钦佩？人们担心这位伟大领袖的早逝会使他的整个派毁灭，而实际上统治世界的势力并非只属于某个人而无法替代的。两位伟大的政治家：阿克塞尔·奥克森斯梯尔纳在德意志兰、黎塞留在法国就接替了这位死去英雄遗留的战争之舵。在他身后，改变了这种麻木不仁的命运，并在这位早被人忘却者的尘封上战火还熊熊燃烧了整整16年。



请允许我在这里概述了古斯塔夫·阿道夫的胜利进程，粗略看了一下他以英雄身份出现的整个场面，在这期间奥地利尤其得到瑞典人幸运的眷顾，又屈从于一系列不幸的打击，从骄横的顶点降落为可耻的、走投无路的辅助工具，然后才把历史的线索引归到这位皇帝。

瑞典国王准备进军德意志帝国时，好不容易和萨克森选侯在哈勒制订了作战计划，并决定由萨克森选侯进攻波希米亚，古斯塔夫·阿道夫袭击天主教同盟邦国。他好不容易同邻近的魏玛诸侯和安哈尔特诸侯缔结了联盟，并为重占马格德堡主教辖区采取了相应措施。瑞典国王目前是与劲敌较量。皇帝在帝国中还有很强的势力，他的占领军遍布法兰克尼亚、士瓦本和普法尔茨，而从这些占领军中夺取每一个重要地方都必须靠手中之剑。西班牙人正在莱茵河畔候着他，他们吞没了被驱逐的普法尔茨伯爵的所有领地，占领了所有坚固要塞，和瑞典国王争夺莱茵河的每个渡口。瑞典国王的背后是悌利，此人现在东山再起了，一支洛林的增援部队不久也将投入他的麾下。出于宗教仇恨，每一位教皇信徒都与他对立，把他看成是不共戴天的仇敌。由于和法国的关系，瑞典国王只能是半心半意地反对天主教徒。古斯塔夫·阿道夫看到了所有这些障碍，也考虑好了战胜这些障碍的办法。皇帝兵力分散在各个占领地，有利于他集中兵力各个击破。虽然他面临着罗马天主教徒的宗教狂热，一些小的帝国等级又对皇帝充满了恐惧，但他可从新教徒的友好态度和他们对奥地利压迫的刻骨仇恨中得到积极帮助。皇帝的和西班牙的军队在这一地区的胡作非为已为此做了充分准备。饱受虐待的乡民和市民早已盼着救星的出现，在有些人看来，哪怕是更换一下枷锁也会显得轻松些。为拉拢纽伦堡、法兰克福等一些较为重要的帝国城市，瑞典国王已派了一些代理人去了那里。埃尔富特是瑞典国王想占领的第一个目标，他不想让这个城市成为后顾之忧。不经剑击，就与具有新教思想的市民签订了一个有效条约，埃尔富特便向他敞开了城市和要塞大门。在这里如同随后落到他手中的每一个重要地方，他让居民对他宣誓效忠，并用足够的驻军保证居民的安全。他把一支在图林根招募起来的军队指挥权授予他的同盟者——魏玛的威廉公爵。他也想把埃尔富特城委托他妻子管理，并答应扩大该城的自主权。随后，瑞典军队兵分两路经哥达和阿恩斯塔特穿过了图林根森林，途中从皇帝军队手中夺走了赫纳贝格伯爵领，第三天，两路军队在法兰

克尼亚边境的柯尼斯霍芬前会师。

武尔茨堡主教弗兰茨是新教徒不共戴天的敌人，也是天主教同盟最热心的成员，他第一个领教了古斯塔夫·阿道夫的强大威力。只需几句胁迫的话，柯尼斯霍芬边境要塞和通向整个省份的钥匙便落到了瑞典人手中。瑞典人迅速占领的消息使这一辖区所有天主教诸等级大惊失色。武尔茨堡和班贝克主教在他们的城堡里胆战心惊，他们仿佛看见自己的交椅在摇晃，教堂受到了亵渎，他们的宗教被打入尘埃。狠毒的敌人恶毒攻击瑞典国王和他的部队的追击精神和作战方式。尽管瑞典国王作出保证，并表现出极大的人性和忍耐性，均不足以驳倒这些谣言。人们害怕遭受另外人的欺凌，而人们在相似的情况下也懂得欺凌别人。一些最富裕的天主教徒为躲避残忍好杀的瑞典人把自己的财物、良知和人员都撤到了安全地方，主教自己在他的臣仆面前开了先例。由他虔诚的热情点燃的火焰烧得正旺时，他却遗弃了自己的邦国，逃往巴黎，以便在那里尽可能激起法国内阁反对共同的宗教敌人。

此时古斯道夫·阿道夫在这个主教议事区[①]中实施的进步措施，同幸运的开始时是完全一样的。摆脱了皇帝驻防军控制的施魏因富特投靠了瑞典国王，不久武尔茨堡也这样做了，玛丽娅贝格则是强攻下来的。在这个被认为坚不可摧的地方，人们储存了大量的食品和弹药，这些均落入敌方瑞典人之手。一个耶稣会会士的藏书室使瑞典国王如获至宝，他让人把这些书带回乌普萨拉。

① 主教议事区为主教辖区最高机构，主教教堂议事会的所在地，被看成是主教辖区内的首邑。——译者

士兵们因找到高级教士藏满佳酿的酒窖而兴高采烈，主教幸好及时地把他的珍宝转到安全之处。不久，整个主教辖区都按首邑的样，大家都归顺了瑞典人。瑞典国王让主教区所有臣民向他宣誓效忠。由于合法摄政者的缺席，他提出成立一个邦政府，其中一半是新教徒。在古斯塔夫·阿道夫管辖的任何一个天主教地方均为新教宗开设了教会，但并未对天主教徒先前对他的同宗兄弟所实行的压制进行报复，而对那些持剑反抗者，他行使了那可怕的战争权。瑞典国王手下那些无视法律的士兵在初次进攻的狂怒中擅自表现出来的个别残暴行为，不能归咎于这位仁爱的领袖，古斯塔夫·阿道夫对那些温顺和不抵抗者采取仁慈的对待，节约敌人的血就是节约自己的血，这是他最神圣的准则。

一听到瑞典人入侵的消息，武尔茨堡主教就背弃了为赢得时间而与瑞典国王签订的条约，赶紧恳求天主教同盟军统帅悌利来增援他的遭胁迫的主教教堂议事区。这位被击垮的将军在此期间在威悉河畔把他的残兵败将汇集了起来，并得到了皇帝在下萨克森驻防部队的加强，在黑森与他的两位下属将军阿尔特林格尔和富格尔联合在一起。统帅着这样一支壮观军力的悌利伯爵急不可耐地想通过一场辉煌的胜利洗刷上次失败带来的耻辱。他的部队推进到富尔达之后，在军营里他心急火燎地等待着巴伐利亚公爵允许他同古斯塔夫·阿道夫作战的命令。但天主教同盟除了悌利的军队再也没有别的部队了，马克西米利安处事又是那么地谨慎，他不愿拿他这一派的整个命运在一次新的交锋中冒险。悌利眼里噙着泪水接受了他的主子要他按兵不动的命令。就这样这位将领拖延了向法兰克尼亚的进军，而古斯塔夫·阿道夫则赢得了时间去占领整个主教议事区。事后悌利在阿沙芬堡得到1.2万名洛林人的增援，以优势兵力赶来为武尔茨堡城解围，但已无济于事。城市和卫城早已落到瑞典人手中。人们谴责巴伐利亚的马克西米利安，由于他的优柔寡断加速了主教议事区的毁灭也是不无道理的。悌利被命令避免战斗，只准在前方远处阻碍敌人，他只能从瑞典人的风驰电掣中夺得很少的地盘。当瑞典国王在进攻皇帝兵力极为薄弱而对他又至关重要的哈瑙城时，悌利想往那增派兵力，但未成功。为使普法尔茨邦国免遭胜者的袭击，他在塞利根斯塔特渡过了美茵河后便向贝格施特拉塞挺进。

古斯塔夫·阿道夫在向法兰克尼亚行进中面对的和要驱赶的不仅是悌利伯爵这个敌人，还有洛林的卡尔公爵。为在皇帝斐迪南二世那里得到选侯冠，卡尔公爵也举起螳臂来对抗那位瑞典英雄。这位公爵由于其反复无常的性格、虚荣不实的计划和他的不走运已在当时欧洲的年鉴上臭名昭著。他对治国的明智策略充耳不闻，一味耽于狂热的虚荣。由于依靠皇帝的支持，他触怒了可怕的邻居法国。为到遥远的地方躲避他那闪光的幻觉，他撤出了自己的世袭领地，一支法国军队犹如湍急的河流立刻淹没了其领地。人们很乐意在奥地利赐他这样的荣誉：与天主教同盟的其他诸侯一样，为大公家族的兴盛鞠躬尽瘁，死而后已。这位亲王陶醉在虚无缥缈的希望中，召集了一支1.7万人的军队，亲自披挂同瑞典人作战。这支部队纪律松弛，缺少勇气，装束却很耀眼。他们在敌人面前胆小如鼠，在赤手空拳的市民和乡民面前则耀武扬威，而它却是为保护老百姓而召集起来的。这支脆弱的军队在具有高昂士气和严密纪律性的瑞典人面前不堪一击。当瑞典骑兵部队向他们奔驰而来时,他们吓得呆若木鸡。瑞典军队不费吹灰之力,就把他们从武尔茨堡的营地吓跑了。几个军团的失利引起了大多数士兵的溃逃。剩下的残兵败将为逃避北方勇敢的瑞典人赶忙龟缩到莱茵河对岸的一些城市里,这是德意志人的奇耻大辱!他们的指挥官也四散地经斯特拉斯堡飞奔回家。还算幸运的是,这位亲王给战场上击败他并要就其敌意作出解释的胜利者写了一封卑躬屈膝的道歉信,居然平息了瑞典国王的怒火。据说,莱茵河畔的一个村民在洛林公爵败阵而逃的途中遇见了他。这位农民放肆地打了一下公爵的马,说道:"快跑吧,先生!如果你们是从伟大的瑞典国王那里漏网逃遁的话,那就必须跑得再快些。"

班贝克主教以他邻居的不幸遭遇为前车之鉴,想出了一个更为巧妙的办法。为让他的邦国免遭洗劫,他迎向瑞典国王提请和平,但这不过是他的缓兵之计。耿直的古斯塔夫·阿道夫并未想到这是个奸计,他欣然接受了主教的请求,并提出愿意保护主教议事区免遭任何敌意的行动。他之所以很愿意这样做,因为他本来就不打算为占领班贝克而浪费时间。他的计划是向莱茵兰的诸邦国挺进。他急切地想实施这一计划,因此也急切地花费了他一大笔钱,倘若他在法兰克尼亚停留稍长时间的话,也许能轻而易举地从这位无能的主教那里榨出这笔钱来。战争乌云从他的边境一消失,这位狡猾的主教便放弃商谈。还不等古斯塔夫·阿道夫转过身去,他就投向悌利伯爵的怀抱,把皇帝的军队迎入城市和要塞,而不久前他还表示乐意为瑞典国王打开这些城市和要塞大门的。但他用这种奸诈手段只是略微延缓了这个主教辖区的崩溃。一位留在法兰克尼亚的瑞典统帅对主教背信弃义的行为进行了惩罚,使班贝克主教区也不幸沦为战场，交战双方用同样的方法践踏这一地区。

皇帝方面的人在法兰克尼亚的专横跋扈使得此地的等级会议一直不敢作出决定，现在皇帝方面的人已仓皇逃遁，瑞典国王仁爱的举止言谈鼓起了这一区域无论是贵族还是市民对瑞典人表示友好的勇气。纽伦堡庄严地投身于瑞典国王的庇护。瑞典国王通过一项谄媚性的声明赢得了法兰克尼亚的骑士等级。在声明中他屈尊地向骑士们就他以敌对的形象出现在他们邦国表示歉意。法兰克尼亚的繁荣昌盛、瑞典战士在和当地人交往中表现出的真诚使大家都归附于瑞典国王阵营。古斯塔夫·阿道夫向这整个区域的贵族表现的厚意、他至今所创造的业绩甚至在敌人那里也唤起了尊崇和敬畏，人们均想在这位战无不胜的国王那里服役，指望得到丰厚的虏获物，所有这些对他招募士兵都非常有利。由于主力部队分出了许多驻防军，必须赶紧征兵。只要征兵鼓一响，人们就从法兰克尼亚四面八方蜂拥而来。

古斯塔夫·阿道夫在占领法兰克尼亚上没花费很多时间，仿佛他只需要在这里匆匆一过就成。他把征服这整个区域和巩固占领地的任务留给了他最卓越的将领之一古斯塔夫·霍恩，给他配备了一支8000兵力的军队，自己则率领经在法兰克尼亚招募而加强了的主力部队火速向莱茵河挺进，以确保帝国的这一边境安全，反对西班牙人的侵袭，解除教会选侯的武装并在这些富裕的邦国为持续战争开辟新的资源。他沿美茵河挺进，两岸的塞利根斯塔特、阿沙芬堡、施泰因海姆等邦国在其军队行军通过时均向他降服了。他只遭到少数几个皇帝驻军的阻击，他们均未能守住阵地。

不久前他的一名上校出其不意地从皇帝的人那里夺走了哈瑙城和卫城，而悌利伯爵却十分看重确保此处。哈瑙伯爵为能摆脱难以忍受的兵痞的压力而欢欣鼓舞，自愿投身于瑞典国王较缓的枷锁中。

眼下古斯塔夫·阿道夫可以集中精力对付法兰克福城这一重要目标了。他在德意志土地上始终遵循着这样一条原则：通过友谊和占据重要城市来掩护自身之背。法兰克福是他从萨克森出发就准备接纳的第一批帝国城市之一。现在他从奥芬巴赫重新派出几位使臣去法兰克福，再次要求该城允许他过境和接纳驻防部队。这个帝国城市很想摆脱这种令人忧虑的对瑞典国王和对皇帝的选择，因为无论它倾向哪一方，都会影响它的特权和贸易。如果它草率地投靠了瑞典国王，皇帝就会对它恼羞成怒，而瑞典国王的势力尚未强大到让他在德意志兰的追随者免遭皇帝的专制统治。但一旦法兰克福城激怒了不可抵抗的瑞典国王，情况就更糟。他率领着的强大军队马上就要兵临城下，为惩罚这一城市的不顺从，他会毁掉这个城市的贸易和繁荣。于是法兰克福城请几位特使向瑞典国王表示歉意，并告诉他，如果该城投靠瑞典一方，皇帝就会对它大泄怒气，那么城市的博览会、它的特权乃至它的帝国自由权都会遭受威胁。古斯塔夫·阿道夫对法兰克福城把它们的年集市看得比整个德意志兰的自由和新教教会的命运还重要，为眼前利益把祖国的大事和良知置于一旁表示惊奇。他威胁地补充道：他已找到了从吕根岛出发到美茵河沿岸所有要塞和城市的钥匙。他也会找到通向法兰克福的钥匙。为德意志兰的繁荣、为新教教会的自由是他此次武力征服的唯一目的，对这样富有正义性的事业他压

根儿没想到在他的行程中会遇到什么阻力。他也明白，法兰克福人是不愿向他让出寸权的，而为了能在此处立定脚跟，他又必须取得全权。他的整个军队尾随把答复带回去的法兰克福特使，萨克森豪森前摆好了阵容，等待着协商的最后结果。

如果说法兰克福城出于对皇帝的害怕而对要否屈从瑞典人心存顾虑，那么市民们却无片刻犹豫，在德意志自由的镇压者同保护者之间决定投向哪一方。在古斯塔夫·阿道夫咄咄逼人的武力威逼下要求答复，这就能减轻他们在皇帝眼中因背离而受到的惩罚，并用一种他们喜欢做的迫于无奈的行动假象来掩饰这一步。于是，法兰克福城便为瑞典国王打开了大门，瑞典军队浩浩荡荡、秩序井然地开进了这座皇城。瑞典国王留下600人驻守萨克森豪森，自己则率领其余部队连夜进军到美茵城市赫希施特，并在拂晓前占领了这一城市。

当古斯塔夫·阿道夫沿美茵河一线占据地盘之际，他的将领和盟友在北部德意志兰也连战告捷。在瑞典统帅阿哈蒂乌斯·托特的指挥下，梅克伦堡公爵领地上仍在皇帝占领军束缚下呻吟的其他坚固地区：罗斯托克、维斯马尔和多米茨也被合法拥有者约翰·阿尔布雷希特公爵占领了。皇帝的将军沃尔夫·冯·曼斯费尔德伯爵想从瑞典人那里重新夺回瑞典人在莱比锡战役后就占领的哈尔伯斯塔特主教辖区，但未得逞，此后不久连马格德堡主教辖区也落入瑞典手中。瑞典的一位率领8000强大兵力留守在易北河畔的将军巴纳把马格德堡城围得水泄不通，击败了许多赶来为该城解围的皇帝军团。尽管曼斯费尔德伯爵亲自指挥军队竭力保卫这座城市，但他缺少兵力，面对强大围攻军队不能抵挡多久。当帕彭海姆将军赶来为他解围，在别处和敌人拼搏时，他却在考虑出让城市的条件了。随后皇帝军队自愿撤出了马格德堡——更确切地说是从这座巨大城市的废墟上凄凉地分立着的一堆破旧小屋，瑞典人紧接着占据了这一城市。

下萨克森区域的等级会议在瑞典国王取得辉煌战绩后也敢于再度从不幸的麦丹战争中因遭到瓦伦斯泰和悌利打击的挫败中振作起来。他们在汉堡举行了一次集会，商定筹建 3 个军团，借此摆脱皇帝占领军令人窒息的束缚。不来梅主教——瑞典国王的一名亲属还不满足于此，还为自己单独筹建了一支特别部队，用此去恐吓手无寸铁的牧师和僧侣，遗憾的是这支部队不久就被皇帝将军格隆罗斯费尔德伯爵缴了械。就连吕讷堡的格奥尔格公爵，原斐迪南的值勤上校现在也投靠了古斯塔夫·阿道夫一方，为这位君主征募了几个军团，这样皇帝在下萨克森的部队与瑞典国王相比便不占有微小优势。

黑森-卡塞尔的威廉邦伯对瑞典国王的服务则远为重要。他的常胜的武装使威斯特伐伦和下萨克森的大部分地区、富耳达修道院，甚至连科隆选侯领都惶惶不可终日。人们也许还记得，威廉邦伯在韦尔本军营同古斯塔夫·阿道夫结盟不久，两位皇帝的将军：富格尔和阿尔特林格被悌利伯爵直接派到黑森去讨伐威廉邦伯，因为他背叛了皇帝。但这位诸侯以超人的勇气顶住了敌人的武装部队，该邦的等级会议也抵制了悌利伯爵煽动骚乱的宣言。不久，莱比锡战役把他从到处蹂躏的兵勇中解救了出来。他以同样的勇气和决断利用敌人尚在远处的机会，立即占领了法克沙、明登和赫克斯特。他的神速挺进使富耳达修道院、帕德博恩和所有与黑森毗邻的教会辖区胆战心惊。为阻止他进军，一些惊恐万状的邦国赶忙向他屈服；为免遭洗劫，还自愿向他缴纳一笔可观的钱。打了许多胜仗之后，威廉邦伯那支常胜军队与古斯塔夫·阿道夫的主力部队会合了，他亲自来到法兰克福结识这位君主，共商下一步行动计划。

为敬重古斯塔夫·阿道夫的伟大、祈求他的恩赐或平息他的怒气，许多亲王和外国公使与他一起来到法兰克福。他们中间最引人注目的是被赶跑的波希米亚国王、普法尔茨伯爵弗里德里希五世，他从荷兰专程赶来投靠他的复仇者和保护者。古斯塔夫·阿道夫给了他口惠无实的荣誉，把他当作一位执政的君主来欢迎，并努力通过对他的深切同情减轻他的不幸。但弗里德里希对他的保护者的权力和成功指望得越多，对他的保护者的正义感和慷慨越是信赖，在他失去的国度里想把不幸的一切重新恢复起来的希望就越是渺茫。英国宫廷的无动于衷和背道而驰的政策使古斯塔夫·阿道夫的热情冷了下来。他那种不能成为万能者的敏感性使他在此忘却了所承担的保护被压迫者的光荣使命，这一使命在他一踏上德意志帝国的土地时就曾大声宣告过的。黑森-达姆斯塔特的格奥尔格邦伯出于对瑞典国王无坚不摧的力量和近乎报复的恐惧也来到了法兰克福，并及时归附于他。瑞典国王知道这位诸侯和皇帝关系密切，也知道他对新教事业并不热心，但仍以嘲讽这位软弱的敌人为满足。就这位邦伯自身和德意志兰当时的政治形势而言，他在两派之间没有一个中间势力可投靠，因此，古斯塔夫常讥讽他为“和平使者”。当古斯塔夫·阿道夫和这位邦伯打牌赢了他的钱时，常听到他说：他对这些钱格外高兴，因为这是皇帝的

钱币。格奥尔格邦伯把这一切均归结于和萨克森选侯的亲属关系。古斯塔夫·阿道夫需要保护萨克森选侯,因为这位选侯答应给瑞典国王让出吕塞尔斯海姆要塞并同意在这场战争中严守中立。就连威斯特瓦尔德和维尔特劳伯爵也出现在法兰克福瑞典国王那里,为了同他结盟,资助他和西班牙作战,这种帮助对瑞典国王以后是很有用处的。法兰克福城有更多的理由庆幸这位君主的光顾,这位君主凭借其国王的威望保护了该城的商业,并通过强有力的措施重新确保了由于战争而深遭破坏的商品博览会安全。

卡塞尔的威廉邦伯带来的1万黑森人进一步加强了瑞典军队。古斯塔夫·阿道夫派人去进攻柯尼希施泰因时,科斯特海姆和弗勒斯海姆经短时间围攻后也归附于他了,这样瑞典国王便控制了整条美茵河。为把军队运过莱茵河,人们在赫希斯特赶制运输工具。瑞典国王的这种部署使美茵茨选侯安塞尔姆·卡西米尔惊恐万分,他很清楚战争风暴马上就要向他袭来。作为皇帝的追随者、天主教同盟最积极的成员之一的他,料定等待他的是同僚武尔茨堡主教和班贝克主教同样的厄运。他的邦国在莱茵河畔的重要地理位置促使古斯塔夫·阿道夫先稳住它们,此外,这块上帝赐福的地方对古斯塔夫·阿道夫极需补给的军队也有着无法克制的吸引力。但这位选侯对自己的力量估计过高,而对敌人的力量估计不足,吹嘘要用武力驱逐武力,用坚如磐石的城墙挫败瑞典人的勇气。他让人立即改进邦都的要塞设施,为要塞配备了能抵挡住长期围攻所需的一切。此外,他在城墙上还安置了一支由唐·腓力浦·冯·席尔瓦将军指挥的2000兵力的西班牙军队。为不让瑞典战车靠近,他在美茵河的入口处打了许多木桩,把许多大石

块，甚至把整条船都沉入河口。他自己则在沃尔姆斯主教陪同下，携带着珍珠宝贝向科隆逃遁，让暴虐的占领军任意抢劫城市和乡村。所有这些防御措施与其说表现了真正的勇气，还不如说显示了软弱无能和固执，并不能阻止瑞典军队向美茵茨逼近和为进攻该城做最认真的准备。瑞典国王把一部分兵力部署在莱茵河，杀死了所有在那里发现的西班牙人，向居民勒索高额军税，把另一部分兵力用于洗劫韦斯特瓦尔德和维尔特劳一带的天主教地盘，而主力部队已在美茵茨对面的卡斯特尔扎了营。魏玛的贝恩哈德公爵甚至占领了莱茵河对岸的鼠塔和埃伦费尔斯宫堡。古斯塔夫·阿道夫正准备过莱茵河并从陆上包围美茵茨时，悌利伯爵向法兰克尼亚挺进了，他于是便迅速撤消这一包围，这块选侯领地于是有了短暂的安宁。

悌利伯爵乘古斯塔夫·阿道夫不在莱茵河畔之机正准备围攻纽伦堡，如遇反抗则用马格德堡的可怕命运相威胁，这使瑞典国王快速向美茵茨运动开去。为不让整个德意志兰再次责备他让一个结盟城市听凭残酷敌人的任意处置，瑞典国王迅速从美茵茨进军，为这个重要的帝国城市解围。但当他还在法兰克福时就得悉由于纽伦堡人的奋力抵抗悌利已撤退的消息，于是他便毫不犹豫地继续执行美茵茨计划。在卡斯特尔，他想借助围攻军大炮的掩护渡过莱茵河，但没有成功，于是改道向贝尔格斯特拉塞进军，从城市的另一面去逼近这座城市。沿途他攻克了所有重要阵地，第二次出现在位于莱茵河畔盖恩斯海姆和奥彭海姆间的施托克斯塔特。西班牙人虽已撤出了整个贝尔格斯特拉塞，但他们还想竭力保卫莱茵河彼岸。最终，他们烧毁了附近的一半船只，把另一半船只沉入河底。一旦瑞典国王敢于在这里渡过莱茵河，他们就会在莱茵河彼岸发起凌厉攻势。

在这种情况下，瑞典国王的勇气会使他有陷入敌手的危险。为察看彼岸情况，他试着用一条小船过河去。小船还未及岸，一群西班牙骑兵就朝他猛袭过来，他最快地掉转身来驶离才得幸免于难。随后古斯塔夫·阿道夫派了几名船员齐头开进才终于夺得了几艘运输船。他让布拉厄伯爵带领 300 名瑞典人乘其中的两只船过河去。在遭受西班牙 14 个中队的龙骑兵和重骑兵攻击的情况下，布拉厄好不容易赢得时间在彼岸构筑了工事。敌人的优势越大，布拉厄和他的先遣队就越勇敢抵御。他们的英勇抵抗为瑞典国王赢得了时间，使他能亲自率领意气风发的部队赶来支援。西班牙人在牺牲了 600 人之后终于逃跑了，一些人匆匆到达坚固的奥彭海姆城，另一些人到达美茵茨。一头坐落在高高圆柱的雄狮，右爪握着一把锐剑，头戴着一顶冲锋帽，这便是 70 年后人们向游客展示不朽的瑞典国王渡过日耳曼尼亚主流的地方。

这战告捷之后，古斯塔夫·阿道夫马上把火炮和绝大多数部队运过了河，并包围了奥彭海姆。经过一番殊死搏斗，1631 年 12 月 8 日，奥彭海姆被强攻手攻克了。500 名殊死保卫该地的西班牙人成了瑞典人复仇的牺牲品。古斯塔夫过莱茵河的消息令所有占据莱茵河彼岸的西班牙人和洛林人丧魂落魄，他们本以为有这条河作屏障可免遭瑞典人的报复。现在快速逃遁是他们唯一的生路，他们快速撤离那些不易防守之地。洛林人对手无寸铁的沃尔姆斯市民一再施暴，在撤出该城前还用极其残酷手段践踏这一城市，西班牙人则赶快躲进法兰肯塔尔，想在该城负隅抵抗古斯塔夫·阿道夫的常胜军队。

眼下瑞典国王刻不容缓地想去实行取得美茵茨城的计划了，此时美茵茨城集结着西班牙的主力部队。当瑞典国王从莱茵河的彼岸向美茵茨逼近时，黑森-卡塞尔邦伯在河的此岸向这一城市靠近，沿途把许多坚固阵地置于他的统治之下。腹背受敌的西班牙人最初表现得很勇敢和果断，想孤注一掷，接连几天他们不停地向瑞典军营投掷炸药弹，使瑞典国王损失了一些勇敢的士兵。但瑞典人不顾西班牙兵的奋力抵抗，步步逼近，直到护城壕边时他们才发起冲锋。此时被包围者丧失了勇气，他们被瑞典士兵的猛烈攻势吓得发抖。武尔茨堡近郊的玛丽娅贝格是对此的最好见证。倘若他们是在猛攻中拿下美茵茨的，这座城市就会遭受厄运，敌人就会很容易地觉得，要为马格德堡悲惨的命运对这个天主教诸侯富裕和华丽的邦都报仇雪恨。因此，第四天西班牙驻军就屈膝投降了，他们这样做不仅是为城市着想，更主要是为自己的生命着想。瑞典国王宽恕了他们，并把他们护送到卢森堡，然而大多数西班牙士兵同以往发生的一样，投入瑞典的麾下。

1631 年 12 月 13 日，瑞典国王进入了攻克的美茵茨城，下榻在选侯的宫殿里。80 门大炮作为战利品落到他的手中。市民们在支付了 8 万古尔登后才免遭洗劫。犹太人和僧侣可免于这种课税，他们还从其中为自己夺得一笔特别巨大的钱。瑞典国王把选侯图书馆占为己有，并把它赠给了他的宰相奥克森斯梯尔纳，后者又把它转赠给韦斯特拉斯的一所完全中学，遗憾的是把书运往瑞典的船半路触礁被毁，波罗的海吞没了这些无价之宝。

失去了美茵茨城后，西班牙人还未逃脱不幸。莱茵河地区的西班牙人也遭到了追击。美茵茨沦陷前，黑森-卡塞尔邦伯占据了法尔肯施泰因和赖芬贝格，柯尼希施泰因要塞也归附了黑森人。瑞典的将军莱茵伯爵奥托·路德维希重创了正向法兰肯塔尔进军的9个西班牙骑兵中队，夺取了莱茵河畔从博帕尔德到巴哈拉赫的所有重要城市。当维尔特劳的伯爵们在瑞典人的帮助下占领了布劳恩费尔斯要塞后，西班牙人则失去了维尔特劳地区的所有地盘。在整个普法尔茨地区，除法兰肯塔尔外，西班牙人只能营救很少城市。兰道和克龙魏森堡大声宣布归附瑞典人，施佩耶尔自告奋勇地为瑞典国王招募军队。曼海姆由于年轻的魏玛公爵贝恩哈德的优柔寡断和指挥官的粗心大意而失陷了，这位指挥官被传到海德堡军事法庭并被斩首。

瑞典国王的远征一直延续到深冬，大概寒冷季节本身也是瑞典士兵对敌人保持优势的一个原因吧！精疲力竭的部队需要在冬营地休整了。拿下美茵茨城不久，古斯塔夫·阿道夫让战士们在附近地方休息，而他自己则利用年关季节暂停军事行动的空隙与他的帝国宰相处理一些内阁事务。为使敌人守中立，和敌人进行谈判，了结由于他的所作所为而与某一联盟势力发生的一些政治纠纷。他把冬季逗留和商谈国事的地点设在美茵茨城。对美茵茨城他有浓厚的兴趣，超过与德意志诸侯们的和解和这次短短的拜会。他对美茵茨城最严密的设防还不放心，还让人在城的对面，在美茵河和莱茵河的交汇处筑起了新的堡垒。这个堡垒根据捐助人被命名为古斯塔夫堡，但却在普法芬劳布和普法芬茨旺名下而出名。

当古斯塔夫·阿道夫成了莱茵河主人，并用他常胜的武装部队去胁迫3个相邻的选侯领地时，他警觉的敌人已在巴黎和圣日耳曼使用种种政治手腕，企图使他失去法国的资助，并尽可能地使他与法国交战。瑞典国王出人意料地、令人摸不着头脑地把武装部队转向莱茵河，这一招令他的朋友惊愕，令他的对手对他的意图作一种危险的猜疑。当他把武尔茨堡主教区和法兰克尼亚大部分地区纳入势力范围之后，要否过班贝克主教区和上普法尔茨进入巴伐利亚和奥地利便取决于他了。大家普遍认为古斯塔夫·阿道夫会毫不犹豫地进攻在其权力中心的皇帝和巴伐利亚公爵，通过击败这两个主要敌人尽快结束战争。但出乎争论双方之所料，古斯塔夫·阿道夫没有按人们给他划定的线路进军，没有把武装部队往右调头，而是往左调头。他要让罪孽较轻、不太令人害怕的莱茵选侯区的诸侯们先领教一下他的威力，给两个最主要的对手一点儿时间让他们重整旗鼓。把西班牙人从所有的事务中赶出去，让不幸的普法尔茨伯爵弗里德里希五世重新占领他的邦领地，唯有这种意图能解释他那种令人惊讶的进程，而对弗里德里希马上要东山再起的确信起初确实一度使瑞典国王的朋友们停止了猜疑，他的对手们停止了诽谤。然而，当下普法尔茨基本肃清敌人时，古斯塔夫·阿道夫却继续忙于制订在莱茵河新的进攻计划，他没有把占领了的普法尔茨归还给那位合法的占有者。英格兰王家公使提请瑞典国王办事要公正，要他履行自己庄严许下的诺言，承担起光荣的义务。但古斯塔夫·阿道夫反唇相讥，强烈谴责英格兰宫廷无所行动，同时为下一步在阿尔萨斯甚至在洛林插上他常胜的旗帜作积极的准备。

于是人们对瑞典君主的猜疑大增。为发泄怒气，他的对手对他的计划散布最为有害的谣言。路易十三的大臣黎塞留眼见瑞典国王向法国边境逼近早就惴惴不安，而其主子的多疑脾气只会更便于为那些不祥推测开了方便之门。事实上这种担忧是不无道理的，法国此时正和国内新教徒进行内战，这位同法国新教徒同居一派的常胜国王的逼近能鼓起他们低沉的士气，能促使他们奋力抵抗。这是可能发生的，尽管这时古斯塔夫·阿道夫还未能给新教徒以希望，还没有对他的同盟者法国国王背信弃义。报复欲很强的武尔茨堡主教一心想在法国宫廷寻求克服丧失领地带来的痛苦，耶稣会会士恶毒的雄辩和巴伐利亚大臣们的忙碌热情，均对胡格诺派教徒和瑞典国王间的那种危险的理解当成完全的证明，他们故意用最惊恐的忧虑去打动胆战心惊的路易的灵魂。不仅愚蠢的政治家，就连一些不是不明智的天主教徒都坚信，瑞典国王下一步要向法国纵深挺进，要和胡格诺派教徒共同干事，并推翻法兰西王国的天主教宗。一些狂热者似乎已看见古斯塔夫·阿道夫率军攀登上了阿尔卑斯山，废黜了意大利总督克里斯蒂。尽管诸如此类的谎言不堪一击，但也不容否认，古斯塔夫·阿道夫在莱茵河畔的军事行动被他对手的猜疑抓住了可怕的把柄，在某种程度上证实了这样一种怀疑：他的武装部队与其说是对准皇帝和巴伐利亚公爵，还不如说是对准天主教宗的。

经耶稣会会士的煽动，一些天主教宫廷普遍抱怨法国同教会的敌人的联系，这最终迫使卡尔迪纳尔·黎塞留为确保其宗教的安全作出决定性的一步，并同时向天主教世界证明法国的那种认真的宗教热情和教会帝国等级的那种自私自利政策。黎塞留相信，瑞典国王的意图正如自己一样，只是为了侮辱奥地利王室家族

而已，因此，只要天主教同盟诸侯解除同皇帝的联盟，撤退军队，瑞典方面就会对他们保持中立，对此他深信不疑。一旦诸侯们作出这种决定，黎塞留也就达到了目的，因为一旦德意志诸侯们脱离了奥地利派，斐迪南就对付不了法国和瑞典联军，而古斯塔夫·阿道夫在德意志兰摆脱了所有其余敌人后，便可集中力量对付皇帝的世袭领地，这样，奥地利王室家族不可避免要崩溃，而黎塞留又可在无损于教会的情况下，实现他竭尽全力想达到的目的。反之，如果天主教同盟的诸侯们一意孤行，拒不答应，一如既往地忠实于和奥地利的盟约，则后果就不堪设想。法国曾在全欧洲面前证实它的天主教信念并履行它作为罗马教会分支的义务，而天主教同盟的诸侯们就会单独成为所有不幸的始作俑者。战争的延续必然要把这些不幸不可避免地扩展到天主教的德意志兰。诸侯们仅由于固执地依附于皇帝因而阻碍了他们保护者的惩罚，却把教会推到了极度危险的境地，甚至置于毁灭。

巴伐利亚选侯一再请求法国援助，他对黎塞留催得越紧，黎塞留就越陷困境，便越积极地去实施这一计划。也许大家还记得，这位诸侯从一开始便不相信皇帝的观点，因此他曾和法国秘密结盟，想通过这种联盟防止斐迪南今后改变想法，确保获得普法尔茨的选侯资格。当初缔结这种联盟的起因以及该联盟所要针对的敌人均很清楚，现在马克西米利安却擅自把这种盟约延伸到进攻瑞典国王上去，而且毋庸置疑，当初法国答应他仅止于用来反对奥地利援助意向，现在也要求用来反对古斯塔夫·阿道夫这位法国国王的联盟者了。与两股对垒势力分别缔结的那种自相矛盾的联盟使黎塞留陷入了尴尬境地，因此他想尽快结束这两股势力间的敌意来摆脱自己的困境。但他既无希望放弃巴伐利亚，同时又无法通过与瑞典缔约来保护它，因此他竭尽全力采取中立态度，似乎这是成全他两面结盟的唯一办法。为此，黎塞留派出一名全权代表马奎斯·冯·布热策到美茵茨的瑞典国王那里，以了解古斯塔夫·阿道夫对此的看法，并从瑞典国王那里为联盟的诸侯们创造有利的条件。路易十三有很多重要的理由要实现这种中立，而古斯塔夫·阿道夫也有很多无可辩驳的理由反对中立。古斯塔夫·阿道夫经多次试探确信，天主教同盟诸侯无法消除对新教宗的厌恶、对瑞典外国强权的仇恨和对奥地利王室家族的无法根除的依附。古斯塔夫·阿道夫鄙视那种建立在彼此倾向大相径庭的中立，他对这种中立的害怕远甚于对公开敌人的害怕。此外，鉴于古斯塔夫·阿道夫在德意志土地上的处境，他不得不继续进行有损于敌人的战争。这样做他眼前纵然没有赢得新的朋友，但也减少了公开的敌人。毋庸置疑，如果他稍示对天主教同盟诸侯保持中立有些微兴趣，对他不仅鲜有帮助，换来的是就是牺牲他已获得的优势！

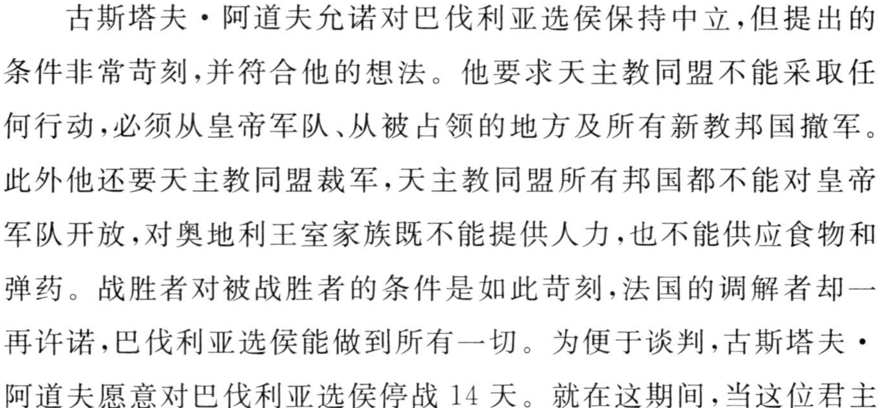

古斯塔夫·阿道夫允诺对巴伐利亚选侯保持中立，但提出的条件非常苛刻，并符合他的想法。他要求天主教同盟不能采取任何行动，必须从皇帝军队、从被占领的地方及所有新教邦国撤军。此外他还要天主教同盟裁军，天主教同盟所有邦国都不能对皇帝军队开放，对奥地利王室家族既不能提供人力，也不能供应食物和弹药。战胜者对被战胜者的条件是如此苛刻，法国的调解者却一再许诺，巴伐利亚选侯能做到所有一切。为便于谈判，古斯塔夫·阿道夫愿意对巴伐利亚选侯停战 14 天。就在这期间，当这位君主从法国代理人那里一再得到谈判进展顺利的消息时，一封被截获的巴伐利亚选侯给在威斯特伐伦的帕彭海姆将军的信揭露了这位亲王的不忠实，他是想利用谈判为自己赢得防卫时间。他根本不想同瑞典和解，以免为自己的军事行动套上枷锁，这位诡计多端的诸侯暗里加紧军备，利用敌人给他的空隙为防守做更有力的准备。所有中立的谈判均成泡影，反而更为加深了巴伐利亚同瑞典的敌意。

悌利在兵力增加后对法兰克尼亚造成了威胁，瑞典国王不得不迅速赶赴该区，但事先还得把西班牙人从莱茵河赶走，封锁西班牙人从尼德兰出发向德意志各省份开战的道路。为此古斯塔夫·阿道夫对特里尔选侯腓力浦·冯·索特恩提出了中立条件。腓力浦·冯·索特恩必须把特里尔的赫尔曼施泰茵要塞让给他，允许瑞典部队在科布伦茨自由通过。但这位选侯既不愿看见其邦国落到西班牙人手中，也不愿意把自己的邦国托付给一名异教徒不可靠的庇护，让瑞典的征服者成为他命运的主宰。他明白在这两位强大的竞争者面前他无力保持独立性，因此他想在法国强大的羽翼下求得庇护来反对这两者。为扩大法国势力，黎塞留以他谙熟的政治手腕利用了这位诸侯的窘迫处境，为自己在德意志兰边境又赢得一位重要的同盟者。一支数目众多的法军开进了特里尔邦领，埃伦布赖特施泰茵要塞也被法军占据了。然而，这位选侯采取如此大胆行动并未完全达到他的目的，因为古斯塔夫·阿道夫被激怒的敏感无法平息下去，除非瑞典部队被允许自由通过特里尔邦领。

当特里尔和法国协商之际，瑞典国王的将军们在整个美茵茨

大主教区肃清了西班牙驻防军。古斯塔夫·阿道夫本人则在占领了克罗伊茨纳赫后完成占领了这一狭长地带。为保护占领地，瑞典宰相奥克森斯梯尔纳和一部分军队留守在莱茵河中部，主力部队则在瑞典国王的统率下进军法兰克尼亚土地，去搜寻敌人。

为争夺法兰克尼亚，悌利伯爵同留在法兰克尼亚拥有8000兵力的瑞典将军古斯塔夫·霍恩多次交锋，互有胜负，班贝克主教议事区成了他们蹂躏的牺牲品和战场。古斯塔夫·阿道夫因在莱茵河流域另有安排，便让他的统帅霍恩惩罚这位对他背信弃义、使他恼怒不止的班贝克主教。这位将军没有辜负君主的重托，短期内大部分主教区均屈服于瑞典武装部队了。被皇帝占领军遗弃的班贝克都城抵挡不住瑞典人的猛攻，也落入其手。被赶跑的班贝克主教心急火燎地请求巴伐利亚选侯援助，巴伐利亚选侯最终被说动了，他缩短了悌利“不得行动”的时期，并授予他让主教复位的全权。悌利把上普法尔茨的散兵游勇聚集起来，率领一支拥有2万兵力的庞大军队向班贝克逼近。面对占优势的敌人，古斯塔夫·霍恩决心坚守住占领地。他背靠着班贝克的城墙等待敌人。然而单单悌利的先遣部队就已把他驱散了，他本来还打算与整个部队作战的。他的部队乱成一团，使他无法收拾。军队的混乱为敌人打开了城市的大门。霍恩好不容易才把部队、辎重和火炮救了出来。由于这次胜仗，班贝克又重新被悌利占领了。霍恩率领军队秩序井然地向美茵河撤退，尽管悌利伯爵竭力追赶也未能追上。瑞典国王出现在法兰克尼亚，霍恩在基青根把剩余兵力带给了他。古斯塔夫·阿道夫立刻制定了一个进攻的快速目标，并强使古斯塔夫·霍恩赶紧撤退以保全自己。

在阿沙芬堡瑞典国王检阅了他的军队。此时军队人数经与古斯塔夫·霍恩、巴纳和魏玛的威廉公爵的联合已增至约 4 万人。现在没有什么能阻止他向法兰克尼亚的进军。悌利伯爵在这占优势的敌人面前显得势单力薄了，快速朝多瑙河撤退。瑞典国王离波希米亚和巴伐利亚同样相近，马克西米利安对瑞典国王的意图捉摸不定，不能马上作出决定。现在人们让悌利取哪条行军道路，得由瑞典国王选择和两省的命运决定。为保护奥地利边境，像瑞典国王这样可怕的敌人靠近巴伐利亚时尚不对巴伐利亚设防是很危险的。但更危险的是，倘若把悌利接纳到巴伐利亚，把敌人也引入了该邦，巴伐利亚就会沦为毁灭性战斗的战场。马克西米利安对祖邦的担忧最终战胜了他政治家的踌躇不决，悌利接到命令，率领他的全部兵力来保卫巴伐利亚边境。

帝国城市纽伦堡带着胜利的喜悦迎接新教和德意志自由的保护者——古斯塔夫·阿道夫。瞧见他时，市民们的满腔热情以感人肺腑的欢呼雀跃和顶礼膜拜方式倾吐出来了。古斯塔夫·阿道夫自己为能在这个他从未奢望过占领的城市，这个位于德意志兰中心的城市看到这番情景而按捺不住惊讶。他高贵、出色的礼节使人们对他辉煌业绩的印象达到了尽善尽美的程度，他在回报这个帝国城市的欢迎时表现出的友善态度一下子征服了所有人的心。他确认了早在贝尔特海岸那里就和这一帝国城市建立的同盟，该同盟把所有市民联合了起来，激发了他们炽热的干劲，使他们和睦一致反对共同敌人。在纽伦堡里城作了短暂停留后，古斯塔夫·阿道夫便率军向多瑙河挺进，出其不意地出现在多瑙沃尔特这一边境要塞前。这个地方由众多巴伐利亚占领军把守着。此地的首领萨克森-劳恩堡公爵卢道夫·马克西米利安起初还信心十足地要坚守到悌利到来，但在古斯塔夫·阿道夫的围攻下，他被迫考虑迅速安全的撤离方案，他居然在瑞典的凶猛炮火中幸运地杀出了重围。

占领了多瑙沃尔特为瑞典国王打开了多瑙河的彼岸，只有小小的莱希河把瑞典国王同巴伐利亚分隔开。邦国的岌岌可危促使马克西米利安全力保卫。至今他已使敌人轻而易举地闯到了家门口，现在他坚决表示，要使敌人难以迈出最后一步。悌利在莱希河彼岸的赖恩小城建起了一个设防很好的军营，它三面环水，能对付任何进攻。能过莱希河的所有桥均被拆掉了。莱希河一线到奥格斯堡的所有地方都派重兵把守着。而奥格斯堡这个帝国城市早已急不可耐地想仿效纽伦堡和法兰克福了。于是一支巴伐利亚的卫戍部队进驻了该城，并解除了市民的武装。选侯本人带着他所能招募到的所有部队进驻悌利军营，看来他把所有的希望都寄托到这唯一的军营了，他要在这最外围的边界墙边挫败瑞典人的锐气。

古斯塔夫·阿道夫在征服了莱希河此岸的整个奥格斯堡地区并为他的部队从这一狭长地区搞到丰富物资后，很快便出现在巴伐利亚堡垒对面的莱希河此岸。此时正值三月份，连绵不断的倾盆大雨和蒂罗尔山脉的积雪融化使莱希河水位猛涨，澎湃的河水急遽地在陡峭的两岸间翻滚。汹涌的波涛成为冒险的冲锋者真正的坟墓，对岸敌人的大炮已向他们亮出了杀气腾腾的炮眼。如果瑞典国王不识时务，以不惧火灾之勇，强行渡河，那么等待这些疲惫部队的，是一个置身于难以攻破阵地里的精力充沛、勇猛大胆的敌人，而渴望休整的瑞典部队却要再进行一场战斗。他们需以不竭的精力攀登敌人的防御工事，而每一次进攻都似乎在嘲讽敌人工事的固若金汤。倘若瑞典部队在河的此岸遭到失败，就不可避免地会覆灭。若幸运之神离开他们，这条使他们难以通向胜利的河流也同时挡住了他们逃跑的所有退路。

为阻止采取这一极端冒险的军事行动，在这位君主召集的瑞典战争咨询会议上大家反复强调了理由。一些无所畏惧的人也犹豫了，一些德高望重的士兵直言不讳地道出了他们的担忧。但瑞典国王决心已定。他对代表大家说话的霍恩说："你说什么？我们已经越过了波罗的海，越过了德意志兰众多的大河，难道我们要在这条溪流，这条莱希河面前放弃我们的行动吗？"他冒着生命危险察看地形时发现莱希河此岸显然要比彼岸高，因此瑞典在这边发射火炮所产生的威力要比敌人的火炮威力强。他当机立断，决定利用这一优势，迅速在莱希河左岸的拐弯处派了 3 个炮兵连驻守，3 个炮兵连的 72 门大炮的炮火纵横交错地射向敌人。当暴怒的、不间断的炮火把巴伐利亚人赶离彼岸的同时，瑞典国王让人以最快的速度在莱希河上架起一座桥。由燃着的木头和潮湿的冬草交织而成的不散浓烟挡住了敌人的视线，他们看不见日趋建成的新桥，无止息的隆隆炮声压倒了架桥的斧子声。他自己身先士卒，以鼓舞部队的斗志，并亲手发射了 60 多发炮弹。尽管巴伐利亚人处于劣势，他们也同样强烈地回击这 2 小时之久的炮击。由于瑞典杰出的炮兵连能控制莱希河较低的彼岸，他们的制高点就成为保护他们的胸坝，挡住敌人的火炮。巴伐利亚人想从河岸出来破坏敌人的桥，未能得逞。瑞典人占优势的火炮把他们赶跑了，只好眼睁睁地看着瑞典人架好了桥。悌利在这极其糟糕的日子想竭力鼓

起自己人的勇气，还没有比这更迫在眉睫的危险能让他离开河岸。一直在寻找他的死神终于找到了他，一种小型火炮弹击断了他的腿。此后不久，和他同样勇猛善战的将领阿尔特林格尔头部也受了重伤。由于这两位首领的离开，巴伐利亚人人心浮动，甚至马克西米利安也违心地作出怯懦的撤退决定。逼近的死神制服了悌利非同寻常的坚强，马克西米利安听从了垂危的悌利的规劝，草率地放弃了这个不可攻破的阵地，垂头丧气地经河中的浅滩撤退了。这浅滩是被一个瑞典人发现的，瑞典的骑兵中队曾打算从这里试着过河。就在同一天的夜里，当敌方还没有一兵一卒过莱希河时，马克西米利安就已撤出了营地。为不让瑞典国王有时间干扰他的行进，他率部秩序井然地撤向诺伊堡和英戈尔斯塔特。第二天，古斯塔夫·阿道夫过河后，看见敌人空荡荡的军营时颇感惊异，马克西米利安选侯的逃逸更使他感到不可思议。当他发现被遗弃的营地铜墙铁壁似的坚固时，惊骇地嚷道："如果我是这个巴伐利亚人的话，绝不会如此！即使炮弹削掉了我的胡须和下巴，也绝不会离开像此处这样的岗位，绝不会为敌人打开我邦国的大门。"

现在巴伐利亚为胜利者敞开了大门。迄今为止只在巴伐利亚边境上冲击的战争洪流，第一次冲垮了长期安然无恙的巴伐利亚门槛。但瑞典国王在占领这个充满敌意的邦国前，首先使奥格斯堡帝国城市摆脱了巴伐利亚的枷锁，主动为奥格斯堡市民承担义务，并留下一支占领军以确保市民的忠诚。然后瑞典国王迅疾如飞地向英戈尔斯塔特挺进，以征服马克西米利安派重兵防守的要塞，稳定他在巴伐利亚的占领，并在多瑙河畔站稳脚跟。

瑞典国王在到达英戈尔斯塔特前不久，在城里养伤的悌利在饱受了命运对他的背信弃义之后命赴黄泉。他被占优势的伟大统帅古斯塔夫·阿道夫的精神摧垮了。临终那天晚上他仿佛看见了先前所有胜利的桂冠都枯萎下来，他所干的一连串恶事受到了命运和马格德堡盛怒幽灵的公正惩罚。悌利的死使皇帝和天主教同盟军队失去了不可替代的领袖，天主教宗失去了最热情的保卫者，巴伐利亚的马克西米利安失去了最忠实的臣仆。悌利用“死而后已”最终完成对马克西米利安的忠诚，在弥留之际还履行了统帅的义务。他对选侯留下最后遗愿，劝告他去占领累根斯堡，以便成为多瑙河的主人，并和波希米亚联合起来。

古斯塔夫·阿道夫对保护这么多次胜仗的果实满怀信心。他决定包围英戈尔斯塔特城，希望在第一个猛烈的进攻中就战而胜之。但是该城工事的坚固性和驻防部队的巨大英勇性阻挡住瑞典国王的进攻，这是他自布赖滕费尔德战役后不曾遇到过的，他甚至感到英戈尔斯塔特的土地不该是这次行动的目标。他在侦察要塞时，一发重 24 磅的炮弹使他胯下的马倒在尘埃里，他也跌倒在地。不久一颗炮弹把他的男宠年轻的巴登马克伯爵从他身旁夺走了。他冷静地从地上爬了起来，宽慰了一下受惊的人群，骑上另一匹马继续走他的路。

马克西米利安根据悌利的建议，施用诡计出其不意地袭击帝国城市累根斯堡，并派重兵驻守牢加控制。巴伐利亚人占据累根斯堡的行动快速改变了瑞典国王的作战计划。他早就希望把累根斯堡这一信奉新教的帝国城市纳入其权力范围，以便在这一帝国城市中找到在纽伦堡、奥格斯堡和法兰克福一样的忠实盟友，但累根斯堡一直处在巴伐利亚的桎梏下，使他想控制多瑙河并使他的对手得不到波希米亚任何援助的美好愿望在很长一段时间内未能实现。现在他迅速离开了英戈尔斯塔特，在这一城市的里城他白白耗费了时间和人力。他向巴伐利亚的纵深挺进，以便把马克西米利安选侯引过来保卫其邦国，使他的多瑙河沿岸的保卫者撤离。

巴伐利亚整个邦国，包括慕尼黑在内，都为瑞典国王敞开了大门。摩斯堡、兰茨胡特和整个弗赖辛主教领地均归附他了。没有什么能阻挡住他的武装部队。没过多久他在行进中便碰不到正规的武装力量了，但他还得和每个巴伐利亚人心中更难以和解的敌人——宗教仇恨作斗争。不信奉罗马教皇的战士在这块土地上以崭新的、闻所未闻的面貌出现。僧侣们在乡民面前盲目煽动，把他们说成是作恶多端者、地狱的孩子，把他们的首领说成是反基督教者。因此，人们解除了自己所有反对这帮魔鬼撒旦小崽们的自然和人类义务，相信对他们采取最可怕的暴行均皆合法，也就不足为怪了。啊！不幸的瑞典士兵，当他单独落入了这一堆野蛮人之手！人在盛怒之际所能想得出来的一切严刑酷举都加诸这些不幸的战俘身上，而只要看一眼同伴缺肢断臂的躯体，军队就燃烧起一种可怕的报复之火。只是古斯塔夫·阿道夫不容大家进行报复，他不想以此玷污他的英雄品格。巴伐利亚人对他的基督教信仰的极端不信任，丝毫没能使他放弃对这些不善之人的人道准则，相反他表现得相当克制，以最神圣的义务去尊重他们的信仰。

瑞典国王的逼近使巴伐利亚首府笼罩着一片恐惧，这座城市已无人设防，一些高贵富有的居民均离开了，它只能指望胜利者的宽宏大量，想用无条件的自愿屈服平息瑞典国王的怒气。它事先已派代表到弗赖辛，把城门钥匙放在瑞典国王的脚下。巴伐利亚人的惨无人道和它君主的敌意使瑞典国王有足够的理由施行残酷的纵掠权，他甚至受到一些德意志人的鼓动要制裁使马格德堡遭受不幸的罪魁祸首的邦都，然而瑞典国王伟大的心胸鄙视这种低级的报仇。敌人的无力自卫已消除了他的怒气。瑞典国王对这高尚的胜利满心欢悦，领着普法尔茨伯爵弗里德里希打着豪华的仪仗开进马克西米利安诸侯的邦都，后者是弗里德里希垮台的主要策划者，也是其邦国的掠夺者。瑞典国王在开进京城时表现得相当节制和宽容，由此更扩大那种壮观场面。

瑞典国王在慕尼黑只发现了一座被遗弃的宫殿。选侯的珍宝早已被携带到韦尔芬去了。选侯富丽堂皇的宫殿令他惊叹不已。他向领他参观房子的看管人询问建筑大师的名字。“他不是别人”，看管回答道：“正是选侯自己。”“我需要这位建筑大师，”瑞典国王说道：“我要把他带到斯德哥尔摩。”“这位建筑大师是会提防的，”看管回答道。当瑞典国王察看军械库时，只发现没有大炮的活动炮架，选侯让人把大炮巧妙地埋藏到地面下了，没有露出一点儿痕迹。要不是一位工人泄密，恐怕人们永远不会得知这种障人耳目的方法。“让这些死尸复活，”瑞典国王嚷道，“接受审判吧。”地面被撬开了，他们发现了约 140 门大炮，有些大炮非常大，其中绝大多数是从普法尔茨和波希米亚那里缴获的。藏在一门较大大炮里的 3 万杜卡特金币引起一阵欢悦，这珍贵的藏物也大出瑞典国王之所料。

但是，倘若这时巴伐利亚军队出现的话会令瑞典国王更加高兴。为把这支军队从筑堡里引出来，他深入到巴伐利亚的心脏地带。但瑞典国王发现他的期待落空了，敌人没有露面。马克西米利安的臣仆们急切的请求也未能说服这位选侯把他最后所剩的兵力在一场战役中孤注一掷。他死守在累根斯堡，望眼欲穿地期待着弗里得兰公爵从波希米亚派来援兵。在援军到来之前，他想暂且用新的中立谈判稳住敌人。但瑞典人对这种瓦伦斯泰的君主所惯用的伎俩不信任，终于使巴伐利亚成了瑞典人的掠获物。

古斯塔夫·阿道夫一个胜利接着一个胜利，一个占领接着一个占领，在德意志的土地上势如破竹，所向披靡，沿途没遇见能与他匹敌的对手。巴伐利亚和士瓦本的一部分、法兰克尼亚主教辖区、下普法尔茨、美茵茨大主教领地均被迫向他屈服了。直至奥地利君主国的门槛前他一直吉星高照，他取得的辉煌战绩证明了他在布赖滕费尔德取胜后拟定的作战计划是正确的。尽管他没有如其所愿马上实现新教帝国等级会议领导下的联合，但他毕竟解除了天主教同盟成员的武装或削弱了他们，战争费用大多也由他们来承担，减少了皇帝的救援源泉，鼓起了较弱等级的勇气。顺着皇帝同盟者被洗劫一空的邦国，他按图索骥地找到了通向奥地利邦国的道路。在用武装暴力未能迫其顺从的地方，那些他通过政治和宗教联合纽带同自己紧绑一起的帝国城市之友谊，会为他提供最重要的服务。只要他在战场上还保持着优势，他就可从帝国城市的热忱中期待到所需的一切。倘若尼德兰战争还让西班牙人有力量参加德意志战争，那么瑞典国王占领莱茵河便截断了西班牙人同下普法尔茨的联系，洛林公爵在他倒霉的进军之后也奉行中立了。瑞典国王在德意志兰这么长的远征，沿途又留下这么多的占领军，他的军队却并未减少，现在他还像刚出征时一样精神抖擞地站在巴伐利亚的中心，摩拳擦掌地准备把战争推进到奥地利的

最深处。

当古斯塔夫·阿道夫在德意志帝国的战争一帆风顺地进行之际，其同盟者萨克森选侯在另外战场上也鸿运高照。人们也许还记得，莱比锡战役后，这两位诸侯在哈勒协商时就决定由萨克森选侯负责占领波希米亚，瑞典国王为自己选择了通向天主教同盟诸邦国之路。重占莱比锡是这位选侯从布赖滕费尔德胜仗中取得的第一个收获。整个莱比锡在短时间内摆脱了皇帝占领军，对方的卫戍部队投靠了萨克森选侯。兵力增加之后，萨克森将军阿恩海姆便率军向劳西茨挺进。此时为惩罚萨克森选侯投向敌党，劳西茨省已被皇帝将军卢道夫·冯·蒂芬巴赫占领。蒂芬巴赫按惯例蹂躏着这防卫较差的省份，占据了许多城市。蒂芬巴赫的咄咄逼近已使德累斯顿提心吊胆。但皇帝突然三令五申要他中止这飞速的进军，不要与萨克森占领军开战。

斐迪南现在意识到所奉行政策的错误已为时过晚，他触怒了萨克森选侯并用武力把这位重要的同盟者推至瑞典国王一边。现在他要用令人作呕的过分宽容来弥补由于不合时宜的固执所造成的损失，然而事与愿违，他在改正第一个错误时犯了第二个错误。为从瑞典国王那里夺走一位如此强有力的同盟者，他想让西班牙人从中斡旋，与萨克森选侯重新谈判。为使谈判进展顺利，蒂芬巴赫必须马上从所有萨克森领地撤军。但皇帝的这种卑躬屈节根本不能达到预期效果，而是适得其反，使萨克森选侯发现了敌人的窘迫处境和他自身的重要性，鼓起他更积极地利用已取得的优势。倘若皇帝不干那种最可耻的忘恩负义之举而使自己蒙羞，他怎么会背弃皇帝这位他曾神圣宣誓过效忠的同盟者呢？这位曾因拯救他的邦国乃至拯救他的选侯冠而让自己承担道义的同盟者呢?

免去向劳西茨进军的萨克森军队因而改道向波希米亚进军，那里相继发生的一系列有利事件似乎事先就向他们展示着胜利。在这场有害战争的启幕舞台波希米亚王国里，争论之火余烬未熄，持续的暴政统治使波希米亚民族的不满情绪与日俱增。在眼见之处，这个不幸邦国到处是凄惨的景象。整个地产均易了主，臣民在令人憎恨的天主教主子们的枷锁下呻吟着。后者用从被驱赶的新教徒那里掠夺来之物换取皇帝和耶稣会会士的恩宠，另一部分主子则利用公众的贫困廉价购进被没收的放逐者之财物。一些最热忱的自由捍卫者被送上了断头台;那些及时逃脱不幸的人背井离乡，受尽了贫困的煎熬，而一些看风使舵的专制政体的奴才则大肆挥霍着他们的遗产。较之这种小暴政的压力更无法忍受的是良知的受压，这种被迫做违心的事无区别地强加在波希米亚王国整个新教派的身上。不是外来的危险，也不是如此严重的民族对抗，也不是如此吓人的经历就能使耶稣会会士的皈依热忱定下如此的目标:什么地方财产之道没有结果，就使用士兵之助，使迷途者害怕而回到教会的羊圈中去。这种命运冷酷无情地降临到位于波希米亚和迈森边境山脉的约阿希姆山谷居民头上。2 名皇帝的全权代表在 2 名耶稣会会士和 15 名滑膛枪步兵的陪同下，来到了这幽静的山谷，对福音新教徒布道。对耶稣会会士说教不起作用的地方，就派士兵强行入驻其家，用驱逐、罚款等恐吓手段强行达到目的。但这次却是弱者取胜了。这个小族民的强烈反抗迫使皇帝可耻地收回了皈依令。波希米亚王国的天主教徒把宫廷的范例作为他们行动的准绳，想以此表明他们对新教徒曾放肆实行的种种压迫是

有理的。毫无疑问，这些深受迫害的人渴望有好的转变，企盼着已在边境出现的解救者。

萨克森军队已经向布拉格进军了。军队所到之处，皇帝占领军均退避三舍。施卢克瑙、泰申、奥席希、莱特梅里茨很快相继落到萨克森人手中。每个天主教区均遭到了洗劫。波希米亚王国的所有罗马教皇派想起他们以前对福音新教徒的虐待就惴惴不安，他们不敢等待一支进行报复的新教军队的到达，所有天主教的人们和可能失去什么的人们赶忙从乡村逃至首府，不久又赶快离开了首府，因为布拉格并未做好防范进攻的准备，它缺少兵力，不能抵抗长时间的围攻。皇帝的宫廷迟迟才作出让蒂芬巴赫元帅赶来保卫首府的决定。当皇帝命令下达到西里西亚这位将军的军营时，萨克森军队已离布拉格不远了。一半信奉新教的市民没表现出多大的抵抗热情，弱小的守备卫队不能抵抗多久。在这困厄之际，天主教居民期待着瓦伦斯泰的救援。此时瓦伦斯泰正以普通人的身份生活在布拉格城里。但瓦伦斯泰并未把他的战争经验和威望用来保卫这座城市，相反却宁可抓住这个高兴的时刻以解其恨。尽管不是瓦伦斯泰把萨克森人引到了布拉格，但他的态度却使萨克森人易于占据这一城市。布拉格城虽不能进行长时间的抵抗，但这座城市尚不缺手段死守到援军到来。皇帝的一名上校马拉达斯伯爵对保卫这座城市表现出激昂的热情，但没有指挥权，单凭他的热情和勇敢而没有上级的同意他尚不敢不顾自己的危险去冒奇险，因此他到弗里德兰公爵那里进言，想得到他的同意，以弥补皇帝授予的全权，因为在这个下属国的宫廷曾发布过一道特别令，把波希米亚的军事司令权授予了他。但弗里得兰公爵却狡诈

地对以“无职无权”和“完全从政治舞台上退隐”的话来掩饰自己，并用怕人把他当作强权者的顾虑来打消他下属的决定。尽管布拉格被占领了他也无须害怕敌人。为充分表现出绝望，他最终带他的整个宫室逃离了该城，该城很快被敌所占。天主教权贵、部队指挥官、僧侣和王室官员都步公爵之后尘。人和物的撤离闹了通宵。直抵维也纳的所有街道上，逃跑的人比比皆是，他们认为只有到了京城才无须害怕。对拯救布拉格绝望了的马拉达斯也尾随大家，带着他一小队人马来到泰伯，想在那里等待出路。

翌日清晨，当萨克森人出现在布拉格前时，那里万籁俱寂，一点儿防卫的部署都没有，从居民用来防卫的城垣里没有射出一颗枪弹。相反一批围观者集聚在这支军队周围，好奇心把他们从城里吸引出来。这支军队逼近时出现的和睦亲近的气氛与其说是在迎候敌人还不如在友好地欢迎他们更恰当些。部队从居民异口同声的叙述中了解到布拉格城空无一兵一卒了。政府也逃往布德韦斯了。这种出乎意料的、难以解释的不抵抗使阿恩海姆顿生疑虑，因为他很清楚，西里西亚的增援部队正在兼程赶来，而萨克森军队又不擅长打围攻战，进攻如此大的城市兵力还远远不够。阿恩海姆害怕上了圈套，他加倍留神，一直处于惶恐不安之中，直到在人群中发现了弗里得兰公爵的总管家，他向阿恩海姆确证了这个令人难以置信的消息。“这座城市未经浴血奋战就归我们了！”他欣喜若狂地对他的上校喊道，并用号角紧催这一城市投降。

布拉格市民被保卫者可耻地遗弃了，他们早就拿定主意，用有利可图的投降来确保自由和财富。萨克森的将军代表其主子签署受降条约之后，布拉格市民们便毫不抵抗地为阿恩海姆打开了大

门。萨克森军队于1631年11月11日胜利地开进了布拉格。随后不久，为亲自接受新的受保护人的宣誓效忠，萨克森选侯也来了，因为只有用“受保护人”这样的名义布拉格的3个城市才肯归附于他。这3个城市归附萨克森选侯后不需扯断同奥地利君主的联系。布拉格的教皇派起先心有余悸，生怕萨克森人会对他们进行报复，然而萨克森选侯的宽宏大量和部队严密的纪律性大出他们所料。陆军元帅阿恩海姆尤其表现出对弗里德兰公爵的敬意。他到这里来后弗里德兰公爵所有地产均安然无恙，但他还不满足于此，还派人在公爵宫殿里守卫，以防失窃。布拉格的天主教徒为充分的信仰自由而欢呼雀跃。他们仅把从新教徒那里夺来的所有教堂中的4座还给了新教徒。只有对那些公认的、迄今为止的压迫负有罪责的耶稣会会士不予宽容，后者不得不避离波希米亚王国。



约翰·格奥尔格作为胜利者也改变不了对皇帝的卑躬屈节。皇帝的将军悌利和瓦伦斯泰在德累斯顿对他擅自采取了无礼行为，但他不敢在布拉格用同样的无礼来回敬皇帝。他把同他作战的敌人和他应予尊敬的帝国元首认真区分开。他不敢碰一下帝国元首的家用器具，却毫不犹豫地把和他作战敌人的大炮作为掠获物私吞了，并让人带到了德累斯顿。他不住在皇帝的宫殿里，而是在利希滕施泰因家中安置了他的住所，搬进了使其丧失一个王国的人的房子里，这实在是太谦逊了。倘若这是一名伟人或一名英雄的性格特征，那么毋庸讳言我们就会对他肃然起敬，而这位诸侯的这种品格就另当别论，使我们有理由怀疑，这种克制行为中我们究竟应更多地崇尚这种谦卑的胜利呢，还是应怜悯这种软弱精神的狭隘观念？幸福本身绝不会使这种软弱精神变得更勇敢些，而自由本身也绝不会使这种软弱精神摆脱惯常的束缚。

布拉格被占领后不久，极大多数城市也都相继屈服了。波希米亚王国发生了快速和巨大的变化。许多在困苦中四处流浪的新教贵族又重新返回了他们的祖国。恶名昭著的波希米亚起义的发起者图尔恩伯爵也以胜利者的姿态出现在他以往犯罪和受审判的现场，带着胜利的喜悦，穿过那座眼前可怕地浮现出挂着他追随者首级，而这本来是他本人期待的命运的桥，他急忙去掉这些恐怖景象。一些被驱逐者都忙于占有他们的庄园地产，这些财富现在的所有者都逃跑了。他们对由谁来偿付所花的金额从不关心，只是把曾属于过他们的重新夺回来，即使他们已经收取过买价。他们中有些人甚至夸奖迄今的管理者经营得当，田地和畜牧在他们手里都长势喜人。他们用昂贵的家具把房子装饰一新。他们离开时空荡荡的地下室现又满登登了，圈厩肥满，仓储丰盈。他们怀疑这意外降临到他们身上的幸福，又忙于再度抛售这些不可靠的产业，把不动产变成了动产。

萨克森人的在场鼓起了波希米亚王国新教徒的勇气，无论在乡村还是在首府均可看见人们成群结队地去新开设的福音新教教堂。许多由于当初出于对教皇的害怕而盲目信天主教的人，现在又皈依了新的教义。一些新近皈依天主教的人高兴地发誓放弃那种强制的信奉，遵循他们以前的信仰。新政府表现出来的所有宽容态度未能阻止这些深受虐待的人民发泄对他们最神圣的自由镇压者的满腔怒火。他们充分使用重新获得的权利，在某些地方只有天主教领报者的血才安抚了人民对被迫信奉的宗教的仇恨。

在此期间，皇帝的将军冯·格茨和冯·蒂芬巴赫从西里西亚带来的增援部队赶到了波希米亚。悌利伯爵的几个由上普法尔茨来的军团与他们会合了。阿恩海姆决定乘这支部队还没有增强之际就把它驱散。因此他率领一部分军队从布拉格出发迎候这支部队。他们在易北河畔的宁姆堡对敌人的防御工事发起了猛烈攻势。经过一场损失惨重的激战，他终于把敌人从坚固的营地里打了出来，逼迫他们在密集的炮火中渡过易北河返回，并撤毁他们过来的桥。但在许多小规模战斗中，阿恩海姆也并不能阻止皇帝军队让他尝到颜色，而克罗地亚人已离布拉格大门近在咫尺。尽管萨克森人很出色地打响了波希米亚战役，但其结果并不符合古斯塔夫·阿道夫的预期。萨克森人并没有用不可抗拒的力量去维护已有的优势，没有闯过被征服的波希米亚向瑞典军队靠近，并和瑞典军队连成一气进攻皇帝权力的中心，而是一味拘泥于和敌人连续不断的小战来削弱自己，在这些小战中也不是每次均占优势，这样贻误了大规模军事行动的时机。约翰·格奥尔格接下来的举止行为揭开了他为何不利用对皇帝的优势，为何不采取相宜有效的办法贯彻瑞典国王计划之谜。

眼下皇帝失去了在波希米亚的大片土地。萨克森人从波希米亚这边向奥地利挺进。瑞典君主则经法兰克尼亚、士瓦本和巴伐利亚开辟了一条通向皇帝世袭邦国之路。旷日持久的战争耗尽了奥地利君主国的力量，国土贫瘠，兵力减少。胜利的荣誉、战无不胜的信念、顺从、部队严密的纪律性，所有这些正是使瑞典军队首领在战场上处于决定性优势的东西。皇帝的同盟者有的被解除了武装，有的由于降临到他们自己头上的危险使他们的忠诚产生了动摇，就连奥地利最强大的支柱——巴伐利亚的马克西米利安看来也要屈服于诱人的中立邀请。这位诸侯同法国可疑的联盟早已使皇帝忧心忡忡。武尔茨堡主教和班贝克主教、美茵茨选侯、洛林公爵都被从他们的邦国驱逐了出去，或受到危险的威胁，特里尔准备接受法国的保护。西班牙武装部队在尼德兰同勇敢的荷兰人作战，而古斯塔夫·阿道夫又从莱茵河那里击退了西班牙人，波兰受到同瑞典国王的停战协议的束缚；西本彪根的拉科齐侯爵——贝特伦·加博尔的后继人，也是其不安静精神的继承人，威胁着匈牙利边境；土耳其政府自己也正想加强军备，准备利用这一有利时刻。极大多数的新教帝国等级在他们保卫者累累战果的影响下也挺起了腰杆，公开地用暴力对付皇帝那一派。悌利和瓦伦斯泰在这些邦国中凭借暴力勒索到的所有资源均告枯竭。皇帝失去了所有的征募场地、弹仓和避难所。战争再也不能像先前一样用外国的开销进行。为让皇帝四面楚歌，恩斯河上游的邦国点燃了一场声势浩大的暴动。政府不合时宜的皈依热忱武装了信奉新教的乡民，一些狂热者甚至挥动着火炬，而这时敌人已在叩帝国的大门了。奥地利君主在走运了这么久后，在取得了这么多辉煌胜利，拥有了这么多占领地，白白流了这么多血后，第二次被推到了在他的政府上台时曾险些要掉进去的那个深渊的边缘。假如巴伐利亚采取中立，萨克森选侯邦反抗诱骗，法国决定同时突袭西班牙在尼德兰、意大利和卡塔洛尼亚的势力，骄横一世的奥地利庞大的躯体便会土崩瓦解，天主教同盟各邦国就会争相瓜分奥地利这个掠获物，德意志的邦联躯体就会面目全非。

布赖滕费尔德战役后，奥地利全面的不幸就开始了。这场战

役的失败使早已注定的奥地利权力的崩溃得见端倪，过去仅仅是被这个国家的盛名之微光所掩盖。如果说瑞典人之所以在战场上立于不败之地，究其原因，绝大部分在于他们的首领拥有无限的权力，他能使大家齐心协力，他的行动不受任何权威的干扰，能把握住每一个有利时机，掌握着达到目的的所有手段。他不是以别人而是以自己为准绳。但自从瓦伦斯泰被罢黜和悌利被击败后，皇帝和天主教同盟一方的情况正好与此大相径庭。将领们在部队中缺少威望，他们不享有必要的行动自由权；士兵缺乏恭敬顺从，纪律涣散；分散的军团没有协同作战；等级会议缺乏信心；首脑们步调不一致，优柔寡断，执行计划不坚决。皇帝的敌人保持着绝对优势，并不是他力量强大，而是他用兵得当。天主教同盟和皇帝也并不是缺少兵力，而是缺乏指挥军队的智慧和对军队绝对的指挥权。即使悌利伯爵从未失去过荣誉，也不容许出于对巴伐利亚的猜疑而把君主国的命运交到他的手中，而他又从未否认过对巴伐利亚家族的依附。目前斐迪南迫切需要一位统帅，一位在组建和领导军队方面富有经验的统帅，一位对奥地利王室家族披肝沥胆的仆从。

皇帝的枢密委员会为挑选这样一位人物忙得不可开交，委员会成员间彼此意见相左。斐迪南感情用事地首先表示自己来担任军队首领，由两位国王相对垒，通过双方君主亲临战场来鼓起战士们的勇气。但这个决心马上被轻而易举地推翻了，因为它只会让人觉得一种绝望之举，而且也违背先前冷静的思考。凡与皇帝的尊严和摄政的重任不合而禁止去做的事，却允许他的儿子，一位才能卓著、敢作敢为的小伙子去做。奥地利臣民对他寄予厚望。身为波希米亚和匈牙利国王的斐迪南三世一出生就被要求去保卫君主国，他的头上已戴上了两顶君主国的王冠，他作为王位继承人理所当然拥有的威严赢得了军队的尊重和人民的爱戴，而这些支持又是他指挥战争必不可少的。这位受人爱戴的王位继承人独自就敢对深受重压的臣仆加上新的负担。他亲自出现在军队面前能消除首脑有害的嫉妒心。他只要借助名声的力量就能改变军队纪律松懈的现象。尽管这位年轻人在判断力方面、在谋略方面和在战争经验方面尚未成熟，还有待于经过锻炼而日趋完善，但可以通过推举顾问和助手的办法来弥补这些不足，这些人以他的名义作出的决定便享有很高的威望。

尽管一部分大臣只是用如此虚假的理由支持这个建议，但反对方对他能否承担如此巨大的困难表示怀疑，这其中也许还有皇帝的嫉妒和对事情感到绝望的处境。把君主国的整个命运托付给一个自身还需要他人引导的小青年，这是多么危险啊！让一位初出茅庐者与当代最伟大的统帅交锋是多么的鲁莽啊！没有任何实际考验证明这位小青年具有担负起这重要职位的才能，他不享有盛誉，缺乏威力，不能向已气馁的军队事先保证胜利！国家出现一位国王军队首领，时代的幻想把国家同他在军队里任职不可分地联结起来，如此的一种新的重负难道要让臣民们，要让珍贵的国家一齐来承担！最终对这位王子自己来说是如何的充满疑虑：让他担任一种使他成为人民的鞭子和邦国压迫者的职位来开始其政治生涯，他将来又该如何统治啊！



不仅要为军队寻找一名统帅，还得为统帅寻找到一支军队。自瓦伦斯泰被强行解职后，皇帝主要依靠天主教同盟和巴伐利亚军队之助，而不是靠自己的军队来防卫。事情恰恰就在于这种对有歧见朋友的依赖，现在人们想推举一位自己的将军寻求摆脱这种依赖之道。但是没有金钱这一强制一切的力量，没有一位常胜统帅令人亢奋的名字，白手招募起一支军队，这又谈何容易。况且一支纪律涣散、缺乏斗志和熟练技能的军队怎么能与北方一批训练有素的征服者匹敌呢？在整个欧洲唯有一人能创造这样的业绩，而这唯一的一位证实已受到了极度的损害。

现在终于到了该向自尊心受到挫伤的弗里德兰公爵赔罪的时候了。命运本身轮到他向报复者报复了。自从瓦伦斯泰被罢黜的那天起降临到奥地利头上的一系列不间断的不幸事件，使皇帝不得不承认，失去了这位统帅就像砍断了他的右臂。皇帝部队的每一次失败都重新触动了他的伤痛，每失去一个阵地均是对这位受骗君主的软弱和忘恩负义的谴责。对皇帝来说失去了这位受侮辱的将军只是失去了他军队的一位将领，一位国家的保卫者，还算幸运的，但他发现这位将领却把他视为敌人，且是所有人中最危险的敌人，因为他对背信者的一击至少做过防卫。

这位将领被迫远离了战争舞台，终日无所事事，而他的竞争者却在荣誉的田野上采集着桂冠。这位骄傲的公爵以佯装的泰然自若的神情关注着命运的变幻，并用一种舞台英雄的华丽排场掩盖着头脑中的阴郁念头。受炽热的热情驱使，他在一种安逸和懒散的欢乐外表伪装下，默默地孕育出可怕的复仇欲望和扬名渴望。他缓慢地、稳实地向着这个目标挺进。他从皇帝那里获得的一切均在他的记忆中消失了，唯有他为皇帝所做的一切还深深地镌刻在他的脑际。皇帝的忘恩负义正中了他不知餍足的权力欲之下怀。皇帝撕毁了他的认罪信，解脱了他对其幸福的首创人的保护义务。现在他把他可敬的计划置于一种合法再报复的外衣下，似乎显得没有罪责和合理了。根据同样的尺度，他外部的作用范围缩小多少，他的希望的世界就扩大多少。他狂热的想象力沉醉于不受限制的计划中。如同别人一样，这种狂热的想象力只会产生一些疯狂的念头。他的功勋把他推到了人力所能及的高度。首先对靠财产生活的人和市民来说，在其义务范围内无法获得的东西，命运之神都不曾拒绝他。直至他被罢黜的那一刻，他的要求都不曾受到过阻力，他的虚荣心没有受到过限制。在累根斯堡帝国会议上把他击倒在地的打击向他表明了本源的力量和委授的力量之间的区别，以及臣民同统治者间的距离。这意外的幸运变化把他从迄今为止心醉神迷于其大君主中惊醒，他把自己拥有的力量同从他手中夺走权力的那种力量进行了比较，并且他的虚荣心注意到在幸福的梯子上他能够登上的梯级。当他确凿无疑地得知了最高权力的重量后，才又贪婪地伸出了手。他自己所干过的掠夺使他变成了强盗。如果不曾受到侮辱，他会很驯服地把他的道路描绘成是皇帝陛下的道路，满足于皇帝最光彩的附和者的荣耀。只是人们用武力把他从其圈子里挤走，才使他对他所属的体系感到迷惘，并毁灭性地猛袭他的太阳。

古斯塔夫·阿道夫的胜利足迹踏遍了德意志北部。一些地方相继归附于他，连皇帝势力的核心——莱比锡也失守了。这惨败的消息迅速传到了瓦伦斯泰的耳中，此时他正隐居在布拉格，从宁静的远方关注着凶猛的战争风暴。当所有天主教徒忧心如焚之际，他却觉得非常幸运。古斯塔夫·阿道夫在为他工作。当古斯塔夫·阿道夫还几乎不曾开始用他的战绩赢得别人重视时，这位弗里德兰公爵就已片刻不停地寻找对方的友谊，并与这位奥地利的出色之敌干一番共同的事业。早已效忠于瑞典国王的被驱逐的图尔恩伯爵向这位君主转达了瓦伦斯泰对他的祝愿并邀请他和瓦伦斯泰缔结一个较为密切的联盟。瓦伦斯泰很想从瑞典国王那里得到一支1.5万人的军队。他想靠这些兵力和他自告奋勇招募起来的部队一起去占领波希米亚和摩拉维亚，侵袭维也纳，把他的主子——皇帝驱逐到意大利。尽管这一提议是瑞典国王始料未及的，所夸下的海口也使他生疑，但他毕竟是位出色的功绩鉴赏家，不会冷淡地拒绝这样一位重要的朋友。首次尝试得逞后，布赖滕费尔德战役后，瓦伦斯泰又重提要求，并要求古斯塔夫·阿道夫作出一个明确答复，此时谨慎的瑞典君主显得踌躇不决了，他不想为这个鲁莽人的疯狂计划去担声誉风险，不敢信任那位叛主者向他预示的男子汉的忠实而把这么多军队委托给他。他以他的军队由于进攻德意志帝国兵力已大为减弱为辞婉言谢绝了瓦伦斯泰的提议。也许正是瑞典国王的过于谨小慎微使他失去一个尽快结束战争的机会，尔后他想恢复已破裂的谈判已为时过晚，有利的时机已一去不复返了，傲慢的瓦伦斯泰受到了侮辱，他绝不会原谅对他的藐视。



瑞典国王的拒绝态度也许只是加快了这两个具有这种性格特征的人完全不可避免的决裂。这两位天生就是执法者而不是守法者，他们永远不可能联合在一个作战行动中，因为作战行动不同于其他，更需要他人的依从和相互牺牲精神。瓦伦斯泰是一个“我如不是一切，就什么也不是”的人，他要么一点儿都不干，要干就要享有最充分的自由。而古斯塔夫·阿道夫也同样对依赖性深恶痛绝，他甚至为没有解脱与法国宫廷如此有利可图的联系而感到些许惆怅，因为法国宫廷的非分要求束缚了他的主动精神。瓦伦斯泰是为支持他所不应控制的那一派而输掉的，而古斯塔夫·阿道夫则远未摆脱这种控制的追随。倘若在共同行动中，这位瑞典盟友命令式的要求已令弗里德兰公爵极其厌烦了，那么到瓜分掠获物时就会让这位公爵极其不可承受了。这位高傲的君主可以迁就地接受一名皇帝叛逆臣民的援助，会用国王的宽宏大量酬谢其如此重要的帮助，但他绝不会为满足这个放纵公爵所提出的要求而失去他自己和国王陛下的尊严，他永远不会用王冠去犒赏一种有用的背叛行为。一旦瓦伦斯泰想夺取波希米亚统治权，即使整个欧洲都缄默不语，他也会害怕遭到古斯塔夫·阿道夫的强烈抗议，更何况后者在整个欧洲也是一位具有重大否决力的人物。即使古斯塔夫·阿道夫依靠瓦伦斯泰的出手帮助而成了德意志兰的独裁者，他也会掉转武器对准瓦伦斯泰并解脱对这名叛逆者的感激义务。有着古斯塔夫·阿道夫这样一位同盟者，就没有瓦伦斯泰的立足之地。很可能瓦伦斯泰在这位国王去世后所吐露的话，暗示的就是这个，而不是被信以为真地他的意图在于皇冠："他死了吗？这对我和他都是件幸运的事，德意志帝国不需要两位这样的首领"。

报复奥地利王室家族的首次尝试失败后，瓦伦斯泰的报复决心并没有因此而动摇，只是需要改变一下报复手段。他想在萨克森选侯那里得到在瑞典国王那里得不到的东西。在这位选侯那里困难更少，有利条件更多。他深信这位选侯会听从他的驾驭，而在瑞典国王那里他对此抱怀疑态度。在和他的老朋友阿恩海姆达成默契之后，瓦伦斯泰便开始致力于和萨克森的联合，他想借此使皇帝和瑞典国王都感到害怕。他想采用一种计谋使瑞典君主在德意志兰的影响丧失，以更便于在约翰·格奥尔格那里打开局面。瑞典国王的势力越大就越是激起这位亲王的嫉妒，瑞典国王的要求越高就越冷淡了格奥尔格对瑞典国王的兴趣。如果他成功地使萨克森脱离了瑞典联盟，并与他在德意志帝国建立起第三派，则战争的主动权就掌握在他手上。只要单凭这种步骤，他就能在报复皇帝的同时报复了瑞典国王羞辱他的友谊，并在这两者的废墟上创建他自己的伟业。

不管采用何种途径达到这一目的，没有一支完全效忠于他的军队，他的计划不过是一枕黄粱，而这支军队要想不引起皇帝宫廷的怀疑秘密地招募起来也是不可能的，它在成军过程中就会被扼杀。一支听从叛逆者使唤、反对合法君上的军队想在公众面前掩饰他们的不法行为是很难办到的。因此瓦伦斯泰必须借助皇帝的权威公开招募军队，让皇帝享有对这支部队不受限制的全权。但皇帝怎么会重新把撤销的大将权再授予他呢？怎么会把战争的指挥权无条件地让与他呢？瓦伦斯泰的骄傲和拥有的优势都不容他跻身于这个职位，也不容他像一个恳求者那样从皇帝的仁慈中讨到一个有限的权力，这权力只要出于对皇帝的敬畏经强求可无限制地得到。他必须耐心地等待着，把握住能使他成为指挥官的时机——这就是阿恩海姆给瓦伦斯泰的劝告，这就是他老谋深算和孜孜以求想达到的目的。

瓦伦斯泰深信，只有危机四伏才能使皇帝下决心，才能使他的两位劲敌——巴伐利亚和西班牙的抗议变得软弱无力，因此他竭力促使皇帝的敌人有新的进展，使皇帝备受压力。很有可能是经瓦伦斯泰的邀请和鼓动，正向劳西茨和西里西亚挺进的萨克森人掉转头来向波希米亚挺进，用武力占领了这个不加设防的王国。萨克森人迅速占领波希米亚多半也是他的功劳，瓦伦斯泰佯装怯懦的样子打消了所有想抵抗的念头，他用赶快撤退的办法把这座首府让给了胜利者。瓦伦斯泰同萨克森的将军曾在考尼茨有过会晤。这次会晤以和平谈判为托词，很有可能是敲定了密谋的方案，攻克波希米亚是这种约定的第一个胜利。瓦伦斯泰竭力使奥地利遭受更多的不幸，瑞典人在莱茵河势如破竹的进展是对此最坚决的支持。瓦伦斯泰同时还让他自愿的和被收买的追随者在维也纳就公众的不幸提出最强烈的控诉，他们把废黜以前的统帅瓦伦斯泰描述成是遭受失败的唯一原因。"要是瓦伦斯泰掌舵，这些就不会发生了！"大家异口同声地这样说，甚至在皇帝的枢密委员会中也能找到持这种观点的人。

无须大家多加催逼，窘迫的君主便打开眼睛看到瓦伦斯泰的功绩和自己所犯的鲁莽。对巴伐利亚和天主教同盟的依赖很快使他难以忍受，正是这种依赖性不容皇帝表现出不信任，一旦皇帝想召回弗里德兰公爵，巴伐利亚选侯就会暴跳如雷。但目前情况日益窘迫，巴伐利亚的软弱无能也日益明显，皇帝便不再忧虑了。他仔细听公爵朋友的规劝，着手考虑他们提出的召回这位统帅的建议。瓦伦斯泰拥有的不可估量的财富，他享有的普遍尊敬，6 年前他率领一支 4 万兵力的军队风驰电掣般驰骋在战场上的场面，他用微小的费用维持着这样一支庞大的军队，担任这支军队的统帅时所创造的业绩和热忱，最终是他曾对皇帝荣誉的忠诚，这一切还清晰地留在皇帝的脑海里。皇帝把瓦伦斯泰看成能使作战双方再度达成势均力敌、能拯救奥地利和维持天主教最好的工具。尽管皇帝的自尊心敏感地感觉到，直言不讳地承认他以前的草率和他目前的困境多么地有失身份；尽管以君主的高位去请求他人会令他多么痛苦；尽管这位深受侮辱和难以和解的人物的忠诚是多么令人怀疑；最后尽管皇帝采取这一步多么令西班牙大臣们和巴伐利亚选侯感到厌恶，然而窘迫的处境战胜了任何其他考虑。瓦伦斯泰的朋友们接受使命，去了解瓦伦斯泰的想法并从远方向皇帝禀告和解的可能性。

瓦伦斯泰早已获悉了皇帝内阁里所有对他有利的磋商。他尽量克制自己，不动声色，故意显得若无其事的样子。报复的时机到了，他的骄傲的心暗暗高兴，他要为他遭受的侮辱向皇帝加倍报复。他滔滔不绝地描述了离开政治舞台后非常愉快地度过的幸福宁静的隐居生活。他说，他对无拘无束、悠闲自得的魅力享受惯了，不愿再投身到虚无缥缈的荣誉幻觉和不可靠的诸侯利益中去了。他所有的伟大欲和权力欲已荡然无存，唯一的心愿就是求得安宁。为了不表露出急不可待，他拒绝了去皇帝宫廷的邀请，但却移居到摩拉维亚的茨纳伊姆，以方便与宫廷的谈判。

起初皇帝试图设一名监督人来限制给予瓦伦斯泰的大权，并想借用这种办法尽早使巴伐利亚选侯缄默不语。皇帝的代表奎斯滕贝格和韦尔登贝格均是瓦伦斯泰的好友，他们担负着这次棘手的谈判使命。皇帝命令他们对瓦伦斯泰的提议中要提及匈牙利国王，他也要出席军队，在瓦伦斯泰的领导下学习兵法。然而仅仅提及这个人的名字就已使整个谈判面临着破裂的危险。瓦伦斯泰说，他决不容忍在他的职位里有一名助手，即使上帝自己来和他分担指挥权他也不能容忍。皇帝只好放弃了令瓦伦斯泰愤怒的这一条，亲自送他的宠儿和大臣埃根贝格侯爵——瓦伦斯泰的挚友和拥护者到瓦伦斯泰那里去，徒然长时间费尽口舌，仍未消除瓦伦斯泰佯装的愤怒。这位大臣说，君主失去了瓦伦斯泰犹如失去了其皇冠中最珍贵的宝石，但他只是迫不得已才违心地迈出了这令他后悔莫及的一步。皇帝对他的尊重始终未变，皇帝会恩赐于他的。皇帝目前寄希望于他的赤胆忠心和雄才大略，想通过他改正前任的错误，靠他改变事情的整个面貌，这就是对此最有力的证明。为祖国的幸福而牺牲他的正当不满，这将是很伟大和崇高的行为；用加倍的干劲来驳斥对手的流言飞语是伟大和可敬的。这位侯爵最后说，如果他能战胜自己，就会为他其余不能获得的功勋戴上王冠，他就会成为当代最伟大的人物。

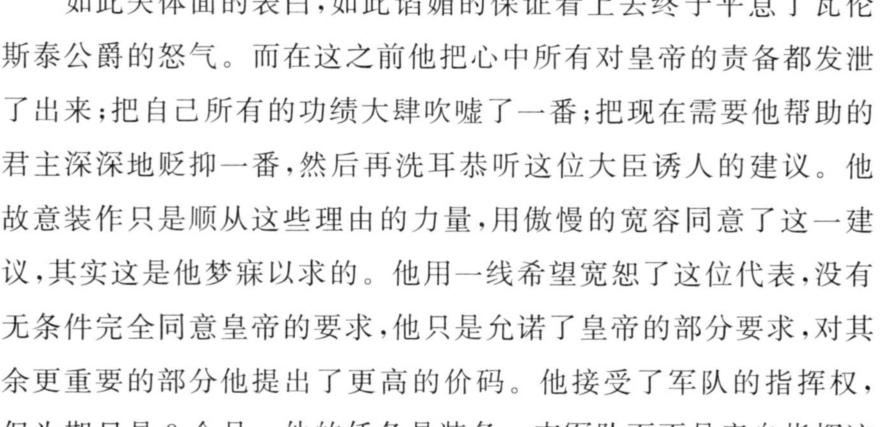

如此失体面的表白，如此谄媚的保证看上去终于平息了瓦伦斯泰公爵的怒气。而在这之前他把心中所有对皇帝的责备都发泄了出来；把自己所有的功绩大肆吹嘘了一番；把现在需要他帮助的君主深深地贬抑一番，然后再洗耳恭听这位大臣诱人的建议。他故意装作只是顺从这些理由的力量，用傲慢的宽容同意了这一建议，其实这是他梦寐以求的。他用一线希望宽恕了这位代表，没有无条件完全同意皇帝的要求，他只是允诺了皇帝的部分要求，对其余更重要的部分他提出了更高的价码。他接受了军队的指挥权，但为期只是 3 个月。他的任务是装备一支军队而不是亲自指挥这支军队。他要通过这一创造性的行动显示他的才能和力量，同时向皇帝表明只有瓦伦斯泰才能给他这么大的帮助。他深信以他的名义白手建立起来的军队,没有他这位创立者的指挥仍会回归一无所有。这支军队只是用来他向主子索要更重要许诺的诱价,而斐迪南还庆幸自己得到了这么多。

没过多久,瓦伦斯泰便真地兑现他的诺言,他的做法受到了整个德意志兰的冷嘲热讽,连古斯塔夫·阿道夫也觉得太过分了。但瓦伦斯泰早已奠定好采取这一行动的基础,现在只需启动一下他多年来为达到这最终目的而设计的机器即可。瓦伦斯泰要招兵买马的消息一传开,士兵们便从奥地利君主国的四面八方纷至沓来,他们想在这位富有经验的统帅那里碰碰运气。许多以前曾在他的麾下作过战的、目睹他的伟大、了解他的宽容的人随着这一号召也都从暗处出来,以便再次和他分享荣誉和战利品。许诺的高额军饷吸引了成千上万的人,士兵的丰厚给养由乡民们分担,这对乡民来说是一种无法克服的刺激:是宁可甘心落实这种规定还是不屈服于这种规定的压力。奥地利各省都得尽力支付这昂贵的军备,公定价格,概无例外,爵位和特权均不可成为减免人头税的理由,西班牙宫廷和匈牙利国王也勉强同意出一笔可观的款额,大臣们也馈赠了巨款。为加速军备,瓦伦斯泰从他私人财产中拨出了20万塔勒,他也接济一些贫穷军官。由于他以身作则、美好的晋升前景和他许下的更为美好的诺言,一些富翁也自费招募军队。谁出钱组建军团,谁就是军团的指挥官。在选用军官时不受宗教的限制。财富、勇敢和经验看得比信仰更重要。由于对不同宗教信仰的人一视同仁和明确声明现时的军备和宗教无关系,这就安慰了新教臣民,他们也参与分担公共的负担。同时瓦伦斯泰并不

耽误以自己的名义同外国谈判兵力和金钱问题。他使得洛林公爵第二次支援皇帝;波兰向他提供哥萨克骑兵;意大利向他提供战争必需品。不到3个月已有不少于4万的兵力云集在摩拉维亚。他们大多来自波希米亚的残余部队,来自摩拉维亚、西里西亚和奥地利王室家族的德意志诸省份。人们看来无法办到的事,瓦伦斯泰居然在最短的时间内完成了,这引起了整个欧洲的震惊。名字的魔力、军饷的魔力、天资的魔力使这么多人应征入伍,而他以前人们想召几百个人也困难重重。现在这支新建的装备精良的军队、这支由用兵如神的军官指挥的军队、这支醉心于胜利的军队正整装待发,只等待他们的首领一声令下,立刻展现他们的勇敢行动。

瓦伦斯泰实现了他的诺言:军队装备完成了,现在他退后,让皇帝为这支军队挑选一名领导。当然除了瓦伦斯泰外,为军队另找一名首领,建立像这样的第二支军队也并不困难。但这支皇帝抱有此种希望的有前途的军队,一旦把它征召起来的魔力消失,就不过是虚幻的海市蜃楼而已。军队与瓦伦斯泰同在,与他同亡。瓦伦斯泰就像是魔力之源注入上述的虚幻中去。军官们或是作为瓦伦斯泰的债务人或者作为他的信徒同他的利益和他权力的持续息息相关。瓦伦斯泰把军团隶属于他的亲属和他得宠的人,他向部队作了漫天许诺,把他们都吸引了过来。他许下的话是对大家冒险期待的唯一保证;是对他至高无上权力盲目崇信的唯一纽带,它把各种不同动机的热情联结成一种活跃的集体精神。一旦为他们实现保证的人引退,便涉及每个个人的幸福。



瓦伦斯泰公爵并非当真想引退,他只是想用这种手段吓唬皇帝,逼皇帝同意他的过分要求。敌人大军压境使局势日趋严重,迫切需要援助。唯有瓦伦斯泰才能迅速结束普遍的不幸，因此埃根贝格侯爵第三次也是最后一次接到命令，无论条件多么苛刻，也要说服他的朋友担任军队的指挥。

埃根贝格侯爵在摩拉维亚的茨纳伊姆找到了瓦伦斯泰。此时他正在部队簇拥下吹牛。虽然他渴望皇帝能让他统领这支军队，但这位高傲的臣民还是像接待一名乞求者似的接待他的主宰的钦差。他回答道：如果要他仅仅依仗皇帝本人，而不是依仗皇帝的正义感来重整旗鼓的话，他永远也不相信能重整旗鼓。现在人们来找他，因为皇帝已是四面楚歌，唯有靠他的军队有望得到拯救。然而一旦取得成绩，又会马上把首创人遗忘脑后，前面的保证尽付东流。如果对他的期待落空了，他的整个声誉就有危险；如果他成功了，满足了他们的要求，才有幸福和安宁。但不久前对他的嫉妒又会死灰复燃，这位有依赖性的君主又会不假思索习惯地第二次牺牲一个不再需要的仆人。目前对他来说最好是马上、自愿地离开这个迟早要被诡计多端的对手倾覆的职位。只有在私人生活的宫殿里他才能期望安全和满意，单就为和皇帝联系，已一度破坏了他幸福的宁静，已使他很不耐烦。

这位大臣对瓦伦斯泰冗长的花招烦透了。他严肃地提高了嗓门，威胁这个顽固不化者说，如果他继续违抗的话，皇帝会怒发冲冠的。他说：皇帝陛下已够迁就他了，而他不因为皇帝的友善态度而宽容皇帝，反而更加傲慢，更加固执。如果陛下徒然作了如此大的牺牲，仍然一无所得，那么这位君主将从乞求者重新变为主人，并为他受侮辱的尊严向这位叛逆的臣民报复。尽管斐迪南也会经常犯错误，但皇帝有权要求别人顺从，任何人都可能会迷路，但统治者永远也不会承认自己失足。即使弗里德兰公爵遭到了不应有的判决，然而任何一种损失都可补偿。陛下给他造成的创伤可由陛下来治愈。倘若他想求得人身和尊严安全的话，通情达理的皇帝将不会拒绝他的任何合理要求。唯独受到鄙视的陛下哪怕一再忏悔也不能再和解。对陛下的命令置之不理只会抹杀最光辉的业绩。皇帝需要他就职，作为皇帝他有权如此要求。在这一点上，无论他提出任何要价，皇帝都会允诺。但皇帝要求他顺从，否则愤怒的皇帝就会置不顺从的臣民于死地。

瓦伦斯泰广阔的领地处在奥地利君主国之中，它每时每刻都面临着皇帝权力的威胁。他很清楚这种恫吓不是闹着玩的。然而最终使他放弃佯装固执的并不是出于害怕，正是这种专横的语调再清楚不过地向他披露了对方的软弱和绝望。皇帝将同意他的任何要求，这使他确信他的目的达到了。现在他屈从了埃根贝格的规劝，起身起草一份他的要求。

这位大臣忐忑不安地看了一下拟好的要求。在这份要求中这位最高傲的臣民竟敢给这位最高傲的君侯约法。尽管这位钦差对他朋友的谦虚态度不抱多大信任，然而这份要求的放肆内容还是远远超出他最坏的预料。瓦伦斯泰要求拥有对奥地利和西班牙王室的所有德意志军队不受限制的奖惩全权。匈牙利国王和皇帝本人都不能出现在军队里，更不能对军队发号施令。皇帝在军队中不享有安置权，也没有奖赏权。未经瓦伦斯泰的同意，皇帝写的赦免诏无效。所有在帝国中没收的东西或占领的地方皇家和帝国法庭均不能干预，都得由弗里德兰公爵单独支配。作为对他正式酬谢，应将皇帝的一个世袭邦国和其他一个作为附加酬谢的被占领的帝国邦转让给他。一旦他需要避难，每一个奥地利省份均得对他开放。此外，他要求皇帝保证在今后和约中把梅克伦堡公爵领地让给他，一旦有必要再次免除他的统帅权，应提早正式书面通知他。

这位大臣枉费心机地规劝瓦伦斯泰降低要求，因为这些要求剥夺了皇帝对部队的最高统治权，把皇帝贬低为自己统帅的奴才。人们在瓦伦斯泰面前把需要他就职的紧迫性讲得太多，现在还应是这位出价的大臣用这些价码来换取其就职。假如皇帝迫于形势接受了这些要求，那么驱使瓦伦斯泰这样做的不单是复仇欲和自尊心，他早就拟订好了将来哗变的计划，在这方面还没有人能与瓦伦斯泰在与宫廷较量中试图夺取的优势相匹敌。这一计划要求剥夺皇帝在德意志兰的所有权威，并有意使其落到他将军的手中。一旦斐迪南签署了每个条件，这一步就达到了。瓦伦斯泰在利用这支经过深谋远虑造成的军队时是不容有分权，更不容别人在军队里享有比他更高的权威的，这与使这支军队归属于他的目的，自然全然有别的。为成为军队意志的唯一主宰，瓦伦斯泰在部队里必须以军队命运的唯一主宰的身份出现。为让他的主上毫不察觉自己被推出军队，并让主上把在军队的最高统治权转交给他本人，而这种权力以往只由最高权力者借他用过，他必须小心翼翼地把最高权力者从部队眼中赶走。他坚决不容任何一个奥地利王室家族的亲王在军队中出现。享有对所有在帝国中索取到的和占有的财富的任意支配自由，他就有惊人的资金收买追随者和一些服务性的工具，并较和平时期的皇帝更能擅自行动，去扮演德意志兰的独裁者。享有在危难情况下奥地利诸邦国可作为其避难所的特

权，他就得到了比被俘者好得多的自由权力，在皇帝自己的国家里，并使用皇帝自己的军队来阻止皇帝，对这些邦国马克敲骨吸髓，并挖去奥地利政权的坚固基石。无论命运怎样变幻，借助于从皇帝那里逼取到的条件，他的利益均不会受到损害。一旦事态的变化对他大胆的提案有利，则和皇帝达成的这一条例便使他易于执行他的计划；倘若局势阻碍他执行自己的计划，则这个条约最光荣地给以补偿。但他如何可能把一个从他君上那里强夺来的并基于一种犯罪的条约看成是有效的呢？他如何能希望用一纸规章使皇帝承担义务，即免除他这个如此狂妄大胆之人注定的一死？然而这该判死刑的罪犯现在在君主国里是不可或缺的人物，而在伪装方面训练有素的斐迪南决定同意他的任何要求。

皇帝军队里最终有了一位名副其实的首领。军队中所有其他权力，包括皇帝的权力，片刻间冰消瓦解。瓦伦斯泰掌握了司令部，凡不是他下达的命令一律无效。从多瑙河沿岸到威悉河沿岸和奥得河人们均感到升起了一颗新的振奋人心的星辰。皇帝的士兵被一种新精神武装起来了，战争进入一个新时代，教皇派教徒从中看到了新的希望，而新教徒则不安地关注着变化了的局势。

人们为换取这位新统帅所付出的代价越大，宫廷中的人对他所抱的期望就越大。但这位公爵并不急于去满足人们的期待。他在波希米亚附近率领着一支庞大的兵力，按理他应去战胜已削弱的萨克森军队，用重占这一王国辉煌地开始其新的征程。但是他只满足于用不起决定作用的克罗地亚人的小战斗扰乱敌人。他还让敌人掠夺了波希米亚王国最好的部分，并用斟酌好的稳妥的步伐朝自己的目标前进。他的计划是不想战胜萨克森人，而是想与之联合。仅仅为这一重要杰作,他暂且按兵不动,以便在谈判道路上确保取胜。他不遗余力地想使萨克森选侯脱离与瑞典的联盟。一心想和这位亲王和好的斐迪南也同意瓦伦斯泰这样做。然而萨克森人应对瑞典人承担的重大义务还清晰地活在萨克森人的脑海里,以致不容他们采取这种可耻的背信弃义行为。即使萨克森人真的想这样做,瓦伦斯泰的双重性格和奥地利政策的坏名声,使他们对这种许诺的诚意丛生疑窦。瓦伦斯泰素以不诚实的政治家闻名遐迩,因此在某种情况下哪怕他是真心实意的话也没有人相信他,此外事态也不容他为消除人们对他的怀疑而表明自己的真实动机,于是他迫不得已地决定用武力来取得那通过谈判途径得不到的东西。他迅速把部队集中起来,乘萨克森人还没来得及为布拉格解围之前便出现在布拉格城前。萨克森人在进行了短暂的自卫后,天主教方济各会的托钵僧叛变者为瓦伦斯泰的某兵团开放了入口,而退避到宫中去的那些萨克森占领军在耻辱的条件下缴了械。瓦伦斯泰以布拉格之主自居,希望同萨克森宫廷的谈判有个较好的开端。他在和阿恩海姆将军重开谈判之际,又不失时机地给对方以决定性的一击,以加强对方的印象。为截断萨克森军队返回其邦国的退路,他让人迅速占领奥斯席和皮尔纳之间的狭窄通路,但阿恩海姆采取了飞速行动,拯救了他的军队。阿恩海姆撤退后,萨克森人最后的避难所埃格尔和莱特梅里茨也向胜利者投降了,于是波希米亚王国比它失陷时更快地又重新屈服于它的合法统治者了。

下一步瓦伦斯泰准备把战争推进到萨克森,这与其说是为其主子的利益着想,还不如说是为实现其自身的计划。他想用蹂躏萨克森邦国的办法迫使萨克森选侯同皇帝，更确切地说和弗里德兰公爵私下和解。尽管瓦伦斯泰素来不习惯使自己的意志屈服于局势的束缚，然而他目前也懂得把心爱的计划置于当务之急交易之后的必要性。当瓦伦斯泰把萨克森人打出波希米亚之际，古斯塔夫·阿道夫取得了已叙述过的在莱茵河和多瑙河的胜利，并经法兰克尼亚和士瓦本把战火烧至巴伐利亚边境。马克西米利安在莱希河畔吃了败仗，悌利伯爵的死使他失去了最好的支撑，因此他十万火急地恳求皇帝以最快的速度把弗里德兰公爵从波希米亚调来增援他，通过保卫巴伐利亚来消除奥地利自身的危险。马克西米利安也亲自向瓦伦斯泰提出了这个请求并急如星火地要求瓦伦斯泰在他亲自率领主力部队随后到来之前暂时给他几个增援军团。斐迪南也以其整个威望竭力支持这个提议，向瓦伦斯泰派了一名又一名急使，让他向多瑙河进军。

由此可见皇帝丧失了多少权威，他失去了对部队的控制和指挥权。瓦伦斯泰对马克西米利安的请求置之不理，对皇帝的一再命令充耳不闻，闲散无事地待在波希米亚，让马克西米利安选侯听天由命。马克西米利安当初在累根斯堡帝国会议上在皇帝面前对他进行诬陷使弗里德兰公爵对他充满了憎恨，并且公爵也知道新近这位选侯在皇帝面前百般阻挠重新启用他的秘密。现在复仇的时机到了，马克西米利安选侯沉重感受到他与最富有报复心的人为敌了。瓦伦斯泰说：波希米亚不能不加设防，在巴伐利亚的要塞前削弱瑞典军队是对奥地利最好的保护。他就这样借瑞典人之手报复他的仇敌。巴伐利亚的地盘逐一落到了瑞典人手中，而瓦伦斯泰让马克西米利安徒劳地在累根斯堡望眼欲穿地等待着他的到来。直到整个波希米亚被征服后，他不再有托辞，而古斯塔夫·阿道夫对巴伐利亚的占领已使奥地利自身岌岌可危了，在这种情况下，他才听从马克西米利安选侯和皇帝的一再请求，和马克西米利安联合了起来，天主教徒普遍认为这种联合将决定整个战役的命运。

古斯塔夫·阿道夫兵力有限，勉强应付瓦伦斯泰的独支部队，而害怕两支这么强大部队的联合。但真正令人惊讶的是，他并未采取更多行动来阻止这种联合。看来，他过于相信这两位首领间的夙怨。他认为，这两支军队绝不会为一个共同目的联合起来。然而，当结果证实他的推断错误时，要想改正已为时过晚。虽然他从他们意图中得到的第一个确凿的消息后，马上奔赴上普法尔茨去堵住选侯的去路，但后者比他抢先了一步，在埃格尔，瓦伦斯泰和马克西米利安会合了。

瓦伦斯泰把埃格尔这一边界地区视为胜利之地，他正想在这里庆祝战胜高傲的对手。他并不满足于马克西米利安像乞求者那样伏在脚下，他还为他规定了硬性命令，要马克西米利安不顾他的那些需要帮助的邦国，远远地去迎接他的保护者，以此自卑地承认他的困境和急需的帮助。生性高傲的马克西米利安就连这种卑躬屈节的行为也忍了。为使瓦伦斯泰能拯救他，马克西米利安受尽了屈辱，而按照他本人的意愿瓦伦斯泰绝对不该拥有这种权力。但马克西米利安毕竟是个男子汉，一旦下了决心，就能委曲求全，他能控制自己，为顾全大局而甘受凌辱。

为促成这种联合已付出了如此大的代价，而在协商联合和持续这种联合的条件时更是困难重重。一旦联合的目的达到了，就得有一个人来指挥联军，而双方同样地不遑多让，都不愿屈服于对方的更高权威。马克西米利安用他选侯的头衔、用其家族的显赫地位、用他在帝国中的威望据理力争，而瓦伦斯泰用他在作战中获得的荣誉、用皇帝授予他的无限权力来重申他的要求。要服从皇帝仆人的命令极大地伤害了马克西米利安诸侯的自尊心，而傲慢的弗里德兰公爵想到能按律去指挥这样一名专横的人而得意洋洋。双方唇枪舌剑，争辩不已，最终双方达成了有利于瓦伦斯泰的协议。瓦伦斯泰担任这支联军的总指挥，尤其在会战的日子拥有不受限制的权力。马克西米利安选侯被剥夺了改变会战部署和行军路线的所有权力，他只拥有奖惩他自己士兵和他的军队一旦脱离皇帝军队后自由支配的权力。

一切准备就绪后他们才开始会面，并事先讲好对以前的事既往不咎，并对和解的一些表面形式作了极为仔细的修正。按照约定，这两位亲王在他们军队面前相互拥抱，各自许下友好的诺言，而此时他们心中却充满着仇恨。马克西米利安虽然不擅长伪装，但他尽量控制自己，以免由于一点儿疏忽而露出真实的感受。而瓦伦斯泰的眼中却充满着喜悦，在他所有行动中显而易见的强制性，披露了控制他高傲之心的感情力量。

此时皇帝-巴伐利亚联合部队达到约 6 万人，其中绝大多数是经受过考验的士兵。在这支军队前瑞典君主也许不敢接战。因而他在试图阻止他们联合失败后，便匆匆地撤退到法兰克尼亚，并一直注视着敌人的动向，以便作出决定。处在萨克森和巴伐利亚边境之间联军的位置一度尚不确定，这支军队是想把萨克森作为战场呢，还是想把瑞典人从多瑙河击退，还巴伐利亚以自由呢？为在西里西亚获得占领地，阿恩海姆已从萨克森撤出了部队。尽管许多人为此责怪他，但阿恩海姆自有打算，他想让弗里德兰公爵轻而易举地进入萨克森选侯领地，借此迫使没有决断力的萨克森选侯约翰·格奥尔格急切同皇帝和解。古斯塔夫·阿道夫以为瓦伦斯泰想对萨克森作战，为使他的盟友不至于孤立无援，立即派去一支不小的增援部队，并决定倘若情况许可，会派出他的全部兵力。但不久他便发现弗里德兰的军队正准备向自己开来。弗里德兰公爵向上普法尔茨的进军更使这事无可怀疑。现在他得考虑自身安全，他不仅须为在德意志兰的统治权，更必须为自己在德意志兰的生存而拼搏。他得从他天赋的智库中找到解救的办法。敌人的逼近使他吃惊，他已来不及把分散在德意志兰各处的部队聚集起来。时间也不容他召唤结盟的诸侯来帮助他。他的兵力太弱，招架不住正在逼近的敌人。他要么迅速进入纽伦堡，冒被瓦伦斯泰的势力困在该城，由于饥饿而被战胜之险；他要么牺牲该城，在多瑙沃尔特的炮声中期待着部队的加强，除此之外别无选择。他不顾人们的埋怨和危险，毫不犹豫地选择了第一种方案。他发誓：宁愿使自己和他整个军队葬身于纽伦堡的废墟下，也不愿为拯救自己而使这个结盟的城市毁灭。

因此他马上动手筑一防御工事把纽伦堡连同附近市郊环抱起来。在工事内建造了一座坚固的军营。成千上万双手投入到这一巨大的工程中去了，所有的纽伦堡居民都干劲冲天，为了共同的事业不惜牺牲鲜血、生命和财富。一个深 8 英尺、宽 12 英尺的堑壕环抱着整个防御工事。防线由多面堡和棱堡保护，入口由半月牙状物保护。穿过纽伦堡的佩格尼茨河把整个军营分成两个半圆，之间由许多桥相连接。近 300 门大炮设置在该市的城墙上和军营的防御工事里。邻近村庄的乡民和纽伦堡的市民同瑞典士兵齐心协力，第 7 天军队就迁入军营，14 天后整个宏大的工程便竣工了。

城墙外大兴土木之际，纽伦堡市政府的官员也忙着填满仓库，为应付长期的围困配备足够的武器和食物。这么多人聚集在一起无疑对健康构成了威胁，好在这些官员并没有忘记依靠严格的卫生机构来确保居民的健康。为能在紧急情况下支援瑞典国王，他们还从纽伦堡城市民中征召年轻人入伍，对他们进行军事训练，从而也大大加强了现存的纽伦堡城民兵组织，武装起一个新的民兵军团，该军团按照旧的字母顺序表由 24 旗组成。在此期间，古斯塔夫本人也向他的盟友魏玛的威廉公爵和黑森-卡塞尔邦伯求援，同时命令他在莱茵河、图林根和下萨克森的将军们加速进军，部队到纽伦堡与他会合。此时，他在纽伦堡这个帝国城市的防线内扎营的兵力最多不超过 1.6 万，不到敌军的 1/3。

在此期间，弗里德兰公爵的军队正缓缓地逼近，已到了诺伊马克特，那里他着手进行普遍的探察。瓦伦斯泰被眼前这种惊人的力量所吸引，禁不住要做一番年轻人的自夸。“在 4 天之内就会证实，”他嚷道，“我们两人中间，瑞典国王和我，谁会成为世界的主人”。然而他并未利用他的巨大优势真正去实现这自傲的许诺，甚至当他的敌人大胆地在自己的防线外来迎战他时，他也贻误了迎头痛击敌人的时机。他对怂恿他进攻的人说：“仗有得打呢，现在该是采用其他办法的时候了。”由此可见，在一位统帅看来比赢得胜利要紧得多的，是他并不急于需要的、已经奠定的敢于行动的荣誉，而赢得胜利却是另外人急需成名之道。瓦伦斯泰深信，敌人无可怀疑的勇气会以最昂贵的代价获取胜利。一旦他在这一地区遭受失败，将会无可挽回地毁灭皇帝的大事。因此瓦伦斯泰满足于采用长期围困术，以耗尽对手进行战争的援助，截断让对手施展胆略勇气的所有机会，剥夺迄今为止使瑞典国王战无不胜的任何优势。瓦伦斯泰不采取任何行动，只是迁入位于雷德尼茨河彼岸、面对纽伦堡的坚固营垒，凭借这精心选择的位置截断了纽伦堡城和其军营同来自法兰克尼亚、士瓦本和图林根的所有供应。这样一来他把瑞典国王连同这座城市围困了起来，他不想用公开战斗考验对手的勇气，而想借用饥饿和瘟疫慢慢地、但更有把握地挫败对手的勇气，对此他洋洋得意。

然而瓦伦斯泰低估了对手的援助源泉和力量。他为对手备下了不幸，却没有足够顾及保护自己的不幸。整个相邻地区的乡民们携带着储备逃走了。弗里德兰的食粮搜寻队不得不和瑞典搜寻队人争夺那一点剩余物。瑞典国王竭力保护纽伦堡城的储藏库，一有可能就从邻近处为它补充口粮。双方的巡逻队维持着克罗地亚人同瑞典人之间遥遥无期的战争，而整个周围地区已是满目疮痍。他们必须一手握剑，一边为生存的需要而拼搏，没有众多的追随者成帮结伙他们还不敢去碰食粮搜寻队。然而瑞典国王一旦缺少食物，纽伦堡城就会为他打开储藏库，而瓦伦斯泰得从远处供养他的军队。在巴伐利亚收购起来的一大批货物还在运输途中，为使这些货物能安全抵达营地，瓦伦斯泰派了上千人去护送。古斯塔夫·阿道夫闻此讯，赶忙派一个骑兵团去抢夺这批货物。夜幕助了他们一臂之力，所有的运输队连同运输队停留的城市都落到了瑞典人手中。瑞典人击垮了皇帝的掩护部队，驱回了约 200 头牲畜，1000 辆难以带走的装面包的车被付之一炬。为保护这支望眼欲穿的运输队伍，弗里德兰公爵命令 7 个军团向阿尔特多夫推进。瑞典国王也同时派出部队向阿尔特多夫进发，以掩护他的人撤退。经过一场殊死战斗，弗里德兰军团被驱散，留下 400 具尸体被运回皇帝军营。瑞典国王如此的可恶和如此少有的坚强使弗里德兰公爵感到后悔，因为他白白地错过了和瑞典国王交锋的机会，现在瑞典的军营固若金汤，坚不可摧。纽伦堡城武装起来的青年成为为瑞典君主服务的战士学校。一旦他缺少兵力，便可从那里最快得到补充。皇帝的军营和瑞典军营都缺少食物，以致人们很难预料这两方中究竟哪一方会被迫先撤退。

以同样不可攀越的防御工事作掩护，这两支军队已对峙了 15 天，除了出去搜寻食粮和发生一些无足轻重的小摩擦外，没有发生什么事。由于食物较差和人群过于密集，双方都流行着一种传染病，这种病甚于敌人的剑使兵力大为减弱。灾难日趋严重。瑞典的军营里最终出现了盼望已久的增援部队。兵力加强后，瑞典国王又可听从其天生的英勇，打碎迄今为止束缚着他的羁绊。

按照瑞典国王指令，魏玛的威廉公爵很快从下萨克森和图林根的占领军中建起一个军团，在法兰克尼亚的施魏因富特有 4 个萨克森军团与之会合，尔后在基青根，莱茵河的部队也与之会合，该部队是黑森-卡塞尔的威廉邦伯和比肯费尔德的普法尔茨伯爵给瑞典国王的增援。瑞典宰相奥克森斯梯尔纳承担着把联军领到目的地的任务。他在温茨海姆同魏玛的贝恩哈德公爵和瑞典巴纳将军会合后，便快马加鞭移师向布鲁克和埃尔特斯多尔夫进军。在埃尔特斯多尔夫，他渡过了雷格尼茨河，顺利抵达瑞典军营。这支增援部队约有 5 万兵力，配备有 60 门火炮和 4000 辆辎重车。这样古斯塔夫·阿道夫便统帅着近 7 万的兵力，纽伦堡城的民兵还不算在内，在紧急情况下，纽伦堡能把 3 万名精壮的市民投入战场。这是一支惊人的力量，它和另一支旗鼓相当的力量对峙着！现在看来整个战争要紧压成一场唯一的战役了，这场战役在此终于能得出最后的决定。分裂的欧洲惊恐地注视着这一战场，交战双方的力量犹如聚焦一般可怕地集结起来。

在增援部队到来之前就已在为缺少面包而拼搏了，目前双方军营里饥荒已发展到可怕的程度(因为瓦伦斯泰也从巴伐利亚得到了增援)。除了全副武装的 12 万名战士相互武装地对峙着，除了双方军队中的 5 万多匹马、除了远远超过瑞典军队人数的纽伦堡居民，单在瓦伦斯泰军营里还有 1.5 万名妇女和同样多的马夫及奴仆。瑞典军营里的妇女、马夫和奴仆也不见得比这少。按那时的惯例是允许战士携带家眷上战场的。皇帝军队里无数妇女乐意加入军队的行列，而瑞典军营里不容有放荡行为的严格军纪促成了合法的婚姻。对年青一代来说军营就是祖国，因此为他们设立了正规的战地学校，在此中造就出一大批优秀的战士，这样在漫长的战争中军队就能靠自己补足兵源。因此这些游移族类把他们屯驻的每一块土地都弄得绝粮挨饿，为养活这支多余的辎重队而极大地提高了生活必需品的价格，就丝毫不奇怪了。纽伦堡周围的所有磨坊都来不及磨每天吃的谷物，纽伦堡城每天送到军营的 5 万磅面包仅仅对饥饿一点刺激，并不能使其满足。尽管纽伦堡市政府作了极周到的安排，但还是有不少马匹由于缺乏饲料而饿死，日趋严重的瘟疫每天夺去上百名战士的生命。

为尽早结束这种困境，对自己优势兵力满怀信心的古斯塔夫·阿道夫终于在对峙后的第55天离开了他的防线，率领所有兵力出现在敌人面前，他命令屯驻在雷德尼茨河岸的3个炮兵连向弗里德兰的军营扫射。但弗里德兰公爵在他的工事里按兵不动，只从远处用滑膛枪和炮火回敬这种挑战。他想用无所行动来诱惑瑞典国王，用饥饿的兵力战胜瑞典国王的顽强，这就是他事前考虑好的决定。马克西米利安的抗议、军队的不耐烦情绪和敌人的嘲讽都未能动摇他的决心。古斯塔夫·阿道夫的希望落空了，受日益严重的困境所逼，他大胆地承担起这种不可能之事，并作出决定，猛攻瓦伦斯泰军营，而这军营无论是自然力还是依靠人力都同样难以攻克。

古斯塔夫·阿道夫让纽伦堡民兵保护他的军营，自己则在巴托罗缪惨案纪念日那天，即在军队进驻防御工事的第58天，以全副阵容出发了。他在菲尔特渡过了雷德尼茨河，轻而易举地把敌方前哨吓跑了。瓦伦斯泰的主力部队和军营本身就驻扎在比伯特河和雷德尼茨河间陡峭的高地上，此处被人们称之为古要塞和阿尔滕贝格，被山丘所环抱，原野一望无际地伸延出去。所有的强力火炮都集中在山丘上。深深的壕沟护卫着这不可攀登的防御工事，密密的鹿砦和刺人的木栅栏阻塞了通往开始陡峭的山脉。瓦伦斯泰像上帝那样泰然自若地、稳如泰山地坐镇在山顶上，从黑色的云端发出他的电闪雷鸣。在胸墙的后面潜伏着险毒的火器滑膛枪。死神从上百个睁着的炮眼观望着鲁莽的进攻者。而古斯塔夫·阿道夫却决定进攻这个极为险恶的据点。500名滑膛枪手拥有并不令人羡慕的优先权，他们首先得投入死神的公然报复，他们只有极少的步兵保护(因为战场很狭窄,人多了难以展开战斗)。一方怒不可遏地进攻,一方猛烈地还击。这些坚强的战士迎着不加掩护的敌人火炮的全部怒火,在不可避免的死神注视下,狂怒地向山丘发起攻击,顷刻间山丘变成了火海,子弹如雷雨般洒了下来。接着敌方的重骑兵突入被密如珠雨子弹在紧密的战阵上撕开的缺口,紧密联系在一起的诸环节散架了。这支顽强的英雄支队受了自然和人为的双重力量的逼迫,在牺牲了上百名战士后转身逃跑了。这是德意志人挫败古斯塔夫·阿道夫派的第一次进攻。古斯塔夫·阿道夫对士兵们的撤退恼羞成怒,于是他率领他的芬兰人冲锋,想用北方人的勇气来羞辱德意志人的胆怯。但芬兰人在领教了同样猛烈的炮火后也对这支优势兵力退避三舍。接着古斯塔夫·阿道夫派了一个新的军团去进攻,结果也同样坏。战士们被四次、五次、六次地替换,在10小时的战役中所有的军团都被派去进攻,结果都是血肉横飞地从战场上退下来。千百具缺肢断腿的尸体盖没了原野,古斯塔夫仍毫不气馁地想继续进攻,而瓦伦斯泰则安然不动地固守在要塞里。

此时皇帝的骑兵部队同扎营在雷德尼茨河畔灌木丛中的瑞军左翼部队也打响了一场战斗。战争互有胜负,双方都流了不少血,都很勇敢顽强。弗里德兰公爵和魏玛的贝恩哈德亲王的坐骑均被击中下腹。一颗子弹把瑞典国王的靴底同靴帮分了家。一方怒不可遏地进攻,一方猛烈还击,直至夜色笼罩了战场,愤怒的战士们才获得安宁。此时瑞典人已向前推进了许多,以便能在撤退时没有危险。瑞典国王在物色一名军官,想通过他向诸军团传达撤退的命令。哈伯龙上校,一位勇敢的苏格兰人向瑞典国王毛遂自荐,天生的勇气推动他从军营里挺身而出，去分担风险。不久前，在一次充满危险的军事行动中，瑞典国王让他受一名比他更年轻的上校指挥，此事让他大为恼火，当即发誓不再为瑞典国王效劳。现在，古斯塔夫·阿道夫向他求救，并褒奖了他的英雄胆略，请求他指挥军团的撤退。“陛下，”这位勇敢的战士回答道：“这是我不能拒绝陛下的独特效命，因为这事需敢担一些风险。”说罢，骑上马飞奔着去执行任务了。尽管魏玛的贝恩哈德公爵在激战中占领了一块古堡上方的高地，从那里能扫射该山和整个军营，然而当夜的倾盆大雨使山路泥泞不堪，大炮不可能推上去。由于没有大炮，只得放弃这块用鲜血夺来的阵地。瑞典国王怀疑幸运之神在这决定性的日子离开了他，他不敢在第二天再率领精疲力竭的部队继续进击，这是他第一次被战胜，因为他不是战胜者，他率领部队撤出了雷德尼茨河，留在战场上 2000 具尸体是他失败的见证，而弗里德兰公爵则不可战胜地守在其防线内。

这一仗之后，双方军队相互面对扎营整整僵持了 14 天，双方都在期待对方首先撤离。储备的有限粮食日复一日已消耗得所剩无几。士兵们越受饥饿的煎熬，就越变得粗野不羁，周围的乡民成了他们野蛮抢掠的牺牲品。日趋严重的困苦使瑞典军营中纪律和秩序的所有束缚都消失了，而在德意志军团中表现得尤为突出，他们对朋友和敌人均不加区分地施暴。单凭一人微薄的力量不能遏制这种不法行为，而这种不法行为得到下级军官的默认，在很多情况下，军官们自己败坏道德的行径鼓励了战士们这样做。迄今为止瑞典国王以自己军队的严密纪律引以为傲，而现在军纪如此败坏使这位君主心如刀割。从他叱责德意志军官的语调中便可看出他的满腔怒火。“你们德意志人，”他嚷道：“你们，是你们自己侵吞了你们自己的祖国，肆虐你们自己信仰的同宗。上帝是我的见证人，我讨厌你们，你们让我恶心，我一瞧见你们就会大动肝火。你们触犯了我的规定，是你们，使得世界咒骂我，使得无辜贫民的眼泪跟随着我，我居然公开听到：瑞典国王，我们的朋友所干的比我们最痛恨的敌人更使我们遭殃。为了你们，我脱了你们视为珍贵的王冠，耗费了40吨黄金，从你们德意志帝国我没有得到一丁点儿好处。我把上帝分给我的东西都给了你们，如果你们能尊重我的法律，我很乐意和你们一起分享上帝今后赐予我的东西。尽管我有理由赞扬你们的勇敢，但你们的坏军纪使我深信，你们是怀恶意的。”

为维持驻扎在纽伦堡地区庞大军队的生存，纽伦堡城已尽了最大努力，但纽伦堡的财富只能维持11周之久。财源最终枯竭了。瑞典军队的人数较多，瑞典国王迫不得已首先决定撤退。纽伦堡居民有1万多人毙命于沙场，而古斯塔夫·阿道夫约有2万名士兵死于战争和瘟疫。周围所有的田野都被践踏了，村庄化成了灰烬，遭洗劫的乡民流浪街头，腐烂味污染了空气，由于食物较差，由于挤满人头的军营和众多尸体散发出的浓烈气息，由于大伏天炎炎烈日的催化，使可怕的瘟疫在人和牲畜中猖獗流行。军队撤退后，贫困和不幸还久久笼罩着这一地区。瑞典国王被纽伦堡的这种普遍不幸所激，但又无望战胜弗里德兰公爵的顽强，因而在9月8日，下令拔掉军营，留下一支足够的驻军保护纽伦堡后便离开了这一城市。他率领完整的战斗阵容从敌人旁边经过，敌人一动不动，没有采取最微小的行动去打扰瑞典军队的撤退。瑞典国王把部队撤退至位于艾施河畔的诺伊斯塔特和温茨海姆。他在那里停留了5天，以使军队消除疲劳，另一方面诺伊斯塔特离纽伦堡很近，一旦敌人对纽伦堡采取行动，他们便可前去增援。而瓦伦斯泰也同样需要休整，他急切地期待瑞典人撤退，然后他也可起脚撤退。5天之后，瓦伦斯泰离开了他在齐恩多夫的军营，把军营付之一炬。周围化成灰烬的村庄上空升起了上百个烟柱，宣告了他的告别，同时也向纽伦堡这个受到抚慰的城市表明，它自己已避免了如此的命运。瓦伦斯泰向福希海姆挺进，沿途烧杀抢劫，但他挺进得太远了，以致瑞典国王追将不及。由于这个筋疲力尽的地区供养不了他的军队，瑞典国王把军队分成两路，他让一路军队去坚守法兰克尼亚，自己则亲自率领另一路军队继续在巴伐利亚进攻。

期间，皇帝-巴伐利亚联军已推进至班贝克主教辖区，弗里得兰公爵在那里进行第二次考察。他发现这支曾有6万士兵的强大军队由于逃跑、战争和瘟疫已减至仅2.4万人，其中1/4士兵来自巴伐利亚部队，由此可见纽伦堡前的军营使两部分的削弱超过两次失手的大战役甚多，它既没有使战争稍微接近尾声，也没有用一个特别决定性的事件满足欧洲急切的期待。尽管把瑞典国王牵制在纽伦堡曾一度限制了他对巴伐利亚的进攻，使奥地利本身避免了外敌入侵的危险。但自从瑞典国王从纽伦堡撤退后，他又重新充分享有把巴伐利亚变成战场的自由。弗里德兰公爵对巴伐利亚邦的命运并不关心，与巴伐利亚选侯联盟后他应承担的约束使他厌倦不堪，他渴望利用这一时机同这位讨厌的危险人物脱离干系，重新认真实施他的宝贝计划。使萨克森同瑞典分离，这是他确信的第一准则，因此他决定把萨克森邦作为其部队冬季休整之地，用其变坏了的部队的临场,迫使萨克森选侯尽早同他缔结一个特殊的和约。

但这次又不利于他执行计划。萨克森人入侵了西里西亚。在那里他们与勃兰登堡和瑞典增援部队联合起来,取得了对皇帝部队一次又一次的胜利。瓦伦斯泰在萨克森选侯邦发动了一次佯攻才拯救了西里西亚,于是执行这一计划变得容易了。由于西里西亚战争,萨克森已成无人守卫的门户,向敌人洞开。瓦伦斯泰以拯救奥地利的世袭领为词驳倒了巴伐利亚选侯的所有反对意见。由于打着维护皇帝最高利益这一爱国主义热忱的面具,人们都毫无疑虑地为他献身。为了对萨克森的行动不受瑞典国王干扰,瓦伦斯泰让富裕的巴伐利亚听凭其劫掠。而瑞典君主同萨克森宫廷之间日趋增长的冷漠感,让他不用再担心瑞典国王会用多大热情去解救约翰·格奥尔格。巴伐利亚选侯再一次被他狡诈的保护者瓦伦斯泰遗弃,在班贝克同瓦伦斯泰分道扬镳了,他率领他弱小的残余部队去保卫无助的邦国,而皇帝军队在弗里德兰公爵的统帅下经拜罗伊特和科堡向图林根森林挺进。

瓦伦斯泰先派一名皇帝将军冯·霍克率领6000名士兵向福格特兰挺进,用火和剑大肆蹂躏这个无防卫的省。不久又派加拉斯去增援霍克,加拉斯是瓦伦斯泰的第二位统帅,是他惨无人道命令最忠实的执行工具。为加强弗里德兰公爵遭到削弱的军队,最后连帕彭海姆将军也从下萨克森被召唤过来,这样便更加重了萨克森的不幸。毁坏了的教堂、化成灰烬的村庄、成为荒野的庄稼、遭洗劫的家庭、惨遭杀害的臣民均是这支野蛮军队进军的见证。整个图林根、福格特兰和迈森均在这三重鞭子下呻吟。然而他们只是更大灾难的先驱者,瓦伦斯泰亲自挂帅的主力部队以更大的灾难威胁着不幸的萨克森。他在过法兰克尼亚和图林根时大肆蹂躏,留下他发泄满腔怒火的最令人毛骨悚然的纪念碑,尔后便率领所有兵力出现在莱比锡地区。经短时间的围攻,莱比锡城被迫投降。瓦伦斯泰想直抵德累斯顿,用迫使整个领地投降的办法给萨克森选侯立下清规戒律。他已逼近了穆尔德河,想在那用优势兵力击败向他迎面而来的、已挺进到托尔高的萨克森军队。但瑞典国王抵达埃尔富特出其不意地限制了他的进攻计划。瓦伦斯泰受到了萨克森军队和瑞典军队的两面夹攻,此时吕纳堡的格奥尔格公爵也会从下萨克森出发去增援瑞典军队。因此瓦伦斯泰旋即向梅泽堡撤退,以便在那里与帕彭海姆伯爵联合起来,坚决逐退深入的瑞典人。

此时西班牙和奥地利正玩弄着诡计,想使古斯塔夫·阿道夫的同盟者背叛他,古斯塔夫·阿道夫忐忑不安地关注着这一切。对他来说与萨克森的联盟越是重要,他就越有理由为约翰·格奥尔格多变的性情而感到颤抖。在他和萨克森选侯间从未存在过一种真挚友谊的关系。这位亲王素来以其政治地位的重要性引以为豪,习惯于以他一派的首领自居,瑞典这种外来势力干预帝国事务令他忧心忡忡、郁郁不乐,只是他的邦国危机四伏的境况才一度战胜了他对一位不受欢迎的外国人的进展所怀有的厌恶。瑞典国王在德意志兰扶摇直上的威望、他对新教诸等级占优势的影响、他雄心勃勃意图的不很模糊的证明:十分可疑地要求帝国等级会议全神警惕等都使萨克森选侯忧心如焚,而皇帝的调解者又懂得巧妙地去助长和加重选侯的忧虑。瑞典国王每擅自采取一步行动,每一个向这位帝国诸侯提出的要求，都给萨克森选侯提供尖刻异议的由头，这预示着两者快要决裂了。双方将领在他们协同作战时也总是相互嫉妒，在他们的统治者间制造纠纷。约翰·格奥尔格天生就厌恶战争，他对奥地利的顺从还未完全消失，所有这些都有利于阿恩海姆开展工作。在得到瓦伦斯泰不断同意下，他不辞劳苦地想促成他的主子与皇帝私下妥协，只是他的想法长期无门上达，但从最后的结果来看，这些想法尚不是完全无效的。

古斯塔夫·阿道夫有理由对一位如此重要的同盟者要背弃他而惶恐，因为这关系到他今后在德意志兰的生存问题。因此，他不遗余力地想阻止这令人担忧的一步。迄今为止他的异议不曾完全使萨克森选侯留下印象。但皇帝用以支持其惑人建议的可怕兵力，和因在相当长期内拒绝皇帝通过萨克森而累积起来的种种威胁的折磨，最终也会征服萨克森选侯的倔强，即使人们出于无奈把他的敌人都呈交给他。而如果一旦瑞典国王对失去这样一位重要盟友表现出无所谓态度的话，就会越来越失去所有其他同盟者对他们保护人的信任。出于这种考虑，瑞典国王准备第二次顺从这位受到严重威胁的同盟者对他发出的急切邀请，为拯救这位同盟者而甘愿牺牲所有光明的希望。他决定第二次进攻英戈尔斯塔特，软弱的巴伐利亚选侯不负所望，终于对这位精疲力竭的敌人采取了中立态度。上奥地利乡民的暴动为瑞典国王打开了通向该地的道路。在瓦伦斯泰还来不及赶来增援前，皇帝的宝座就有可能落到他的手中。瑞典国王把所有这些闪光的希望置于同盟者的幸福之后，而这位同盟者既无功绩又无良好意愿值得这位牺牲者这样做。此人在集体精神最迫切需要时却以狭隘的利己主义只为自

己的利益考虑;此人不是以取得人们寄望的功绩而成名,而是以造成人们所害怕的损害而闻名。当谁听到古斯塔夫·阿道夫现在已起程去拯救萨克森选侯时,谁都会忍不住加以嗔怪:这难道是这位伟大的国王找到的行动目标?

瑞典国王在法兰克尼亚地区把他的部队迅速集合起来,尾随瓦伦斯泰军队经过了图林根。事先派去对付帕彭海姆的魏玛公爵贝恩哈德在阿恩斯塔特碰上了瑞典国王。此时,瑞典国王已统帅着一支拥有2万精兵的部队。在埃尔富特,他离开了他的爱妻,她此后不久再见到他,是在魏森费耳斯的棺木里。这次恐惧不安的别离意味着永远分离。1632年11月1日,在弗里德兰公爵派往瑙姆堡军团尚未占领瑙姆堡前,瑞典国王抵达了那里。周围地区的人民成群结队地赶来瞻仰这位英雄、复仇者和伟大的国王。一年前他曾在这一地区以救世天使的身份出现过,他走到哪里,欢腾声就伴随到哪里。所有的人都在他面前行屈膝礼,以能抚摸其剑鞘和衣角为荣。他们以这种贞洁的赞许来表达最真挚的谢意和钦佩,但这令这位谦逊的英雄很反感。“人们这样岂不是把我当作上帝了吗?”他对其随从说:“我们干的事是很正确的,但我担心上天会为这出放肆的闹剧报复我,并向这群愚民过早地昭示我这个凡夫俗子的人性。”古斯塔夫在向我们永别之前显得多么和蔼可亲啊!就在他最幸运之际,他还尊敬复仇女神娜美西丝,鄙视那种只对永生者的崇拜。他的这种品格在他需要人们流泪时更容易催人泪下。

此时弗里德兰公爵为迎候进军中的瑞典国王已到了魏森费耳斯。他决定把萨克森作为冬营地,即使需要一场战斗也值得。他

在纽伦堡前无所行动人们已对他产生了怀疑:似乎他不敢同北方英雄较量。如果这次他再回避进攻机会,就会名誉扫地。他的部队优势比起纽伦堡军营的第一时间已远为减少,但倘若他乘瑞典国王还没有与萨克森人联合之前同瑞典国王交战,他尚有很大的获胜之望。但他目前的这个信念不单建立在较大的兵力上,也主要建立在星占学家塞尼的保证上,这位星占学家说,他在星象中已占到,瑞典君主的气数到11月份已尽。此外,瑞典军队很难穿越拉姆堡和魏森费耳斯间被群山和近处湍急的萨勒河环抱的狭隘通道,此处只要少量部队就能把该狭道完全封死。因此对瑞典国王来说别无选择,要么铤而走险,曲折而行,通过狭道;要么费力地退回图林根,并在那缺少生活必需品的荒凉地区损耗其大部分部队。但古斯塔夫·阿道夫迅速占领瑙姆堡挫败了这一计划,于是瓦伦斯泰本人伺机进攻。



但瓦伦斯泰的期待落了空。瑞典国王不是开赴魏森费耳斯,而是在瑙姆堡做了修筑防御工事的所有准备,他打算在这里等候吕纳堡公爵的增援部队。瓦伦斯泰在是否穿过魏森费耳斯和瑙姆堡之间的狭道去迎击瑞典国王还是在他的军营里按兵不动举棋不定,因此他召集了军事顾问委员会,想征询阅历最广的将军们的意见。大家都认为在瑞典国王占据有利地势的情况下进攻是不可取的。从瑞典国王为加固其军营采取的所有准备措施来看,他明显显示根本不想马上离开军营。同时冬天即将来临,寒冷的冬天不宜继续作战,不能让迫切需要休整的军队倦于继续风餐露宿。大家异口同声地表示应尽快结束这场战役,尤其因为莱茵河畔重要的城市科隆此时正受到荷兰军队的威胁,而且敌人在威斯特法伦和下莱茵的进展更需要在这些地区以强有力的帮助。弗里德兰公爵认为这些人的意见言之成理。他几乎确信这一季节不用害怕瑞典国王的进攻,于是同意让部队作冬季休整,但一旦敌人出乎大家所料胆敢进攻,军队必须能在最短的时间里集合起来。帕彭海姆伯爵率领一大部分兵力赶去增援科隆城,占领途中的哈勒要塞莫里茨堡。其他各军团在一些最合适的城市周围安下冬营地,以便能从各个方向注视敌人的动向。科洛雷多伯爵注视着魏森费耳斯宫堡,瓦伦斯泰自己则率领剩余部队扎营在离弗洛斯格拉朋运河和萨勒河之间不远的梅泽堡,这样他既可向莱比锡挺进,又可切断萨克森人同瑞典军队的联系。

古斯塔夫·阿道夫几乎不曾获悉帕彭海姆开拔的消息,因此他突然离开他在瑙姆堡的军营,用他全部兵力进攻势力已减弱了一半的敌人。他火速向魏森费耳斯挺进。瑞典国王赶来的消息在敌人中不胫而走,也传到了弗里德兰公爵那里,使他十分惊愕。现在该当机立断了,弗里德兰公爵马上采取了措施。尽管他只能用1.2万多名士兵同不少于2万数的敌人交战,但仍希望能坚持到帕彭海姆回来,因为此时帕彭海姆最多才到了5里之遥的哈勒。瓦伦斯泰火速派出急使去把他召还,他自己则迅速率领军队来到位于弗洛斯格拉朋运河与吕茨恩间的广阔平原上,在那里摆好了阵势等待瑞典国王,他想用这一阵势切断瑞典国王同莱比锡和萨克森诸族民间的联系。

科洛雷多伯爵从魏森费耳斯宫堡发射的3发炮弹宣告了瑞典国王的进军。一听到这事先约定的信号,弗里德兰的先遣部队便在克罗地亚将军伊索拉尼的指挥下迅速集合起来,赶去占领里帕赫河沿岸的村庄。但他们软弱的抵抗不能阻挡敌人的推进。瑞典军在里帕赫村渡过了里帕赫河，在吕茨恩下方和皇帝军的阵势对垒。由魏森费耳斯通往莱比锡的公路在吕茨恩和马克兰斯泰特段被弗洛斯格拉朋运河截断，它从蔡茨延伸至梅泽堡，把埃尔斯特河和萨勒河连接了起来。皇帝军左翼部队同瑞典国王军右翼部队均扎营在这条运河边，双方的骑兵部队则分布在运河的另一边。往北，在吕茨恩后面是瓦伦斯泰的右翼部队，瑞典军的左翼部队在吕茨恩的南面安了营。两支军队都把它们的前沿部队朝向公路，公路从它们正中穿过，把一方的阵营和另一方的阵营分开。然而，瓦伦斯泰在战役的前夜强占了这条公路，对对手构成了重大威胁。瓦伦斯泰让人在公路两旁挖深了壁壕，并派用滑膛枪装备的步兵把守。这样要过公路便困难重重，要担风险了。他还在公路的后面安插了一个拥有7门大炮的炮兵连，以掩护堑壕里的滑膛枪步兵。在吕茨恩后面不远处的风车磨坊旁的高地上布置了14门小型野战炮，从此处能扫射平原的大部分地区。步兵分成5个独立行动的大旅，在离公路后面300步的地方摆好了阵势，骑兵部队掩护着侧翼。为不影响军队行动，辎重均运到了莱比锡，只有弹药车停在战场后面。为掩饰军队的薄弱，辎重队的青年和帮工均得骑上马，加入军队的左翼，但他们只需坚持到帕彭海姆人马的到来。一切在夜间黑暗中布置就绪，破晓前做好了一切迎击敌人的准备。

当天傍晚古斯塔夫·阿道夫也出现在对面的平原上并布置好了会战的人马，他采用一年前在莱比锡取胜同样的战阵，即在步兵中安插一些骑兵，在骑兵中也不时安插一些用滑膛枪装备的步兵。他把整个部队排成两条线，弗洛斯格拉朋一线安排了右翼部队；公路和吕茨恩一线安排了左翼部队。中间的步兵由布拉厄伯爵指挥，骑兵在步兵两翼，前沿部队的前面是火炮。左翼部队的德意志骑兵拨归一位德意志英雄——魏玛的贝恩哈德公爵指挥，瑞典国王亲自在右翼指挥他的瑞典人，这就加剧了两个民族去进行一场高贵竞赛的妒意。第二场会战的部署和第一场相仿，由苏格兰人亨德尔松斯指挥的后备兵团放在会战的后面。

一切筹措停当之后，双方便静候着血腥的旭光，以开始一场干戈。这场战斗与其说其可能的结局的重要性和参战的部队人数还不如说它的一再延宕和地点的一再变换才使得它变得可怕和异乎寻常。曾在纽伦堡前的军营里受了欺骗的欧洲的急切期待，现在应在吕茨恩平原上获得满足。两位在威望、荣誉和能耐方面不相上下的统帅，在此次战争的整个过程中还从未在公开的战役中一较雌雄，还从未在如此大的赌局中勇敢退缩，还从未在如此重要的代价前放弃希望。正在破晓的这一天，欧洲将认识它的第一位战将，认识一位战胜另一位不可战胜者的战胜者。在莱希河和莱比锡究竟是古斯塔夫·阿道夫的天赋还仅是其对手的笨拙决定了局面，这点天明便能见分晓了。明天弗里德兰公爵应用功绩证明皇帝的选择是正确的，而人物的伟大程度必须用他曾付出代价的大小来衡量。军队中的任何一个男子汉都嫉妒地分享其首领的荣誉，而那些在将领胸中沸腾的感觉却在每一个甲胄之士心中发生变换。胜利是靠不住的，而他无论是战胜者还是被战胜者均要付出辛劳和血，却是一定的。双方总会碰到现在面对面相持的敌人，而他们徒劳地去克服这种担心，光辉地证明了他们的强大。

令人害怕的清晨终于来临了。但浓雾笼罩着整个战场，进攻

一直迁延到中午时分。瑞典国王双膝跪倒在前沿部队前祈祷着，整个军队也都跪倒在地，同时唱起了一首动人的歌曲，战地乐队为歌声伴奏。然后瑞典国王骑上马，身上仅穿着一件皮胸甲和一袭布料外衣(以前负的伤不允许他再穿铠甲)穿过军队的行列，想以此鼓起战士们的必胜信念，尽管他自己毫不怀疑的内心却否认了这一点。“上帝与我们同在!”这是瑞典国王的祈祷。皇帝方面的人祈祷说:“耶稣-玛利亚!”。约 11 时许，浓雾开始消散，能看清敌方了。人们立刻看见吕茨恩处在熊熊烈火中，为不受到吕茨恩方向的包抄，弗里德兰公爵命令把吕茨恩化为灰烬。随着一声令下，骑兵部队向敌人疾冲过去，步兵也向堑壕进击。

瑞典国王这些勇敢的大队人马不顾滑膛枪和置于滑膛枪后笨重火炮的凶猛火力，以大无畏的勇气发动连续进攻。敌方的滑膛枪手们撤离了阵地。瑞军大队越过了堑壕，拿下了敌方的炮兵连后马上把炮火对准了敌人。他们以排山倒海之势向纵深挺进。弗里得兰公爵 5 个旅中的一个旅被击垮了，紧接着第二个旅也被战胜了，第三个旅已准备逃窜。但瓦伦斯泰当即用他的聪明才智挡住了敌人的进攻。他电光火石般出现在那里，遏制住步兵的混乱局面。他具有绝对权威的命令使得逃跑中的士兵都停住了脚步。靠 3 个骑兵团的帮助已被击溃的军团又重新筑起了一道抵抗敌人的新战线，并以强力突入已被撕裂的瑞军各部兵力中去。一场杀气腾腾的鏖战展开了。敌人离得太近，连步枪都失去了用武之地，进攻的怒火使战士不再有装填子弹的时间。人对人持剑格斗着，没有派上用场的火铳使剑和长矛有了用武之地。这真是愤怒的艺术！疲惫不堪的瑞典兵因寡不敌众最终退出了堑壕。已占领了的炮兵连由于这一撤退又重新失去了。此时已是尸体遍野,但却未能赢得一寸土地。

瑞军右翼在瑞典国王亲自率领下突袭了敌方的左翼。单凭一批威风凛凛的芬兰重骑兵的首次冲锋,就使与左翼相连的波兰人和克罗地亚人的轻骑兵四散逃窜,这种无序的逃窜也引发了其他骑兵部队的害怕和混乱。此时有人禀告瑞典国王,他的步兵部队已退过了堑壕,左翼部队也经不起风车磨坊那边的敌方火炮而想退却。瑞典国王当机立断,委托冯·霍恩将军追击已溃不成军的敌方左翼部队,自己则率领施泰鲍克斯军团赶去帮助自己的左翼部队摆脱混乱局面。他那高贵的骏马载着他如飞似的越过了堑壕,但紧跟着的骑兵连要越过堑壕却遇到了困难。只有少数骑兵能利索地跟他一起越过堑壕。萨克森-劳恩堡的弗朗茨·阿尔贝特公爵灵巧地跟在他身旁。瑞典国王直奔他的步兵受困最严重的地方。他张目四下环顾着,想找出敌军的薄弱环节,以便进攻。但他的那张短脸离敌军太近了。一位皇帝的二等兵觉察到这位骑马过去的人非同寻常。他很快命令一位滑膛枪手朝瑞典国王瞄准。“朝那人射击,”他叫道,“这肯定是位重要人物。”这位士兵扣下扳机,击中了瑞典国王的左臂。此时他的骑兵连也从后面疾驰而来。大家乱作一团,嚷道:“国王流血了!国王被打死了!”这在刚到来的人中引起了恐慌和惊惧。“没有什么,跟我来”,瑞典国王打起精神叫道。然而他最终被痛楚压倒了,快要昏厥过去。他用法语请求劳恩堡公爵悄悄地把他从人群中抬走。劳恩堡公爵为不让已气馁的步兵看到这种被击败的景象,特意绕道而行,带着瑞典国王掉头朝右翼而去。没料到这反使瑞典国王背上中了第二枪,使他失

去了最后剩余的力。“我已差不多了，兄弟，”瑞典国王用微弱的语调说：“你设法去拯救你的生命吧。”说罢，从马上掉了下来，又连中数枪，终于离开了他所有的随从，把生命断送在掠夺成性的克罗地亚人手中。瑞典国王那匹只身逃跑、满身鲜血的骏马很快向瑞典骑兵披露了国王的死。他们怒不可遏地赶来，从贪得无厌的敌人那里夺走了这具神圣的牺牲品。为了瑞典国王的尸体发生了一场血战，瑞典国王受损的躯体被葬在埋尸的山丘下。

瑞典国王去世的噩耗迅速传遍了整个瑞典军队，但这不幸的消息并未使这批勇士气馁，反而促使他们迸发出一种新的、愤怒的、渴望思念之火。对战士来说，他的生命已失去了价值，因为所有生命中最神圣的生命已死了。既然死神对加冕了的首领都不予厚待，那些低微的人对死神就更不用害怕了。阿普兰、斯莫兰、芬兰、东哥特和西哥特的军团以“雄狮怒火”第二次扑向敌人的左翼。这支左翼部队本来就招架不住霍恩将军，现在它被彻底击败了。同时魏玛公爵贝恩哈德亲自担任了这支孤苦伶仃军队的首领。古斯塔夫·阿道夫的精神又重新统率着这支常胜军队。瑞典的左翼部队很快再度重整旗鼓，强力冲向皇帝军的右翼。位于风车磨坊旁曾向瑞典人发射凶猛火力的火炮也落到了瑞典人手中。现在隆隆的炮弹便朝敌人自己打去。瑞典步兵部队的中锋在贝恩哈德和克尼普豪森的指挥下重新向堑壕挺进，一帆风顺地越过了堑壕，第二次攻克了拥有 7 门大炮的炮兵中队。他们义愤填膺地再次向敌方中心的步兵大队进攻。敌方的抵抗变得越来越弱。偶然事件也似乎与勇敢的瑞典人合谋去打败敌人。皇帝军队的一辆弹药车着了火，整堆整捆的手榴弹和炮弹震耳欲聋地爆炸了，胆战心惊的敌

人以为从后面遭到袭击，而其实瑞典的旅正从前面向他们猛袭过来。敌人士气低落。他们的左翼部队已被击垮，右翼部队也岌岌可危。他们的火炮落到了瑞典人手中。战役的胜负已快见分晓。这一天的命运还只悬于唯一的一个时机：此时帕彭海姆率领重骑兵和轻骑兵出现在战场上了，所有已占有的优势都消失了，一场新的战斗又开始了。

帕彭海姆在哈勒接到了要他返回吕茨恩的命令，此时他的人马正在大肆掠夺哈勒城，因此不可能像瓦伦斯泰要求的那样把这些分散的士兵迅速召集起来。帕彭海姆也没有当真这样办。他让8个军团的骑兵迅速上马，率领着这支骑兵飞速赶赴吕茨恩，赶去参加这场战役的典礼。他来得正是时候，正好见证被古斯塔夫·霍恩打败了的左翼皇帝军队的逃窜，并认定自己从一开始就卷入这场战役中去的。凭借过人的才略，他迅速把逃散的人马重新集合起来，率领他们重新和敌人拼搏。帕彭海姆以为瑞典国王还率领着这支军队，因而狂热和急不可耐地想和瑞典国王一决雌雄。他凶神恶煞般冲入瑞典军中。瑞典军队由于打了胜仗已疲惫不堪，加之人数太少，经过最顽强的抵抗后，被敌人的优势兵力击败了。皇帝的步兵由于帕彭海姆最后一刻出其不意的出现又重新鼓起了勇气。弗里德兰公爵迅速利用这一良机，重新部署会战。瑞典密集的步兵大队经过一场浴血奋战后再次被迫撤出了堑壕。敌方二度失去的大炮二度回到他们手中。瑞典的整个黄色军团、这支最精锐的部队、这支在浴血的一天里表现出英雄气概的部队全都战死，瞑目一字儿排开躺倒在地，他们还保持原来的阵势覆盖在他们生前曾以坚定的勇气固守的阵地上。一支由皮科洛米尼伯爵

率领的由皇帝骑兵部队组成的蓝色军团经过一场激战后也遭到了类似的命运。这位卓越的将领采用 7 次不同的方式进攻，他坐下的 7 匹马被击中，6 颗滑膛枪子弹穿透了他，然而他仍不离开战场，直至整个部队撤退了他才被拉着走。人们看见弗里得兰公爵在敌方的枪林弹雨中泰然自若地骑马穿过了他的部队，给遭难者以帮助，给勇敢者以赞许，以严厉的目光谴责畏缩不前者。他周围和旁边的许多士兵中弹倒下，他的大衣也被多发子弹穿透，但今天复仇之神保护着他的胸膛，而另一支剑却已经为这个胸膛磨快了。瓦伦斯泰是不应让他有罪孽的灵魂在古斯塔夫死亡的床上安息的。

帕彭海姆，这位军队中的塔拉莫尼[①]，这位奥地利王室家族和教会最厉害的战士也时乖命蹇，想和瑞典国王本人决一胜负的炽热欲望把盛怒的他推进血腥的混战之中。他希望在这场混战中至少不会错过与其高贵的敌人交手，而古斯塔夫也曾热望能目睹这位令人尊敬的对手。然而双方这种怀有敌意的思慕均未能如愿，只有死神才使这两位英雄和解地聚首。两颗滑膛枪子弹穿透了帕彭海姆伤痕累累的胸膛，他的部下硬是把他从厮杀的人群中抬了下来。当人们忙于把他抬到会战场后面时，一种喃喃细语声传入他的耳朵：他所寻找的人已死于疆场。当人们向他证实了这一传闻的真实性后，他脸上露出了笑容，眼睛里射出最后火焰。“告诉弗里德兰公爵吧，”他大声嚷道，“我没有希望了，我快要死了，但我很高兴，因为我知道我同这位信仰上不共戴天的敌人在同一天归

① 塔拉莫尼（Telamonier），希腊神话中的英雄。——译者

阴。”

随着帕彭海姆的离去，皇帝军队在战场上连连失利，没过多久这支曾被击败、由于帕彭海姆而得以重建的皇帝军队的左翼骑兵又失去了所有阵地，士兵们垂头丧气地望着远方，找寻他们的那位常胜首领。皇帝军队的右翼也同样惊慌失措，只有少数几个军团例外，这些军团由于他们的团长——格茨、特尔茨基、科洛雷多和皮科洛米尼的勇敢顽强才守住了阵地。瑞典步兵果断地利用了敌人的惊慌失措。为填补由于战士阵亡而在前列中出现的空缺，战士们把两行并成一行，发起了最后一次决定性进攻。他们第三次越过了堑壕，第三次拿下了安置在后面的大炮。太阳正落西山，两方的战阵却越打越激烈，双方都竭尽全力殊死拼搏，技巧和盛怒都发挥得淋漓尽致，都竭力想在最后宝贵的几分钟里把失去的一整天补回来。但毫无效果，双方都感到绝望，没有一方有可能取胜，没有一方会逃跑，战术在此处失去了它的奇迹，那里需得发明一种新的、从未有人学过的、从未加以练习的绝技本领。浓雾和夜幕终于迫使双方不得不鸣金收兵，因为天黑得已看不见敌人，双方不约而同地散开，令人振奋的小号吹响了，双方都认为自己未被击败，他们从阵地上消失了。

由于骏马跑散，双方的炮兵部队还得彻夜孤寂地留在阵地上，因为谁占领了阵地，就意味着谁取胜。但弗里德兰公爵匆匆离开莱比锡和萨克森时忘记了把他这部分人马从战地上接回来。会战结束没多久，当时未能赶上帕彭海姆将军的 6 个步兵军团出现在战场上。但仗已打完了，倘若他们早到几个钟点，这支相当强大的增援部队很可能会使战争有利于皇帝一方，现在他们占领了战场，拯救了弗里德兰公爵的炮兵部队。他们缴获了瑞典的炮兵部队。由于这支军队没有指挥官，又不知道战争结局，他们便向莱比锡行进，希望在那找到主力部队。

第二天早晨，弗里德兰公爵把军队分散的残部撤向莱比锡。他们没有携带大炮，没有旗子，几乎是手无寸铁。贝恩哈德公爵让瑞典军队在吕茨恩和魏森费耳斯间休整，以消除一整天浴血奋战的疲劳。此处离战场只有一箭之遥，敌人想占领战场的任何企图，都可立予挫败。两方军队共约9万多名官兵阵亡，受伤的人数远大于此，尤其在皇帝军队里从会战中撤下来的人几乎没有一个不是带伤的。从吕茨恩到弗洛斯格拉朋的整个平原都被伤员、垂危的人和死人所覆盖。双方许多最有教养的显贵均阵亡了。富耳达修道院院长作为目睹者曾混入该战役，他的好奇心和不合时宜的信仰热情使他受到了死的惩罚。俘虏更是不计其数。这更多是军队怒火的证明，怒火不给予宽恕，也不要求宽恕。

次日，帕彭海姆在莱比锡由于伤势过重而死去，皇帝军队由此遭受了不可弥补的损失，这位杰出的战士率军屡战屡胜。在布拉格战役中，帕彭海姆和瓦伦斯泰同时以最高统帅身份参战，由此开始了其英雄生涯。他身负重伤时仍用超乎寻常的勇气以少量部队击败敌人的两个军团。他被他的坐骑压在战场上，混杂在其他死人中长达数小时之久，直至他的部队在打扫战场时才发现了他。他用少量兵力战胜了上奥地利的叛乱者。在莱比锡会战时，在三次不同战役中，他率领4万兵力凭借其勇敢长时间阻挡悌利的失败，使皇帝的武装力量在易北河和威悉河取得胜利。他临危不惧、一身是胆的大无畏勇气使他成了统帅最得力的臂膀，但要作为军队的最高统领是不称职的。如果人们相信悌利的谈话，莱比锡会战是由于帕彭海姆的操之过急而失败的。在摧毁马格德堡时，他手上也沾满了鲜血。由于年轻时的勤勉和广阔交游，使他见多识广，才略过人，也使他在军队里变得比较放纵。他的额头上有两条酷似剑的红色鞭痕，这是他降临到人世就有的标记。在以后的岁月里，一旦激情使他热血沸腾，额上便会显示出这些斑痕。按迷信传说，在孩子的额头上就已预见此人今后的职业。这样一位臣仆最有理由得到两个奥地利世系的感谢，但帕彭海姆却不再领受到此种光辉的殊荣。一位急使给他送来马德里的金羊皮勋章[①]尚在途中，死神却已在莱比锡把他夺走。

当奥地利和西班牙所有领地里的人们正为胜利而高唱赞歌时，瓦伦斯泰却因迅速离开莱比锡，紧接着离开整个萨克森并放弃在该地作冬季休整的打算而在大庭广众面前承认他的失败。虽然他还想作一种无力的图谋，想急速地去获得胜利的荣誉，第二天早晨便派出他的克罗地亚人去包围战场，但克罗地亚人一瞧见严阵以待的瑞典部队就吓得四处跑散。贝恩哈德公爵占领了战场，紧接着进据了莱比锡，此后无疑成为无争议的公认胜利者。

可惜这是一次昂贵的胜利！一次悲哀的胜利！战争怒火平息之后，人们才感受到所遭损失的巨大。战胜者的欢腾声渐渐止息在默默而阴郁的绝望之中。率领他们出征的国王已一去不复回了，他和许多低微的死者混杂一起躺在获胜的阵地上。人们费了

① 1429年以来哈布斯堡家族的奥地利和哈布斯堡家族的西班牙颁发的一种骑士勋章。——译者

好大力气才找到了他的尸体。他躺在百年前就已立于弗洛斯格拉朋与吕茨恩之间的大石旁不远。由于这一天发生的奇突的不幸事件，这块石头就得名为“瑞典石”。浑身是血和伤口，加上马蹄的踩踏已使瑞典国王面目全非。他的首饰和衣服也被抢劫一空。人们把他从埋尸的山丘下挖了出来，送往魏森费耳斯，让他的部队痛哭哀悼，让王后最后拥抱他。当务之急就是报仇，必须以血还血，以牙还牙。大家无不表现出对国王的爱戴，他们为他泪流满地。共同的悲痛和每人各自的痛苦交织在一起。首领们被这晴天霹雳的一击显得不知所措，他们呆呆地站在国王的灵柩旁，不敢去想所遭受的损失程度。



克文希勒[①]对我们说，人们把在战役中从瑞典国王尸身上取下的血迹斑斑的皮胸甲送到了维也纳，当皇帝瞥见它时显得相当同情，这种同情很有可能是发自内心的。“我宁愿”，他喊道，“让这位不幸的人活得更长些，让他欢乐地返回他的王国，只要德意志兰变和平了！”但当一位新近的天主教作家把这种同情的表露夸奖成是一种不全是被迫的人类感情的证明，在外部的起义中早就有过的证明，仅仅自爱也会迫使最无感情的人作出的证明；而反证只可能在最粗野的灵魂中才能找到；最高的颂扬应隆重授予这种同情，它直可与亚历山大对大流士怀念时的宽宏大量相提并论时，他就唤醒了我们对他笔下英雄其他价值的怀疑，乃至对他自己道德尊严的理想更不信任。但即使是一种如此的赞扬，在皇帝那儿已经

① 克文希勒(Franz Christoph Khevenhiller，1588—1650)，奥地利的外交家和历史学家，著有《斐迪南年鉴》12 卷，为奥地利巴洛克历史学的主要代表。——译者

过分了，人们在为皇帝洗刷犯有谋杀瑞典国王嫌疑时就不能不发现这一点。

人想出人头地的强烈欲望会导致像古斯塔夫·阿道夫那样重要的人物不是自然地死去，而是死于非命。古斯塔夫·阿道夫，这个皇帝最可怕的对手的死对皇帝来说是一件重要的事：为了不在对立派那里激起如此明显的念头，即凡对皇帝有利的事都出自皇帝之手。但为实行这一黑色行动，皇帝需借助外人之手，而他也认为已找到了合适人选，即萨克森-劳恩堡公爵弗朗茨·阿尔贝特。这人的品级允许他自由而不受怀疑地接近君主。正是这种显爵便于不使人怀疑他在干卑鄙的勾当，现在只需表明，这位亲王有能力干这等丑事并且已受到足够的敦促着实去干此事了。

弗朗茨·阿尔贝特是劳恩堡公爵弗朗茨二世四个儿子中的幼子，由于母亲的缘故与华刹诸侯世系[①]有亲戚关系。早年他在瑞典宫廷受到欢迎。据说，他在王太后的房间里敢于对古斯塔夫·阿道夫采取不端行为，而被这个血气方刚的小青年扇了耳光。虽然他当即就后悔并作了最深刻的赔礼道歉，但在这位报复欲极强的公爵心上却埋下了刻骨仇恨的种子。弗朗茨·阿尔贝特随后便效忠于皇帝。他在皇帝那里统率一个军团，并和弗里德兰公爵过从甚密。他被派去与萨克森宫廷秘密谈判，这是有失其身份的事。没过多久，没有任何显著原因，弗朗茨·阿尔贝特便出乎意料地离开了奥地利麾下，出现在纽伦堡瑞典国王的军营里，作为见习官为瑞典国王效劳。凭借他对新教事业的热心和彬彬有礼、阿谀奉承



① 华刹（wasai）诸侯家族系瑞典的贵族世系。——译者

的言行很快博得了瑞典国王的好感，瑞典国王不顾奥克森斯梯尔纳的警告，仍对这位可疑的到来者施以恩宠和友好。不久便发生了吕茨恩战役，在这场战役中，弗朗茨·阿尔贝特像可恶的魔鬼一样始终傍在瑞典国王左右，直至瑞典国王牺牲才与他分离。在敌人的枪林弹雨中他毫发无伤，因为他身上系着一个代表皇帝方面人的绿色标识带。他第一个向他的朋友弗里德兰公爵密告瑞典国王牺牲的消息。这场战役后他便背弃瑞典一方，投靠萨克森。人们在谋杀瓦伦斯泰时，他也被作为瓦伦斯泰同谋被牵连进去，只是他发誓放弃自己的信仰，才免遭刽子手之剑。尔后，他以一名皇帝军队指挥官的身份出现在西里西亚，在施韦德尼茨前受伤而死。要承认像弗朗茨·阿尔贝特生涯的人是无罪的，这着实需要几分自制力。但是倘若从上述的缘由来阐明这种令人可恶行为在道义上和肉体上的可能性，那么一看就能指出，这些缘由也不允许对实际所犯之事构成合法的结论。众所周知，古斯塔夫·阿道夫同他军队里最普通的士兵一样面临着危险，并在成千上万战士阵亡的地方他也去找到他的阵亡归宿。他是如何死的，被掩盖在伸手不见五指的黑暗中。但这儿的原则比任何地方都有效得多，因为这儿事物的自然进程足够成为充分的解释理由，人的自然的尊严不会由于道义上的指责而受到侮辱。

不管瑞典国王死于何人之手，这一特殊的遭遇在我们看来是大自然的行为。尽管历史通常只局限于分门别类记载人类的热情的单调作用之类的乏味事件，但它偶尔也会像一个独特的摆从云端落入预计人类行动的钟表机构中，指点好思的英才去注意事物的更高序列。唯有这样才使我们把握古斯塔夫·阿道夫猝然从舞台上消失的原因。他的消失一下子使整个政治钟表机构停止了摆动，挫败了人类所有聪明的计算。昨日古斯塔夫·阿道夫还是位生龙活虎的英才，是创造的伟大而唯一的原动力，今天他在雄鹰飞翔时无情地一头栽倒那里，放弃了所有的计划，任凭他日趋成熟的希望种子急遽地死亡，让他孤苦伶仃的人马绝望地甩在后面。他昔日伟大的引以为豪的建筑尽化为废墟。新教世界很难放弃他们对这位不可战胜的首领所寄予的希望。他们害怕他们以前所有的幸福也会随他一起埋葬。但是，在吕茨恩倒下去的不再是德意志兰的行善人，古斯塔夫·阿道夫生涯中乐善好施的一半已经完结，他对德意志帝国的自由所做的最大功绩虽然尚能显示但却已夭折。他独揽一切的权力瓦解了，许多人试图加强他们的力量。瑞典国王这位超强的保护者模棱两可的资助造成等级会议值得称道的自救，而以前它只充当他扩张的工具。现在它开始为自身而工作，勇敢地去寻求拯救之道，而这不冒险是不能从强权手中得到的。瑞典的势力在蜕变为压迫者后，已经没有可能退居同盟者的地位了。

瑞典国王的虚荣心显而易见地在德意志兰寻求一种与诸等级的自由互不相容的权力，寻求一种在德意志帝国中心的持久占领。其目标是摘取皇冠，和由其势力支撑并由其行动维护的皇帝尊严，这种尊严在他手中的滥用程度远甚于奥地利世系家族。古斯塔夫·阿道夫生在外国，在专制准则的熏陶下长大。出于狂热的虔诚，他成了教皇派不共戴天的敌人。他不擅长巧妙地保护德意志宪法的圣物，不擅长尊重诸等级的自由。和许多其他城市一样，帝国城市奥格斯堡对瑞典王冠有失体统地宣誓效忠。它不仅把瑞典国王当作帝国的保护者，更把他当成帝国的征服者。这一城市为能拥有国王城的称号比享有帝国自由的光彩优先权更引以为荣，它事先就已为能成其新帝国的驻地而沾沾自喜。瑞典国王毫不隐讳对美茵茨大主教辖地的觊觎。他起初把美茵茨大主教辖地当作其女儿克里斯蒂娜的嫁妆许给勃兰登堡选侯亲王，后来又许给他的首相和朋友奥克森斯梯尔纳，这明显地表露出有朝一日他会有能力随意违反帝国的宪法。与他结盟的新教诸侯们有权得到他的感谢，但这种感谢不外乎是以牺牲他们的等级成员，特别是那些直属的教会机构为代价的。也许这样的计划已经制定，即把那些占领了的省份当作共同的掠获物，按那些涌入古罗马帝国的古代蛮族部落的方式，在他的德意志和瑞典战友间瓜分。从瑞典国王对普法尔茨伯爵弗里德里希的言行中便可看出，他整个否认英雄的宽宏大量和保护人的神圣品格。普法尔茨已落到他的手中，既是公正的义务也是名誉的义务均要求他把这个从西班牙人那里夺回的省份完好无损地归还合法的所有者。但他却用一种吹毛求疵的方式逃避了这种义务，这与他的伟大人物的盛誉极不相称，也玷污了"被迫害者保护人"这一令人起敬的名声。他把普法尔茨当作从敌人手中获得的占领地，有着随心所欲地支配它的权力。他把普法尔茨转让给普法尔茨伯爵并非出于义务，而是出于恩赐，进而把普法尔茨当作瑞典王冠的采邑，因为他提出的条件，是把普法尔茨的重要性缩小一半，并把普法尔茨选侯降为瑞典卑微的附庸。瑞典国王为普法尔茨伯爵规定的条件的一条写道：待战争结束后，普法尔茨伯爵应遵从其他诸侯之例，帮助赡养部分瑞典武装力量。由此可见，倘若瑞典国王一直时运甚佳的话，等待德意志兰的就是这样的命运。他的猝然谢世确保了德意志帝国的自由，也使他能流芳百世，不然的话他不止会受到伤害，并目睹自己的盟友对他武力相向，也会使他的所有胜利果实在一个不利的和约中失去。萨克森已准备脱离他这一派，他的强大军力已令丹麦惴惴不安和嫉妒，就连法国——他最重要的同盟者也被他急骤增大的势力和他傲慢的声调所惊愕。当瑞典国王过莱希河时，法国已意识到应寻找其他外国同盟势力阻止这个哥特人的胜利进程，在欧洲重新建立起力量的均势。

# 第四章

古斯塔夫·阿道夫费尽气力促成的德意志帝国新教各派间和睦一致的脆弱纽带随着他的死而断裂了，盟员们又回归到先前的涣散之中，或者他们得结成一个新的联盟。由于四分五裂，他们便失去了流血牺牲所得来的所有利益，并使他们不可避免地成为敌人掠获物的危险，而以前他们就单靠联合成长起来并曾经占据过优势。无论是瑞典人还是任何一个帝国等级都不能单独地同天主教同盟和皇帝抗衡，在这种情况下，人们寻求的和约可能会迫使敌人遵守，由此可见，联合既是缔结和约也是继续战争同样必要的条件，但在当今形势下寻求缔结的和约除了让联合势力处于劣势外别无其他。随着古斯塔夫·阿道夫的死敌人产生了新的希望。尽管吕茨恩会战后敌人的形势如何恶劣，但它的最危险的对手的死对联盟者来说无疑是一件更恶劣的事，而对皇帝来说则是喜从天降，使他对胜利抱有莫大期望，也激励他把战争继续下去。至少在目前，联盟者的分裂是瑞典国王的死引起的不可避免的结果，而皇帝和天主教同盟却从敌人的分裂中获得了多大的好处啊！皇帝不会为一个和约而放弃由于事情的现在转机允许他能获得如此的巨大利益。和约不能使他得到多大好处，而联盟者也不愿缔结这样的和约，因此最自然的结果是继续战争，而联合被认为是继续战争

最必不可少的手段。

但怎样才能重新促成这种联合？继续战争的力量从何而来？不是瑞典王国的势力，而是它死去的统治者的精神和个人威望才使它在德意志兰赢得占优势的影响，拥有这么多的追随者。瑞典国王也是在历尽千辛万苦后才在诸等级中联结起了一种松散和不稳定的纽带。随着他的死，由于他和他个人素质促成的东西统统随之烟消云散。诸等级所承担的义务随着义务立足的希望的破灭而归于停顿。诸等级中的多数急于摆脱这种令他们讨厌的束缚，另一些人则忙于夺取掌舵人的权力，他们以前就很不愿意看见掌舵人大权落在古斯塔夫·阿道夫手中，但他在世时，他们无力与其争锋。一些人被皇帝诱人的许诺蛊惑住了，离开了共同的联盟。另一些人被 14 年战争的艰难困苦压倒在地，怯懦地渴求一个哪怕是有害的和约。军队的首领部分是德意志诸侯，他们不承认一个共同的领头人物，互不相让。内阁与战场的和睦均消失了，共同的事业由于这种分离精神面临毁坏的危险。

古斯塔夫没有为瑞典王国留下男性继承人，其 6 岁的女儿克里斯蒂娜便成了王位的合法继承人。监护政府表现出来的不可避免的虚弱同瑞典在这危难时刻应表现的强大和果敢是不相容的。古斯塔夫·阿道夫的雄才大略为其弱小、鲜为人知的国家在欧洲列强中赢得一席地位。没有他的鸿运和才智这一国家是很难坚守住这一席位的；没有这种软弱无力的最可耻的表白，这一国家就不再会从这一席位上下来。如果说德意志战争绝大部分是由德意志兰的力量承担的，那么瑞典在财力和兵力上的小部分补助已压得这个寒酸的王国喘不过气来。乡民们无力担负强加在他们身上的大堆负担。从德意志兰获得的战利品也仅只富了个别的贵族和士兵等级，而瑞典本身依旧一贫如前。尽管民族的荣誉曾一度使颇感得意的臣民安于受压迫的状况，他们把缴纳的捐税看作是一种贷款，它可从古斯塔夫·阿道夫幸运之手中获得高额利息，一旦实现了光荣的和平，他们就可从这位值得感谢的君主那里获得暴利。但瑞典国王的死使这一希望化为乌有，绝望的人民异口同声地要求减轻负担。

然而古斯塔夫·阿道夫的精神还活跃在他委托管理王国的人中。尽管国王去世的噩耗使这些人惊惧不止，但这一消息并未使他们男子汉的勇气屈服。布伦努斯和汉尼拔领导下的古罗马精神还鼓舞着这个贵族院。他们为获得利益已付出了昂贵代价，他们不会轻而易举地放弃这些利益，不愿白白地失去国王。瑞典的王国枢密院被迫在胜负未卜、精疲力竭的战争折磨和一种有益的、但屈辱的和平之间作出抉择。这派人决定勇敢地去冒险，去争夺荣誉。人们惊讶地看着这个受人尊敬的元老院像一位精力充沛少年那样崛起。它内外受到警觉敌人的包围，王国所有边境上危机四伏，但它用聪明才智和英雄胆略武装起来反对所有这一切，在它致力于确保自己生存的同时，仍致力于对外扩张。

瑞典国王的逝世及其女儿克里斯蒂娜的未成年，又重新唤起了波兰对瑞典王位的老要求。国王拉迪斯劳斯——西吉斯蒙德之子为赢得瑞典一派人的支持，不断地进行商谈。鉴于这种情况，摄政者们刻不容缓地在斯德哥尔摩宣布6岁的女国王为统治者，并安排监护管理。王国的所有官员向新的女王宣誓效忠。他们中止了和波兰所有的信件往来，通过正式公文重申了几位前任国王反对西吉斯蒙德继承的声明，小心翼翼地恢复了和莫斯科沙皇的友谊，以利用这位诸侯的军队更好地牵制怀有敌意的波兰。古斯塔夫·阿道夫的去世消除了丹麦的妒忌，也打消了阻碍这两个邻国发展友好关系的顾虑。这位敌人想让克里斯蒂安四世武装起来反对瑞典王国的努力现在已无从着手。瑞典巧妙地利用了克里斯蒂安四世想让他的亲王乌尔里希同瑞典年轻的女王结为夫妻的急切愿望，使克里斯蒂安四世保守中立。与此同时，英国、荷兰和法国向瑞典王国枢密院许诺，他们将一如既往地继续保持同瑞典的友好关系，继续支持瑞典，鼓励瑞典王国枢密院戮力同心地把这场光荣的战争持续下去。值瑞典国王去世之际，法国越有理由指望成功，就越感觉到持续同瑞典联盟的必要。为使自己不遭受巨大危险，法国不能让瑞典在德意志兰的权益沉沦下去。一旦瑞典觉得自己力量不够，既会使它快速和奥地利缔结不利的和约，并使法国为限制奥地利这危险势力所作的所有努力统统付诸东流；或者会因困苦和绝望而使驻在天主教帝国诸侯邦国中的军队去寻求谋生之道，而法国便成了屈身于它的强大庇护的那些邦国的叛徒。古斯塔夫·阿道夫的阵亡远未消除法国与瑞典的联系，毋宁说这种联系对这两个国家来说变得更为必要，对法国来说更为有利。直至现在，当控制着德意志兰，遏制着法国对德意志边境掠夺欲的人去世之后，法国就可以无拘无束地实施对阿尔萨斯的计划了，可对需要它援助的德意志新教徒开出更高的价码。

借助联盟者的支持，瑞典势力有增无减。内部确保了安全，外部由精良的边防部队和舰队防守着，因此摄政者毫不犹豫地决定继续战争。在战争中瑞典自己不会失去什么。倘若瑞典军队吉星高照，瑞典还可以费用补偿或占领方式获得德意志的某个省份。倘若瑞典军队被逐出了德意志兰，或者像是自愿撤出德意志兰，那它就不再敢于确保它的海域的安全。前者是光荣的，后者是丢脸的。瑞典越是显示大胆，就越引起同盟者的信任，越引起敌人的敬畏，在缔结和约时条件就越有利。尽管瑞典目前兵力弱小，不能实现古斯塔夫的宏伟目标，但它应有古斯塔夫那种明知山有虎，偏向虎山行，除非万不得已才让步的光辉品行。遗憾的是，人们在作出继续战争的光荣决定时多半出于自私的动机，不能无保留地钦佩这个决定！对那些不曾亲身遭受战争苦难，相反依靠战争大发横财的人自然易于赞同继续战争，因为最终毕竟是德意志帝国在支付战争。他们算计过，只需派出所要求的少量军队，派出担任绝大部分德意志军队首领的统帅，依靠对武装进程和谈判的光荣监督，就能廉价地得到他们想得到的省份。

但眼下瑞典摄政者远离战场，对需要协商的事务形式的迟钝，这样是不能与监督相协调的。权力应授予一位德才等诸方兼备的人物。他在德意志兰能照料瑞典王国的利益，能按照自己的判断决定战争、和平和缔结必要的联盟及处理获得的战利品。这位重要的高级官员必须具有独裁的权力和他所代表的王座的全部威望，方能确保王座的体面，协调共同的军事行动，强调自己的安排，在任何方面均能替代他所跟随的君主。王国首相奥克森斯梯尔纳就是这样的人选，他是首席大臣，据说还是已故国王的挚友，知晓其君主的所有秘密，谙熟德意志事务和欧洲各国间的关系，毋庸讳言，奥克森斯梯尔纳是能圆满执行古斯塔夫·阿道夫计划最干练的人物。

奥克森斯梯尔纳在哈瑙惊悉瑞典国王去世的消息的。其时，他为集合上德意志兰 4 个县区，正在赶赴上德意志兰的途中。这个可怕的打击刺穿了这位朋友的心，使这位政治家失去了思考力，夺走了他所有的精神寄托。瑞典失去了唯一的一位国王，德意志兰失去了唯一的一位保护人，奥克森斯梯尔纳失去了他的造福者，失去了心心相印的朋友和理想的支柱。尽管在所有遭受不幸者中奥克森斯梯尔纳遭受的不幸最大，但他也是第一个依靠自己的力量振作起来的人，也是唯一能重整旗鼓的人。他锐利的目光洞察到阻碍他实现计划的所有障碍：等级会议的垂头丧气、敌对宫廷的阴谋诡计、同盟者的分崩离析、将领们的妒忌和帝国诸侯对屈服于外来统治的厌恶。他深邃的目光不仅洞察到了当时的局势，发现了各种非常不利因素，但也使他看见了克服这些不利因素的办法。当务之急是鼓起软弱的帝国等级会议日益消沉的勇气，挫败敌人的阴谋诡计，体谅较强大联盟者的忌妒，促使那些表示友好的强权，特别是法国，给以积极的资助，首先把德意志联邦的残余部分集中起来，使该派的分离力量联合成紧密和坚固的纽带。德意志新教徒最高首领的牺牲给德意志新教徒带来的惊愕，既会推动他们与皇帝仓促媾和，同样也会促使他们与瑞典结成更坚固的同盟，这两者究竟哪一个会发生，取决于人们的密切关注。一旦瑞典表现得心灰意懒的话，则满盘皆输。瑞典只有满怀信心，才能在德意志人中激发起自信心。一旦瑞典向德意志新教徒指明了他们的真正利益，并促使他们公开和正式与皇帝决裂，那么瑞典就挫败了奥地利宫廷想促使新教徒脱离瑞典联盟的所有企图。

毫无疑问，对瑞典军队来说在实施这些措施和协调政府与大

臣的意见时着实要失去许多宝贵时间，这会给敌人以可乘之机。当时，倘若弗里德兰公爵明智的建议被皇帝采纳，要否肃清瑞典在德意志兰的势力就取决于皇帝了。瓦伦斯泰向皇帝建议，宣布大赦天下，用更为有利的条件迎合新教诸等级。新教徒在刚听到古斯塔夫·阿道夫阵亡消息引起的最初震惊之际宣布这样的声明，无疑会起到决定性的作用，那些看风使舵的诸等级就会拜倒在皇帝膝下。然而这出其不意的机遇使皇帝丧失了理智，他被西班牙的教唆迷住了心窍，没有听从这些调解建议，期待着其军队能取得更加辉煌的战绩。西班牙靠教皇许诺给他的教会地产的什一税大发横财，它预支了一笔巨款支持皇帝，在萨克森宫廷为皇帝谈判，让人在意大利为德意志兰招兵买马。巴伐利亚选侯也大大扩充了兵力。精神不安分的洛林公爵在这命运变化关头也不愿无动于衷地坐失良机。但在敌人乘瑞典之危忙得不可开交之际，奥克森斯梯尔纳也在竭力消除由于瑞典国王的谢世而带来的不利因素。

奥克森斯梯尔纳对与瑞典结交势力嫉妒的害怕程度远甚于对公开敌人的害怕。他在确保了所获的占领和联盟之后，就离开了上德意志兰，亲自赶赴下德意志兰，以制止那里的等级会议完全倒戈或私下缔结对瑞典不利的盟约。瑞典首相在处理事务中表现出来的独断专行极大地伤害了萨克森选侯，其内心深处对受瑞典贵族束缚极为恼火，因此，他又重新干起了同瑞典分离的危险勾当。问题仅仅在于，是同皇帝整个地和解呢？还是去充当新教徒的首脑，与他们在德意志兰建立起第三阵营？不伦瑞克的乌尔里希公爵也有类似的想法。他拒绝瑞典人在其邦国征兵，邀请下萨克森等级会议到吕纳堡去共商结盟事宜，再清楚不过地暴露了他的想法。勃兰登堡选侯对萨克森选侯想在下德意志兰扩大影响充满嫉妒，唯独他对瑞典王座还表现出几分热情，他相信瑞典王冠将会落到其儿子头上。奥克森斯梯尔纳虽然在约翰·格奥尔格的宫廷里受到了最隆重的接待，但他从这位选侯那里只得到了对继续保持友好关系的犹豫不定的许诺，勃兰登堡选侯的亲自劝说也无济于事。奥克森斯梯尔纳在不伦瑞克公爵那里较为走运，他对后者使用了比较聪明的说辞。以前瑞典曾占领了马格德堡大主教领地，该领地的主教拥有把下萨克森县区联合起来的权限。奥克森斯梯尔纳利用了他的王座的权利，凭借必须绝对服从的命令挫败了这一令人忧虑的集会。但是一般新教徒的联合——他这次旅行的主要目的和所有未来的努力却没有成功，而且永远也不会成功了。奥克森斯梯尔纳这次只能以与萨克森各区结成单个的、不可靠的联盟和从上德意志兰获得较小的帮助为满足。

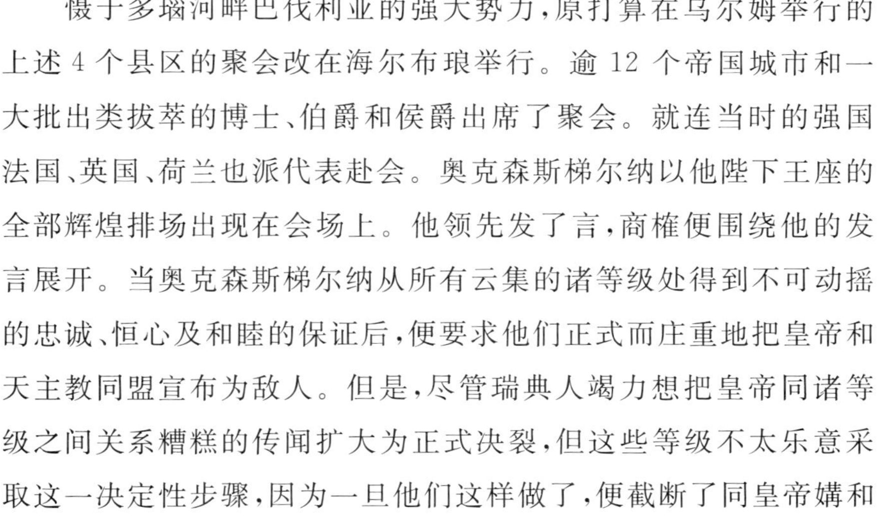

慑于多瑙河畔巴伐利亚的强大势力，原打算在乌尔姆举行的上述4个县区的聚会改在海尔布琅举行。逾12个帝国城市和一大批出类拔萃的博士、伯爵和侯爵出席了聚会。就连当时的强国法国、英国、荷兰也派代表赴会。奥克森斯梯尔纳以他陛下王座的全部辉煌排场出现在会场上。他领先发了言，商榷便围绕他的发言展开。当奥克森斯梯尔纳从所有云集的诸等级处得到不可动摇的忠诚、恒心及和睦的保证后，便要求他们正式而庄重地把皇帝和天主教同盟宣布为敌人。但是，尽管瑞典人竭力想把皇帝同诸等级之间关系糟糕的传闻扩大为正式决裂，但这些等级不太乐意采取这一决定性步骤，因为一旦他们这样做了，便截断了同皇帝媾和的所有可能性，而瑞典人正是想通过此途把他们的命运掌握在自己手中。他们认为没有必要正式宣战，宣战是多余的，因为行动本身已是宣战了。他们的坚决抵制，让瑞典首相只好缄默不语。围绕着商榷中的第三点，即最主要的一点大家展开了激烈争论。这一点涉及如何持续战争和决定各等级为维持军队给养须交付的费用。奥克森斯梯尔纳认为诸等级在力所能及的范围内应尽可能多地加以普遍负担，他的这一原则同诸等级力争少出捐助的宗旨无法协调一致。此时这位瑞典首相深切地感受到了他前面的30位皇帝体验到的实情：在所有棘手的事中，最难办的莫过于从德意志人那里索取钱财。诸等级不仅没有答应出一笔必要款目的钱，反而凭他们的伶牙俐齿向奥克森斯梯尔纳诉说已有的负担给他们带来的所有不幸，并要求减轻以往的负担。瑞典首相要求诸等级出钱败坏了诸等级的脾胃，他们把怨气都发泄了出来，以致部队在行军中和宿营地都真正表现得令人毛骨悚然的放荡不羁。

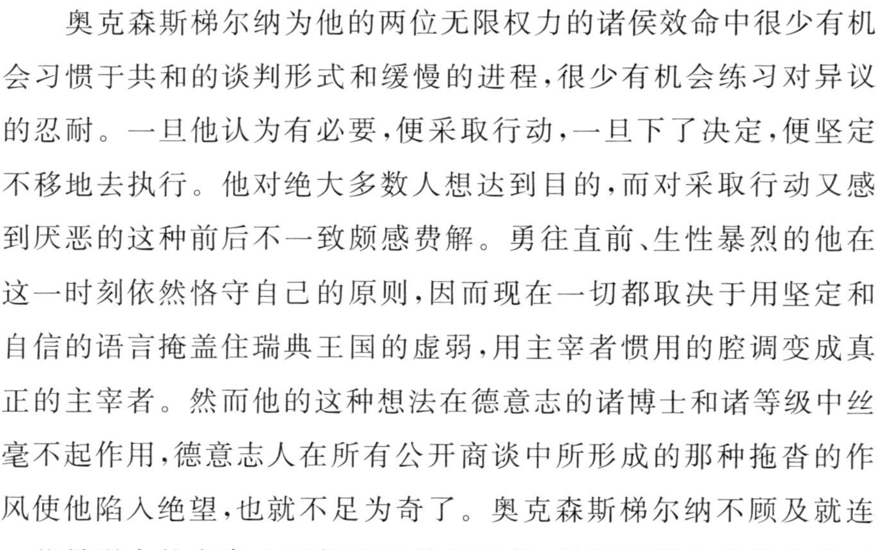

奥克森斯梯尔纳为他的两位无限权力的诸侯效命中很少有机会习惯于共和的谈判形式和缓慢的进程，很少有机会练习对异议的忍耐。一旦他认为有必要，便采取行动，一旦下了决定，便坚定不移地去执行。他对绝大多数人想达到目的，而对采取行动又感到厌恶的这种前后不一致颇感费解。勇往直前、生性暴烈的他在这一时刻依然恪守自己的原则，因而现在一切都取决于用坚定和自信的语言掩盖住瑞典王国的虚弱，用主宰者惯用的腔调变成真正的主宰者。然而他的这种想法在德意志的诸博士和诸等级中丝毫不起作用，德意志人在所有公开商谈中所形成的那种拖沓的作风使他陷入绝望，也就不足为奇了。奥克森斯梯尔纳不顾及就连一些最强大的皇帝也不得不迁就的习俗，抛开了所有非常有助于德意志的懒散的书面磋商。他不能理解他们怎么会为一个问题接连讨论10天，而这一问题在他看来单凭一个报告即可解决。尽管奥克森斯梯尔纳对诸等级表现得很强硬，但他发现诸等级还是很殷勤地、很乐意地同意他发言中涉及他本人的第四点动议。当谈及须为建立起来的同盟推选一名带头人和总管时，大家一致同意这项荣誉应归瑞典，并卑躬屈节地恳请奥克森斯梯尔纳用其卓越才华为共同事业效劳，由他担任指挥官。为防止奥克森斯梯尔纳滥用委托给他的巨大权力，在法国的影响下，他们以助手名义在他身旁安插了一大批监督员，以管理同盟的金库，并有权共商有关征兵、部队的进军和扎营诸事宜。奥克森斯梯尔纳竭力反对限制其权力，因为这样他在执行任何快讯或秘密计划时变得困难了。他费尽口舌终于获得了在战争事务中按照自己意愿办事的自由。最后奥克森斯梯尔纳提及了补偿这一棘手问题。待战争结束后，瑞典可望从他的联盟者那里得到答谢。奥克森斯梯尔纳以有望得到波美拉尼亚而聊以自慰，瑞典特别看重这一省份，各等级许下竭力支持瑞典得到这一省份的诺言。但是，至于在未来和约中彼此不能背弃这一点只停留于泛泛的空洞的保证。诸等级对这一问题如此谨慎，并非出于对帝国宪法的敬畏，而是表明了他们要以最神圣的帝国法律为代价，向奥克森斯梯尔纳表现出慷慨大方。他们甚至没能把本来就在奥克森斯梯尔纳占领着的美茵茨大主教领作为报酬赠送给他而感到些许欠缺，实际上奥克森斯梯尔纳已把美茵茨作为征服地占为己有。法国公使费了九牛二虎之力才阻挠了这一既不明智又丢脸的一步。尽管奥克森斯梯尔纳没有实现他的全部愿望，但他毕竟达到了他的最主要目的，即为他的王座和自己得

到了这整个的总管权，使得上德意志的 4 个区县的等级会议之间结成更为紧密和牢固的联系，并获得每年 250 万塔勒的军队给养金。

为向瑞典方表示谢忱，诸等级方作出了如许的让步。古斯塔夫·阿道夫死后没过几周，忧伤也终结了普法尔茨伯爵弗里德里希不幸的生命。这位可悲的诸侯在 8 个月中充当了其保护人的“侍臣”，结果是耗尽了自身剩余的财富。当死神剥夺了他保护者生命后，他的愿望终于要实现了，在他面前展现出可喜的前景。在弗里德里希看来是最不幸的事，对他的继承人来说却是最有利的结果。古斯塔夫·阿道夫可以放肆地迁延归还他的邦国，并对归还这份礼物提出苛刻条件，而对奥克森斯梯尔纳来说，英国、荷兰、勃兰登堡的友谊和改革派诸等级的善意建议更为重要，他必须干得正义公道，因此就在海尔布琅大会上把已占领的或正在占领的普法尔茨邦领转交给弗里德里希的后人，唯独曼海姆是例外，在偿还所花的费用前仍由瑞典人占据。奥克森斯梯尔纳不仅对普法尔茨家族表现出盛情，对其他与之结盟的帝国诸侯，也得到了瑞典的感谢，虽然为时稍晚，这种感谢对瑞典王座来说不用付出多大代价。

超党派性是历史学家最神圣的义务。这种义务促使他们承认，德意志自由的维护者做事也不是很光彩的。尽管新教诸侯们自以为他们的事业是如何的正义，他们的热忱是如何的纯洁，其实他们这样做绝大部分均出于自私自利的动机。掠夺的欲望与害怕自己被劫掠，至少在参与最初的敌对行动中，分量是同样多的。古斯塔夫·阿道夫很快便发现，他从这种不纯的动机中能得到的，远远超过从他们爱国情绪中所能得到的，因而不停地加以利用。他向每一个与他结盟的诸侯保证，乐意把他们从敌人那里夺取到的或正在夺取的领地送给他们，但死神阻挠了他兑现诺言。聪明才智给瑞典国王的启示为他的后继人提供了这种必需。如果奥克森斯梯尔纳想延长战争，他就必须与同他结盟的诸侯分享掳获物，让他们从他想维持的战乱中得到实惠。因此，奥克森斯梯尔纳把帕德博恩的一些主教领地、科尔维、明斯特和富耳达许诺给黑森邦伯；把法兰克尼亚主教辖区许诺给魏玛的贝恩哈德公爵；把符腾堡的教会地产和奥地利的伯爵领许诺给符腾堡公爵，所有这一切都以瑞典采邑的名义赐予的。这一出荒谬的不尊重德意志人的闹剧使奥克森斯梯尔纳本人也感到惊讶，几乎不能掩饰住他的鄙视。一次他说，“人们会把这记录在我们的档案里的，作永久纪念：一名德意志帝国诸侯曾向一名瑞典贵族要求得到这些东西，而一名瑞典贵族曾在德意志土地上把这些地盘分给德意志诸侯”。

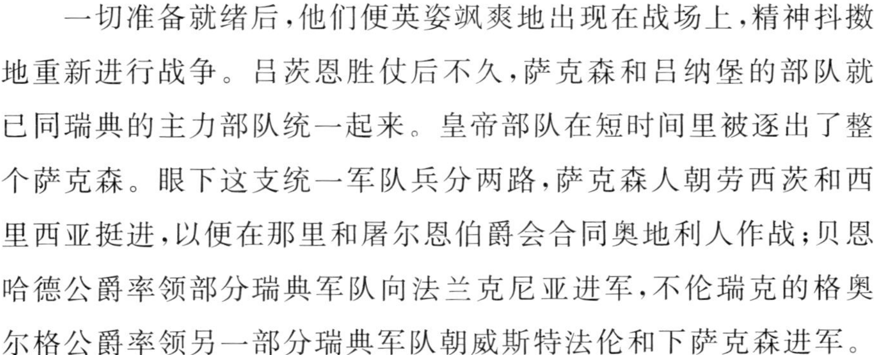

一切准备就绪后，他们便英姿飒爽地出现在战场上，精神抖擞地重新进行战争。吕茨恩胜仗后不久，萨克森和吕纳堡的部队就已同瑞典的主力部队统一起来。皇帝部队在短时间里被逐出了整个萨克森。眼下这支统一军队兵分两路，萨克森人朝劳西茨和西里西亚挺进，以便在那里和屠尔恩伯爵会合同奥地利人作战；贝恩哈德公爵率领部分瑞典军队向法兰克尼亚进军，不伦瑞克的格奥尔格公爵率领另一部分瑞典军队朝威斯特法伦和下萨克森进军。

当古斯塔夫·阿道夫向萨克森挺进时，比肯费尔德伯爵和瑞典将军巴纳保卫着莱希河畔和多瑙河畔的占领地，抗御巴伐利亚人。然而他们兵力太弱，招架不住巴伐利亚人胜利的进程，此时巴伐利亚人受骁勇善战的皇帝将军阿尔特林格尔指挥。在这种情况下，比肯费尔德伯爵和巴纳只得召瑞典将军霍恩从阿尔萨斯赶来增援。富有战争经验的霍恩将军把本费尔德、施莱特斯塔特、科尔马和哈根瑙诸城归瑞典统治并授权莱茵伯爵奥托·路德维希保卫这些城市后，火速渡过莱茵河，赶来增援巴纳的军队。尽管部队增至1.6万人，还是无法阻挡住敌人，后者在士瓦本边境站稳了脚跟，占领了肯普滕并从波希米亚抽调7个军团。为固守莱希河和多瑙河的重要河岸，莱茵伯爵奥托·路德维希撤出了阿尔萨斯。彼处自霍恩开拔后，他曾致力于防卫受招募的乡民。现在他也不得不率部队去加强多瑙河畔的兵力。由于这支增援部队还不够，人们便急切请求魏玛的贝恩哈德公爵把他的军队派往这一地区。

1633年的战役一打响，贝恩哈德便强占了班贝克城和班贝克整个主教议事区，并为武尔茨堡也设想了类似的命运。应古斯塔夫·霍恩之邀请，他毫不延宕地向多瑙河挺进，途中击败了一支由约翰·冯·维尔特率领的巴伐利亚军队。在多瑙沃尔特，与瑞典人联合起来。这支浩大的、由出类拔萃的将领们指挥的军队以可怕的入侵之势威胁着巴伐利亚。占领军充斥着整个艾希斯泰特主教辖区。一个叛变者答应让英戈尔斯塔特落到瑞典人手中。阿尔特林格尔的活动受到弗里得兰公爵明确规定的束缚，没能得到来自波希米亚的帮助，难以对抗敌军冲击。因此，瑞典人的武装在这一地区取胜的所有有利条件都具备了，可是由于军官们的哗变，军队的行动戛然而止。

瑞典人在德意志兰所获得的一切都应归功于军队，就连古斯塔夫·阿道夫的伟大也是军队的杰作，是他们严密的纪律性、他们的勇敢顽强和在无比危险与艰难中所表现出来的持久勇气的结果。人们在内阁中制订的计划最终得靠军队执行，首领们一再扩充的计划只是加重了战士们的负担。这场战争中所有重大决定均是战士们在冬季远征、进军、冲锋和公开的战役中通过一种真正残酷的牺牲被迫作出的。古斯塔夫·阿道夫的原则是：只要战争不要他付出比人员更多的东西，就绝不对任何一场胜利丧失勇气和信心。战士们的重要性不能长期被掩盖，他们有权要求分享用他们鲜血换来的收益。但在大多数情况下，战士们几乎连应发给他们的军饷都得不到。一些首领们的利欲熏心或国家的需要通常已吞噬了勒索到的绝大部分款项和获得的地产。没有什么来补偿战士们付出的所有辛劳，他们只能无把握地期待着抢掠或获得晋升，但他们的希望经常落空。古斯塔夫·阿道夫在世时，害怕和希望虽然压制着不满情绪的爆发。但在他归西之后，普遍的不满就迸发出来。战士们正是抓住这最危险的时刻强调他们的重要性。两位军官——普菲尔和米茨拉夫在瑞典国王活着时就以不安分的坏念头而臭名昭著，现在他们在多瑙河畔的军营里作出了榜样，没过几天，就让军队中的军官们步了他们的后尘。他们用誓言或握手结盟，表示再也不服从命令，直至付清几个月和几年来所欠的军饷并答应给每人一份差强人意的金钱或不动产的报酬为止。他们对别人说，每天都能洗劫到一笔巨款，所有这些钱都落到了少数人手里。他们在冰天雪地里作战，但人们对他们这种无尽头的工作从不表示感谢。在海尔布琅人们大肆抱怨战士们的行为，但没有人想到他们的功绩。学者们把占领和胜利写进书里，而所有这些胜利都是他们亲手取得的。部队的不满情绪与日俱增，他们想用信

件鼓动驻扎在莱茵河畔和萨克森的军队起来反抗，幸而这封信被截获了。魏玛的贝恩哈德的劝诫和比他更为严厉的助手的训斥均未能遏制住这种骚乱，后者严厉的措施反而更激起他们的怒火。他们坚持，为清偿未付的军饷必须给每个军团一些城市。他们给瑞典宰相 4 周期限，让他设法满足他们的要求，不然的话，他们会自己寻求偿清军饷的办法，并再也不为瑞典效劳了。

战士们提出这一令人难堪的警告时，正值战款耗尽、信贷下跌之际，瑞典首相由此陷入了绝境。在这种乱局尚未蔓延到其他部队，所有军队还没一下子倒向敌人之前，奥克森斯梯尔纳得迅速找到补救办法。瑞典所有将领中只有贝恩哈德公爵威望卓著，唯独他能调解这场纠纷。他深受军队的爱戴，他明智的自制力赢得了战士们的信任，其丰富的作战阅历令战士们惊叹不已。现在他担负起平息这支乱军的任务。他深知自己的重要性，他要把握有利时机首先为自己打算，利用瑞典首相的窘困迫使他满足自己的要求。

早在古斯塔夫·阿道夫在世时就已答应把班贝克和武尔茨堡两个大主教领地合成的法兰克尼亚公爵领地赠送给贝恩哈德公爵。现在贝恩哈德公爵急切地要兑现这一诺言，同时要求在战争中作为瑞典的总司令拥有总指挥权。贝恩哈德想利用自身的不可或缺性大捞一把的作为令奥克森斯梯尔纳怒火中烧，在最初的片刻他想解除贝恩哈德的瑞典职务。但他马上想出了一个更好的主意。他决定无论付出多大代价，也不要失去这样一位重要统帅，要把他同瑞典的利益绑在一起。他把法兰克尼亚主教辖区作为瑞典国王的采邑授予他，但保留了武尔茨堡和柯尼斯霍芬这两个要塞，它们仍由瑞典人占领。奥克森斯梯尔纳用他的国王名义担保让贝恩哈德拥有这些领地，并以适度的责备拒绝了贝恩哈德所要求的对整个瑞典军力的总指挥权。没多加犹豫，贝恩哈德公爵便对奥克森斯梯尔纳作出的这一重大牺牲表示感谢。凭借其威望和活动，他很快平息了军队的骚乱。一大笔现金分给了军官，还有远为多的地产总数，约估500万塔勒。军官们对这些地产除占有外，不享有别的权利。瑞典在此期间贻误了采取大规模军事行动的时机，会合起来的将领便分头去抵抗其他地区的敌人。

古斯塔夫·霍恩在对上普法尔茨进行了短时间的进攻并占领了诺伊马克特之后，便向士瓦本边境挺进。在此期间，皇帝的人马在那里得到了相当的加强并以毁灭性的进攻威胁着符腾堡。古斯塔夫·霍恩的逼近把他们吓跑了，他们把队伍拉到博登湖畔，但这无异于向瑞典人指明这是进入从未涉足过的地区之路。占领瑞士的入口处对瑞典人来说非同小可。康斯特涅茨城特别巧妙地与瑞士联邦联合起来。古斯塔夫·霍恩于是马上准备围攻康斯特涅茨城。但火炮阙如，他只得命令人从符腾堡那里把火炮运过来，因此不能很快进行围攻，但只有快速行动才使敌人没有足够的时间为这一城市解围，敌人从博登湖那里能轻而易举地过来为康斯特涅茨城解围。经过几次徒劳尝试后，为去对付多瑙河畔一个更为紧迫的情况，霍恩离开了康斯特涅茨城和这一地区。

应皇帝请求，红衣主教王子——西班牙腓力浦四世的兄弟兼米兰总督，武装了一支1.4万人的军队。这支军队不受瓦伦斯泰的指挥，驻防在莱茵河畔开展活动，并保卫阿尔萨斯。现在它由西班牙人费里阿公爵指挥，出现在巴伐利亚。为尽快让这支军队与瑞典人作战，阿尔特林格尔奉命迅速率领他的部队与之会合。古斯塔夫·霍恩一听到这支军队出现的消息，便把比肯费尔德的普法尔茨伯爵从莱茵河调过来加强力量。当霍恩在施托卡赫与比肯费尔德伯爵会合之后，便大胆地向拥有3万名士兵的强敌逼近。敌人过多瑙河向士瓦本进军，有一阵子霍恩军队同敌军只相隔半英里。但皇帝军队未接受挑战，而是过瓦尔德斯泰特向布赖斯高和阿尔萨斯进军。他们来得恰逢其时，正好给布莱萨赫解围，阻遏莱茵伯爵奥托·路德维希的胜利进军。奥托·路德维希不久前占领了瓦尔德斯泰特，借助于解放了下普法尔茨、击败了洛林公爵的比肯费尔德伯爵的支持，使瑞典军队在这一地区重新占据了优势。现在尽管他得避开敌人的优势兵力，但不久霍恩和比肯费尔德伯爵就赶来增援他。皇帝军队在取得短暂的胜利之后又重新被逐出了阿尔萨斯。这次不幸的撤退正逢恶劣的秋季，绝大多数意大利士兵命赴黄泉，就连他们的首领费里阿公爵也由于这次败仗而忧伤致死。

在此期间，魏玛的贝恩哈德公爵率领18个步兵军团和140名骑兵队旗手在多瑙河畔摆开了阵势，这样一方面可掩护法兰克尼亚，另一方面可监视皇帝-巴伐利亚联军在多瑙河的动向。为投奔费里阿公爵的意大利军队，阿尔特林格尔好不容易撤出了这一地区。贝恩哈德钻了阿尔特林格尔不在的空子，赶紧过多瑙河，闪电般地出现在累根斯堡。占据累根斯堡非常有利于瑞典对巴伐利亚和奥地利采取军事行动，这样他们便能在多瑙河站稳脚跟，一旦遇到不测，有一个安全的避难所，此外，占据这一地区使瑞典军队能持续掠夺这些邦国。保护累根斯堡，这是垂危的悌利给巴伐利亚选侯最后的紧迫建议。古斯塔夫·阿道夫曾抱怨巴伐利亚人领先占领这一地区对他来说是一个无法弥补的损失。因此,当贝恩哈德突袭这一城市并真地准备围攻这一城市时,马克西米利安的惊恐是难以用语言描述的。

大约近15个中队的驻防军担负着保卫累根斯堡的任务,其中绝大多数是新招募来的部队,一旦这支军队得到抱有好意的、好战的市民的支持,足以挫败最占优势的敌人。但巴伐利亚的卫戍部队却把这些市民看成是最危险的、必须制服的敌人。累根斯堡的新教居民可望获得信仰自由和帝国自由,他们不愿受制于巴伐利亚的桎梏,早已急不可耐地盼望着救星的出现。贝恩哈德出现在他们的城下时令他们欣喜若狂。敌人很害怕市民们会在内部发动骚乱去配合围攻者的进攻。巴伐利亚选侯在窘困之际给皇帝写了封感人肺腑的信,让他请弗里德兰公爵派5000名士兵赶来救援。为此,斐迪南接连给瓦伦斯泰派去7名急使。瓦伦斯泰答应尽快提供帮助,并真的请加拉斯告诉巴伐利亚选侯已有1.2万名士兵快要到达。但这位受到过生活惩罚的统帅并没有真地动身。在这期间,累根斯堡的巴伐利亚驻军期待着马上就能解围,做了最好的保卫准备,武装了信仰天主教的农民,解除了信仰新教市民的武装,并严密监视他们,不让他们对卫戍部队干出危险的事。但敌方的火炮以不间断的攻势猛攻要塞,解围部队却迟迟不出现,在这种情况下,巴伐利亚选侯只得用适时的投降来保全自己和卫戍部队,把巴伐利亚的官员和神职人员寄托于胜利者的仁慈。

占领累根斯堡之后,贝恩哈德公爵扩充了计划。巴伐利亚远不能满足他大胆的勇气,他要直捣奥地利边境,把新教乡民武装起

来反对皇帝，使他们重新获得宗教自由。另一名瑞典统帅征服多瑙河北岸时，贝恩哈德已占领了施特劳宾，他不顾恶劣天气，以瑞典人为先锋，率军抵达了伊萨尔河口，并在彼处扎营的巴伐利亚将军维尔特的眼皮下渡过伊萨尔河。眼下轮到帕骚和林茨胆战心惊了。惊恐万状的皇帝再三警告瓦伦斯泰，命令他以最快的速度增援处于困境的巴伐利亚。但取胜的贝恩哈德把这里作为他占领的自愿目的地。他的前面是莱茵河，由众多坚固不拔的宫堡保护着，后面是两支敌方军队，一个不怀好意的邦和伊萨尔河，在那里没有一个可设防的地方能掩护其背，冰冻的土地无法修筑防御工事，又受到瓦伦斯泰整个兵力的威胁，瓦伦斯泰已最终决定向多瑙河移师，贝恩哈德及时撤退，避免了同累根斯堡相截断和受敌人包围的危险。他快速渡过伊萨尔河和多瑙河，赶去保卫上普法尔茨的占领地，对抗瓦伦斯泰并想亲自与这位统帅决一雌雄。但瓦伦斯泰压根儿没想到在多瑙河畔创造伟业，他并没有等到贝恩哈德逼近，在巴伐利亚人还没有开始为他的到来而感到高兴之前，便向波希米亚扬长而去。贝恩哈德结束了其光荣远征，恩赐他的部队在敌人的土地上作理应享受的冬季小憩。



当古斯塔夫·霍恩在士瓦本，比肯费尔德普法尔茨伯爵、鲍迪辛将军和莱茵伯爵奥托·路德维希在上莱茵河和下莱茵河，贝恩哈德公爵在多瑙河畔频频告捷之际，吕纳堡公爵和黑森-卡塞尔邦伯指挥下的瑞典方武装在下萨克森和威斯特伐伦也频频取得光辉胜利。经过一场激战，格奥尔格公爵占领了哈默尔恩要塞。瑞典和黑森联军在奥尔登多尔夫对在威悉河指挥的皇帝军将军格龙斯费尔德取得了辉煌胜利。在这场战役中，华萨堡伯爵——古斯塔夫·阿道夫的私生子表明了他不愧是古斯塔夫的后代。16门大炮，皇帝方的所有辎重和74面军旗均落到了瑞典方手中。约3000名敌人毙命于疆场，也有同样多的人成了俘虏。瑞典上校克尼帕豪森逼迫奥斯纳布吕克城投降，黑森-卡塞尔邦伯逼迫帕德博恩城投降。然而对瑞典人极为重要的地方——布开堡却落到了皇帝人手里。几乎在德意志兰各地都可看到瑞典武装的胜利。在古斯塔夫·阿道夫去世的第二年里还没有显露出失去这位伟大领袖所带来的损失。

在提及1633年标志性战役的重要事件时，一位人们抱有最大期望的伟人按兵不动令人骇异不止。我们已叙述了所有将领在这场战争中的业绩，在所有这些将领中没有一个人在军事阅历、才略和战争荣誉方面能与瓦伦斯泰匹敌，但瓦伦斯泰自吕茨恩会战后便销声匿迹了。按理他的伟大对手阵亡后他能独揽荣誉了，欧洲把整个注意力都倾注到他将创造的伟绩上，这伟绩将抹去他吃败仗的记忆并宣告他在世界军事艺术中所占的优势。然而瓦伦斯泰却在波希米亚按兵不动，而此时皇帝在巴伐利亚、下萨克森和莱茵河失利后一再急切地要求他出场。他迟迟不出场对他朋友和敌人都是个捉摸不透的秘密，惊吓了皇帝，同时也使他抱着最后希望。吕茨恩会战败北后，瓦伦斯泰以难以解释的匆忙奔赴波希米亚王国。在那里他详细地分析了其军官们在这场战役中的行为，军事法庭无情地判处那些被认为有罪的人死刑，用国王般的宽宏大量酬报那些表现勇敢的人，用庄严的纪念碑永远怀念那些可爱的人。为吸干奥地利邦国的马克，他故意不在敌人的邦国，而在皇帝的省份作冬季宿营，整个冬天向这些领地征收高额的战争特种税。他

并没有率领他那训练有素和精选出来的军队在1633年开春之际领先打响战役，奋起他的整个统帅神威，而是最后一个出现在战场上，就是现在他也把战场设在皇帝的世袭领地上。在所有奥地利省份中，西里西亚遭到最大的危险。三支不同的军队，一支由图尔恩伯爵率领的瑞典军队、一支由阿恩海姆和劳恩堡公爵率领的萨克森军队和一支由布尔格斯多尔夫率领的勃兰登堡军队，同时在这一省份引燃战火。他们已占领了最重要的地方，就连布勒斯劳也被联盟的一方攻克了。然而正是这批将领和军队拯救了皇帝的这一领地。将领们相互间充满了嫉妒，瑞典人和萨克森人视若仇雠，他们不能协同一致行动。阿恩海姆和图尔恩为争夺最高职位钩心斗角。勃兰登堡人和萨克森人齐心协力，竭力反对瑞典人，他们把瑞典人视为多余的外国人，尽力排斥他们。相反萨克森人和皇帝方面的人却相处甚欢，两支敌对军队的军官们经常互访并盛宴款待。萨克森人见皇帝方面的人弄走他们的财物也不加阻挠，许多人毫不隐讳他们从维也纳得到巨款。在联盟方有思想分歧的情况下，瑞典人被出卖和背叛了，显然在这种极难谅解的情况下要想大规模的行动是不可能的，就连阿恩海姆将军绝大部分时间也不在营地，当他终于回到部队时，瓦伦斯泰已是重兵压境。

瓦伦斯泰率领4万名士兵开了进来。联盟方以约2.4万名士兵迎战。尽管兵力悬殊，联盟军还是想打上一仗，他们来到了瓦伦斯泰筑了防御工事的明斯特贝格。但瓦伦斯泰让他们徒劳地等了8天，没有采取一点儿行动，然后他离开了防御工事，以平稳的、自傲的步履从他们的营地经过。就在他现身之后，经常得到那些比较大胆的敌人之助，但他并不利用这个战机。他谨慎地避免这场战役，被人看成是一种胆怯，但瓦伦斯泰敢用昔日的统帅荣誉冒这种猜疑的风险。联盟军的自负使他们意识不到瓦伦斯泰在作弄他们，意识不到他是在慷慨地向他们赠送失败，因为在瓦伦斯泰看来，现在犯不着去战胜他们。但为了向他们表明他是主宰者，他眼下不采取行动并非是出于对他们力量的害怕，他让人击倒一名落在其手的宫堡指挥官，因为该指挥官没有马上交出一块守不住的阵地。

就这样两支军队以滑膛枪射程的间距对峙了整整 9 天，直到瓦伦斯泰军队里的特茨基伯爵带着一个吹小号的人出现在联盟军营前，邀请阿恩海姆将军去会谈。在会谈中，兵力占优势的瓦伦斯泰建议停战 6 周。他说：他是为与瑞典人和帝国诸侯缔结永恒的和平而来的，是为了酬报战士，使每个人都满意而来的。所有这一切都掌握在他手中，倘若维也纳的人对此抱有反感，那么他愿意和联盟军联合起来，（他在阿恩海姆的耳旁悄悄地说）让皇帝见鬼去吧！在第二次会谈中，他在图尔恩伯爵面前更明确地表露出这种意图。他说应重新认可所有的特权，召回所有波希米亚的流放者，归还他们的财物，他愿意第一个交出自己分到的这部分财物，并把迄今为止所有压迫的祸根——耶稣会会士予以驱逐，瑞典王座应在一定期限内通过付款方式予以补偿，应率领双方所有多余的战士去反对土耳其人。最后这一点揭开了整个谜底。倘若他戴上了波希米亚王冠，则所有被驱逐者都会赞美他的宽宏大量。在波希米亚王国里人们又能重新享有宗教的充分自由，普法尔茨家族就又享有它先前的所有权利。摩拉维亚马克伯爵领作为对梅克伦堡的补偿便可归他所有。然后联盟军在他的指挥下向维也纳进军，

用武力迫使皇帝同意这个协议。

这下子瓦伦斯泰多年来冥思苦索的计划昭然若揭了，所有的情况都表明，应刻不容缓地实施这一计划。皇帝只是对弗里德兰公爵的作战运气和他超群才智的盲目信任才不顾巴伐利亚和西班牙的抗议，毅然决然地以他自己的威望为代价，交给这位专横独断的人一种毫不受限制的指挥权。但是皇帝对瓦伦斯泰不可战胜的信赖随着他长时间的按兵不动早就动摇了，而在吕茨恩会战失利后几乎整个破灭。现在斐迪南宫廷里瓦伦斯泰的对手们又重新对他进谗，而当皇帝希望落空、极度不满之际，他们的建议很容易打动这位君主。他们用尖刻的批评审视弗里德兰公爵的整个言谈举止，让皇帝回忆起瓦伦斯泰盛气凌人的倔强和对他的命令的置若罔闻，奥地利臣民对瓦伦斯泰极度压制的控告也在推波助澜，他们怀疑瓦伦斯泰的忠诚并炮制了他的秘密意图的可怕暗示。对照弗里德兰公爵的整个言谈举止，这种控告是非常正确的，它深深地打动了斐迪南。皇帝已走错了一步，不冒巨大风险他无法从弗里德兰公爵那里夺回已授予他的巨大权力。眼下唯一的办法就是不被察觉地减少这种权力。为能达到这一步，必须分散这种权力，但首先要让自己不依赖于瓦伦斯泰的良好愿望。但皇帝在和瓦伦斯泰达成的协议中就连这种权利也放弃了。皇帝的亲笔署名保护了瓦伦斯泰，使得人们不敢在瓦伦斯泰身旁安插另一名将军，不敢对他的部队直接施加影响。由于皇帝既不能遵守也不能毁掉这一不利的协议，只得想出一个巧妙的办法自救。瓦伦斯泰是德意志兰的皇帝的元帅，他的权力仅限于此，对外国的军队他不享有统治权，因此人们在米兰建立了一支西班牙军队，这支军队在西班牙将军

的指挥下在德意志兰作战，这样瓦伦斯泰便不是必不可少和唯一一位了，在紧急情况下，皇帝又有帮手反对他了。

弗里德兰公爵很快体察到这着棋因何而来和目标归向何处，他徒劳地在红衣主教王子那里抗议这种违反协议的新花招。意大利的军队开进来后，皇帝就逼迫瓦伦斯泰派阿尔特林格尔将军前往增援他们。尽管瓦伦斯泰懂得可用严令束缚阿尔特林格尔的手脚，使意大利军队在阿尔萨斯和士瓦本少有建树。然而宫廷的这一专擅招数使他惊醒，暗示他已面临危险。为不第二次失去指挥权，为使他所做的一切努力不付诸东流，他得赶紧实施其计划。他确信，清除一些可疑的军官后，凭着他对其他人的慷慨大方，部队会对他保持忠诚。他把国家的所有其他等级、所有正义和人道的义务都供献给军队的兴盛了，因此他深信会得到军队的感激。他正准备开一个前所未有的、对他的造福者忘恩负义的先例，他把他的整个幸福都寄托于人们应对他表示的感激之情上了。

西里西亚军队的首领们没从他们的主子那里得到全权，因此当瓦伦斯泰建议双方单独结束战争时，他们对此不敢表态，对瓦伦斯泰要求的停战建议他们也只敢答应停战不得超过 14 天。在对瑞典和萨克森放出风声前，弗里德兰公爵首先取得了法国的保证，他认为在他实行大胆的行动时确保法国的庇护是可取的，因此他派金斯基伯爵在德累斯顿与法国的全权代表弗基埃进行了密谈。虽然谈判是在极不信任、相互提防的情况下进行的，但它还是完全按照瓦伦斯泰的意愿结束了。法国宫廷命令弗基埃向瓦伦斯泰允诺法国的帮助，一旦瓦伦斯泰需要的话，就给他提供一笔可观的金钱资助。

但是正是这种四处防卫自保的过于聪明的谨慎，使瓦伦斯泰把事情搞糟了。法国的全权代表极为惊讶地发现，这种绝不该向第三者道及的双方密约居然也告诉了瑞典人和萨克森人。众所周知，萨克森内阁是倾向皇帝利益的，而瓦伦斯泰给瑞典人提供的条件远没有满足后者的期待，他们不会拍手叫好。弗基埃无法理解弗里德兰公爵怎么当真会相信能得到前者的支持和使后者保持沉默。他把他的怀疑和担忧向瑞典首相挑明。瑞典首相对瓦伦斯泰的意图也疑虑重重，对瓦伦斯泰的建议少有兴趣。尽管他知道弗里德兰公爵以前曾和古斯塔夫·阿道夫有过类似的协定，但他不能理解瓦伦斯泰怎么能使整个军队都背离皇帝呢？他怎样去兑现他那言过其实的诺言呢？一个如此离谱的计划，一种如此不审慎的行事方式，同弗里德兰公爵那深沉的好猜疑的禀性是格格不入的。人们还不如把这一切都理解为假面具和欺诈行为更好些，因为人们宁可怀疑他的正直诚实，而不怀疑他的聪明才智。奥克森斯梯尔纳的猜疑最终传染给了阿恩海姆本人。当初阿恩海姆充分信任瓦伦斯泰的真诚，为此才去格尔恩豪森，劝说奥克森斯梯尔纳把他最好的军团让给弗里德兰公爵指挥。现在他们开始怀疑这整个的提议只是一个精心编造的圈套罢了，是为了解除联盟军的武装，把联盟方武装部队的核心转归皇帝之手。瓦伦斯泰众所周知的性格驳不倒这种糟糕的怀疑，他随后搞得一团糟的矛盾百出让人们最终彻底地不再信任他了。他一边试图把瑞典拉进他的同盟，甚至向他们求取最精良的部队，一边对阿恩海姆说，应把瑞典人逐出德意志帝国。而当萨克森军官们充分相信了他的停战保证，率一大批人马来到他处时，他却试图制造事端侵袭他们的人

员。他首先打破了停战局面，但几个月后他又费尽气力重新恢复了停战。人们对他的信任已荡然无存。他们最终把他的整个举止言谈只看成是苦心经营的欺诈和拙劣的花招，以便削弱联盟，振奋精神。然而他靠与日俱增的兵力确实达到了这一目的，而联盟由于逃离和坏的给养，部队损失了一半以上。但他没有利用他的优势去干人们在维也纳期待他去干的事。一旦他面对着一个决定性的变故，他会突然重新提出谈判；一旦停战稳住了联盟，他又会猝然地重新与联盟为敌。所有这种自相矛盾都出自于他那双重的和完全不一致的计划，即同时伤害皇帝和瑞典人，并与萨克森人缔结一个特殊和约。

瓦伦斯泰对进展得不顺利的谈判不耐烦了，他终于决定去显示其力量，再说德意志帝国内急迫的困境和皇帝宫廷内滋长的不满情绪已不允许他再拖延时间。在上次停战之前，霍尔克将军已从波希米亚出发侵入迈森地区，用火与剑摧毁他脚下的一切，把选侯驱入他的监禁要塞，甚至还占领了莱比锡城。但西里西亚的停战中止了他的蹂躏，而他的纵欲却使他僵死在阿尔夫地方并被抬上尸架。停战废除后，瓦伦斯泰又重新活动了，装作要经劳西茨进攻萨克森的样子，他让人散布皮科洛米尼已向那里起程的谣言。为追踪皮科洛米尼，拯救选侯领地，阿恩海姆迅速离开了西里西亚的军营，这样在屠尔恩伯爵指挥下屯扎在奥得河畔施泰瑙的很少量瑞典人便变得孤立无援，而这正是弗里德兰公爵所希望的。他让萨克森将军朝迈森地区挺进16英里，然后突然返回，改朝奥得河挺进，使在那里高枕无忧的瑞典军队大吃一惊。瑞典的骑兵部队被派去的先行官沙夫戈奇将军打得一败涂地，步兵则在施泰瑙

被随后跟进的瓦伦斯泰军队围个水泄不通。瓦伦斯泰给屠尔恩伯爵半小时的考虑时间，是以2500名士兵同2万多名士兵作战抑或无条件投降。在这种情况下，没有选择的余地，整个军队只能束手就擒。瓦伦斯泰没流一滴血就取得了最辉煌的胜利。战旗、辎重和火炮都落到胜利者的手中。军官们都被捕了，一般人被编入他的军队。经过了14年的迷乱，经过数不胜数的幸运变迁，这位波希米亚叛乱的挑起者、这整场不幸战争的远处开创者、恶名昭著的屠尔恩伯爵现在终于受敌人的控制。在维也纳人们急不可耐地等待着这个罪魁祸首的到达。他们事先就已经享受到这种可怕的胜利喜悦：把他们最重要的祭品交由法庭宰杀。但是一种更甜蜜的胜利：屠尔恩获得了自由，却败坏了耶稣会会士的兴致。幸而屠尔恩知道的比维也纳的人该知道的更多：瓦伦斯泰的敌人同样也是他的敌人。即使维也纳的人会原谅瓦伦斯泰的一次失败，但他们绝不会宽恕他使他们的希望付诸东流。“我能拿这个狂人怎么办呢？”瓦伦斯泰尖刻地嘲讽那些大臣们，他们写信给他，责问他的不合时宜的宽宏大量。“天意如此！像他这样的将领敌方有的是，由他统率着瑞典军队比在监狱里能更好地为我们效劳”。

继施泰瑙胜仗之后，瓦伦斯泰在短时间内拿下了利格尼茨、大格洛高，甚至占领了奥得河畔的法兰克福。为彻底征服西里西亚这个省而留在西里西亚的沙夫戈奇，封锁了布里克，威逼着布勒斯劳，但劳而无功，因为这座自由城市捍卫着它的特权，对瑞典人保持忠诚。为深入波美拉尼亚和波罗的海沿岸，瓦伦斯泰派上校伊洛和格茨到瓦尔塔河。他们占领了通向波美拉尼亚的钥匙——兰茨贝格。当勃兰登堡选侯和波美拉尼亚公爵为自己的邦国胆战心惊之际，瓦伦斯泰亲自率领余下的军队闯进了劳西茨，用猛攻占领了格尔利茨，强迫鲍岑投降。但瓦伦斯泰这样做仅是为了吓唬萨克森选侯，并非追逐已获得的利益。就在他手握利剑时，他还继续在勃兰登堡和萨克森提出和平动议，即使收效甚微。由于他一连串自相矛盾的做法已失去所有的信赖。倘若不是局势迫使他离开这一地区，眼下他真会把整个兵力用来对付不幸的萨克森，并用武装的暴动最终达到目的。贝恩哈德公爵在多瑙河取得的胜利让奥地利本身也面临危险，因而急切要求瓦伦斯泰奔赴巴伐利亚，把萨克森人和瑞典人逐出西里西亚。对这一要求瓦伦斯泰再也找不到托辞了，他没法再继续违抗皇帝的命令，没法再让巴伐利亚选侯孤立无援，因此他只得率领主力部队朝上普法尔茨挺进，他的退兵使上萨克森永远摆脱了这个可怕的敌人。

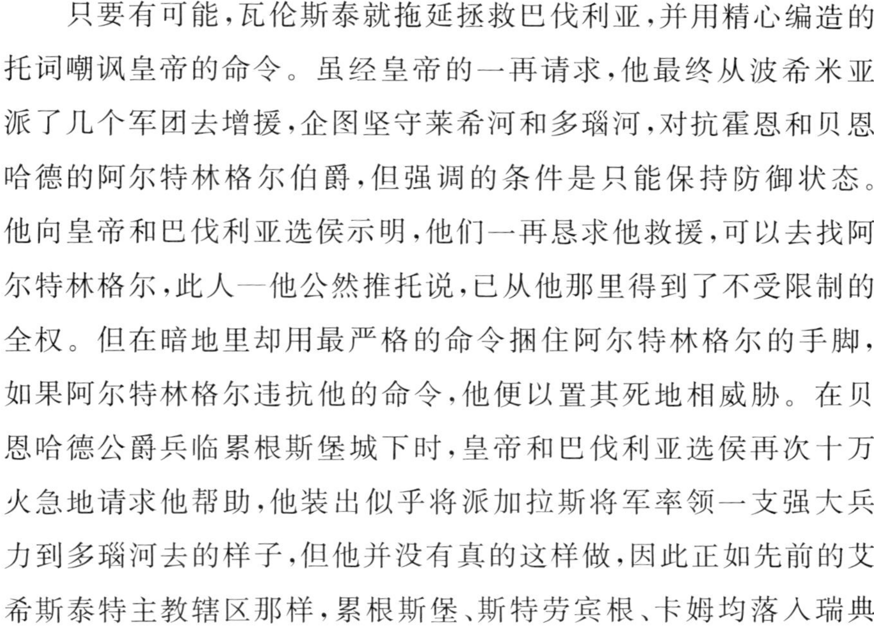

只要有可能，瓦伦斯泰就拖延拯救巴伐利亚，并用精心编造的托词嘲讽皇帝的命令。虽经皇帝的一再请求，他最终从波希米亚派了几个军团去增援，企图坚守莱希河和多瑙河，对抗霍恩和贝恩哈德的阿尔特林格尔伯爵，但强调的条件是只能保持防御状态。他向皇帝和巴伐利亚选侯示明，他们一再恳求他救援，可以去找阿尔特林格尔，此人—他公然推托说，已从他那里得到了不受限制的全权。但在暗地里却用最严格的命令捆住阿尔特林格尔的手脚，如果阿尔特林格尔违抗他的命令，他便以置其死地相威胁。在贝恩哈德公爵兵临累根斯堡城下时，皇帝和巴伐利亚选侯再次十万火急地请求他帮助，他装出似乎将派加拉斯将军率领一支强大兵力到多瑙河去的样子，但他并没有真的这样做，因此正如先前的艾希斯泰特主教辖区那样，累根斯堡、斯特劳宾根、卡姆均落入瑞典人之手。当他最后实在不能再违抗宫廷命令时，也只是尽可能缓慢地挺进到巴伐利亚边境，在那里他朝被瑞典人占据的卡姆开火。当他听到瑞典方面在策划想依靠萨克森人在波希米亚向他发动一次佯攻时，他便加以利用，以最快的速度和不顾一切地退回波希米亚。他推说一切其他的事都得放在保卫和维护皇帝世袭领地之后，因此他就像被缠住似的待在波希米亚，守护着这个王国，仿佛波希米亚现已成了他的私产。皇帝用更急切的语调一再提醒他，他应朝多瑙河进发，阻止魏玛公爵在奥地利边境危险的扎营，但瓦伦斯泰终结了这一年的战役，重新让他的部队在这个精疲力竭的王国作冬营休整。

瓦伦斯泰的一意孤行，他对皇帝所有命令的无比小觑，他对公众利益的掉以轻心，以及联系到他对敌人模棱两可的态度，最终使得皇帝相信了早已传遍整个德意志兰的那些对瓦伦斯泰有害的流言飞语。长期以来，瓦伦斯泰成功地把可受惩罚的与敌谈判冠以合法的幌子，并一再向被他说服的皇帝进言，这种秘密的会谈没有什么其他目的，只是为德意志兰谋求和平。尽管瓦伦斯泰认为自己做得天衣无缝，但他整个的举止言谈表明他的对手在皇帝耳边对他的谴责是正确的。为当场弄清这些指责有否根据，斐迪南在不同的时间里派暗探到瓦伦斯泰的军营里，但这些侦探只带回来猜测，因为瓦伦斯泰提防着不写书面的东西。原先在宫廷里袒护瓦伦斯泰的大臣们见瓦伦斯泰对他们的财产也课税，也都站到敌党一方去了。巴伐利亚选侯提出了警告，如果皇帝继续保留这位将军，他就会同瑞典妥协。最终还是西班牙特使坚决要求免除瓦伦斯泰的职务，如遭拒绝，西班牙国王就要中止对皇帝的援款，在这种情况下皇帝必须第二次废黜瓦伦斯泰的总司令职。

皇帝对军队的专横和直接干预不久便使弗里德兰公爵领悟到，皇帝与他签订的协议等于已被扯毁，他的免职已无可避免。瓦伦斯泰曾用斩首的严刑惩罚过他的一名在奥地利的下属步兵统领，禁止他服从宫廷命令。现在此人接受皇帝的命令，直接去和巴伐利亚选侯会合。此人居然也专横地指令瓦伦斯泰派一些军团去增援正率军从意大利来的红衣主教王子。所有这一切都告诉瓦伦斯泰，计划在不可改变地执行：逐步地解除他的武装，削弱他的力量，使他无防卫地一下子被置于死地。

瓦伦斯泰需赶紧设法自卫，而自卫计划首先就得扩大自己的力量，但他对此明智之举长时间迁延不决。他总认为还缺少有利的时机，或者，如他通常打发朋友们的急躁情绪时说的话：时候尚没有到。时候现在也还没有到来，但眼前的危难不再允许他去期待天赐良机。首先得稳住最主要将领的思想，随后去考验他极其慷慨恩宠的军队的忠诚。他的三员大将：金斯基、特茨基和伊洛早已知晓他的这个秘密。前两位已用亲戚的纽带同他的利益纽结在一起了。同样的沽名钓誉心、对政府同样的仇恨和对丰厚酬劳的指望使他们与瓦伦斯泰连同一体。瓦伦斯泰还不顾羞耻用最低劣的手段去扩大他的附和者人数。一次他先劝伊洛上校去维也纳谋求伯爵的头衔，并答应为他竭力说情。背后他又写信给大臣们，请他们拒绝他的申请，否则所有具同等功勋和享受同等酬劳的人都要申请伯爵头衔了。当伊洛返回军队时，瓦伦斯泰立即询问他申请的结果，当伊洛向他说进展不好时，瓦伦斯泰便开始对宫廷大肆抱怨。“我们忠实的效劳能配得上伯爵头衔了，”他嚷道，“皇帝居

然如此小看我的推荐，对你的功绩连这不足道的报酬也拒绝！谁还会再为这不知感恩的君主效劳呢？不，至于我，从现在起我是奥地利家族不共戴天的敌人。”伊洛也赞同，就这样这两者之间结成了一个紧密的同盟。

但弗里德兰公爵的这三位亲信所知道的秘密，对其他人来说很长时间里仍是一个没有猜透的秘密。而瓦伦斯泰相信军官们会对他保持忠诚仅仅只是建立在他对军官们显示的善举，和基于军官们对宫廷的不满之上。在他取下他的假面具，迈出公开反对皇帝这一步之前，必须把这种动摇不定的猜测变成确凿不移的事实。他准备首先考验在吕茨恩会战中因临危不惧而受到嘉奖的皮科洛米尼伯爵的忠诚。他允诺给皮科洛米尼一份丰厚的礼物，并给他先于任何人的优先权，因为皮科洛米尼同他是同一时辰出生的。他对皮科洛米尼说，鉴于皇帝的忘恩负义和他自身面临的危险，他已断然决定脱离奥地利这一派，率领他最精良的部队去投奔敌人一方，在奥地利统治的所有边界同奥地利家族作斗争，直至彻底根除它为止。他估计到皮科洛米尼在这个行动中表现出色，事先就考虑给他一笔极其可观的酬劳。当皮科洛米尼为掩饰对这突如其来一招的惊愕，谈及这种冒险行动所要遇到的障碍和危险时，瓦伦斯泰便嘲讽他胆怯。干这种冒险的事，他嚷道，只是开头难。星辰对他相当有利，他已具备了时机，同时也得相信幸运。他的决心已定，如果没有什么节外生枝的话，他将率领上千匹马试试他的运气。皮科洛米尼不想再继续争辩以引起弗里德兰公爵的猜疑，他佯装信服了瓦伦斯泰阐述的理由。瓦伦斯泰理智尽失，尽管特茨基伯爵一再提醒他，他完全没有怀疑皮科洛米尼的真诚，皮科洛米

尼没有片刻犹豫,把获悉的奇怪发现报告了维也纳。

终于为达到目的而迈出了决定性一步。1634 年 1 月,瓦伦斯泰把部队所有军官召集到庇尔森,自从巴伐利亚回师后他就来到了这里。他向与会者传达了皇帝的最新要求,即不得在皇帝的世袭领地上作冬营休整;在这寒风刺骨的季节去重占累根斯堡;裁减 6000 名骑兵,以增援红衣主教王子。所有这些指示已足够令聚集起来的整个军事会议陷入沉思,而这些表面的借口却向好奇的人隐瞒了这次集会的真实目的。就连瑞典人和萨克森人也秘密被邀请出席会议,以便与弗里德兰公爵共商和平,与这些边远军队的指挥官们订立书面约定。被召集的军官中有 20 名出席了会议。而恰恰最重要的几名:加拉斯、科洛雷多和阿尔特林格尔未出席。瓦伦斯泰急急让人再次邀请他们,在估计他们即将到来之际,他才转入主要事务。

瓦伦斯泰现在要从事的并非是件微不足道的事。他有能力向一个骄傲、勇敢、警觉地维护着其荣誉的贵族等级澄清这种最可耻的不忠实,和迄今为止他们只是习惯性把他敬为陛下的影子、他们行为的法官、法律的维护者,现在一下子成了一个卑鄙无耻者、一个诱骗者和一个叛乱者。要动摇一种合法的、根深蒂固的、借助宗教和法律而神圣化的权力根基绝非是件微不足道的事。要摧毁所有想象力的蛊惑和合法王位的极其严密的防卫,用暴力根绝在臣民心中所有那些对这位天生统治者不可根除的义务感并非是件吹牛说大话的事。但是被王冠的光辉弄得眼花缭乱的瓦伦斯泰并未觉察到他脚下正在裂开的深渊。在他感受到力量最旺盛之际他忽略了恰如其分地去估计和考虑各种障碍,这也是强大和果敢灵魂通常的命运。瓦伦斯泰眼中只看到一支一半对宫廷无所好恶，一半对宫廷愤愤不平的军队；一支习惯于盲目服从效忠于他威望的军队；一支对他宛如对他们的立法者和审判者那样惧怕的军队；一支把他的命令当作命运的格言以颤抖的敬畏服从的军队。瓦伦斯泰以为在人们推崇他至高无上权力的夸张献媚中，在一些放纵兵痞擅自对宫廷和政府狂妄的诽谤和军营对此的默认中了解了军队的真实想法。人们连君主的行动都敢谴责的那种勇敢，使瓦伦斯泰相信部队甘愿担负起废黜令人唾弃的君主的使命。然而他曾经想得如此容易的事，却成为对抗他的最可怕的敌手：所有他的估计都败在其军队的责任感上。瓦伦斯泰被他在这批无法无天的人群中享有的威望所陶醉，把所有的一切都算成是他个人的伟大，没有区别哪些是归于自己本身的，哪些是归于他所担任的职位带来的威望。他不懂得所有的人在他面前战栗不安，是因为他执行合法的权力，因为听从他是义务，因为他的威望是与皇帝陛下紧密相连的。自身的伟大只会产生钦佩和害怕，唯有合法的伟大方能使人产生敬畏和屈服，而当瓦伦斯泰自我暴露为罪犯的那一刻起，他便自行剥夺了这种决定性的优势。



陆军元帅伊洛奉命去了解指挥员们的想法，让他们对瓦伦斯泰期待他们做的有所准备。伊洛首先向他们阐明宫廷对将领和军队的一系列最新要求。他谙熟地运用了令将领们愤怒的措辞，轻而易举地激起了与会者的满腔怒火。在这精心选择的开场白之后，他滔滔不绝地谈及了军队和统领们的功绩以及皇帝那种忘恩负义的行径。他说：宫廷所有的步骤都受西班牙的影响，内阁享受西班牙薪饷，唯独弗里德兰公爵迄今还在抗拒这种暴政，因此西班牙对他深恶痛绝。“撤销他的司令官职务,或者彻底清除他,”他接着说:“早就是他们苦心孤诣的目的。为达到一箭双雕的目的,他们试图削弱他在战场上的权力,毫无理由地竭力想把司令权送到匈牙利国王手中,这样他们便可在战场上随心所欲地指挥这位亲王——这个任由外国人摆布的工具,西班牙的势力在德意志兰就会更加稳固了。单只为了防止这支军队,他们要求派 6000 兵力去支援红衣主教王子;单只为利用冬季战役歼灭这支军队,就逼迫军队在恶劣的季节里重占累根斯堡。他们造成了军队给养的困难,而耶稣会会士和大臣们却靠各省的血汗大发横财,挥霍指定给军队的金钱。宫廷遗弃了瓦伦斯泰,使他无力对军队履行诺言。他在 22 年里为奥地利家族作出的贡献、付出的所有辛劳和为皇帝事业捐献出的自己所有财富,等来的却是可耻的二度免职,但他声明,他不愿让此事发生。在他们用武力从他手中夺下司令权之前,他将自愿地交出司令权。这就是,”这位演讲者继续说道,“瓦伦斯泰让我把诸位上校请来的原因所在。现在每个人都扪心自问一下吧,要失去这样一位将军是否可取,大家瞧瞧吧,谁能补偿他为皇帝事业而花费掉的巨款?倘若能证明他勇敢的人不出面的话,那么他从何方获得勇敢的报酬呢?”

一片不让瓦伦斯泰走的哗然声打断了演讲者。他们委派 4 名最重要的人向瓦伦斯泰转达集会的愿望,并恳切地请求瓦伦斯泰不要离开军队。弗里德兰公爵装出拒绝接受的样子,直到第二批代表去了之后他才让步,但他的这种让步是以代表们应为他效劳为前提的,他担保无意再放弃司令官的职责,但要求代表们向他写一封保证书,保证忠贞不渝地跟随他,永远不和他分离,或不允许和他分离，为他流尽最后一滴血。谁想脱离这个同盟，应被视为不守信的叛徒、公众的敌人。由于这份保证书中附带着“只要瓦伦斯泰把这支军队用于为皇帝效劳”这一附加条件，打消了任何人的曲解，与会指挥官们毫不犹豫地为这个显得如此贞洁的和如此廉价的要求热烈鼓掌。

为签署这份保证书，陆军元帅伊洛特别设了个盛宴。他在筵席前宣读了这份保证书，宴席完了之后便让人签名。主人想用烈性饮料麻醉客人的理智，伊洛见客人们都喝得酩酊大醉时，才把保证书交给他们签名。绝大多数人草率地写上了自己的名字，连自己写了什么都不知道。只有个别的几位出于好奇或猜疑再一次浏览了这张纸，惊愕地发现“只要瓦伦斯泰把这支军队用于为皇帝效劳”的附加条款被删去了，也就是说伊洛用巧妙的魔术法把第一稿和没有这个附加条款的第二稿偷换了一下。骗局被揭穿后许多人拒绝签字。皮科洛米尼早已看穿了这个骗局，仅为了向宫廷禀报消息才赴宴的。他在烂醉如泥时居然忘乎所以地祝愿皇帝健康。特茨基伯爵站起来声明所有想退却的人都是发过假誓的无赖。他威胁大家，倘若他们继续拒绝的话，将会遭受不可避免的危险。大量的先例和伊洛雄辩的口才最终消除了所有人的疑虑，每个人都无例外地在纸上签了名。

瓦伦斯泰虽然达到了目的，但指挥员们出乎意料的反抗一下子破灭了他迄今为止的黄粱美梦。绝大多数人都把名字写得难以辨认，从中可猜出他们不言而喻的意图。可是这一命运攸关的警示性提示并未使他深思，相反他却神经质地大肆进行有失身份的责怪和诅咒。翌晨，他又召集了这些指挥官，重复了伊洛在前一天向他们作的报告的所有内容。当他以极其尖刻的责怪和辱骂发泄了对宫廷的不满之后，便回忆起他们昨天的抵制，并声明由于这一发现他已考虑收回他的诺言。军官们默默地离去了，但经过短暂的商榷后他们又重新来到了接待室，对昨天发生的事表示道歉，表示愿意重新签名。

现在除了从缺席的将军中得到同样的保证或者对拒绝的将军加以逮捕之外，不缺什么了。因此瓦伦斯泰再次发出了邀请，急切地催逼他们迅速到达。但当他们到来之前他们早已得到有关庇尔森事件的报告，并突然间延缓了他们的匆忙。阿尔特林格尔以生病为借口死守在坚固的弗劳恩贝格宫堡里。加拉斯虽然到达了，但仅为了作为目击者更好地向皇帝禀报面临的威胁。加拉斯和皮科洛米尼提供的消息一下子把宫廷的担忧变成了最可怕的真实。皇帝同时在别处所获得的类似发现不容他再怀疑。迅速更换西里西亚和奥地利军官已是当务之急。在这危急时刻，必须很快予以补救。然而皇帝不马上实行制裁，而要严格地按法律行事。皇帝对那些忠贞不渝地跟随他的卓越司令官们下了密令，要他们无论采取何种办法也要逮捕弗里德兰公爵和他的两个追随者——伊洛和特茨基，并对他们严加看管，使他们能听取并承担责任。倘若用平稳途径达不到目的，公然造成危险，那就杀死他们，或者生擒活捉他们。皇帝还给了加拉斯将军一封公开委任书，在这份委任书里皇帝向所有的上校和军官下达了旨意，解除了整个军队对背叛者所承担的义务，在新的大元帅确立之前，所有的人都得听从加拉斯中将指挥。为给被诱骗者和背信弃义者一个迷途知返的机会，使他们不至于陷于绝望，皇帝同意对所有在庇尔森反对他皇帝陛

下的人既往不咎。

当加拉斯将军得到这个殊荣时，心情并不愉快。在庇尔森他处在瓦伦斯泰眼底下受监视，他感觉到这位有着上百双眼睛监视着他的敌人的威力，而此人的命运现在掌握在他手里。如果瓦伦斯泰发现了他的任命的秘密，那么他就无法防卫瓦伦斯泰的报复和绝望的反应。即便他好不容易瞒住了这一任命，但要完成这一使命还是困难重重。他捉摸不透指挥官们的想法，并且至少令人怀疑，他们是否乐意在已迈出一步之后转而相信皇帝的保证，一下子放弃他们对瓦伦斯泰抱有的所有闪光的希望。再说要去谋杀一名迄今为止被尊为不可侵犯的、由于长时间行使最高权力、由于习惯性顺从而成为最令人敬畏的大人物，去谋杀一名用所有能授予的外部威望和内部实力武装起来、一瞧见就能使人奴颜婢膝地颤抖、用一个暗示就能决定人生死的大人物是一种多么危险的冒险行为啊！要在一个完全屈从于他的城市里像抓一名普通罪犯那样去抓一名警卫人员严密保护的大人物，要把一个长久以来深受人们尊敬的大人物一下子变成哀怜和嘲讽的对象，执行这样一个使命就连最勇敢的人也会胆怯不前！他的士兵们对他的畏惧和尊敬已根深蒂固了，就是如此惊人的谋反罪也不能完全根绝这种情感。

加拉斯明白要在弗里德兰公爵的眼皮底下完成他的使命是不可能的。在动手以前，他想和阿尔特林格尔商量一下。阿尔特林格尔的迟迟不出现已引起弗里德兰公爵的怀疑，因此加拉斯自告奋勇地提出亲自到弗劳恩贝格去一趟，以亲戚的身份动员他到这里来。瓦伦斯泰欣然接受了他的这种热情，并把自己华丽的马车供他旅途中使用。加拉斯为诡计的成功满心欢悦，他毫不延宕地离开了庇尔森,委托皮科洛米尼伯爵监视瓦伦斯泰的行动,而他自己却毫不犹豫地在所到之处尽可能地使用皇帝的委任书,向部队解释的结果比他期待的要好得多。加拉斯并没有把他的朋友一起带回到庇尔森,却把他派往维也纳,以保护皇帝免遭进攻,而他自己却到了上奥地利,因为魏玛的贝恩哈德公爵离那里近在咫尺,搞得那里的人惊惶失措。此时波希米亚的布德魏斯和泰伯诸城重新被皇帝占领了,这样便迅速而有力地做好了对付叛变者的所有准备。

由于看来加拉斯也不想再回来了,皮科洛米尼也冒昧地想在弗里德兰公爵那里再试一下他的轻信。他请求瓦伦斯泰允许他把加拉斯叫回来,而瓦伦斯泰第二次中了诡计。这种令人费解的无辨别力在我们看来只能解释为他傲慢的结果,这种傲慢使他绝不会改变对某个人的判断,也不愿承认自己也会犯错的可能性。他也让皮科洛米尼伯爵用自己的车去林茨。皮科洛米尼到林茨后马上仿效加拉斯,并且比加拉斯走得更远。他答应瓦伦斯泰会回来的,这一点他做到了,但他却率领一支军队回来进攻在庇尔森的弗里德兰公爵。为把首府布拉格城纳入皇帝的势力范围,使这一城市免遭暴乱者的进攻,另一支军队在苏耶斯将军的率领下朝布拉格挺进。同时加拉斯还向奥地利所有的散兵游勇宣布,自己是他们唯一的首领,从现在起都得听从他的指挥,在皇帝军营里都散发了布告,宣布剥夺弗里德兰公爵及他 4 名亲信的法律保护权,解除了军队对这位管理人的义务。

于是各地都仿效林茨,诅咒叛乱者,所有军队均和他脱离了关系。当皮科洛米尼再不回来时,挡住瓦伦斯泰眼睛的遮盖物掉落

下来，惊得他如梦初醒，然而现在他还相信星占的正确性和军队的忠诚。一听到皮科洛米尼背离的消息，瓦伦斯泰便下达了命令：今后凡不是他本人或特茨基和伊洛下达的命令都不得听从。他准备飞快向布拉格挺进，他想在那里最终摔掉他的面具，公开宣布反对皇帝。所有部队都必须在布拉格前集中起来，并从那里出发，风驰电掣般向奥地利猛冲。被拉入共谋的贝恩哈德公爵应率领瑞典部队支援弗里德兰公爵的军事行动，在多瑙河畔发起佯攻。特茨基已率先奔赴布拉格，由于缺少马匹，弗里德兰公爵不能率领其余尚对他保持忠诚的军团随后而行。瓦伦斯泰心急火燎地盼着来自布拉格的消息，但得到的消息是布拉格城已失，他的将军们背离了他，他的部队逃跑了，他的整个密谋均被揭穿了，而皮科洛米尼正快速朝他挺进，发誓要消灭他。瓦伦斯泰所有的计划一下子可怕地破产了，所有的希望均成了泡影。他孤寂地站在那里，被所有他曾给予好处的人遗弃，被所有他信赖的人出卖了。但是这种处境也是考验一个伟人品性的时候。他在所有的期望都化为乌有之际，唯一不放弃的是他的计划，只要他本人还在，他就什么也没失去。现在到了需要依靠瑞典人和萨克森人援助的时候了，现在到了真情实意地消除所有怀疑的时候了。当奥克森斯梯尔纳和阿恩海姆得知他的真正意图和危难时，没多加犹豫就准备利用这一有利时机，答应保护他。萨克森一方由萨克森-劳恩堡的弗朗茨·阿尔贝特公爵率领一支4000名久历沙场的部队，瑞典一方由贝恩哈德公爵和比肯费尔德的克里斯蒂安伯爵率领6000名久历沙场的部队增援他。瓦伦斯泰自己则率领特茨基军团和少数几个对他还保持忠诚或表示忠诚的军团离开了庇尔森，向波希米亚王国边境

的埃格尔挺进，这样离上普法尔茨近些，容易和贝恩哈德会合。但这之前他还不知道自己已被宣判为公众之敌和叛乱者，到了埃格尔这消息才闪电般地向他击来，但他还指望着沙夫戈奇将军在西里西亚为他准备好一支军队。他总希望许多早已背叛他的人一看到他开始重振旗鼓时，又会重新回到他那里。他以这样的想法聊以自慰。就在他逃往埃格尔的途中，所受的挫折仍未能抑制他鲁莽的勇气，他还在筹划着废黜皇帝的非常计划。在这种情况下，他的追随者之一请求瓦伦斯泰允许他提个建议。"在皇帝那里，"他开始说，"您诸侯阁下是一位确定的、伟大的和备受重视的君侯；在敌人那里您还只是一位不确定的国王。拿这种确定去冒不确定的风险，这并非明智之举。敌人目前利用您阁下本人是因为时机有利，而您一直会令他们怀疑，因为他们一直害怕您有朝一日也会像现在对皇帝那样对付他们的。因此您还是回头为好，现在时间还来得及。""那怎么办才好呢？"弗里德兰公爵打断了他的话。"您箱子里拥有，"那位答道，"四万枚盔甲人币（铸有带盔甲武士的金币杜卡特）。您带上它径直奔赴皇帝的宫廷，在那里您说明，您现在所做的一切只是为了考验皇帝臣仆们的忠诚，区别出有忠诚思想的人和令人怀疑的人。因为大多数人都表现出背离皇帝的倾向，所以您现在赶来了，警告皇帝陛下提防这些危险的人。于是您便可以把任何一个您现在想当作无赖的人都宣布为叛乱者。而皇帝宫廷看见您带着四万枚盔甲人币，一定会欢迎您的。""这个建议不错，"瓦伦斯泰沉思片刻后说，"但鬼才会信！"

当弗里德兰公爵在埃格尔和敌人热烈进行谈判，占星问卜，开拓新的希望时，人们已在他的眼皮底下磨刀霍霍，准备结束他的生

命。皇帝宣布他为不受法律保护者的判决也在其中起了作用。复仇女神娜美西斯要让这位以怨报德的人也死于忘恩负义的击打之下。在他属下的军官中瓦伦斯泰对一位叫莱斯勒的爱尔兰军官宠爱有加,并奠定了此人所有的幸福,而正是这个人,他受命和奉召对瓦伦斯泰执行死刑判决,并得到血的报酬。随弗里德兰公爵到达埃格尔后,莱斯勒向两位信奉新教的苏格兰人,即埃格尔城的指挥官布特勒上校和戈登上尉,揭露了不审慎的瓦伦斯泰在赶赴埃格尔途中出于对他的信任而告诉他的所有可怕计划。莱斯勒认为这两位有决断力,他们能在叛乱行为和义务间、在合法的统治者和一个在逃的、被普遍遗弃的叛乱者间作出抉择,即使后者是集合体的行善者,但他们依然会毫不犹豫地选择前者。他们紧密地联合起来,庄严地宣誓对皇帝保持忠诚,并要求尽快采取措施反对公共的敌人。现在正适逢良机。瓦伦斯泰邪恶的天才已把他自己交到了报复之神之手。为能使法庭行使职权,他们决定,把这个牺牲活活地交给法庭。在作出逮捕统帅的大胆决定后他们便分开了。他们对这个见不得人的密谋极度保密,而瓦伦斯泰对他末日将临毫无察觉,相反他还为在占领埃格尔时物色到他最勇敢和最忠诚的拥护者而自鸣得意。

正在这时瓦伦斯泰接到了皇帝的问罪诏,包括对他的判决。这时他才意识到所有军营的人都反对他,他已面临巨大的危险,现在要回归已绝对不可能,他已被人可怕地遗弃了,只有实心实意地去投靠敌人。瓦伦斯泰把他受伤灵魂的整个愤懑都向莱斯勒倾吐出来,情绪的剧烈冲动还使他说出了最后所剩的秘密。他向莱斯勒披露了他的决定,他要把波希米亚王国的关口——埃格尔和埃尔博根让给比肯费尔德的普法尔茨伯爵，他还说贝恩哈德公爵将马上抵达埃格尔，这事正是今夜一名急使报知他的。莱斯勒以最快的速度把这一消息告诉了他的盟誓者，他们改变了当初的决定。急迫的危险不允许他们再宽容，埃格尔每时每刻都会落到敌人手中，一场快疾的变动会使他们的囊中物重获自由，为防止不测，他们决定第二天夜里就动手谋杀瓦伦斯泰连同其亲信。

为了不声张地完成此事，他们决定把谋杀放在布特勒上校在埃格尔宫堡设接风宴时执行。其他所有的人都赴宴了，只有瓦伦斯泰由于太激动，不宜在欢乐的场面上露面，他让人表示歉意。因而莱斯勒等认为对瓦伦斯泰得另想办法，对其他人则按约定办法办。瓦伦斯泰的三位最高军官：伊洛、特茨基和威廉·金斯基无忧无虑地赴宴了，随行的还有他们的骑兵上尉诺伊曼——一位才华横溢的军官，特茨基每逢遇到错综复杂的情况需要拿主意时总习惯于征询他。在他们到达之前，莱斯勒等已从参与密谋的卫戍部队中挑选出一些最可靠的士兵，让他们进入宫堡，严密把守所有通道。在餐厅隔壁的一间小房里埋伏着 6 名布特勒的轻骑兵，他们一听见约定信号就会即刻出现，把叛乱者按倒在地。那些无忧无虑的客人对即将降临到他们头上的厄运毫无察觉，一味沉浸在宴席的欢乐之中，为瓦伦斯泰的健康举杯痛饮，他们不再称瓦伦斯泰为皇帝的臣民，而是称其为独立的诸侯。葡萄酒打开了他们的心扉。伊洛傲慢地说，不出三天，瓦伦斯泰从未统领过的一支军队要出现了。“对，”诺伊曼也想起来了，并说他希望能血洗奥地利。讲着讲着，餐后小吃被端上了餐桌。此时莱斯勒发了一个事先约定的封锁滑轮桥的信号，并掌握了所有大门的钥匙。顷刻间餐厅冒

出许多全副武装的人,他们出人不意地用“斐迪南万岁”的问候站立在有标记的客人背后。这四位客人同时惊愕地、怀有不祥预感地从餐席上跳起。金斯基和特茨基还未来得及抵抗就被刺死了。混乱中,仅诺伊曼寻机溜到了院子里,但在那里也被警卫认了出来,当即被杀了。唯有伊洛还懂得自卫,他站到一扇窗户旁,用最尖刻的辱骂诅咒戈登的叛变行径并要和他决一雌雄。伊洛作了最勇敢的抵抗,在刺死两名敌人之后,由于寡不敌众和身负十处剑透伤,才倒在地上。完事之后,为阻止一场骚乱,莱斯勒飞速赶往城里。宫堡门口的岗哨见他气喘吁吁地跑来,以为他也是暴乱者,便朝他发射了火枪,幸好未射中。但这枪声惊动了城里的卫兵,莱斯勒必须快速到场,予以安抚。他不厌其烦地向他们透露了弗里德兰密谋的整个过程和对他们采取的措施,四名造反者的命运,以及造反者首领本人的预期下场。当他发现他们赞同他的打算时,他便让他们重新宣誓效忠皇帝,为美好的事业而生,为美好的事业而死。他把上百名布特勒轻骑兵从宫堡调遣进城里,让他们骑马穿过所有街道,以控制弗里德兰公爵的追随者,预防任何骚乱。同时他还派出大批可信的士兵占据了埃格尔城的所有城门和通向与市场毗邻的弗里德兰寝宫的所有通道,使弗里德兰公爵既无法逃脱,又得不到外援。

对瓦伦斯泰动手之前,密谋者在宫堡里进行了长时间的磋商。他们该把他谋杀呢还是逮捕呢?这些狂热的灵魂仿佛看见了溅满鲜血、躺倒在被击毙的同党尸体上的瓦伦斯泰。他们被要结束这样一个奇特生命的残暴行动吓得朝后退。他们目睹过他在战役中当首领的时刻,目睹过他那些飞黄腾达的岁月和被他的常胜军队簇拥着的场面,目睹过他伟大君侯的浓艳光华;长期以来形成的敬畏再一次控制了他们胆怯不前的心，但一想到面临的危险又马上抑制住他们短暂的冲动。诺伊曼和伊洛在宴席上说出那些威胁性的话又回响在他们的耳边，此时萨克森人和瑞典人正率领一支强大的军队朝埃格尔逼近，除迅速消灭这个叛乱者外，没有其他的拯救之道。他们决定仍按最初的决定办，已经准备就绪的谋刺者——德弗罗上尉，一个爱尔兰人，接到了杀戮的命令。

当那三人在埃格尔的堡中决定瓦伦斯泰的命运时，瓦伦斯泰与塞尼正在交谈，瓦伦斯泰让他去占星。“危险还没有过去，”这位带有先知灵感的星占学家说。“这颗星就是危险，”这位甚至在天上也想贯彻自己意愿的弗里德兰公爵答道。“你是下一个要被关进监狱的，”同样带有先知灵感的公爵继续预言，“塞尼朋友，星象中是这样写着的！”这位星占学家告辞了。当德弗罗上尉率领6名执戟士出现在瓦伦斯泰的住处时，他已上床了。德弗罗毫不困难地就被门卫放了进来，因为门卫经常看见他在不寻常的时刻在将军那里进出。德弗罗在楼梯上碰到了一名宫廷侍童，他正欲喧嚷，就被用长戟刺死。在前厅刺客们碰上了瓦伦斯泰的一名男仆，他刚从主人的卧房里出来，正好拔出卧室的钥匙。这位受惊的仆人把手指放在嘴上，示意他们不要出声，公爵刚刚入睡。“朋友，”德弗罗对他嚷道，“现在正是该喧闹的时候！”话音刚落，他就奔向紧锁的房门，这门也被从里面反锁住了，他一脚踢开了门。

一声走火的枪声把瓦伦斯泰从初睡中惊醒，他一下跳起身来，奔到窗前去唤警卫。这时他听到了毗邻楼房的窗户里特茨基和金斯基的孀妇的号啕痛哭声和悲戚的诉苦声，她们刚得知丈夫惨死的消息。瓦伦斯泰还未来得及思索一下这可怕的事件，德弗罗带着他的手下刺客们已出现在他的房间里。瓦伦斯泰身上仅着了件汗衫，和刚从床上跳起时一样，他首先奔向窗边的桌子旁。“你是个刽子手”，德弗罗对他嚷道，“你想把皇帝的臣民诱骗到敌人那里去吗？想从陛下头上强行扯下王冠吗？现在你必须死！”他停了片刻，似乎想等他的回答，但惊讶和倔强使瓦伦斯泰闭口不答，他张开着两臂，胸口被长戟致命地刺了一刀，便阒无声息地倒在血泊之中。

次日，劳恩堡公爵的一名急使来了，通报亲王马上驾到。密谋者先稳住了他，然后派一名男仆身着弗里德兰的制服把劳恩堡公爵领至埃格尔，这一诡计成功了，弗朗茨·阿尔伯特自己落到了敌人手中。正向埃格尔行进的魏玛公爵贝恩哈德也险些落得同样下场，幸亏他稍早获悉瓦伦斯泰毁灭的消息，及时掉头，才幸免于难。斐迪南为他将军的遭遇而哭泣，让人在维也纳为被谋杀者做三千亡灵弥撒，但同时并不忘记用金制赦免链、侍从官尊贵身份和骑士庄园酬赏谋刺者。

就这样瓦伦斯泰在他50岁那年结束了他功勋卓著和不平凡的一生。由于雄心抱负而青云直上，由于沽名钓誉而毁灭的瓦伦斯泰倘若能做到适可而止，即使他有许多不足之处依然是伟大和值得钦佩的，依然是不可超越的。他具有君王和英雄的资质，生来聪颖过人，公道正义，坚忍不拔，勇敢大胆。但他缺少那种装点英雄、博得君王喜爱的人的温顺品德。畏惧是他奏效的法宝，他任意地实行奖惩，懂得使下属在持续的紧张中保持热忱、听从命令，在中世纪和近代没有任何统帅能像他那样以此自豪。他把服从命令看得比勇敢更为重要，因为勇敢只关乎战士，而驯服则关乎统帅。他用固执的规定和欢悦的褒奖把部队训练成唯他命是从，即使在芝麻绿豆般小事上也会给听从者大事奖赏，因为他把听从看得比事情本身更为重要。一次他命令整个军队除了带红绶带外不准带其他颜色的绶带，一位骑兵上尉一听到这个命令，当即取下金织的绶带并用脚踩了它。当人们把此事告诉瓦伦斯泰后，瓦伦斯泰立即擢升他为上校。他始终把目光放在整体上，在所有任性的外表下，眼中从未失去过合乎目的的准则。士兵们在友好邦国的掠夺行劫行为，促使他制定了反洗劫的严格规定：凡犯偷窃罪的人都将要受到绞刑的惩罚。曾发生过这样一件事，一次瓦伦斯泰在战场上遇到一名士兵，他故意让人把他当作法律的践踏者抓起来并用惯常不容反驳的恫吓说："把这个暴徒吊起来绞死！"这位士兵极力申辩，并证明自己无罪。然而不容撤回的宣判已下。"那么就无辜地把你绞死吧，这会让有罪的人更害怕"，瓦伦斯泰惨无人道地说。人们已准备去执行命令了。这位士兵眼看没救了，便下了一拼之决心，不能白白死去。他疯狂地扑向他的审判者，但在他还没能实现意图前就被优势的人众解除了武器。"现在放了他吧，"弗里德兰公爵说，"这已足够会让人害怕了。"他的慷慨大方是以不可胜数的收入为后盾的。他的年收入估计有 300 万古尔登，还不包括洗劫得到的巨款。他的特立独行和明晰的理智使他摆脱了他那个世纪的宗教偏见，耶稣会士们决计不会宽宥他看穿了他们的体系，把教皇只看成是一名罗马主教。

然而就像常言一样，自从先知查木埃尔时日[①]以来，凡和教会

① 查木埃尔(Samuel)，公元前 11 世纪以色列部族联盟的政治和宗教领袖，以色列最后一位裁判官，也作为天文家、祭师和先知而闻名。他任命扫罗(Saul)为以色列国王一举，开创了以色列过渡到王政时代，终止了"查木埃尔时日"。——译者

发生争执的人都没有好结果，瓦伦斯泰也加入到了这些牺牲者之列。由于修士们的奸计，他在累根斯堡失去了总司令部的指挥权，在埃格尔送了命；由于修士的手腕他失去的也许比这两者更多，即他留给后世的清白名声和良好声誉。然而为公正起见，我们最终不得不承认，提供给我们的这位非凡人物的历史并非完全是可信的史笔；弗里德兰公爵的背叛行径和他对波希米亚王冠的计划并非基于严格证实的史实，而仅仅建立在“莫须有”的猜测之上。用历史的可靠性披露瓦伦斯泰行为的秘密动因的文献尚未发掘出来，而在他公开的、普遍被认证的行为中又没有能找出一条无辜的原始资料。他许多很受指摘的行动仅证明他真正地倾向和平；其他大多数行动可解释为蔑视皇帝，情有可原地想强调自己的重要性。尽管他对巴伐利亚选侯的举止言行证明了他不高尚的报复欲和不和解的精神，但没有任何一种行为能使我们有理由把他的所作所为当成是一种叛变行为。倘若困苦和绝望最终促使他真的得到反对无辜者的判决，那么这种判决本身也是难以成立的。瓦伦斯泰就这样倒下去了，不是因为他是个造反者，而是他反叛，而且他倒下了。他曾与胜利的一派为敌，这是活着的人之不幸；他的敌人比他活得长，在写他的历史，这是死者之不幸。

# 第五章

瓦伦斯泰去世后有必要推出一名新的元帅。皇帝现在终于听从了西班牙人的劝说，让其儿子斐迪南——匈牙利国王出任元帅。在他手下加拉斯伯爵领导着司令部，起着统帅的作用，而斐迪南亲王只不过是用其名字和威望装点着元帅职位。不久，斐迪南麾下便云集了一股可观势力。洛林公爵亲自将增援部队带到他面前。红衣主教王子率1万人马从意大利赶来加强他的军队。为把敌人逐出多瑙河，新上任的统帅决定围困累根斯堡城，这是前任统帅不能这样做的。为把皇帝军的注意力从累根斯堡城引开，魏玛的贝恩哈德公爵一直深入到巴伐利亚腹地，但未奏效。斐迪南一力坚持围攻累根斯堡，遇顽强抵抗后，这座帝国城市最终大门被打开。没过多久，多瑙沃尔特也遭受了相同命运。士瓦本的诺尔德林根也被包围了。这么多帝国城市一旦失去的话，对瑞典方来说是个不可估量的损失，因为至今瑞典军队在军事上的胜利都是靠这些城市的帮助，瑞典不能对这些城市的命运袖手旁观。倘若瑞典人在盟友处于危难之际遗弃盟友，让他们听凭势不两立的敌人进行报复，这将给他们带来无法消除的耻辱。鉴于上述原因，瑞典军队在霍恩和魏玛的贝恩哈德的率领下向诺尔德林根运动，决定即使需打一场战役也在所不惜，必须为该城解围。

这个作战计划是很糟糕的，因为敌人的军力较瑞典军力占有明显的优势，在这种情况下，不轻举妄动是明智之举，因为敌方兵力在短时间内不得不分开来，意大利部队奉命将开赴尼德兰。瑞典人在此期间可选择一个既能掩护诺尔德林根，又能夺取敌方物资供应的阵地。古斯塔夫·霍恩在瑞典的作战参谋会议上向大家分析这种情况，但他的明智建议没有通过，没有被那些长期浸沉在战争幸运中的人所采纳，他们反而说他胆小如鼠。慑于贝恩哈德公爵的崇高威望，古斯塔夫·霍恩迫不得已决定打一场战役，尽管他已预感到这场战役的不幸结局。

这场遭遇战的成败关键在于占据一个能控制皇帝军营的制高点。瑞典人试图夜间登上这个制高点，没有成功，因为火炮很难通过峡谷和丛林，延误了部队的行进。当瑞典人在近午夜时分出现在制高点前时，敌方早已捷足先登，并构筑了坚固的防御工事。瑞典人因而决定待破晓时分冲上制高点。瑞典人这种暴急的勇气排除了所有的障碍，幸运地被某指挥旅登上了半月形的防御工事。由于双方从相对方向同时突进防御工事，他们便碰在一起，乱作了一团。在这不幸的时刻火药桶爆炸了，引起瑞典军大乱。皇帝的骑兵趁机冲入这被炸散的阵势，瑞典军纷纷逃遁，尽管将军一再劝说，也未能说动逃遁者重新进攻。

为夺取这一重要阵地，霍恩决定率领补充兵力发起进攻。但期间西班牙的几个军团已占据了它。瑞典人占领这一阵地的任何一个企图均被这些西班牙部队英雄气概的勇气所挫败。贝恩哈德派来的一个军团发起七次进攻，七次都被挡了回来。不久瑞典人感到处于劣势，已没有力量占领这一阵地。敌方从制高点上开炮射向瑞典人接界的两翼造成瑞典人可怕的失败。率领该军的古斯塔夫·霍恩不得不决定撤退。贝恩哈德公爵不但未能掩护他的同伴撤退，狙击追踪的敌人，自己也被占优势的敌人逐到了平原上，他的骑兵的逃跑在荷尔尼斯族人[①]中引起混乱，造成普遍的失败和逃跑。几乎整个步兵队被俘或被砍死，1.2万多名士兵战死在沙场，80门大炮、约4000辆马车和300面小方旗和军旗落到皇帝方人手中。古斯塔夫·霍恩本人连同其他三员将军成了俘虏。贝恩哈德公爵费了好大气力才拯救出他军队的一些弱小残部，这些残部到法兰克福才重新集结在他的麾下。

诺尔德林根的败绩使瑞典王国首相在德意志兰度过了第二个不眠之夜。这次败仗带来了不可估量的损失。瑞典一下子丧失了在战场上的优势，并随之也失去了所有同盟者的信任，而迄今为止瑞典能取胜都应归结于同盟者的支持。一种危险的分崩离析威胁着整个新教联盟走向灭亡。害怕和惊骇笼罩着全派，而天主教派则由于诺尔德林根的大胜而从他们深深的崩溃中振奋起来。士瓦本和附近专区首先感受到了诺尔德林根败绩所带来的最初后果。符腾堡已被胜利的军队占领了。海尔布琅联盟的所有成员都因害怕皇帝的报复而颤抖，他们中能逃跑的已逃往斯特拉斯堡，一些孤立无援的帝国城市则惶恐不安地等待着厄运的降临。倘若皇帝对这些被战胜者表现得宽大些，那么所有这些软弱的等级又都会回归到他的统治之下。但皇帝对这些自愿屈服的人也表现得非常强硬，使得其他人等深感绝望，从而鼓起他们去作最积极的抵

① 荷尔尼斯(Hornis)，德国黑森北部之山名。——译者

抗。

窘急之际，大家都到奥克森斯梯尔纳那里寻求对策和帮助。奥克森斯梯尔纳则到德意志等级会议寻求帮助。他们缺少军队，缺少新建军队的金钱和支付旧军队一再强烈要求的欠款。奥克森斯梯尔纳向萨克森选侯求助，但这位选侯背弃了瑞典事务去皮尔纳与皇帝媾和了。他请求下萨克森等级会议予以资助，但下萨克森等级会议早已对瑞典的金钱催索和诸多要求感到厌烦，现在只采取明哲保身的办法。吕纳堡的格奥尔格公爵不但没有赶去增援上德意志兰，反而围攻明登，想把该地占为己有。瑞典首相在被他的德意志同盟者遗弃的情况下极力寻求外国列强的资助。他向英国、荷兰、威尼斯请求金钱和部队援助，并为摆脱极端困境最终决定采取长期避免的酸涩步骤：去投靠法国。

黎塞留早就急不可耐地盼望的时刻终于到来了。德意志兰新教诸等级只有在完全没有可能用另一条道路自救时，才会支持法国对阿尔萨斯的要求。这种万不得已的情况现在出现了：法国是不可缺少的了。但为让法国从现在起活跃地参与德意志战争，他们得付出昂贵代价。法国威风凛凛地出现在政治舞台上了。奥克森斯梯尔纳早已借花献佛地把德意志兰的权利和地产送了给它。他把帝国要塞腓力浦斯堡和其他所要求的地盘让与黎塞留。上德意志的新教徒也以他们自己的名义派遣公使团，把阿尔萨斯、布赖萨赫要塞（据说才被占领）和上莱茵河所有通向德意志兰门户之钥的地盘，皆置于法国的保护之下。法国的保护意味着什么呢？人们在梅斯、图尔和凡尔登主教区便可得见，这些地方法国几百年以来就连对他们的合法财产也要防卫。特里尔地区已有法国驻军，洛林也差不多被占领了，因为它随时都会被法军淹没，而依靠自己的力量又难以抵抗这位可怕的邻居。现在对法国来说把阿尔萨斯纳入其广袤地产的最好时机到来了，因为法国马上要与荷兰人瓜分西属尼德兰，要把莱茵河作为防范德意志兰的自然疆界。德意志兰的权利就这样被德意志诸等级可耻地出卖给这个无诚信的、贪得无厌的强国。这个强国打着高尚友谊的幌子，致力扩张，当它厚颜无耻地以光荣的保护者自居时，心里只考虑如何张开它的网，乘混乱之际坐收渔利。

为了这些重要的让与，法国自愿搞一次侧面突击，让瑞典的武装部队摆脱西班牙人。如果这事引起了与皇帝本人公开决裂的话，法国自愿在莱茵河此岸维持一支1.2万人的军队，这支军队可与瑞典人和德意志人联合起来对付奥地利。法国很乐意和西班牙人作战，因为西班牙人从尼德兰出发袭击特里尔城，击垮驻在特里尔的法国占领军，违背一切民族权利，逮捕了法国保护下的选侯，并把他绑架到佛兰德尔。法国国王要求红衣主教王子赔礼道歉，但作为西属尼德兰总督的红衣主教王子拒绝释放被拘禁的选侯，于是黎塞留在布鲁塞尔按照惯例由一名纹章承宣官正式宣战。这场战争实际上由三支不同的军队分别在米兰、费尔特林和佛兰德尔打响。这位法国大臣发动这场战争并不当真想对付皇帝，与皇帝作战获利少，困难多。尽管如此，他还是派红衣主教拉瓦莱特率第四支军队过莱茵河向德意志兰进发，这支军队与贝恩哈德公爵联合后便对皇帝不宣而战。

萨克森选侯与皇帝的和解给了瑞典人比诺尔德林根败绩更为沉重的打击。尽管瑞典人百般阻挠，但和解协议最终于1634年在

皮尔纳达成，并于下一年5月在布拉格以正式和约确定下来。萨克森选侯对瑞典人在德意志兰的骄横一直耿耿于怀，他对这个胆敢在德意志帝国立法的外国强权的厌恶随着奥克森斯梯尔纳对德意志帝国诸等级提出的每一个新要求而与日俱增。这种对瑞典的憎恶最有力地支持着西班牙宫廷想使萨克森人和皇帝媾和的努力。与其他邦国相比，萨克森邦是这场旷日持久和毁灭性战争最悲惨的战场。它被这场战争搞得疲惫不堪。它的朋友和敌人无区别地蹂躏它的臣民。萨克森选侯被这种普遍的、可怕的困苦所打动，被奥地利王室惑人的建议所征服，最终背弃了共同的事业。他这样做与其说是为了他同等级人的命运和德意志的自由着想，还不如说是为自己的利益着想，为自己的利益即使牺牲所有的，他也在所不惜。

德意志兰确实到了灭顶之灾的地步，以致千万张嘴千万次地在祈求和平，即使最有害的和平也被当成是上天的善举。昔日经常云集着欢乐和勤劳人群的地方，昔日大自然曾倾注它最美妙的祝福，和那曾是繁荣昌盛的地方，现在已是一片荒芜。土地离开了锄犁耕者勤劳的双手，抛了荒，杂草丛生；在新种要结实或已丰收在望的地方，一次行军就使整年的辛劳化为乌有，夺走了憔悴不堪的族民们的最后希望；焚毁的宫殿、荒野的土地、烧成灰烬的村庄，触目皆是，一派家破人亡的景象。而贫困交加的居民还得加入军队以增加那些烧杀抢掠军队的人数，他们要把自己所遭受的困苦从那些未受损害的同胞中得到偿还。然而自己去帮助压迫并非是对压迫的防卫之道。许多城市在那些胡作非为和掠夺成性的占领军的鞭子下呻吟。这些占领军大肆吞噬市民的财富，用残酷的手段滥用战争给予他们的自由权、他们等级的特许权和危难时刻的优先权。一支军队的短途行军就会使整个地带变成无人之境，冬季休整会使周边地区沦为赤贫或被洗劫一空。然而这远只是暂时的不幸，一年的辛劳能把几个月来的折磨忘却掉。而若有占领军驻在围墙内或驻在邻近，那里的人则无安宁可言，即使幸运的变换也不能改善他们不幸的命运，因为胜者总是要步被战胜者的后尘，无论对友和敌均不表现出宽容。田野被荒废了，播种遭到破坏，而在被吸干的邦国里军队的人数却在成倍增加，这势必引起饥饿和物价的腾飞，前几年的歉收更加重了困苦。军营和营地休整的人数聚集成堆，一边是匮乏饥饿，另一边是饮食无度，招致类鼠疫瘟疫的流行，它甚于剑和火使许多邦国荒芜不堪。所有正常秩序的纽带均在这次冗长的破坏中自行解体。对人权的尊敬、对法律的敬畏和风俗的纯朴均自行消失；忠诚和信仰堕落了，唯独强权以铁的王笏统治着。在无政府和无惩罚的保护伞下所有的恶习迅速滋生。人也随着土地的荒芜而变得狂野。没有一个等级受到放荡不羁者的尊重，没有一种外部的财富不受到困苦和掠夺欲的侵害。士兵（那些祸患的唯一代名词），士兵统治，和这位暴君中最残酷的暴君也不乏让他自己的首领感受到他的最高权力。一支军队的司令官就是一个邦国的重要人物，在那里他以合法的摄政者自居，通常比合法的摄政者优先享受好处。这些小的暴君在整个德意志兰星罗棋布。一些邦国既要遭受敌扰之苦，又要遭受自己保护者带来的痛苦。但当人们想到外来强权在贪婪地侵吞德意志兰，以及为达到他们私利的目标有意延长战争苦难时，所有这些伤口就疼得灼人。为使瑞典能致富和获取占领地，德意志兰不得不在战争

鞭下流血；为使黎塞留在法国继续处于必不可少的位置，德意志帝国分裂的火炬就不应熄灭。

但反对和平的并非全是自私自利之声。无论是瑞典还是德意志帝国等级会议尽管出于不洁的意图希望继续战争，但健全的政治艺术也是赞同继续战争的。诺尔德林根败绩之后，人们能从皇帝那里期待到一种廉价的和平吗？倘若不能得到，则人们忍受了17年之久的战争灾祸，耗竭了所有的精力，难道就为到头来一无所获或丧失殆尽吗？如果一切依旧，如果人们完全没有改变自己的权利与要求，又为什么要流这么多的血？如果如此艰辛获得的这一切在一个和约中必须再度交出，为最终补偿20年的所遭受的苦难，现在再承受2至3年的重负不是更值得吗？只要瑞典人和德意志新教徒在战场上和在内阁中能坚强团结，用利害与共和统一的热情去争取共同的利益，无可置疑他们会得到有利的和平。仅仅是他们的分离造成了敌人的强大，并使一个持久的和普遍受惠的和平希望变得渺茫。萨克森选侯与奥地利单独媾和对新教事业来说无疑是所有祸害中最大的祸害。

早在诺尔德林根战役前萨克森选侯就已开始与皇帝谈判，这场战役不幸的结局只是加速了和约的缔结。萨克森选侯对瑞典人的援助已不抱希望，他怀疑瑞典人能否从这沉重的打击中重新振作起来。瑞典将领的分崩离析、军队的不顺从和瑞典王国的衰落使他不再对瑞典抱创伟业的希望了，因此他认为必须利用皇帝的宽宏大量：在诺尔德林根战役胜利后尚未撤回其请求。奥克森斯梯尔纳在法兰克福把诸等级召集起来，要求他们，而皇帝却相反愿意赐予他们，所以没有片刻犹豫他便顺从了皇帝。

在此期间，他还想竭力掩饰那种不顾共同事业只考虑自己利益的举动。他邀请了所有德意志帝国等级，甚至包括瑞典人，共同促成该和约，但实际上萨克森选侯和皇帝是提出签订和约与专擅地以德意志兰立法者自居的唯一两强势力。新教诸等级的受苦受难在和谈中成为话题，他们的地位和权利由这个专擅的法庭所决定，甚至宗教的命运也在没有与此息息相关的各部分在场的情况下被决定下来。该和约作为普遍的和约，作为著名的帝国法加以完成，它如同合法的帝国决议一样由一支帝国军队强制实行。谁反对这个和约，谁就是帝国的敌人。人们只得违背各等级的权利，去承认一个自己并未参与制定的法律，因此布拉格和约就其形式而言是一个专擅的作品，而它的内容也丝毫不乏专擅。

补偿敕令曾导致萨克森选侯同皇帝的决裂，因此在重新和解时他们便特别注意这点，但现在也没有明确申明取消这一敕令。布拉格和约规定，所有直接的教会产业和间接的教会产业，即那些在帕骚条约签订之后被新教徒没收或占有的教产，还应继续保留在补偿敕令中有其名的那个等级手中40年，而这并未经德意志帝国议会的表决。40年期限截止前，应由一个由两个教派相同人数组成的委员会心平气和地、合法地处理此事。如果这样还不能作出最后判决，则每一方都退回到补偿敕令执行前所拥有的权利点。因此这种情况离窒息不睦之本源远甚，只是一时间中止了它的危险作用，一场新战争的导火线已埋在布拉格和约的此项条款中。

布拉格和约规定马格德堡主教教产归萨克森奥古斯特亲王所有，而哈尔伯斯塔特则归莱奥波德·威廉大公。从马格德堡地区划出4个行政区送给萨克森选侯；马格德堡的行政长官勃兰登堡的威廉·克里斯蒂安用另一种方法得到了补偿。倘若梅克伦堡的公爵们赞同该和约，就退还他们早前由于古斯塔夫·阿道夫的高尚侠义而幸运占有的领地。多瑙沃尔特重新获得帝国自由权。对新教的帝国部分来说不失去选侯席位是至关重要的，但同样重要的普法尔茨继承权要求却一点儿都未予考虑，因为一名路德宗的诸侯是不会公正地对待一名宗教改革宗的诸侯的。新教诸等级、天主教同盟和皇帝在战争中相互占领的所有东西都退还了；所有被外国强权瑞典和法国占为己有的东西都需大家齐心协力予以夺回；所有缔约方的参战族民被统一成一个唯一的帝国权力，他们由帝国供养，由帝国付酬，应用武力去执行这一和约。

由于布拉格和约是一个总的帝国法律，一些与帝国不相干的要点被录在一份附加条约中。其中把波希米亚的采邑劳西茨判给了萨克森选侯，并对该邦和西里西亚的宗教自由作了特别的规定。



所有福音新教等级都被邀请参加布拉格和约，并在大赦的条件下他们全都参与了和约，唯有符腾堡和巴登的诸侯们——人们尚占着他们的邦国，不愿无条件地予以交付，和那些拿起武器反对其邦君的奥地利自己的臣民，以及那些在奥克森斯梯尔纳管辖下组成上德意志圈参议会的等级被排除在外，这并非是为和他们继续作战，而是把这个必需形成的和约更贵地卖给他们。人们把他们的邦国作为抵押品，直到他们完全接受和约，直到他们交出所有一切，直到所有一切均回到先前的状态为止。倘若和约对大家一视同仁地公平合理，也许会重新出现头领和躯干间、新教徒和教皇信徒间、宗教改革派和路德派间的相互信赖，瑞典就会被其所有的盟友遗弃，不得不耻辱地告别德意志帝国。但现在这种不平等的对待加强了这些倔强等级的蔑视和反抗精神，并使瑞典易于维持战争之火，以及在德意志兰保存党羽。

正如事先所曾期待的，布拉格和约在德意志兰引起极为不同的反响。想使两个派别相互接近的努力招致双方的责难。新教徒抱怨他们在该和约中所受到的种种限制，天主教徒则认为这是牺牲真正教会的利益，太过厚待这些不可恕宥的教派。这些人认为，如果让福音新教徒享受40年教产的话，等于让教会放弃他们不可让与的权利，而新教徒则认为和约签订者背叛了新教教会，因为他们没能让奥地利诸邦领的同宗兄弟获得宗教自由权。但没有人比萨克森选侯受到的斥责更厉害。在公开的著作中新教徒们把他描绘成背信弃义的投敌者、宗教和帝国自由的叛徒、皇帝阴谋的共同策划者。

此时萨克森选侯以大部分福音新教等级迫不得已接受他的和约而聊以自慰。勃兰登堡选侯、魏玛的威廉大公、安哈尔特的诸侯们、梅克伦堡的公爵们、不伦瑞克-吕纳堡的公爵们、汉萨城市和众多帝国城市都支持这个和约。黑森的威廉邦伯一时还举棋不定，或者他只是装成如此以赢得时间，并根据结局再采取行动。他曾用手中之剑获取了威斯特伐伦的一些美丽邦土，并由此获得了引领战争的最好力量，而现在按照和约他得全部归还这些邦土。至于魏玛的贝恩哈德大公，他的邦国还仅停留在纸上，他不是被作为引领战争的强国，而更多被当作引领战争的将领加以考量，鉴于这两类身份，他厌恶布拉格和约。勇敢是他的全部财富，他的所有邦土还都客藏在他的剑中。只有战争才能使他变得伟大和重要，只有战争才能使他野心勃勃的计划趋向成熟。

在所有反对布拉格和约声音中，瑞典人的言辞最为激烈，其他人则没有更多理由反对这个和约。德意志人自己把瑞典人召引到德意志兰来，让瑞典人充当新教教会和等级自由的拯救者。瑞典人用大量鲜血和他们国王的神圣生命换来了这些自由，而现在他们看到自己一下子被可耻地遗弃了，他们所有的计划一下子成了泡影，没有报酬，没有得到帝国一句感谢的话就要被逐出德意志帝国，而他们曾为这个国家流了血，他们被那些昔日全部依仗他们的诸侯当作贻笑于敌人冷嘲之牺牲。布拉格和约只字未提对他们进行赔偿，对他们所付出的代价进行补偿，对他们要遗弃的占领地进行等值交换。现在他们要比来时更寒碜地离去，倘若他们抗拒的话，就会被那些把他们召唤来的人之手把他们逐出德意志兰。虽然最后萨克森选侯提出向瑞典人支付 250 万古尔登以作补偿，但瑞典人所付出的远多于此。这种侮辱性的用钱补偿必然损害了瑞典人的自私贪欲，激起他们的自尊。奥克森斯梯尔纳愤怒地回答说："巴伐利亚和萨克森选侯凭着效忠皇帝，向皇帝俯首称臣便可得到一些重要省份。而我们瑞典人，我们的国王为了德意志兰而捐躯的瑞典人，人们只想用区区的 250 万古尔登打发回家？"瑞典越指望得到目前占有者已年迈又没有继承人的波美拉尼亚公爵领地，失落的希望就越令他们痛心。而布拉格和约规定这个邦国由勃兰登堡选侯继承，所有相邻的势力都激烈反对瑞典人在德意志帝国的边境落户。

在布拉格和约颁布后的 1635 年，是瑞典人在整个战争中处境最窘迫的一年。许多瑞典的同盟者，尤其是帝国城市，背弃瑞典方，去分享和约的实惠。其他同盟者被皇帝势如破竹的军队所迫，接受了和约。被饥饿征服了的奥格斯堡屈服于苛刻的条件；武尔茨堡和科堡失手于奥地利人。海尔布琅同盟已正式解体。几乎整个上德意志兰——瑞典势力的中枢要地，都承认了皇帝的统治。萨克森仗着布拉格和约要求瑞典人撤出图林根、哈尔伯斯塔特和马格德堡。奥地利人突袭了法国人的武器储藏地腓力浦斯堡，拿走了那里所有的储存品，这一重大的损失削弱了法国的活动。令瑞典人雪上加霜的是现在恰好与波兰的停战协议快到期了，而瑞典国力远不能同时对波兰和德意志帝国作战。现在它得选择一下，在这两个敌人中应先干掉哪个。受自尊和虚荣的驱使，瑞典决定继续德意志战争，这样对波兰人就得作出很大牺牲。但为了获得波兰人的尊重，并在停战或和谈中不完全失去自由权，有一支军队总是值得的。

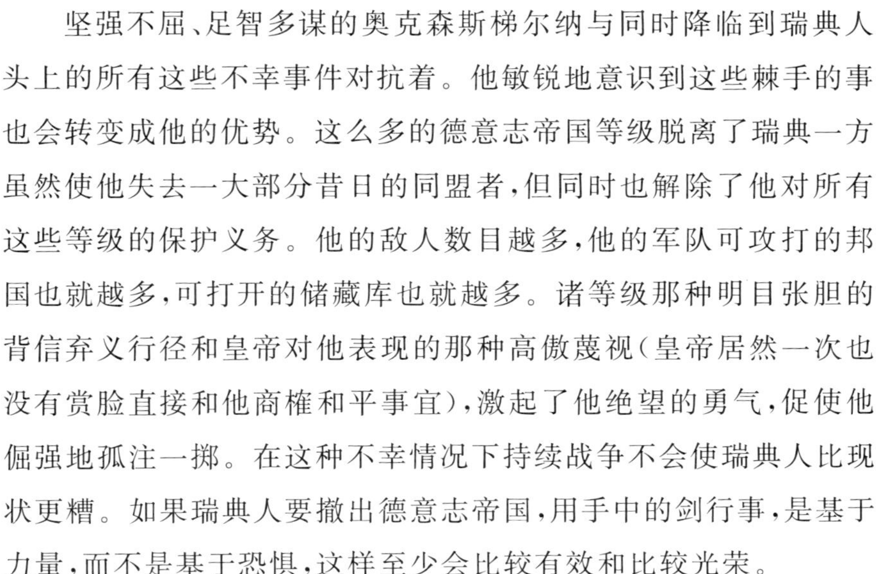

坚强不屈、足智多谋的奥克森斯梯尔纳与同时降临到瑞典人头上的所有这些不幸事件对抗着。他敏锐地意识到这些棘手的事也会转变成他的优势。这么多的德意志帝国等级脱离了瑞典一方虽然使他失去一大部分昔日的同盟者，但同时也解除了他对所有这些等级的保护义务。他的敌人数目越多，他的军队可攻打的邦国也就越多，可打开的储藏库也就越多。诸等级那种明目张胆的背信弃义行径和皇帝对他表现的那种高傲蔑视（皇帝居然一次也没有赏脸直接和他商榷和平事宜），激起了他绝望的勇气，促使他倔强地孤注一掷。在这种不幸情况下持续战争不会使瑞典人比现状更糟。如果瑞典人要撤出德意志帝国，用手中的剑行事，是基于**力量**，而不是基于**恐惧**，这样至少会比较有效和比较光荣。

瑞典人由于同盟者的背离而身处极端的窘迫之境。他们首先把目光投向法国。法国向瑞典提出了令人振奋的建议，两个王国的利益便最紧密地联结在一起。如果法国听凭瑞典势力在德意志兰整个丧失，法国也就会反害自身。瑞典人孤立无援的处境要求法国与他们更牢固地联结起来，更积极地参与德意志兰的战争。自1631年在贝尔瓦尔德同瑞典签订结盟条约以来，法国就借助古斯塔夫·阿道夫的军队反对皇帝，但没有公开和正式地与皇帝决裂，只是用金钱援助皇帝的对手，靠它的活动增加了皇帝对手的人数。但瑞典军队出乎意料地快速获得成功令法国忐忑不安，为重新建立起由于瑞典的优势而遭破坏的力量均势，法国一度放弃了它的第一目标，利用中立条约支持天主教的帝国诸侯反对瑞典占领者。待这一尝试失败后，法国已准备自己武装起来反对瑞典。但不久古斯塔夫·阿道夫的死和瑞典人孤立无助的处境驱散了法国的害怕，它又重新满腔热忱地实施其第一方案，完全转向保护不幸者，撤除对幸运者的保护。当初，雄心勃勃和警觉的古斯塔夫·阿道夫竭力抵制法国的扩张方案，而现在法国摆脱了古斯塔夫·阿道夫的干扰，抓住了诺尔德林根败绩赐予的契机，竭力想操纵这场战争，并向那些需要他强力保护的人立下清规戒律。这一时机有利于法国大展宏图，以前仅是黄粱一梦的东西，从现在起可当作一个可加考量的、合乎实情的目标加以追逐。于是法国把它整个注意力均倾注于德意志战争。在与德意志人订立条约以确保其私人目的之后，法国便不可一世地出现在政治舞台上。当引领战争的诸列强在旷日持久的争斗中耗尽力量时，它却养精蓄锐，在10多年的时间里仅用金钱进行战争。现在，当时机呼唤它采取行动时，它才拔剑出鞘，尽显锋芒，威震整个欧洲。它同时派出两个舰

队在海上巡航，并派出了6支不同的军队，此外还发金钱给一位国王和众多德意志诸侯作为薪饷。瑞典人和德意志人由于有法国强大力量的庇护又重新活跃起来，重新从他们的惨败中振作起来。他们敢于手握宝剑来争得一个比布拉格和约更为声誉赫赫的和约。被与皇帝媾和的同伙所遗弃的瑞典人越来越紧密地与法国拴在一起，而法国由于增长的急需也加倍予以资助，不断扩大德意志战争，虽然仍是秘密参与，最后它才撕下假面具，直接以法国名义向皇帝宣战。

为使瑞典能全力以赴对付奥地利，法国着手让瑞典从波兰战争中解脱出来。法国公使阿沃伯爵促使瑞典和波兰在普鲁士的施图姆斯多夫把停战延长至26年，瑞典由此遭受了巨大的损失，因为凭着这简单的一笔，瑞典几乎失去了整个波属普鲁士地区，而这是古斯塔夫·阿道夫用昂贵的代价争得的占领地。贝尔瓦尔德条约随着情况的需要几经修改，起先在贡比涅，随后在维斯马和汉堡作了修改，延长了有效期。1635年5月，法国同西班牙断交，向西班牙发起猛烈的进攻，夺走了来自尼德兰的对皇帝的最重要援助。为使瑞典军队在易北河畔和多瑙河畔获得更大的自由，法国还设法支援卡塞尔的威廉邦伯和魏玛的贝恩哈德公爵，并在莱茵河畔发动一次猛烈佯攻，逼迫皇帝分散其力量。

于是战火便越烧越旺。布拉格和约虽然使皇帝减少了德意志帝国内部的敌人，但却增加了外来敌人的激愤与活动。他在德意志兰获得了绝对的影响，除少数几个等级外，他成了整个帝国躯体和该帝国各种力量的主宰者，从现在起他又作为皇帝和君主行事。其中第一个行动就是把儿子斐南迪三世的头衔升格为罗马国王，而毫不顾及来自特里尔和普法尔茨继承人的抗议，通过一种决定性的多数票予以认可。然而他却促进了瑞典人的拼死抵御，促使法国把全部力量都武装起来反对他，并把法国拉到德意志兰的最内部事务中来。从现在起，瑞典和法国的两个国王与他们的德意志同盟者构成一个紧密的缔约势力，皇帝则与追随他的德意志诸邦国构成另一个势力。从现在起瑞典人不再怜惜什么了，因为他们不再为德意志兰，而是为他们自己的生存而战斗。他们行动得更快、更无约束、更大胆，因为他们无须再到处征询他们的德意志同盟者，无须为自己的方案提供说明。许多战役变得更激烈、更血腥，但却更少有决定意义。虽然出现了勇敢的伟大业绩和军事艺术的伟大事迹，但这只是个别行为，没有相应的计划作指导，没有被驾驭一切的英才所利用，因而对整派来说收效甚微，对战争的进程只能产生微不足道的影响。



布拉格和约要求萨克森人把瑞典人逐出德意志兰，在这种情况下，萨克森的旗号与皇帝的旗号统一起来，萨克森和瑞典这两位昔日的盟友便成了势不两立的敌人。布拉格和约宣布马格德堡大主教区归萨克森亲王所有，而该领地现仍在瑞典人手中。所有想通过和平的道路割让该地的企图，无一奏效，敌意就此开始。萨克森选侯用所谓的召回令让所有萨克森的臣民从扎营在易北河畔的巴纳军队里撤回，而萨克森的军官们由于被拖欠军饷，早就艰难困苦，便听从这一传唤，相继从各营地撤出。为夺取多米茨，切断波美拉尼亚和波罗的海敌人的联系，萨克森人同时向梅克伦堡运动，巴纳火速朝那里进军，因而为多米茨解了围，并用 7000 兵力重创了萨克森将军鲍迪辛，萨克森方面约 1000 人毙命，另有同样多的人被擒。但原先驻扎在波属普鲁士的部队和炮兵自斯图姆斯多夫条约签订后在此地区已属多余，就充实到巴纳部队中来。兵力加强后，勇敢而暴躁的斗士巴纳，于第二年，即1636年，侵入了萨克森选侯领，在那里大肆发泄对萨克森人的旧仇夙怨。他和他的瑞典人在与萨克森人共同作战时受够了萨克森人的傲慢无礼，他被这种多年来蒙受的侮辱激怒了，目前萨克森选侯的背弃更使他极为愤怒，他要让萨克森选侯的不幸臣民领教一下报复和愤怒的滋味。这位瑞典战士对奥地利人和巴伐利亚人作战更多是出于义务，而对萨克森人作战则是出于私怨和愤懑。他把萨克森人看成是背节者和叛徒，对他们恨之入骨，这是因为决裂的朋友间的仇恨往往是最深和最难和解的。在此期间，魏玛公爵和黑森邦伯在莱茵河和威斯特伐伦对皇帝发起了猛烈佯攻，牵制了皇帝，使他无法给萨克森足够的支援，整个萨克森选侯领不得不听凭巴纳手下人残暴不仁的蹂躏。萨克森选侯好不容易才把皇帝的哈茨费尔德将军拉过来并让他移师到马格德堡前，巴纳急如星火地赶来为马格德堡解围，但没有成功。皇帝和萨克森联军已扩展到勃兰登堡马克，从瑞典人那里夺取了许多城市，正准备把瑞典人逐到波罗的海。但已被击败的巴纳于1636年9月24日在维特斯托克出其不意地进攻联军，两军展开了巨大的激战，攻势相当凶猛。联军率领全部兵力朝巴纳亲自率领的瑞典人右翼进攻，双方以同样的顽强和愤怒长时间对抗着。瑞典的骑兵中队发起不下10次冲锋，每次均被击退。由于寡不敌众，巴纳不得不避开敌方的优势兵力，由他的左翼部队坚持作战到傍晚，一直未投入战斗的瑞典后卫部队准备次日早晨重振旗鼓。但萨克森选侯却不愿静候第二次进攻。他

的军队经过前一天的会战已精疲力竭,服贱役者带着所有的马匹偷偷溜走,以致骑兵部队无马可骑。萨克森选侯和哈茨费尔德伯爵因此连夜遁逃,把战场留给了瑞典人。大约 5000 联军士兵陈尸战场,其中尚不包括那些被追踪而来的瑞典人所杀死或落到愤怒乡民手中的那些人。约 150 面旌旗和军旗、23 门大炮、全部辎重包括选侯的银餐具均被瑞典人缴获,此外还有约 2000 人被擒。这次对远占优势和有利地位的敌人的辉煌胜利,使瑞典人立马再度受到了尊重;敌人则心惊胆战,朋友则从中重获勇气。巴纳利用这次至关重要的胜利,快速渡过易北河,把皇帝方面的人从图林根和黑森逐到了威斯特伐伦,然后才回师,在萨克森土地上作冬营休整。

但是如果没有贝恩哈德公爵和法国人在莱茵河畔发动佯攻,给巴纳减轻负担,巴纳是很难取得这一辉煌胜利的。诺尔德林根战役后,贝恩哈德公爵在维特劳把被击溃军队的残兵败将集中起来,但他觉得无力维持这支军队,更谈不上率领这支军队去创造伟大业绩,因为这支军队被海尔布琅同盟遗弃了,而该同盟在布拉格和约后不久已完全寿终正寝,而瑞典人也只能给这支军队以微薄支持。诺尔德林根的败绩使他失去了法兰克尼亚公爵领,瑞典人的衰颓破灭了他想借助瑞典王朝为自己赢得好运的所有希望,同时瑞典王国首相的独断专行举止也已使他厌烦不堪。在这种情况下,他把目光投向了法国,法国能给他唯一需要的东西——金钱接济,而且也很乐意这样做。黎塞留千方百计地想缩小瑞典人对德意志战争的影响,借他人名义为自己谋得操纵战争的指挥权。为达到这一目的,他竭力想促使贝恩哈德这位瑞典一方最勇敢的统帅背弃瑞典党，把他拉入法国的利益圈内，用其手确保黎塞留计划的实现。像贝恩哈德这样的诸侯没有外来势力的支援是不能保全自己的，因此法国无须担忧，即便贝恩哈德功高盖世，也不能摆脱对法国王权的依赖。贝恩哈德亲自去了法国，1635 年 10 月在圣日耳曼区他不再以瑞典将军身份，而是以自己名义与法国王权达成和解协议。在该协议中法国答应向他本人提供每年 150 万里弗①的恩俸，向他的军队提供 400 万里弗的给养资助，但这支军队须得接受法王命令。为进一步鼓起他的干劲，由他快速占领阿尔萨斯，法国在一个秘密条文中毫不犹豫地答应把阿尔萨斯地区作为奖赏供这位亲王使用，这真正称得上是超乎寻常的慷慨。贝恩哈德公爵本人也深知其中的分量，但他相信他的运气和力量，佯装不知其中的奸计。倘若他一下子强大得能从敌人那里夺取阿尔萨斯，那在紧急情况下，他无疑也能扛得住反对他的某位朋友。他用法国的金钱创建一支自己的军队，这支军队虽然处在法国的保护下，但他几乎可以不受限制地指挥它，况且他还没有完全解除同瑞典的联系。贝恩哈德于是开始了莱茵河的军事行动，另一支法国军队在红衣主教拉瓦莱特的率领下于 1635 年就已在那里同皇帝作战了。

奥地利一支在诺尔德林根克敌制胜的主力部队在征服了士瓦本和法兰克尼亚之后，在加拉斯的率领下同这支法国军队作战，并成功地把法军逐到梅斯，解放了莱茵河，占领了由瑞典人占据的美茵茨和法兰肯塔尔城。加拉斯将军本打算在法国作冬季休整，由

① 18 世纪末前法国的一种硬币。——译者

于法国人的积极抵抗，他只得把部队撤回到财力耗竭的阿尔萨斯和士瓦本。第二年的战役打响之后，他在布赖萨赫过了莱茵河，准备把战争推进到法国腹地。当西班牙人从尼德兰出发成功地进入皮卡第，当天主教同盟令人敬畏的将军和著名的成员约翰·冯·维尔特开进了香槟地区，并以他那咄咄逼人之势对巴黎造成威胁之际，加拉斯也侵入到了勃艮第伯爵领地。但勇敢的皇帝军队在法郎士孔泰一个不太大的要塞前受挫，只得第二次放弃计划。

贝恩哈德公爵所依赖的一位法国将军对他教士法衣的尊敬远甚于对司令权杖的尊敬，这就给贝恩哈德活跃的思想套上了狭窄的桎梏。尽管贝恩哈德一和他联合就占领了阿尔萨斯-察贝恩，然而1636年和1637年间，贝恩哈德便很难守住莱茵河。法军在尼德兰屡屡受挫妨碍了阿尔萨斯和布赖斯高的军事行动，到了1638年这一地区的战役才有起色。贝恩哈德摆脱了迄今为止束缚着他的羁绊，完全成了军队的主人。早在2月初他便结束了在巴塞尔主教辖区的冬营休整，出其不意地出现在莱茵河。此时莱茵河畔的人们根本没有料到在这严冬季节会遭到进攻。他用突袭夺得了森林中城市劳芬堡、瓦尔茨胡特和塞京根，包围了莱茵费尔登。指挥彼处的皇帝将军萨韦利公爵火速赶来增援这一重要地区，他也确实为这一地区解了围，但却付出重大损失才把魏玛公爵逐退。第三天（即1638年2月21日），魏玛公爵出其不意地又出现在皇帝军队前，而皇帝军队在取胜之后便高枕无忧，正在莱茵费尔登休息，魏玛公爵一举歼灭了他们。皇帝的四员将军萨韦利、约翰·冯·维尔特、恩克福尔特和施佩罗伊特连同2000名士兵都成了俘虏。黎塞留命人把其中的两名——维尔特和冯·恩克福尔特押解

到法国，用这两名著名的俘虏取悦法国人的虚荣心，用胜仗的辉煌场面缓解公众的困苦，就连被缴获的骑兵队队旗和军旗也为这一意图在庄严的行列中被送到诺脱达姆教堂[①]，并在圣坛前挥舞了三下才放在圣地保存。

继这次胜仗之后，贝恩哈德又占据了莱茵费尔登、勒特恩和弗赖堡，其军队人数与日俱增。在鸿运高照之际，贝恩哈德扩充了计划。上莱茵河畔的布赖萨赫要塞一直被当作该河的主宰和通向阿尔萨斯的钥匙。这个地方对皇帝至关重要，因而派人严加防守。固守布赖萨赫是费里阿麾下意大利军队最重要的使命。该要塞坚固不拔的设施和它所处的有利地势能抵挡住所有猛烈的进攻。皇帝命令在这里作战的将军们要不惜一切代价守住这一要塞。但贝恩哈德相信自己的运气，决定进攻这一要塞。它即使不能用武力制胜，也可用饥饿的办法战胜它。而要塞的指挥官们却漫不经心，对进攻未作任何防卫，把囤积起来的储备粮换成了金钱，加快了厄运的到来。由于他们在这种情况下不能承受长时间的围困，人们不得不加紧为他们解围，或给他们配备口粮。皇帝的将军格茨率领一支1.2万人马的军队日夜兼程赶来，随同而来的还有3000辆运粮车，以便接济该城。但格茨在维滕魏埃尔受到了贝恩哈德的迎头痛击，他的整个军团被打得一败涂地，只剩下3000人马，随同带来的粮草货物也损失殆尽。率领5000至6000兵力赶来为要塞解围的洛林公爵塔恩的奥克森费尔德也遭到了同样的命运。当格茨将军拯救布赖萨赫的第三次尝试失败之后，这一要塞被饥饿所

① 巴黎最著名的圣母玛丽亚教堂，即通称的巴黎圣母院。——译者

逼，在经受 4 个月围困之后，于 1638 年 12 月 7 日向那位既通人情又顽强固执的胜利者投降了。

占据布赖萨赫之后使得魏玛公爵壮志凌云，眼下他那虚无缥缈的计划可望成为现实了。他不愿把拼死搏斗换来的果实让给法国，决定把布赖萨赫占为己有。在他以自己的名义要求被战胜者对他表示效忠时就宣布了这个决定，压根儿没提法国的名字。贝恩哈德被迄今为止所取得的辉煌成就陶醉了，一味沉湎于被夸大的希望之中。他认为自己已足够强大，甚至能违背法国的意愿坚守住已攻克的占领地。在那个勇敢可获得一切的年代，在个人力量还顶用、在军队和军队首领高于邦国一筹的年代里，像贝恩哈德这样的英雄自信是可以单独干事的，率领一支在他的领导下不可战胜的卓越军队是可以采取任何军事行动的。面对着众多敌人的贝恩哈德想找一位朋友，他把目光对准了新近死去的威廉邦伯的寡妇——黑森的阿玛利亚女邦伯，一位才思敏捷、行动决断的妇人：她曾亲手赠送过一支能战斗的军队、美好的占领地和一块可观的侯爵领。倘若贝恩哈德占有了黑森，并把它与自己在莱茵河的占领地合成一个邦国，把双方的军队联成一支军事力量，就会形成一支有意义的力量，也许甚至能构成德意志兰的第三派，它能操纵战争的决定权。然而这个大有希望的计划由于贝恩哈德的猝然去世而过早地终结。

"鼓起勇气，彼得·约瑟夫，布赖萨赫是我们的！"黎塞留对正准备送到那个世界去旅行的这位方济各会的托钵僧大声喊道。这一喜讯让黎塞留欣喜若狂，他已在脑子里吞食着阿尔萨斯、布赖斯高和所有奥地利的前沿地带，一点儿也不记得曾对贝恩哈德公爵许过的诺言。而贝恩哈德直言不讳地宣布布赖萨赫归他所有的重大决定使这位红衣主教尴尬万分。为把常胜的贝恩哈德维系在法国利益上,黎塞留使出了所有伎俩。他邀请贝恩哈德到法国宫廷去,让他目睹一下人们对他取得的胜利而表现出的崇敬,但贝恩哈德看穿了这种诱惑的圈套并设法避开了它。人们又赏脸让贝恩哈德娶红衣主教的侄女为妻,但高贵的帝国诸侯贝恩哈德拒绝了她,他不愿因门户不当的婚姻而玷污萨克森的血统。于是法国便把他看成是一名危险的敌人,也真的是这样对待他了,不再给他援款,贿赂布赖萨赫要塞的司令官和一些最主要的军官,这样法国至少能在他死后占据他的占领地和军队。贝恩哈德对所有这些阴谋一清二楚,他在占领地采取的防卫措施表明他对法国的蔑视态度。但是贝恩哈德和法国宫廷的意见分歧对他随后的军事行动产生了极为不利的影响。为防范法国对占领地的进攻,他不得不分散战斗力,而没有援款则迁延了他上战场。他曾经想渡过莱茵河,向瑞典人发泄不满,并在多瑙河岸同皇帝和巴伐利亚作战。他已向准备把战争转移到奥地利邦的巴纳披露他的军事行动计划并答应去接替他。然而当他 36 岁时(1639 年 7 月),死神在莱茵河畔的诺伊堡逮住了他,此时他正处于英雄生涯的鼎盛时期。

贝恩哈德死于类鼠疫的疾病,这种疾病在两天内就夺走了军营里近 400 人的生命。他的尸体呈现的黑色污斑、他在临终时的自述和法国在他猝然死后得到的好处引起了人们的怀疑:贝恩哈德是被法国之毒夺去生命的,但他的病状足以证明并非如此。他的去世使联盟方失去了自古斯塔夫·阿道夫之后最伟大的统帅,使法国失去了争夺阿尔萨斯的可怕敌手,使皇帝失去了一个最危险的敌人。在古斯塔夫·阿道夫的栽培下，贝恩哈德成了一名英雄和统帅，他竭力想把自己造就成古斯塔夫·阿道夫式的人物，但由于他短暂的生命使他未能如愿，更不用说超越前者了。贝恩哈德把士兵的勇敢精神与统帅的冷静、从容的洞察力，把男子汉的坚忍不拔勇气与小青年的果敢决断，把军人的火爆与诸侯的尊严，把智者的适度与名望人物的诚意融为一体了。任何不测事件都不能使他屈服，在经历最沉重的打击之后，他又迅速并充满活力地振作起来；任何障碍都不能制止他的冒险；任何挫折也都不能令他不屈服的勇气失望。他始终朝着一个伟大的，也许是永远达不到的目标努力着。但像他这类男子汉是不能用我们习惯于衡量大多数人的机智标准去衡量他们的。他与别人相比更具有能力完成某些事，因此他会想出一些冒险的计划。贝恩哈德作为那个充满活力时代的美丽图像被载入近代史册，在那个时代个人的伟大能创造出业绩，勇敢能获得邦国，英雄的德行甚至能把一名德意志骑士推上皇座。

贝恩哈德最珍贵的遗产当数其军队，他把军队连同阿尔萨斯赠送给了其兄弟威廉。但瑞典和法国都想占有这支军队，瑞典认为这支军队是以瑞典国王的名义招募起来的并对它宣誓过效忠，而法国则认为这支军队是由它赡养的。就连普法尔茨选侯亲王也觊觎这支军队，他想靠这支军队重占其邦国。为把这支军队拉到他这边，他起先派他的代理人，尔后亲自出马做工作。皇帝一方也想得到这支军队，这在不考虑事情的合法性、仅考虑付出的价码、并把勇敢也当成与其他商品一样可出售给出价最高者的时代里是不足为奇的。最终是富有的和果断的法国击败了所有对手，它收买了埃拉赫将军——布赖萨赫的指挥官和其他的高级指挥官。他们把布赖萨赫和整支军队交到法国手中。前几年同皇帝交战不顺的年轻的普法尔茨伯爵卡尔·路德维希也打错了如意算盘。为给法国一点颜色看看,他不假思索地闯到了法国,甚至隐瞒了自己名姓。红衣主教对普法尔茨伯爵的正义事业感到非常害怕,他寻找任何借口以挫败普法尔茨伯爵的计划。他置所有的国际公法于不顾,让人在穆林斯抓获了普法尔茨伯爵,直到收买了魏玛军队才重新还他自由。于是法国在德意志兰便拥有了一支可观的、训练有素的军队,这时它才正式以自己的名义对皇帝作战。

然而现在法国反对的公开敌人已不再是斐迪南二世了。早在1637年2月,斐迪南59岁那年,死神已把他从战场上召了去。由他的权势欲点燃的战火在他死后仍燃烧着。在他统治的18年间,他从未放弃过手中的宝剑。在他握着帝国权杖时,从未体验过和平的惬意。斐迪南二世具有一名贤明统治者的天赋,他拥有许多能为民创造幸福的美德,他禀性温柔,富有人情味。我们认为只是因为他对君主义务概念的恶的理解才使他浪费了人力、物力,徒劳地让人牺牲了热情,自己也无法履行乐善好施的天职,反而从一名正义的朋友变成了一名人类的压迫者、和平的敌人和族民的祸根。斐迪南在私人生活中非常可亲,在任摄政王职位时令人起敬,只有对他的政策有过不良的报道。他的头上汇集着天主教臣民的福祉和新教世界的诅咒。历史显示作为皇帝的斐迪南二世是一个更多和更坏的暴君。毕竟他是三十年战争之火的点燃者之一。尽管他会由如此易颓败的后果所伴同,但是这位孤家寡人的奢望欲很不幸恰恰同如此的世纪、同如此的种种准备、同如此的分崩离析之芽

碰在一起了。在和平的时间段，这束火花是不会燃烧起来的，而且宁静的世纪斐迪南二世的奢望欲也会被窒息，而眼下这一不幸之光恰好射在堆积如山、长期集积的燃烧物上，欧洲燃烧了。

斐迪南二世的儿子——斐迪南三世，在其父亲归天前没几个月就升格为罗马国王。现在他继承了父亲的皇冠、准则和他的战争。但斐迪南三世更为清楚地看到了各民族的不幸和近处邦国的荒芜，强烈感受到和平的需要。他不太依赖于耶稣会会士和西班牙人，对外来的宗教也较为宽容，因此比他父亲更容易接受人民要求和平的呼声。他听到了这一呼声，为欧洲送去了和平，但是在11个年头的剑和笔的战斗之后，直到所有的抵抗均无结果，直到急迫的困苦强迫他接受苛刻的立法时，他才这样做。

时运有利于他的政府上台，他的军队对瑞典人连战连捷。瑞典军队在巴纳强有力的统率下自维特斯托克胜利后便在萨克森作冬营休整，并用围攻莱比锡率先打响了1637年的战事。莱比锡驻军的英勇抵抗和萨克森-皇帝联军的逼近才使莱比锡转危为安。巴纳为不让敌人把自己同易北河截断，只得朝托尔高撤退。但皇帝军队的优势兵力又把他从托尔高赶跑了。此时的巴纳四面受敌，河流挡住了他的去路，饥饿困扰着他，他只得铤而走险，朝波美拉尼亚地区撤退，他的勇敢和侥幸的成功富有传奇的色彩。全军在菲尔斯滕贝格的一个浅滩蹚水过了奥得河，而水一直淹到齐脖子的士兵们还要自己扛大炮，因为马不愿再拖大炮。巴纳原想在奥得河的彼岸找到扎营在波美拉尼亚地区他的部下弗兰格尔，在得到弗兰格尔的增援后马上回歼敌人。但弗兰格尔没有出现。一支皇帝部队扎营在兰茨贝格弗兰格尔的住处，他们要切断败阵而逃的巴纳去路。巴纳意识到自己中了圈套，已无法脱身。他的身后是一个断粮的邦国、皇帝人马和奥得河，奥得河在左边，由皇帝将军布赫海姆把守着，巴纳根本不可能渡过这条河。他的前面是兰茨贝格、库斯特林、瓦尔特河和一支敌方部队，他的右边是波兰人。尽管瑞典和波兰有着停战协定，但对波兰仍不可掉以轻心。巴纳毫不奇怪地认为自己失败了，皇帝方面的人已在为取得对他的胜利而欢呼雀跃了。巴纳指责法国人是不幸的祸根，他们没有按照约定在莱茵河畔发起佯攻，他们的按兵不动使皇帝能把整个战斗力都用来对付瑞典人。恼羞成怒的巴纳将军对跟随着瑞典大营的法国当地代表嚷道："如果我们当时和德意志人结盟反对法国的话，在我们渡莱茵河之前就不会碰到这么多麻烦事了。"但责难现在已无济于事，迫在眉睫的困境需要决断和行动。为把敌人从奥得河引开，巴纳装作要经波兰逃跑的样子。他确实把绝大多数辎重运往那里，让其妻子和其他所有的军官夫人向那里行军。为封锁这条路，皇帝军队马上朝波兰边境出发，就连布赫海姆也离开了其驻地。守卫奥得河的部队全部撤走了。巴纳乘着夜色赶紧折回奥得河，像当初在菲尔斯滕贝格一样，他的军队、辎重和火炮没用桥、没用船便在距库斯特林上方一里远的地方过了奥得河，安然无恙地抵达了波美拉尼亚地区。他和赫尔曼·弗兰格尔共同承担起防卫这一地区的任务。

可是皇帝军队在加拉斯的率领下在特里布塞斯闯入了波美拉尼亚公爵领地，其优势兵力满布了这一地区。他们用猛攻拿下了乌泽多姆和沃尔加斯特，通过用协议之法占领了代明，瑞典人被赶到波美拉尼亚边缘地区，而眼下对瑞典人来说坚守住这片土地比

以往任何时候都重要，因为博吉斯拉夫十四世公爵恰好在这年寿终正寝，瑞典王国可兑现对波美拉尼亚地区的要求了。为阻止勃兰登堡选侯以共同继承契约和布拉格和约为依据提出对这一公爵领地的拥有权，瑞典便不遗余力地用金钱和兵力支持它的将军们。在德意志帝国的其他地区，瑞典军队也出现了转机。他们已开始从由于法国的按兵不动和同盟者的背信弃义而陷入的深渊中崛起。瑞典人自从朝波美拉尼亚地区撤退后便接二连三地失去了在上萨克森的地盘；梅克伦堡的诸侯们被皇帝军队所逼，开始倒向奥地利一边，甚至连吕纳堡的格奥尔格公爵也宣布与瑞典为敌。由于被饥饿所困，埃伦布赖斯泰为巴伐利亚将军维尔特打开了大门。奥地利人占领了莱茵河畔垒起的所有堑壕。法国虽然使西班牙遭到损失，但这一成绩并不符合法国在发起反对西班牙王权的战争时所夸下的海口。瑞典人损失了在德意志兰内部所拥有的一切，他们只守住了波美拉尼亚地区的主要地盘，所向披靡的贝恩哈德在莱茵河畔对皇帝军队发起的强有力的佯攻才使瑞典人摆脱了耻辱，战争迅速出现了转机。



法国和瑞典间的意见分歧终于得到了调解，两个王权先前订立的条约在汉堡重新作了有利于瑞典的修正。经等级会议同意，拥有治国才能的阿马利亚女邦伯在黑森接管了其丈夫威廉死后留下的政府，面对皇帝和达姆斯塔特世系的抗议，她果断地维护了自己的权利。瑞典和新教徒派只出于宗教准则就已热情地拥戴她，他们仅仅在等待着天赐良机，以便大声和有力地宣告对此的忠诚。这期间，女邦伯凭借机智的克制和巧妙订立的条约成功地稳住了皇帝，直至她与法国缔结秘密的同盟，而贝恩哈德的胜仗给了新教徒一个有利变化的机会，这时她才一下子抛开假面具，并与瑞典王权恢复了旧情谊。就连普法尔茨亲王也从贝恩哈德取得的胜利中得到了鼓舞，也想对共同的敌人试试运气。他用英国的钱在荷兰招募人手，在梅彭建立了库栈，并在威斯特伐伦与瑞典部队会合了。固然他的库栈丢失了，他的军队在弗洛托被哈茨费尔德伯爵打败，但他的行动曾一度牵制了敌人，方便了瑞典人在其他地方的行动。瑞典其他的一些朋友也活跃起来，此时幸运之神祖护着瑞典人，下萨克森诸等级也保持了中立，这对瑞典人是件非同小可的事。

凭借这么多有利条件，又从瑞典和立陶宛得到 1.4 万名新部队的增援，巴纳满怀信心地打响了 1638 年的战事。占据着前波美拉尼亚和梅克伦堡的皇帝军队在被洗劫一空和赤贫地区饱尝着饥饿之苦，为逃离饥饿这一最凶猛的敌人，他们中的绝大多数离开了阵地或成批投奔瑞典麾下。迄今为止的行军过境和休整扎营已使易北河和奥得河间的所有地区变得荒无人烟，为不让军队在进军萨克森和波希米亚途中挨饿，巴纳决定从后波美拉尼亚绕道向下萨克森挺进，然后经哈尔伯斯塔特地区进入萨克森选侯邦。下萨克森诸邦国想急于摆脱这些食不果腹的客人，给他们提供了所需的口粮，这样马格德堡的瑞典军队便有了面包，而在马格德堡饥饿的人甚至连人肉都敢吃。巴纳那种洗劫一空的到达惊吓了萨克森，但他不想进攻萨克森这一疲惫不堪的邦国，他的目标是皇帝的世袭领地。贝恩哈德的胜利鼓起了他的勇气，奥地利王室家族富裕的省份诱起了他的掠夺欲。在埃尔斯特贝格他击败了皇帝将军萨利斯，在开姆尼茨一举歼灭了萨克森军队并占据了皮尔纳，随后

他以不可阻挡之势向波希米亚挺进，渡过了易北河，对布拉格构成了威胁，占据了布朗代斯和莱特梅里茨，用十个军团兵力击溃了霍夫基希将军，这在整个没防卫的波希米亚王国引起了一片恐慌。他们恣意蹂躏这个王国，凡能运走的东西都成了虏获物，毁坏了所有不能享用和不能掠走的东西。为带走更多的谷物，他们甚至把禾秆上的穗也割下来了，并糟蹋了剩余部分。上千个宫殿、乡镇和村庄被焚毁。通常一夜间就有上百个被熊熊大火所吞噬。随后巴纳从波希米亚出发率军朝西里西亚挺进，眼看摩拉维亚和奥地利也要成为他的盘中餐了。为避免此事发生，哈茨费尔德伯爵从威斯特伐伦、皮科洛米尼从尼德兰赶来了。莱奥波德大公——皇帝的兄弟执掌司令权杖，奉命去弥补由于前任元帅加拉斯的过错而造成的损失，使军队从崩溃中崛起。

事实证明皇帝军队作相应的改变是正确的。瑞典人在1640年的战场上转向不利。在波希米亚，他们从一个宿营地被逐到另一个宿营地。为确保虏获物的安全，他们快速穿过迈森山脉，但在通过萨克森时，遭到了急追而来敌人的跟踪，并在普劳恩被击败。他们不得不去图林根避难。瑞典人在当了一个夏天战场上的冠军后又一落千丈，又得重新振作起来。他们就这样从一个极端到另一个极端不断地迅速变换着。遭到削弱的巴纳军队在埃尔富特营地时已近于崩溃，一下子却又重新崛起。吕纳堡的公爵们背弃了布拉格和约，率领几年前反对巴纳的军队投奔了巴纳。黑森给他提供帮助，而隆古维勒公爵则带着贝恩哈德公爵的剩余部队投奔他的麾下。与皇帝军队相比，巴纳在兵力上又占优势了，他想在萨尔费尔德同皇帝军队决一胜负，但皇帝军将领皮科洛米尼机智地避开了交战，选择了一个不会被迫交战的位置。终于同皇帝军队分离开来的巴伐利亚人朝法兰克尼亚进军，巴纳试图向这一分离开来的军团发起进攻，但这次进攻由于巴伐利亚将领梅西的机智和皇帝军主力部队的迅速逼近而受挫。两支军队便开进闹饥荒的黑森，各自进了相隔不远的坚固营垒，直至贫困和恶劣的季节把他们从这一赤贫地区吓跑。皮科洛米尼原在肥沃的威悉河畔作冬季宿营，但他被巴纳击败了，只得把这块地盘让给瑞典人，自己到法兰克尼亚主教辖区作冬营休整。

正在此时，在累根斯堡召开了一次帝国会议，想听取各等级的鸣诉，制定使帝国安宁的措施，作出有关战争与和平的决议。皇帝出席了会议，选侯委员会中天主教方面的人占多数，与会者中主教居多，许多福音新教徒放弃了表决权，因此会议谈判非常有利于皇帝。在这个帝国会议上代表帝国的确实太少了，因此新教徒有理由把这次帝国会议看成是奥地利及其附庸们对新教徒方发动的一次共谋反叛，在他们看来扰乱和驱散这个帝国会议将是一番功业。

巴纳策划了这一冒险计划。他的军队由于上次撤离波希米亚而名誉扫地，为重振声誉，这支军队必须创造一个伟业。在1641年冬天最寒冷的日子里，当道路和河流一结冰，巴纳没有向任何人披露其计划便离开了吕纳堡的宿营地。在指挥着法军和魏玛军队的盖布里昂元帅陪伴下，经图林根和福克特兰朝多瑙河挺进。在人们还未来得及向帝国会议报警前，他已出现在累根斯堡前了。他的出现使云集起来的各等级大惊失色，所有代表均准备逃跑，唯有皇帝声明他将不离开这一城市，他这么说也壮了他人的胆。但瑞典人不走运，冰雪很快融化，多瑙河解冻了。由于巨块浮冰，步行和乘船都不能过多瑙河。但为了杀一下皇帝的傲气,巴纳还是采取了行动,他毫不客气地用500门大炮朝累根斯堡城“敬礼”,然而炮火并未使该城遭受很大损失。这一计未成之后,他决定向巴伐利亚腹地和不加设防的摩拉维亚挺进,那里丰富的战利品和舒适的宿营地在向他那亟须的部队招手。但任凭巴纳怎样解释都未能说动法国将军随他到那里去。盖布里昂担心瑞典人想把魏玛军队带到离莱茵河很远的地方,断绝魏玛军队与法国的所有联系,把魏玛军队整个拉到他那边或使这支军队无力单独采取行动。盖布里昂同巴纳分道扬镳了,撤回美茵河,巴纳一下子得对付整个皇帝势力,此时皇帝军力神不知鬼不觉地在累根斯堡和英戈尔斯塔特间聚集了起来,正朝他逼近。眼下迅速撤退是上策。但巴纳面对着骑兵占优势的敌军,处在河流和森林间,远近都是敌对邦国,在这种情况下,唯有出现奇迹才有可能撤退。巴纳迅速朝森林挺进,想经波希米亚朝萨克森逃跑。他在诺伊堡留下了三个军团,以掩护其撤退,这三个军团在一堵破墙后面用斯巴达克式的自卫法阻截敌方势力整整四日之久。巴纳经埃格尔朝安纳贝格逃逸,皮科洛米尼经施拉肯瓦尔德抄近路追赶他。巴纳比皇帝将军早半小时到达普雷斯尼茨隘口,否则瑞典军力得全军覆灭。在茨维考,盖布里昂再度同巴纳的军队会合了。联军在未能保住萨勒河,未能阻止奥地利人过河的情况下,便朝哈尔伯斯塔特方向进军了。

1641年5月,巴纳在哈尔伯斯塔特终于找到了其事业的归宿:由于过度劳累和烦恼使他不幸死亡。尽管命运多变,他还是以所获得的巨大荣誉维护了瑞典军队在德意志兰的声望,以累累战果显示了他在军事艺术上的伟大价值。他足智多谋,平时把他的智慧秘密藏起来,必要时立即使用它。在危急关头,他能审时度势,在厌烦不快时,他比在幸运时表现得更为伟大。当人们认为已把他推到崩溃的边缘时,他从不表现出害怕。但在他身上英雄品德同所有不良的品行和恶习是配对成双的,从而产生了运用兵器之工艺,或者进而言之使这种工艺得到保护。在交往中他对德意志诸侯们就像在他的军队面前一样,表现得同样粗暴,专横像是他的职业,傲慢像是一个占领者,对他们邦国的勒索,也是同样的豪放。他用筵席的欢乐和恣意纵欲来补偿战争的辛劳,最终导致早死。但就像亚历山大和穆罕默德二世那样:虽然耽于淫乐,他也能轻易摆脱淫乐,立即投身于最艰巨的战争工作。当军队对耽于宴乐发出不平之鸣时,他以一名伟大的统帅站在他们面前。在他打响的无数战役中,约有 8 万名士兵阵亡;他派人把约 600 面敌方小四方旗和军旗送到斯德哥尔摩,这一切是其业绩的见证。这位伟大将领的死马上使瑞典人感到遭受了巨大的损失,他们担心这是难以弥补的。那种慑于这位可怕将军的无比威望而抑制住的反叛和肆无忌惮精神在他一死后就复苏了。军官们异口同声要求获得他们的欠饷,而巴纳死后分担司令权的四员将军中没有一人拥有足够能力满足这些狂暴的催款者或命令他们保持沉默。军纪日趋涣散,与日俱增的困苦和皇帝的召回书使军队人数逐渐减少。法国和魏玛军队的热情也不高。由于不伦瑞克家族的诸侯在格奥尔格公爵死后同皇帝妥协了,吕纳堡人离开了瑞典一方,最终黑森人也脱离了瑞典人,以便在威斯特伐伦寻找更好的宿营地。敌人利用这个岌岌可危的中间王国,虽然采取两次行动均遭痛击,但他们在下萨克森还是有了很大进展。

瑞典新任命的最高统帅终于带着金钱和新士兵出现了。他是莱翁哈德·托斯滕松,古斯塔夫·阿道夫的门徒和这位英雄最幸运的继承者。早在波兰战争时,托斯滕松就作为古斯塔夫·阿道夫的助手协助他。由于足痛风而致残的他是坐轿指挥作战的,他凭借其快速,战胜了所有对手。他的军事行动如同长了翅膀,而他的躯体却被最可怕的枷锁紧锢着。在他的指挥下更换了战争场所,遵循新的准则,即只看需要和只争结果。迄今为止发生争执的所有邦国均被搞得筋疲力尽,整个德意志兰受尽了战争煎熬,而奥地利王室却是未受侵扰的最后邦国,体会不到战争的不幸,托斯滕松首先设法让该王室体验一下这种痛苦的经历,让他的瑞典人在奥地利丰盛的餐桌上饱餐一顿,把战火一直烧到皇帝的宝座上。

在西里西亚,瑞典将领施塔尔汉德斯克寡不敌众,被敌军逐到了诺伊马克。托斯滕松在吕纳堡与瑞典主力部队会合后把施塔尔汉德斯克调到自己身边,并于1642年经勃兰登堡突然侵入西里西亚,此时勃兰登堡已在那位大选侯统治下严守武装中立。瑞典军队不用壕垒,没有突破口,仅凭掌中握着剑攀登上了格洛高。劳恩堡的弗朗茨·阿尔布雷希特公爵在施韦德尼茨被击败后自杀了。瑞典军队占领了施韦德尼茨和奥得河此岸的整个西里西亚。尔后,托斯滕松以不可阻挡之势挺进到摩拉维亚腹地,在此以前还没有一个奥地利家族的敌人涉足过此地,他侵袭了奥尔米茨城,使皇城也心惊胆战。期间,皮科洛米尼和莱奥波德大公积聚了优势兵力,他们把瑞典占领者赶出了摩拉维亚。不久后,瑞典人在对布里格作了一次失败尝试后被逐出了西里西亚。在得到了弗兰格尔增援之后,托斯滕松虽然又敢重新迎战占优势的敌人,用武力为大格洛高解围，但他既不能击败敌人也不能实现对波希米亚的计划。他的军队布满了劳西茨，在敌人眼皮底下夺取了齐陶。在那里作了短暂停留之后，便经迈森朝易北河畔挺进，在托尔高过了易北河。他想围攻莱比锡，想在这富裕的、十年来相安无事的城市里获得丰富的食品补给，并进行大肆洗劫。

在莱奥波德和皮科洛米尼的指挥下，皇帝军队火速经德累斯顿赶来为莱比锡解围。托斯滕松为避免被围困在敌军和莱比锡之间，摆出全副阵容勇敢迎敌。经奇迹般的循环之后，双方又重新在古斯塔夫·阿道夫 11 年前取得辉煌胜利因而一鸣惊人的地方相会了。前任的英雄业绩激发了托斯滕松在这神圣之地与敌人决一雌雄的勇气。瑞典将军施塔尔汉德斯克和维滕贝格向尚未完全布好阵容的奥地利左翼部队发起了猛烈进攻，使得掩护左翼部队的整个皇帝骑兵部队仓皇逃窜，无法再投入战斗。但瑞典的左翼部队也受到了类似威胁，取胜的右翼部队赶忙赶来援助，从背后和侧翼扑向敌人，冲散了敌人的防线。双方的步兵部队如同一堵墙似地对峙着，火药用完之后，他们倒转滑膛枪围着自卫。最后皇帝军队在四面楚歌情况下，经三小时激战后，被迫撤出了阵地。皇帝两支军队的将领尽最大努力，竭力阻止士兵们的溃逃。莱奥波德大公率领他的军团最先进攻，最后撤走。这场浴血胜仗瑞典方牺牲了 3000 多名士兵和两位最好的将军斯朗格和利尔耶赫克。皇帝方面有 5000 人殒命沙场，约同样的人数当了俘虏，拥有 46 门大炮的整个炮兵部队和大公的银餐具与办公处、军队的全部辎重均落到瑞典人手中。瑞典军队虽然打了胜仗，但受到了很大削弱，托斯滕松已不能再追赶敌人，于是回师到莱比锡前。被击败的皇帝军

队逃向波希米亚，在那重新集结起来。莱奥波德大公不能忘怀这场败仗带来的痛苦，严惩了由于过早逃跑而招致这次失败的骑兵军团。在波希米亚的拉科尼茨，他当着其他部队的面宣布骑兵军团是无荣誉心的，褫夺了它的所有马匹、武器和勋章，让人撕毁了它的军旗，许多军官和士兵行列中的第十名均被处死。

会战三周后，莱比锡被迫成了胜利者最好的掳获物。该城不得不为所有的瑞典军队添制新装，并用三吨黄金赎得免遭焚掠之难，赎金的评估也包括那些内设货栈的外国人的大商铺。托斯滕松在冬日还移师弗赖贝格前，在此城前抵御严寒达数周之久，希望用坚忍不拔的毅力疲惫被困者的勇气。但他只是白白牺牲了部队，皇帝将军皮科洛米尼的逼近最终迫使他率领遭削弱的军队撤走。然而他还认为得到了便宜：他放弃了冬营休整，而敌人也被迫放弃了安宁的冬营休整并在这种不利的冬季战役中损失了3000多匹马。现在他朝奥得河运动，想靠波美拉尼亚和西里西亚的驻防部队增强兵力。此后不久，他以闪电般的速度又重新出现在波希米亚边境，穿越了波希米亚王国，用武力为摩拉维亚的奥尔米茨解了围，该地已被皇帝军队扰得极不安宁。从距奥尔米茨两德里之遥的托比肖军营开始，托斯滕松控制了整个摩拉维亚，对这一地区大肆掳掠，并让他的部下一直巡逻到维也纳桥边。为保卫这一省份，皇帝想把匈牙利贵族也武装起来，却未能办到。匈牙利贵族根据他们的特许权据理力争，除为他们的祖国外不愿为其他邦国效劳。由于这一毫无收获的谈判，皇帝贻误了进行积极抵抗的时机，整个摩拉维亚成了瑞典人的掠获品。

莱翁哈德·托斯滕松的挺进和胜利使朋友与敌人均感惊讶，

同时他的盟军在帝国其他地区也在奋力作战。黑森人和魏玛人在埃贝斯泰伯爵和盖布里昂元帅的指挥下，侵入了科隆主教领地，以便在那里作冬营休整。为防御这些强盗式的“客人”，科隆选侯把皇帝将军哈茨费尔德召唤过来，并在拉姆布伊将军的指挥下召集起自己的军队。1642 年 1 月，瑞典盟军在凯姆彭附近进攻这支军队，并在一次大战役中打败它。2000 人在战场上阵亡，另有 2000 人束手就擒。这次重要的胜利为盟军打开了整个选侯领地和毗邻的土地，他们不仅能在内中守住他们的宿营地，而且兵力和马匹也从此处得到了很大加强。

盖布里昂让黑森族民保卫下莱茵的占领地，抗击哈茨费尔德伯爵的进攻。为增援托斯滕松在萨克森的军事行动，他自己则向图林根逼近，但他没有与瑞典军队会合，而是火速返回美茵河—莱茵河，因为他觉得他距美茵河—莱茵河太远了。巴伐利亚人在梅西和约翰·冯·维尔特的率领下，捷足先登，到达巴登马克伯爵领地。而盖布里昂却错失了数周之久，经受凛冽的气候，没有一个栖身之所，通常只得在雪地上宿营，直至在布赖斯高才终于找到一处寒碜的容身地。来年夏天，他又重新出现在战场上，在士瓦本和巴伐利亚作战，使得巴伐利亚军不能为被孔代围住的尼德兰的蒂翁维尔城解围，但不久他又被占优势的敌人逐回阿尔萨斯，在那里期待着增援。

卡迪南·黎塞留于 1642 年 11 月去世，路易十三于 1643 年 5 月去世，之后出现的王位和大臣的更换一度转移了法国对德意志战争的注意力，因而在战场上没有采取行动。黎塞留的继承人马札林不但继承了其前任的权力、准则和方案，还以更高的热忱执行

其前任的计划，法国的这种政治的伟大需要法国臣民们付出昂贵的代价。黎塞留把军队的主要力量用以对付西班牙人，而马札林则把它用以对付皇帝。他参与德意志兰的战争，想以此实现他的格言，即把德意志军队变成法国国王的右臂和法兰西国家的城墙。占据蒂翁维尔城后，他为在阿尔萨斯的陆军元帅盖布里昂派去一支可观的增援部队。为使这支军队乐意承受德意志战争的辛劳，他让在罗克鲁耶著名的胜利者昂吉安公爵——后来的孔代亲王，亲自率领这支军队赶赴阿尔萨斯。这下盖布里昂觉得他在德意志兰又足够强大了，他快速回师过了莱茵河，想在士瓦本寻找更好的冬营休整地，他也确实当起了罗特韦尔地方的领导者，巴伐利亚在彼处的一个弹药库落到了他的手中，但占领这一地区他付出了昂贵的代价，随后又很快丢失了，盖布里昂手臂受了伤。医术不高明的医生置他于死地，在他死去的那一天他的重要性才显示出来。

法军在这糟糕的季节里经长途跋涉战斗力减弱了许多，占据了罗特韦尔之后，他们便开进图特林根地界，在那里高枕无忧地休息了，一点儿也未防范敌人的袭击。敌人在此期间却云集起了一股很强势力，他们设法阻挠法国人在莱茵河彼岸驻下来，不让法国人在巴伐利亚的近处出现，想让这一地区免遭法国人的掳掠。由哈茨费尔德率领的皇帝军队和由梅西指挥的巴伐利亚兵力联合了起来，洛林公爵也率领他的部队投靠联合势力的麾下。洛林公爵的足迹在整个战争中随处可见，唯独在他自己的公爵领上找不到他的身影。他们制定了作战计划：趁法国人无防备之际，侵袭他们在图特林根和相邻村庄的宿营地。这是在这场战争中非常受人喜爱的一种作战方法，因为这种方式往往能引起混乱，通常比有秩序的战役要流更多的血。联合势力擅长于采用这种办法，而法国人对这种军事行动毫无经验，他们对德意志冬天概念的理解与德意志人全然不同，他们认为在酷寒的冬季不会遭到任何突袭。约翰·冯·维尔特是这类战争的行家，一段时间以来他替代了古斯塔夫·霍恩，担负起指挥这一军事行动的任务，并出乎大家意料，居然成功了。

他从有众多崎岖山道和茂密树林的一面发起进攻，法国人怎么也没料到敌人会从这面发起进攻。那天（1643 年 11 月 24 日）适逢大雪纷飞，皑皑白雪掩盖了先遣部队的行踪，他们顺利抵达了图特林根。先遣部队没遇到抵抗就占领全部矗立在宿营地外的大炮和附近的洪贝格宫堡。整个图特林根被陆续到来的军队围个水泄不通，他们悄悄地突然地隔断了图特林根与分散在周围乡村敌人所有宿营地的联系。他们在发射大炮前，法军就已被战胜了。骑兵部队多亏马跑得快而脱险，他们比兼程赶来的皇帝军队只早了几分钟。步兵有的被击败，有的自愿放下枪。近 2000 人战死，7000 人连同 25 名司令部参谋官和 90 名军官成了俘虏。这大概是在这整场战争中唯一对输家和对赢家造成同样印象的战役：两家都是德意志人，而法国人却失去了体面，百年以后在罗斯巴哈又重新忆及这一不友善的日子，固然后来图兰和孔代的英雄业绩消熄这种记忆，但德意志人却慨诺自己用一首街坊俚曲嘲讽法国人的“勇敢精神”，因为他们深积了法国政治加诸他们头上的苦难。

法国人的失败当然会使瑞典人的处境岌岌可危，皇帝现在可用所有兵力对付瑞典了。瑞典敌人的数量突然增加了一倍。托斯滕松于 1643 年 9 月突然离开摩拉维亚，向西里西亚进军。无人知

道他起程的原因，他经常变化着的行军方向增加了不确定性。从西里西亚出发，他迂回曲折地逼近了易北河。皇帝军队一直追踪他到劳西茨。他下令在托尔高架起一座过易北河的桥，当他像是要经迈森侵入到上普法尔茨和巴伐利亚时，又让人炸了桥。在巴尔比，他也装作要过这条河的样子，但他一直沿易北河行军，直到哈弗尔贝格他才告诉他惊愕的军队，他要把他们带到荷尔斯泰因去同丹麦人作战。

丹麦国王克里斯蒂安四世早在担任仲裁人职务时就对瑞典人偏颇不公。出于嫉妒，他反对瑞典军队的进展。为阻碍瑞典船只航行，他在松德海峡设置了障碍，加重了瑞典繁荣商业的负担，所有这些都引起瑞典王权的不满。后来由于丹麦越来越恣意妄为，迫使瑞典人最终起来报复。尽管旧的战争已使瑞典人不堪重负，尽管战争中间所有胜利几乎尽失，再卷入一场新的战争是一种多么大胆的行为，但报复欲和根深蒂固的民族仇恨鼓起了瑞典人的勇气，打消了所有这些顾虑。而瑞典人在德意志兰战争中所处的尴尬处境也促使他们与丹麦作战，他们想在丹麦人那里试试运气。瑞典目前只有继续战争，才使部队有事可干，才能搞到面包。他们仅仅为冬营休整地，为把自己安置得更好些而拼搏，他们把这看得比打赢一场主要战役更为重要。但德意志帝国的所有省份几乎都荒无人烟，衰竭耗尽了，而瑞典人缺少口粮、马匹和人力，所有这一切在荷尔斯泰因很丰盛。倘若瑞典能在这个省招募到军队和马匹，让士兵们吃饱饭，使骑兵们更好地骑马，即便无他，也值得去辛苦和冒险一番。目前刚开始和谈之际，瑞典有必要防止丹麦对和谈产生不利影响，通过令人迷惘的利害关系尽可能迁延对瑞典王

国不太有利的和平。由于有赔偿的规定，瑞典必须扩大占领地，以便更有把握地得到梦寐以求的东西。倘若瑞典迅速而又不做声地实施这一计划，则丹麦王国的不良状态使瑞典有较大希望获得成功。在斯德哥尔摩，瑞典对这个秘密守口如瓶，丝毫没有引起丹麦大臣们的怀疑。法国和荷兰对此也一无所知，直到打仗了才知道。在丹麦尚未觉察到瑞典敌意前，托斯滕松已出现在荷尔斯泰因了。瑞典部队未遭任何抵抗，像洪水般涌进了这块公爵领，夺取了所有坚守的地方，只有伦茨堡和格吕克斯塔特例外。另一支瑞典军队侵入到東能，同样未遇到抵抗。只是急风暴雨的季节阻止了将领们渡过海峡，无法把战争转到菲英岛和西兰岛。丹麦的舰队在费马恩岛失事了，在这艘舰上的克里斯蒂安被一块碎片打瞎了右眼。这位国王同处在远处的同盟者——皇帝的兵力割断了联系，眼看着他的整个王国都要被瑞典兵力淹没。著名预言家蒂乔·布拉厄仅有的预言当真要应验了。他说："1644 年克里斯蒂安四世将只带着手杖逃离他的王国。"

但皇帝不愿眼睁睁地看着丹麦成为瑞典人的牺牲品，任凭瑞典人掠夺丹麦王国扩大其势力。尽管经过饿殍遍野的众邦国的远征会遇到许多困难，皇帝还是毫不犹豫地派遣在皮科洛米尼退职后新任命的部队总司令加拉斯伯爵，率领一支军队前往荷尔斯泰因。加拉斯到达荷尔斯泰因公爵领后占领了基尔并希望和丹麦人联合后在日德兰半岛包围瑞典军队。此时黑森人和瑞典的柯尼斯马克将军同时还得对付哈茨费尔德和不来梅大主教——克里斯蒂安四世的儿子。瑞典的柯尼斯马克将军由于进攻迈森而向萨克森进军。托斯滕松率领一支加强了的军队强行通过石勒苏益格和斯塔帕霍尔姆间尚未被占领的隘口迎向加拉斯，把加拉斯往易北河上游逼，一直逼到贝恩堡，在那里皇帝军队建立了一个坚固的军营。托斯滕松则过了萨勒河，占据了一个能从背面进攻敌人并切断敌人同萨克森和波希米亚联系的位置。敌军营由此引起了饥荒，夺走了绝大多数士兵的生命。他们朝马格得堡撤退也丝毫未能改变绝望处境。骑兵部队想朝西里西亚逃跑，但在于特博格被托斯滕松追上并被驱散了。其余军队试图以手中剑强行突围，但在马格德堡几乎全部覆灭。加拉斯的强大兵力被摧毁了，他只率领几千人返回，人们给他取了个独一无二的“毁灭军队大王”的雅号。丹麦国王在作了这次不幸尝试后寻求和平了。1645 年，在布罗姆萨布罗他在苛刻的条件下接受了和约。

托斯滕松乘胜前进。当托斯滕松的一名下属将领阿克塞尔·利尔耶让萨克森选侯国闻风丧胆，柯尼斯马克征服了整个不来梅之际，托斯滕松率领一支 1.6 万人的军队和 80 门大炮侵入波希米亚，想把战争重新扩转到奥地利的世袭邦国中。斐迪南闻讯后亲自赶赴布拉格，想靠他的在场鼓起士兵们的勇气。此时斐迪南缺少一名干练的将军，众多的指挥官又步调不一，他亲临战场越快就能产生越有力的作用。奉皇帝之命，哈茨费尔德把奥地利和巴伐利亚的所有兵力召集了起来，并违心地于 1645 年 2 月 24 日在扬考或叫扬柯维茨率领皇帝这支仅存的军队——奥地利邦国最后的堡垒，迎向入侵的敌人。斐迪南把希望寄托在他的骑兵身上，他骑兵部队的马比敌方多 3000 多匹，他也相信圣母玛利亚的许诺，他在梦中见到了玛利亚，她向他许诺了胜利。



皇帝军所占的优势并没有吓倒托斯滕松，他素来不习惯去数敌军的人数。天主教联盟的格茨将军把左翼部队安在池塘和树林间的不利位置上，一交锋，左翼部队便立即乱作一团，将领自己连同绝大多数士兵均被击毙，全部军需弹药几乎皆被缴获。这一不幸的开端决定了这场会战的命运。瑞典人长驱直入，占据了一些重要高地。在 8 小时的浴血奋战中，皇帝的骑兵部队发起了猛烈进攻，瑞典的步兵部队顽强抵抗，最终瑞典人成了战场的控制者。2000 名奥地利人死于战场，哈茨费尔德连同 3000 名士兵一起被擒，皇帝在一天里失去了他最好的将军和最后的军队。

扬考的决定性胜利一下子为瑞典人打开了所有奥地利的邦国。为保卫维也纳，斐迪南急急逃回该城，并把他自己、他的财宝和他的家庭置于安全处所。确实没过多久，打了胜仗的瑞典人犹如洪水般涌进了摩拉维亚和奥地利。他们几乎占领了整个摩拉维亚，包围了布吕恩，取得了直至多瑙河的所有坚固宫堡和城市，并终于登上了离维也纳不远的沃尔夫桥旁的战壕，最终出现在这个皇城面前。他们认真周到地加固已占领的地方，看来这不是一次短暂的拜访。战争的洪流在毁灭性地流经德意志帝国所有省份之后又蜿蜒地流回到它的发源地来了。瑞典火炮的爆炸声勾起了维也纳居民对 27 年前波希米亚暴动者投射进恺撒斯堡的那些子弹的回忆。在同一个战争舞台上也还原回同一种进攻工具。当初波希米亚的暴动者召唤贝特伦·加博尔去援助他们，而现在托斯滕松召唤贝特伦·加博尔的后继人拉科齐去援助他。此时拉科齐的部队已占据了上匈牙利，人们每天都在担心他会同瑞典人联合起来。瑞典军队在萨克森邦的屯驻安营令萨克森选侯约翰·格奥尔格极为恼火，而皇帝此时又置之不顾，扬考会战后皇帝连自身都保

不住，因此格奥尔格抓住了最后也是唯一一个拯救之法，即与瑞典人缔结停战。停战年复一年地延长，直到实现普遍和平为止。皇帝失去了一位朋友，而此时在他的帝国家门口却站着一位新的敌人，他的作战军队已消散，他的同盟者在德意志兰的另一端被击败。法国军队通过一场辉煌的战役再次洗刷了图特林根败仗带来的耻辱，在莱茵河畔和在士瓦本对付着巴伐利亚的整个兵力。法军又从法国得到了增援，由于在意大利打了胜仗而名噪一时的伟大的图兰把增援部队带到了昂吉安公爵那里。他们于 1644 年 8 月 3 日出现在不久前被梅西占领的弗赖堡前。梅西军队筑起最好的防御工事掩护着弗赖堡。倔强的巴伐利亚人挫败了法国人的勇敢精神，昂吉安公爵在白白死了 6000 人之后不得不决定撤退。这一巨大的损失使马札林潸然泪下，但冷酷无情、唯独对荣誉极为敏感的孔代对这巨大的损失根本不当一回事。他对人说：“巴黎一个晚上死的人就比这次行动死的人多。”然而这场残忍的战役毕竟把巴伐利亚人搞得疲惫不堪，他们连莱茵河岸都防卫不住，更不用说为陷入窘迫之境的奥地利解围了。施佩耶尔、沃尔姆斯和曼海姆都投降了，坚固的腓力浦斯堡由于缺衣少食也被迫投降，美茵茨则赶忙屈服，向胜利者缴了械。

那些在反对波希米亚战争开始时曾拯救了奥地利和摩拉维亚的境况，现在也在反对托斯滕松战争中拯救了他们。拉科齐虽然率领他约 2.5 万兵力之众蜂拥到多瑙河畔的瑞典军营附近，但这群无纪律和粗野的士兵只是践踏了土地，增加了瑞典军营的缺阙，他们并没有采取行之有效的办法帮助托斯滕松的军事行动。向皇帝逼取贡品，向他的臣民逼取金钱和财物，这是拉科齐和贝特伦·

加博尔参战的真实目的。两者一旦达到目的，便回家去了。斐迪南为摆脱拉科齐，同意了这位化外之民的一再要求，只作了微小的牺牲便使他的邦国从这位可怕的敌人那里解脱出来。

这期间，在布吕恩前一处军营里的瑞典主力部队受到了很大削弱，在那亲自指挥的托斯滕松在4个月时间里竭尽所有围攻战术，均徒劳无功，进攻立刻遭到抵抗。在绝望之余，瑞典的一名指挥官德苏什倒戈投奔了敌方，他一点儿不指望得到宽恕。德苏什的愤激，食物匮缺，不讲卫生和在瘟疫流传的长驻军营里食用未成熟的水果，以及西本彪根人的快速撤退，终于使这位瑞典司令官不得不放弃围城。由于多瑙河畔的所有隘口通道都被占领了，托斯滕松的军队由于疾病和饥饿却已消失了战斗力，他只得放弃对奥地利和摩拉维亚的军事行动，而满足于保持通向这两个省份的钥匙，放弃瑞典在已占领的宫堡中的守卫，接着便上路去波希米亚。皇帝军队在莱奥波德大公的率领下尾随着前往。皇帝军队还不曾从莱奥波德大公那里重占丢失的地盘，却在托斯滕松撤离后就受到皇帝将军布赫海姆的强制令，要他们在下一年内全部肃清奥地利边境上的敌人，并让颤抖的维也纳感到仅只受了一场虚惊。此时瑞典人在波希米亚和西里西亚也只能靠变幻无常的运气维护自己的地位，并对是否能在这两个邦里维护住自己的地位感到迷惘。然而即使托斯滕松经营的结果同他大有希望的开端不完全相符，他的经营毕竟对瑞典一方产生了决定性结果：丹麦被迫与瑞典媾和，萨克森急需与瑞典停战，在和平会议中皇帝变得比较愿意让步，法国变得比较殷勤，而瑞典自己对诸君王们的举止言谈也变得比较自信和比较果断。在出色完成了他的伟大使命之后，托斯滕

松这位优胜的开创者戴着桂冠返回到他宁静的私人生活中，以便寻求缓解病痛的良药。

托斯滕松离开后，皇帝认为从波希米亚方面不会再有敌人入侵了。但不久一个新的险情从士瓦本和巴伐利亚朝奥地利边境逼近。和孔代分道扬镳后朝士瓦本方向进军的图兰，1645 年在离默根特海姆不远处被梅西击败。得胜的巴伐利亚人在他们勇敢首领的指挥下突进了黑森。但是昂吉安公爵立马率领一支可观的增援部队从阿尔萨斯赶来，柯尼希斯马克从摩拉维亚赶来，黑森人从莱茵河那面赶来，以加强被击败的军队。巴伐利亚人被压回到士瓦本的最外线。为保卫巴伐利亚边境，他们终于在离诺尔德林根不远的阿勒斯海姆村停住了。但任何障碍都吓不倒昂吉安公爵暴烈的勇气。他率领他的族民军同敌人的防御工事相对抗。一场大战发生了。巴伐利亚人的英勇抵抗使这场战役变成了一场最顽强和最血腥的战役。卓越的梅西阵亡了。图兰的深思熟虑和黑森人坚如磐石的坚持最终使战役变得有利于联军。但这第二次人员的野蛮牺牲对战争和和谈的进程均没有产生多大影响。法军由于这场浴血奋战而力量消乏，在黑森人离开后，兵力更为减少，而此时莱奥波德率领的皇帝救援军赶来增援巴伐利亚人了，图兰不得不赶紧朝莱茵河撤退。

法国人撤退后，皇帝方的整个兵力就反身开赴波希米亚去对付瑞典人了。无愧为巴纳和托斯滕松后继者的古斯塔夫·弗兰格尔于 1646 年担任了瑞典军司令。当时瑞典军除柯尼希斯马克率领的独立军团和在帝国星罗棋布的驻军外，尚有约 8000 匹马和 1.5 万名步兵。莱奥波德大公手下的 2.4 万名士兵在得到巴伐利亚12个骑兵团和18个步兵团的增援后，开始进攻弗兰格尔，他们想在柯尼希斯马克尚未与他会合，或法国人还没有发起侧面突击前，用优势兵力压垮古斯塔夫·弗兰格尔。但弗兰格尔并不等待他们，而是在上萨克森快速过了威悉河，占领了赫克斯特和帕德博恩，从彼处朝黑森挺进，想和图兰会合，在图兰的韦茨拉尔军营里把柯尼希斯马克的独立团拉到自己这边。但图兰受制于马札林的命令，而后者想遏制瑞典人的战争运气和与日俱增的傲气，因此图兰只得以保护法兰西王国之尼德兰边境的急切需要为托辞婉言谢绝了弗兰格尔的要求，因为荷兰人在这一年里没有按约定发起诱击。但弗兰格尔一再提出他的合理要求，再继续推托会引起瑞典人的怀疑，甚至会促使瑞典人与奥地利私下媾和，马札林最终同意他去增援瑞典军队，图兰本人也很愿意这样做。

两支军队在吉森会合，兵力一下子有了很大加强，于是决定与皇帝军队进行较量。敌人对瑞典人紧追不舍，一直追到了黑森，想在那里切断瑞典人的粮食供应，阻止瑞典人与图兰的会合。但这两个目的均未达到，皇帝军发现自己倒被美茵河截断，丢失了储粮库之后陷入极度饥馑。弗兰格尔想利用皇帝军所处的困境采取行动，使战争出现重大的转折。他也曾继承其先驱者之箴言，想把战火烧进奥地利诸邦国，但被托斯滕松行动中遇到的坎坷吓住，想通过另一条途径更有把握地达到同样的目的。他决定随多瑙河流向前进，从巴伐利亚的中央闯进奥地利的边境。古斯塔夫·阿道夫也曾有过类似的计划，但未能付诸实施，因为当初瓦伦斯泰的兵力和萨克森的危机过早中止他的胜利进程。贝恩哈德公爵也仿效过古斯塔夫·阿道夫，并比阿道夫幸运，他已在伊萨尔河和美因河间插上了胜利的旗帜，但他也因敌人势众和大敌压境而被迫中止他的英雄征程，率领军队撤退了。现在弗兰格尔却希望让这两位先驱失败的因素会越来越多地引导他取得幸运的结局，因为皇帝-巴伐利亚联军尚远在他后面的拉恩河畔，只有通过法兰克尼亚和上普法尔茨的长途跋涉，方能抵达巴伐利亚。弗兰格尔于是飞快挺进到多瑙河，在多瑙沃尔特击败了巴伐利亚的一个军团，没遇到抵抗就过了多瑙河和莱希河。但他对奥格斯堡的围攻一直没有成功，这给皇帝军队赢得了时间，他们赶来为奥格斯堡解围并把弗兰格尔一直逐回到劳英根。当皇帝军为使战争远离巴伐利亚边境而重新朝士瓦本挺进时，弗兰格尔乘机渡过未被占领的莱希河，并对皇帝军封锁了这条河，这样巴伐利亚便无法防卫，向他敞开了大门。法国人和瑞典人犹如湍急的河水冲淹了巴伐利亚，士兵们在巴伐利亚实行了最骇人听闻的暴力行动，恣意抢掠和勒索暴敛，以此作为对克服了危险的报酬。皇帝-巴伐利亚联军好不容易在蒂尔豪普滕渡过了莱希河。他们的到来只是加重了巴伐利亚的困苦，朋友和敌人都毫无区别地掠夺着巴伐利亚。



马克西米利安在这整场战争中，在28年所经受的最严峻的考验中，始终未动摇过他的坚定勇气，此时第一次开始动摇了。斐迪南二世，这位他在英戈尔斯塔特的儿时伙伴和他青年时代的朋友已不复存在。这位朋友和行善者的死扯断了把这位选侯束缚于奥地利利益的最强纽带。习惯、偏爱和感恩之情曾把马克西米利安同斐迪南二世联成一气，而马克西米利安并不了解斐迪南三世，仅仅是国家利益才使他对这位君侯保持忠诚。

法国正是想利用后面这一点把马克西米利安从奥地利同盟中

诱骗出来，促使他放下武器。马札林故意对瑞典急剧增长的势力不表示出嫉妒，允许法国人一直陪伴瑞典人到巴伐利亚。他想让巴伐利亚遭受一下这场战争所有的恐怖，让困苦和绝望最终制服马克西米利安的坚强，使皇帝失去第一个也是最后一个同盟者。勃兰登堡在其伟大的君主领导下已选择了中立；萨克森迫于困苦也不得不保守中立；法国参战使西班牙人无法介入德意志战争；丹麦同瑞典媾和后便退出了战争舞台；波兰和瑞典长时间的停战协议解除了波兰的武装。倘若让巴伐利亚选侯脱离奥地利联盟之计得逞的话，皇帝在整个德意志兰就再也没有拥护者了，那时他孤立无援，被迫向法国、瑞典国王们放弃他的专横跋扈。

斐迪南三世知道他所面临的危险，为此不遗余力地防止不幸的降临。但有人告知巴伐利亚选侯这个不利的消息：只有西班牙人反对和平，仅仅是西班牙的影响才使皇帝声明反对停战。马克西米利安对西班牙人恨之入骨，当初西班牙人竭力反对他获得普法尔茨选侯资格，使他一直耿耿于怀，而目前为要成全这股敌对势力他得牺牲邦国的臣民，使邦国遭受蹂躏，眼看连自己也要毁于一旦，而停战能使他摆脱所有困窘，能为他的族民创造迫切需要的休养生息之机，也许还能同时加快普遍的和平呢。他打消了所有的顾虑，深深地体会到了停战的必要性。他认为倘若也能促使皇帝停战的话，他就很好地履行了对皇帝的义务。

为使停战的条件更为合理，三方君王和巴伐利亚的代表云集在乌尔姆。但从奥地利使节所接受的指示中可看出，皇帝派代表出席这次大会，不是为了促进和约的缔结，毋宁说是为了促退缔结和约。事情取决于瑞典人的态度，因为瑞典人处于优势，他们不怕继续战争，反而希望把战争继续下去，因此为了赢得停战，就不能对瑞典人加诸苛刻的条件。他们毕竟是胜利者，而皇帝却自以为是地想给他们设立条律。瑞典使节一气之下差点离开会场，为阻止他们，法国人不得不出言加以恫吓。

巴伐利亚选侯想用这种方式促使皇帝一起缔结停战，但这一美好愿望付诸东流了，因此他便采取了关心自身的办法。尽管停战需付出昂贵代价，但他没有犹豫便同意了这些条件。他容忍了瑞典人在士瓦本和法兰克尼亚地区扩大驻兵之地，并把自己的驻兵地局限于巴伐利亚和普法尔茨土地为满足。他在士瓦本获得的东西还给了联军，而联军在巴伐利亚占有的东西也还给了他。科隆和黑森-卡塞尔也加入了停战。停战条约于1647年3月14日缔结，随后法国人和瑞典人便离开了巴伐利亚。为不妨碍履行和约，他们选择了不同的驻兵地，法国人扎营在符腾堡公爵领，瑞典人扎营在博登湖附近的上士瓦本。位于博登湖最北端和士瓦本南高峰的奥地利布雷根茨城凭借其狭隘和陡峭的过道防范着敌人的入侵。邻近地区的人携带着财物和家眷躲进了这个天然要塞。那里丰盛的堆积如山的猎获物和占据通向蒂罗尔、瑞士和意大利通道等诸多利益，激发了瑞典将军对这个被认为牢不可破的峡谷和城市发起进攻的勇气。尽管他们遇到了6000乡民的奋力抵抗，但瑞典军队还是成功地取得了这两者。期间，图兰按照达成的协议，朝符腾堡调头，在彼处他用军队的威力迫使达姆斯塔特邦伯和美茵茨选侯按巴伐利亚之例保持中立。

法国政治艺术的伟大目的现在终于要实现了。皇帝失去了天主教同盟和新教同盟者的一切援助，在法国和瑞典两个王国的联

合兵力面前已没有防卫能力，后者可用手中之剑逼迫他接受和约。皇帝的兵力最多仅存1.2万人了，这是他剩留下的成果，战争夺去了他所有富有才干的将军之生命。他只得让一名卡尔文教徒——黑森投奔过来的梅兰德担任军队司令官。但是正如这场战争已多次出现过的令人惊异不止的气运变化那样，往往由于某种意外之突变而破灭了政治艺术的一切算计，结果这里也使得期待成了泡影。深深下沉的奥地利势力在经历一次短暂危机之后又重新以咄咄逼人的优势出现了。

出于对瑞典的嫉妒，法国王朝不容瑞典人置皇帝于死地，不容瑞典兵力在德意志兰上升到最终对法国自身也极为有害的程度，因此法国大臣未去利用奥地利的窘境，图兰的军队与弗兰格尔的军队分离后挺进到了尼德兰边境。弗兰格尔从士瓦本朝法兰克尼亚挺进之后占领了施魏因富特，并把那里的皇帝驻军编入他的军队，让他们一起侵入波希米亚，围攻通向波希米亚王国的钥匙——埃格尔。为替该要塞解围，皇帝命令他的最后一支军队开拔，他亲自挂帅到达了埃格尔。然而为不踏进军事会议主席施利克的庄园，他们不得不绕大圈子而行，由此延缓了进军，在他们还未到达前，埃格尔已经失陷。

眼下两支军队相互逼近，人们不止一次地期待将发生一场决定性的战役。双方都受着贫困煎熬，皇帝军人数占优势，两个军营和阵势往往只有筑起的防御工事相隔着。

皇帝军采取的策略是暂且把敌人甩在一旁，或对敌人发起小的进攻，用饥饿和行军累垮敌人，直至与巴伐利亚的谈判达到所希望的目的为止。

巴伐利亚的中立给了皇宫一记重创。当皇帝想阻止这一步的所有努力无济于事之后，便决定利用唯一可能的有利条件。巴伐利亚军队的许多军官对他们主子采取的这一步大失所望，他们一下子变得无事可做了，他们不受约束的癖好被套上了累赘的枷锁。勇敢的约翰·冯·维尔特成为这伙不满人群之首，他们想让整个军队脱离选侯，投靠皇帝。斐迪南不动声色，暗地里把这种对他父亲最忠实之同盟者的背叛置于其保护之下。他让人对选侯手下的人发表了一份正式召回信，在信中他让他们回忆起他们是帝国的军队，选侯只是以皇帝名义统帅着这支军队。幸好马克西米利安及早发现了这个正在策划着的阴谋，并在阴谋实施前迅速做好了防范准备。

皇帝这种有失体统的行为使马克西米利安有理由采取报复。然而马克西米利安是一位太过陈腐的政治家，听凭热情行事，只能说是聪明买巧而已。他从停战中没有得到所希望得到的好处。这种单方面的停战根本无助于促进普遍和平，反而使在明斯特和奥斯纳布吕克的谈判发生有害的转变，使得联军提出了更为大胆的要求。

法国人和瑞典人虽然远离了巴伐利亚，但马克西米利安却失去了在士瓦本地区的驻军地。倘若他不愿解散他的部队，不愿在动用武力的时代弃剑卸胄，就会落到用自己的军队榨取自己邦国的境地。他对在这两件糟糕事中应选择哪一个举棋不定，因此决定采取第三个，至少还前景未卜的办法，即声明废止停战，重新拿起武器。

作出这个决定后，马克西米利安迅速派援兵赴波希米亚支援皇帝，这使得瑞典人的处境变得很糟。弗兰格尔只得以最快的速度撤出波希米亚。他经图林根朝威斯特伐伦和吕纳堡进军，想把在图兰率领下的法军拉到自己这边。皇帝-巴伐利亚联军在梅兰德和格龙斯费尔德的统帅下一直追踪弗兰格尔至威悉河畔。倘若在图兰还没有和他会合前敌人赶上他的话，弗兰格尔的崩溃就不可避免了。但以前曾拯救皇帝的东西，现在也拯救了瑞典人。在战斗的狂乱中，冷静的聪明能引导战争的进程，而和平越是接近到来，宫廷的警觉性也日益增高。巴伐利亚选侯不想看到力量的优势如此偏向皇帝一边，并由于事情的这种突变而使和平被迁延。条约即将缔结之际，每一方的命运变化都极为重要，参与和谈的王权间的均势一旦遭到破坏，就会毁灭多年的辛劳果实和艰难谈判取得的宝贵成果，延缓整个欧洲的安宁。如果说法国用有效的枷锁束缚着其联盟者——瑞典王权，按其所得和所失给予帮助的话，那么巴伐利亚选侯则静默无声地在*他的*同盟者——皇帝那里做这笔交易，通过贤明适当的资助使自己成为奥地利的大宗师。而现在皇帝的势力一下子扶摇直上了，马克西米利安便突然中止跟踪瑞典军队了。此外，他也害怕法国的报复，倘若他让他的军队渡过威悉河，法国威胁要派图兰的所有兵力对付他。

由于受巴伐利亚人的阻挠，梅兰德不能继续追踪弗兰格尔了，便经耶拿和埃尔富特朝黑森进军，以一名可怕的敌人出现在他曾保卫过的黑森邦国里。

倘若对黑森以前女领主的报复欲驱使他把黑森选为蹂躏的场所，那么他已以最可怕的手段来满足内心的喜悦。黑森在他的皮鞭下流血，受尽磨难的黑森邦国被他推到了苦难深重的地步。但不久他便开始后悔了，因为他选择黑森作为驻军宿营地不是明智之举，而仅是为了报复。

在一贫如洗的黑森邦国里，他的军队经受着极度贫困，而弗兰格尔则在吕纳堡重新聚集了力量，训练了军队。当这位瑞典将军于1648年冬天打响了战役并退向黑森时，他已弱小得无法坚守寒碜的驻军营地了，不得不带着恶名急急遁走，到多瑙河沿岸寻求拯救。

这时法国又一次使瑞典的期望付诸东流。图兰的军队不顾弗兰格尔的再三要求仍留守在莱茵河畔。这样瑞典的军队领导人便把拒绝为法国效劳的魏玛骑兵部队拉到自己这边，借用这种办法报复法国。瑞典采取的这一步使法国妒火中烧。最后法国不得不让图兰与瑞典人会合。这支联合起来的军队便打响了这场战争的最后一个战役。他们把梅兰德一直逐到多瑙河畔，大肆挥霍皇帝军队在埃格尔储藏的粮食。在多瑙河彼岸击败了在楚施马许豪森迎战他们的皇帝-巴伐利亚联军。梅兰德在这场战役中受了致命伤。为防止巴伐利亚遭到敌人入侵，巴伐利亚将军格龙斯费尔德率领其余军队驻扎在莱希河对岸。

但格龙斯费尔德并不比悌利走运，悌利正是在此为拯救巴伐利亚献出了生命。而现在弗兰格尔和图兰也想把巴伐利亚作为过道儿，这里曾是古斯塔夫·阿道夫大获全胜的地方，他们想借助古斯塔夫·阿道夫创造的有利条件取得彻底胜利。巴伐利亚又重新被敌军所淹没，他们用最残酷的手段对待巴伐利亚臣民，以报复破坏停战之罪。马克西米利安已龟缩到萨尔茨堡，而此时瑞典人已过了伊萨尔河突进到了美因河。连日来持续不断的大雨使这条本来不很深的河流几天之内就变成一条湍急的大河，因而再一次把奥地利从岌岌可危中拯救出来。敌人 10 次试图在因河上架起浮桥，但浮桥 10 次被激流冲垮了。在整场战争中，天主教徒从未像现在这样惊慌失措过，因为敌人位于巴伐利亚中心，没有一个将领能与图兰、弗兰格尔和柯尼希斯马克这样的将领匹敌。终于从尼德兰来了勇敢的英雄皮科洛米尼，他率领皇帝军队的残兵败将与敌方作战。联盟军由于大肆蹂躏巴伐利亚，连自己要在这一邦国长期待下去都变得困难了，贫困匮乏迫使他们朝上普法尔茨撤退，在那里和平的消息中止了他们的行动。

柯尼希斯马克率领他的独立军团朝波希米亚挺进。波希米亚有一位叫恩斯特·奥多瓦斯基的退役骑士，他在给皇帝服役时被射击致残，没有得到补偿就离开了军队。他建议柯尼希斯马克出其不意地去侵袭布拉格的侧翼，柯尼希斯马克幸运地完成了这一计划，这一辉煌军事行动最终结束了三十年战争，他也因此而扬名。瑞典人在这场战役中只有一人死亡，这场决定性战役终于使皇帝下决心同意和谈。但占布拉格一多半的老城人民——老城阿尔特斯塔特由摩尔多河分隔开，对围攻这里的普法尔茨伯爵卡尔·古斯塔夫以奋力抵抗。卡尔·古斯塔夫是克里斯蒂娜的王位继承人，从瑞典到达这里，把在波希米亚和西里西亚的所有瑞典兵力都聚集在阿尔特斯塔特城墙前。冬天的来临最终迫使围攻者躲进了冬季宿营地，在那里他们获悉了 10 月 24 日在奥斯纳布吕克和明斯特签订和约的消息。

缔结这样一个以威斯特伐利亚条约命名的著名的、不容践踏的神圣和约是一项多么巨大的事业啊！要完成这一艰难、昂贵和

持久的政治艺术作品需要克服多少无休止的障碍，统一多少有争执的利益，使一系列偶然事件一起发挥出作用来啊！仅仅为促成谈判需付出多少辛劳！要使已开始的谈判在变幻多端的战争风云中持续下去需付出多少代价啊！要在完成的和约上签章，使得庄严宣布的和约真正付诸实施需付出多少努力啊！这个和约的内容最终是由每一位战士 30 年的致力和苦难的得失谱写出来的，欧洲的联合体大多或整个能获得什么利和弊，这只有留待另一支笔来写了。战争史是一个巨大的整体，威斯特伐利亚和约同样是一个巨大的独立整体，对它略图式的描写就会把人类智慧和痛苦最感兴趣和最具特性的作品变成一副骨架，恰好剥夺了最吸引读者的那部分，为此我写了此书，并到此告终。

# 主要国名、地名译名对照表

| | |
|---|---|
| Aisch | 艾施河 |
| Allersheim | 阿勒斯海姆 |
| Anhalt | 安哈尔特 |
| Ansbach | 安斯巴赫 |
| Anselm | 安塞尔姆 |
| Arnstadt | 阿恩斯塔特 |
| Aschaffenburg | 阿沙芬堡 |
| Augsburg | 奥格斯堡 |
| Aussig | 奥席希 |
| Bacharach | 巴哈拉赫 |
| Bamberg | 班贝克 |
| Bärwalde | 贝尔瓦尔德 |
| Basel | 巴塞尔 |
| Benfeld | 本费尔德 |
| Bergstraße | 贝格施特拉塞 |
| Bernburg | 贝恩堡 |
| Birkenfeld | 比肯费尔德 |
| Böhmen | 波希米亚(即捷克) |
| Boppard | 博帕德 |
| Bosnien | 波斯尼亚 |
| Brahe | 布拉厄 |
| Brandeis | 布朗代斯 |
| Brandenburg | 勃兰登堡 |

| | |
|---|---|
| Brauschweig | 不伦瑞克 |
| Bregenz | 布雷根茨 |
| Breisach | 布赖萨赫 |
| Breisgau | 布赖斯高 |
| Breitenfeld | 布赖滕费尔德 |
| Breslau | 布勒斯劳 |
| Brieg | 布里格 |
| Brömsebro | 布罗姆萨布罗 |
| Bruck | 布鲁克 |
| Brünn | 布吕恩 |
| Bückeburg | 布开堡 |
| Buckingham | 白金汉 |
| Budweis | 布德韦斯 |
| Burgund | 勃艮第 |
| Calenberg | 卡伦贝格 |
| Cham | 卡姆 |
| Chemnitz | 开姆尼茨 |
| Colmar | 科尔马 |
| Compiegne | 贡比涅 |
| Dalmatien | 达尔马提亚 |
| Damgarten | 达姆加滕 |
| Damm | 达姆 |
| Dänemark | 丹麦 |
| Darmstadt | 达姆斯塔特 |
| Demmin | 代明 |
| Dömitz | 多米茨 |
| Donauwörth | 多瑙沃尔特 |
| Duderstadt | 杜德尔斯塔特 |
| Eger | 埃格尔 |
| Eggenberg | 埃根贝格 |

| | |
|---|---|
| Ehrenbreitstein | 埃伦布赖斯泰 |
| Eichsfeld | 艾希斯费尔德 |
| Eichstädt | 艾希斯泰特 |
| Eider | 艾德河 |
| Eilenburg | 艾伦堡 |
| Elfsnabben | 埃尔弗斯纳本 |
| Elsaß | 阿尔萨斯 |
| Elsaß-Zabern | 阿尔萨斯-察贝恩 |
| Elster | 埃尔斯特河 |
| Elsterberg | 埃尔斯特贝格 |
| Eltersdorf | 埃尔特斯多尔夫 |
| Erfurt | 埃尔富特 |
| Falkenstein | 法尔肯施泰因 |
| Flander | 佛兰德尔 |
| Fleurus | 弗勒吕斯 |
| Flörsheim | 弗勒斯海姆 |
| Forchheim | 福希海姆 |
| Franken | 法兰克尼亚 |
| Frankental | 费兰肯塔尔 |
| Frauenberg | 弗劳恩贝格 |
| Freiberg | 弗赖贝格 |
| Freiburg | 弗赖堡 |
| Freisingen | 弗赖辛根 |
| Friesland | 弗里斯兰 |
| Fulda | 富耳达 |
| Fünen | 菲英岛 |
| Fürstenberg | 菲尔斯滕贝格 |
| Fürth | 菲尔特 |
| Garz | 加尔茨 |
| Gelnhausen | 格尔恩豪森 |

| | |
|---|---|
| Gernsheim | 盖恩斯海姆 |
| Gießen | 吉森 |
| Glückstadt | 格吕克斯塔特 |
| Görlitz | 格尔利茨 |
| Gotha | 哥达 |
| Greifenhagen | 格赖芬哈根 |
| Greifswalde | 格赖夫斯瓦尔德 |
| Gronsfeld | 格隆斯费尔德 |
| Groß-Glogau | 大格洛高 |
| Güstrow | 居斯特罗 |
| Hagenau | 哈根瑙 |
| Halberstadt | 哈尔伯斯塔特 |
| Hanau | 哈瑙 |
| Havel | 哈弗尔河 |
| Havelberg | 哈弗尔贝格 |
| Heilbronn | 海尔布琅 |
| Heidelberg | 海德贝格 |
| Henneberg | 赫纳贝格 |
| Hessen | 黑森 |
| Holstein | 荷尔斯泰因 |
| Höchst | 赫希斯特 |
| Höxter | 赫克斯特 |
| Ingolstadt | 英戈尔斯塔特 |
| Jankau | 扬考 |
| Jülich | 于利希 |
| Jüterbog | 于特博格 |
| Jütland | 日德兰半岛 |
| Kaisersburg | 恺撒斯堡 |
| Kammin | 卡明 |
| Kärnten | 克恩滕 |

| | |
|---|---|
| Kasimir | 卡西米尔 |
| Kassel | 卡塞尔 |
| Kastel | 卡斯特尔 |
| Kempten | 肯普滕 |
| Kitzingen | 基青根 |
| Koblenz | 科布伦茨 |
| Koburg | 可堡 |
| Kolberg | 科尔贝格 |
| Kolin | 科林 |
| Köln | 科隆 |
| Königshofen | 柯尼斯霍芬 |
| Königstein | 柯尼希斯泰 |
| Kopenhagen | 哥本哈根 |
| Kostheim | 科斯特海姆 |
| Kreuznach | 克罗依茨纳赫 |
| Kroatien | 克罗地亚 |
| Kronweißenburg | 克龙魏森堡 |
| Kurland | 库尔兰 |
| Küstrin | 库斯特林 |
| Lahn | 拉恩河 |
| Landau | 兰道 |
| Landsberg | 兰茨贝格 |
| Landshut | 兰茨胡特 |
| Lauenburg | 劳恩堡 |
| Laufenburg | 劳芬堡 |
| Lauingen | 劳英根 |
| Lausitz | 劳西茨 |
| Lech | 莱希河 |
| Leipzig | 莱比锡 |
| Leitmeritz | 莱特梅里茨 |

| | |
|---|---|
| Liegnitz | 利格尼茨 |
| Linz | 林茨 |
| Lippstadt | 利普斯塔特 |
| Livland | 利夫兰 |
| Loretto | 洛雷托 |
| Lothringen | 洛林 |
| Lutter | 路特尔 |
| Lübeck | 卢卑克 |
| Lüneburg | 吕纳堡 |
| Lützen | 吕茨恩 |
| Madrid | 马德里 |
| Magdburg | 马格德堡 |
| Mähren | 摩拉维亚（即摩尔多瓦） |
| Mailand | 米兰 |
| Mainz | 美茵茨 |
| Mannheim | 曼海姆 |
| Marinberg | 马林贝格 |
| Markranstädt | 马克兰斯泰特 |
| Markaröd | 马尔卡勒德 |
| Mecklenburg | 梅克伦堡 |
| Meißen | 迈森 |
| Meppen | 梅彭 |
| Mergentheim | 默根特海姆 |
| Merseburg | 梅泽堡 |
| Minden | 明登 |
| Moosburg | 摩斯堡 |
| Moritz | 莫里茨 |
| Moulins | 穆林斯 |
| Mühlberg | 缪尔贝格 |
| Mulde | 穆尔德河 |

| | |
|---|---|
| Mühlhausen | 米尔豪森 |
| Münden | 闵登 |
| München | 慕尼黑 |
| Münsterberg | 明斯特贝格 |
| Naumburg | 瑙姆堡 |
| Neapel | 那不勒斯 |
| Neuburg | 诺伊堡 |
| Neuhäusel | 诺伊霍伊瑟尔 |
| Neumarkt | 诺伊马克特 |
| Nmburg | 宁姆堡 |
| Nördlingen | 诺尔德林根 |
| Offenbach | 奥芬巴赫 |
| Oldendorf | 奥尔登多尔夫 |
| Ölmütz | 奥尔米茨 |
| Oppenheim | 奥彭海姆 |
| Osnabrück | 奥斯纳布吕克 |
| Österreich | 奥地利 |
| Paderborn | 帕德博恩 |
| Pfalz | 普法尔茨 |
| Philippsburg | 腓力浦斯堡 |
| Picardie | 皮卡第 |
| Pilsen | 庇尔森 |
| Pirna | 皮尔纳 |
| Po | 波河 |
| Podelwitz | 波德维茨 |
| Polnisch-Preußen | 波属普鲁士 |
| Pommern | 波美拉尼亚 |
| Prag | 布拉格 |
| Preßburg | 普雷斯堡 |
| Preßnitz | 普雷斯尼茨 |

| | |
|---|---|
| Pyritz | 皮里茨 |
| Rakonitz | 拉科尼茨 |
| Ramburg | 拉姆堡 |
| Rednitz | 雷德尼茨河 |
| Regensburg | 累根斯堡 |
| Reifenberg | 赖芬贝格 |
| Rendsburg | 伦茨堡 |
| Rheinfelden | 莱茵费尔登 |
| Ribnitz | 里布尼茨 |
| Rippach | 里帕赫河 |
| Rochell | 罗谢尔 |
| Rocroy | 罗克鲁耶 |
| Roßbach | 罗斯巴哈 |
| Rostock | 罗斯托克 |
| Röteln | 勒特恩 |
| Rottweil | 罗特韦尔 |
| Saalfeld | 萨尔费尔德 |
| Sachsen | 萨克森 |
| Sachsenhausen | 萨克森豪森 |
| Säckingen | 塞京根 |
| Savoyen | 萨伏依 |
| Schelde | 舍尔德河 |
| Schlackenwald | 施拉肯瓦尔德 |
| Schlesien | 西里西亚 |
| Schleswig | 石勒苏益格 |
| Schlettstadt | 施莱特斯塔特 |
| Schlucknau | 施卢克瑙 |
| Schonen | 束能 |
| Schwaben | 士瓦本 |
| Schweden | 瑞典 |

| | |
|---|---|
| Schweidnitz | 施韦德尼茨 |
| Schweinfurt | 施魏因富特 |
| Seeland | 西兰岛 |
| Seine | 塞纳河 |
| Seligenstadt | 塞利根斯塔特 |
| Siebenbürgen | 西本彪根(即特兰西瓦尼亚) |
| Spandau | 施潘道 |
| Speier | 施佩耶尔 |
| St. Germainen Laye | 圣日耳曼昂莱区 |
| Stapelholm | 斯塔帕霍尔姆 |
| Stargard | 斯塔尔戈德 |
| Steiermark | 施泰尔马克 |
| Steinau | 施泰瑙 |
| Steinheim | 施泰因海姆 |
| Stettin | 施泰廷(即什切青) |
| Stockach | 施托卡赫 |
| Stockholm | 斯德哥尔摩 |
| Stockstadt | 施托克斯塔特 |
| Stralsund | 施特拉尔松德 |
| Straßburg | 斯特拉斯堡 |
| Straubingen | 施特劳宾 |
| Stuhmsdorf | 施图姆斯多尔夫 |
| Sudenburg | 苏登堡 |
| Tabor | 泰伯 |
| Teischen | 泰申 |
| Thionville | 蒂翁维尔 |
| Thüringen | 图林根 |
| Tierhaupten | 蒂尔豪普滕 |
| Torgau | 托尔高 |
| Tribsees | 特里布塞斯 |

| | |
|---|---|
| Trient | 特兰特 |
| Trier | 特里尔 |
| Tuttlingen | 图特林根 |
| Ulm | 乌尔姆 |
| Usedom | 乌泽多姆 |
| Veltlin | 费尔特林 |
| Venedig | 威尼斯 |
| Vlotho | 弗洛托 |
| Vogtland | 福克特兰 |
| Waldshut | 瓦尔茨胡特 |
| Waldstädte | 瓦尔德斯泰特 |
| Warthe | 瓦尔塔河 |
| Weimar | 魏玛 |
| Weißenfels | 魏森费耳斯 |
| Werben | 韦尔本 |
| Westfalen | 威斯特伐伦 |
| Wetterrau | 维特劳 |
| Wien | 维也纳 |
| Wimpfen | 维姆帕芬 |
| Windsheim | 温茨海姆 |
| Wismar | 维斯马 |
| Wittenberg | 维滕贝格 |
| Witterstock | 维特斯托克 |
| Witterweier | 维滕魏厄 |
| Wolgast | 沃尔加斯特 |
| Worms | 沃尔姆斯 |
| Württemberg | 符腾堡 |
| Würzburg | 武尔茨堡 |
| Zeitz | 蔡茨 |
| Zirndorf | 齐恩多夫 |

| | |
|---|---|
| Zittau | 齐陶 |
| Znaim | 茨纳伊姆 |
| Zwickau | 茨维考 |

# 主要姓名译名对照表

| | |
|---|---|
| Agnes von Mansfeld | 阿格娜斯·冯·曼斯费尔德 |
| Albrecht | 阿尔布雷希特 |
| Altringer | 阿尔特林格尔 |
| Ambros Spinola | 安布罗斯·施皮诺拉 |
| Amalia | 阿玛利亚 |
| Anselm Kasimir | 安塞尔姆·卡西米尔 |
| Avaux | 阿沃 |
| Axel | 阿克塞尔 |
| Axel Lilje | 阿克塞尔·利耶 |
| Banér | 巴纳 |
| Báthory | 贝托里 |
| Baudissin | 鲍迪辛 |
| Bernhard | 贝恩哈德 |
| Bethlen Gabor | 贝特伦·加博尔 |
| Bocskay | 博克斯凯 |
| Bogislaw | 博吉斯拉夫 |
| Brahe | 布拉厄 |
| Brennus | 布伦努斯 |
| Buchheim | 布赫海姆 |
| Buquoy | 布阔伊 |
| Buttler | 布特勒 |
| Calvin | 喀尔文 |
| Christian | 克里斯提安 |

| | |
|---|---|
| Christina | 克里斯蒂娜 |
| Clemens | 克莱门斯 |
| Coligny | 科利尼 |
| Colloredo | 科洛雷多 |
| Condé | 孔代 |
| Corduba | 科尔杜巴 |
| Dampierre | 达皮埃尔 |
| de Souche | 德苏什 |
| Deveroux | 德弗罗 |
| Don Philipp von Silva | 唐・腓力浦・冯・席尔瓦 |
| Eberstein | 埃贝斯泰因 |
| Elisabeth | 伊丽莎白 |
| Enghien | 昂盖 |
| Enkevoert | 恩克福尔特 |
| Ernst Odowalsky | 恩斯特・奥多瓦斯基 |
| Falkenberg | 法尔肯贝格 |
| Ferdinand | 斐迪南 |
| Feria | 费里阿 |
| Feuquières | 弗奎埃 |
| Franz Albert | 弗朗茨・阿尔贝特 |
| Franz Karl | 弗兰茨・卡尔 |
| Friedrich | 弗里德里希 |
| Fugger | 富格尔 |
| Gabriel Báthory | 加布里埃尔・贝托里 |
| Gallas | 加拉斯 |
| Gebhard | 格布哈德 |
| Gordon | 戈登 |
| Götz | 格茨 |
| Görlitz | 戈利茨 |
| Graz | 格拉茨 |

| | |
|---|---|
| Gronsfeld | 格龙斯费尔德 |
| Guébriant | 盖布里昂 |
| Gustav Adolf | 古斯塔夫·阿道夫 |
| Gustav Horn | 古斯塔夫·霍恩 |
| Gustav Wrangel | 古斯塔夫·弗兰格尔 |
| Hannibal | 汉尼拔 |
| Hatzfeld | 哈茨费尔德 |
| Heinrich der Vierte | 亨利四世 |
| Henrietten | 亨利埃特 |
| Hoë von Hoënegg | 霍约·冯·霍约纳格 |
| Hofkirch | 霍夫基希 |
| Holk | 霍克 |
| Illo | 伊洛 |
| Jakob | 雅格布 |
| Johann Albrecht | 约翰·阿尔布雷希特 |
| Johann Georg | 约翰·格奥尔格 |
| Johann Huß | 约翰·胡斯 |
| Johann Kasimir | 约翰·卡西米尔 |
| Johann von Werth | 约翰·冯·维尔特 |
| Johann Wilhelm | 约翰·威廉 |
| Karl der Fünfte | 查理五世 |
| Khevenhiller | 克文希勒 |
| Kinsky | 金斯基 |
| Kniphausen | 克尼普豪森 |
| Königsmark | 柯尼斯马克 |
| La Valette | 拉瓦莱特 |
| Ladislaus | 拉迪斯劳斯 |
| Lamboy | 拉姆布伊 |
| Leonhard Torstensson | 莱翁哈德·托斯滕松 |
| Leopold | 莱奥波德 |

| | |
|---|---|
| Leßley | 莱斯勒 |
| Lilje | 利尔耶 |
| Liljehoek | 利尔耶赫克 |
| Lobkowitz | 罗伯柯维茨 |
| Longueville | 隆古维勒 |
| Mansfeld | 曼斯费尔德 |
| Maria | 玛丽亚 |
| Markaröde | 马尔卡罗的 |
| Marquis von Breze | 马奎斯·冯·布雷策 |
| Martinitz | 马尔蒂尼茨 |
| Matthias | 马蒂亚斯 |
| Maximilian | 马克西米利安 |
| Mazarin | 马札林 |
| Menlander | 梅兰德 |
| Mercy | 梅西 |
| Mitzlaff | 米茨拉夫 |
| Morits | 莫里茨 |
| Oranien | 奥尔良 |
| Otto Ludwig | 奥托·路德维希 |
| Oxenstierna | 奥克森斯梯尔纳 |
| Pfuel | 普菲尔 |
| Philipp | 腓力浦 |
| Philipp von Sötern | 腓力浦·冯·索特恩 |
| Piccolomini | 皮科洛米尼 |
| Questenberg | 奎斯滕贝格 |
| Rakoczy | 拉科齐 |
| Richelieu | 黎塞留 |
| Rocroy | 罗克鲁瓦 |
| Rudolf | 卢道夫 |
| Salis | 萨利斯 |

| | |
|---|---|
| Savelli | 萨韦利 |
| Schaffgotsch | 沙夫戈奇 |
| Sigismund | 西吉斯蒙德 |
| Slange | 斯朗格 |
| Slawata | 斯拉瓦塔 |
| Speereuter | 施佩罗伊特 |
| Sternberg | 斯特恩贝格 |
| Sully | 叙尔利 |
| Telamonier | 塔拉莫尼 |
| Terzky | 特尔茨基 |
| Thionville | 蒂翁维尔 |
| Thurn | 屠尔恩 |
| Tiefenbach | 蒂芬巴赫 |
| Tilly | 悌利 |
| Torquato Conti | 托尔夸托·孔蒂 |
| Turenne,Vicomte de | 图兰副伯爵 |
| Vinzenz | 文岑茨 |
| Tycho Brahe | 蒂乔·布拉厄 |
| Wallenstein | 瓦伦斯泰 |
| Wallis | 沃利斯 |
| Wasaburg | 华萨堡 |
| Werdenberg | 韦尔登贝格 |
| Zwingli | 茨温格利 |

**图书在版编目(CIP)数据**

三十年战争史/(德)弗里德里希·席勒著;沈国琴,丁建弘译.—北京:商务印书馆,2017
(汉译世界学术名著丛书:120年纪念版:珍藏本)
ISBN 978-7-100-14233-5

Ⅰ.①三… Ⅱ.①弗… ②沈… ③丁… Ⅲ.①三十年战争(1618—1648)—史料 Ⅳ.①K503

中国版本图书馆CIP数据核字(2017)第138865号



汉译世界学术名著丛书
(120年纪念版·珍藏本)
三十年战争史
〔德〕弗里德里希·席勒 著
沈国琴 丁建弘 译
丁建弘 校

商务印书馆出版
(北京王府井大街36号 邮政编码100710)
商务印书馆发行
北京中科印刷有限公司印刷
ISBN 978-7-100-14233-5

2017年12月第1版 开本710×1000 1/16
2017年12月北京第1次印刷 印张25¾
定价:125.00元